CINE TEATRO SUBAÉ, EM SANTO AMARO (BA).
LA STRADA, DE FELLINI, ÀS DEZ DA MANHÃ DE UM DOMINGO:
"PENSAMENTOS SOBRE A VIDA E O CINEMA".

CINE SUBAÉ

CINE

ESCRITOS SOBRE CINEMA (1960-2023)

SUBAÉ

ORG. CLAUDIO LEAL E RODRIGO SOMBRA CAETANO VELOSO

Para Duda Machado e Rodrigo Velloso

SUMÁRIO

Prefácio: Cine Subaé, uma antologia, 14
    Claudio Leal e Rodrigo Sombra
Apresentação, 36
    Caetano Veloso
"Cinema Novo", 45

ENSAIOS E CRÍTICAS_47

Cinema e público, 49
Cinema, ator e diretor, 51
O caso *Doce vida*, 53
Festival japonês, 55
Crônica e leitor, 57
Imitação da vida, 59
Nouvelle vague e *Hiroshima*, 61
Filmes, 63
Filme e juventude, 65
A grande feira 1, 67
A grande feira 2, 73
Os melhores do ano, 75
Humberto, França e Bahia, 77
Os grandes do momento, 80
Um filme de montagem, 83
Pasolini, 86
Londres, 87
O específico fílmico, 89
Os Doces Bárbaros, 92
Vendo canções, 94
Um irracionalista radical, 97
Fora de toda lógica, 101
O grande culpado, 105
Carmen Miranda Dada, 109

A voz da Lua, 117

Gostei de ler minha coluna, 123

Sábia e arriscada ascese, 125

Fellini e Giulietta, 127

Don't look black? O Brasil entre dois mitos:
    Orfeu e a democracia racial, 129

Isto é Barretão, 137

Nino Rota: imagens melódicas, 138

O cinema que faz do espectador um artista, 141

Parece um filme menor, 143

Sou pretensioso, 146

Ironia pop, 154

Avatares da revolução, 155

Onda nova, 158

América, 161

Alegria, 164

Nova Idade, 167

Woody Allen, 171

Entretenimento, 174

Amelia e Telluride, 177

Vera Cruz, 180

Reis e ratos, 183

Filmes, 186

Pi, 189

Belo é o Recife, 193

O redemoinho 1, 196

O redemoinho 2, 198

Alguns filmes no ar, 201

Escapismo, 204

Esquemas, 207

Quente e frio, 210

Superstição, 213

O poema dos gêneros e a verdade estética de *Boi Neon*, 216

Nelson Pereira dos Santos, 219

Bernardo Bertolucci, 220

Dor e glória, 222

Anna Karina, 223
Cacá Diegues, 224
Godard, 225

ENCARTES_227
Tropicália ou Panis et Circencis, 229
Omaggio a Federico e Giulietta, 233

ENTREVISTAS E DEPOIMENTOS_239
Glauber, o Cinema Novo e a função da arte, 241
"No meu filme as pessoas têm vontade de dizer
    muita coisa", 252
Em torno de *O cinema falado*, 257
"*Superoutro* atua no cerne do cinema", 262
"Rejeição ao cinema brasileiro é um sintoma
    de má saúde do Brasil", 271
Tempos de uma Bahia efervescente, 275
A última ceia com Almodóvar, 293
Outras palavras, 307
Caetano cinevivendo, 318
"O cinema foi e é modelo consciente ou inconsciente
    de minhas canções", 336
O Bandido da Luz Vermelha, 341
Marco Polo, um argumento, 344

FRAGMENTOS_349

Agradecimentos, 423
Notas, 425
Créditos das imagens, 427
Índice onomástico, 429
Sobre o autor, 449
Sobre os organizadores, 451

COM JEAN-PIERRE LÉAUD EM *OS HERDEIROS*, DE CACÁ DIEGUES.

PREFÁCIO   Claudio Leal e Rodrigo Sombra

CINE SUBAÉ, UMA ANTOLOGIA

O elo de Caetano Veloso com o cinema enfrenta a contradição de, a um só tempo, ser conhecido em demasia e continuar mal iluminado. Em suas entrevistas, o compositor endossou a visão consensual de que o exercício da crítica de cinema ficou cristalizado em seu passado. Com efeito, depois de sua atuação concentrada entre os dezoito e os 21 anos, em Salvador, ele não voltou a se reconhecer nem a ser visto como um exegeta de filmes. Seu gesto de reencontro veio por outros caminhos. Criou trilhas musicais — a de *São Bernardo* (1972), de Leon Hirszman, é um marco vanguardista —, dirigiu o filme-ensaio *O cinema falado*, em 1986, atuou em longas de Julio Bressane e no curta *Dom Quixote* (1967), de Haroldo Marinho Barbosa, e viveu a si próprio em obras de Cacá Diegues e dos espanhóis Carlos Saura e Pedro Almodóvar. Um segmento de textos sobre cinema na coletânea *O mundo não é chato*, que abrange outras artes além da música, sob a organização do poeta Eucanaã Ferraz, expôs uma fatia de seu pensamento audiovisual, mas, ao longo do tempo, persistiu a memória de um ofício restrito aos verdes anos. Se foi exposta a importância do cinema na gênese do tropicalismo, movimento interpelado pelos imaginários de Glauber Rocha e Jean-Luc Godard, a espessura da intervenção de Caetano nesse campo se manteve na penumbra.

Esta antologia contesta a convicção do próprio autor de que houve um abandono da crítica em sua trajetória. Ainda que seus ensaios sejam esporádicos em tempos recentes, um volume com 64 textos sobre cinema constitui uma obra ensaística original na geração de músicos nacionais e estrangeiros dos anos 1960, considerando a amplitude e a acuidade de suas análises. Com um dos seus pés na canção e vinculado aos críticos do pioneiro Chaplin Club, no Rio de Janeiro, o poeta Vinicius de Moraes também produziu numerosos textos sobre filmes, nos anos 1940 e 1950. Mas, se observarmos a tradição, Caetano assumiu uma posição singular na história da música brasileira e do próprio cinema depois do tropicalismo, por influenciar diretamente o desenvolvimento de ideias e linguagens de cineastas. Em seções deste livro, uma compilação de doze entrevistas e 76 fragmentos de conversas eleva a complexidade do lugar anfíbio de Caetano nas artes e a continuidade de seu ânimo interdisciplinar. A posição de músico não o afastou de questões estéticas e históricas do cinema, nem do diálogo continuado com diretores. De forma intermitente, com rigor estilístico, ele desenvolveu a primeira vocação às margens de discos e shows.

Os espelhamentos entre cinema e música popular atravessam seus ensaios. E o imaginário de espectador aflora nas canções "Clever Boys Samba", "Alegria, alegria", "Tropicália", "Superbacana", "Cinema Olympia", "Nine out of Ten", "Épico", "Sugar Cane Fields Forever", "Giulietta Masina" e "Michelangelo Antonioni", informadas pela cultura cinematográfica ou permeadas pela transposição poética dos cortes de uma montagem na ilha de edição. Além disso, os discos *Cinema transcendental*, de 1979, e *Omaggio a Federico e Giulietta*, de 1999, ostentam essa referência desde os títulos. A meditação mais concentrada viria em 1993. O álbum *Tropicália 2*, em parceria com Gilberto Gil, apresentou a canção "Cinema Novo", uma ode às "visões das coisas grandes e pequenas/ que nos formaram e estão a nos formar", consciente da dívida dos cineastas com a ruptura precedente da bossa nova na invenção de um país para si e para o mundo. O samba-exaltação orquestrou os nomes de filmes de Humberto Mauro, Nelson Pereira dos Santos, Glauber Rocha, Cacá Diegues, Ruy Guerra, Roberto Pires, Zé do Caixão, Julio Bressane, Rogério Sganzerla, André Luiz Oliveira e Edgard Navarro, absorvendo a vertente dos marginais na poética do novo cinema. Na sequência do fim da produtora e distribuidora estatal Embrafilme, desmontada pelo governo Fernando Collor, essa canção-ensaio ordenou suas leituras sobre as mudanças internas do cinema brasileiro em paralelo com as transformações da canção urbana.

Nascido em 1942 em Santo Amaro da Purificação, a 73 quilômetros de Salvador, Caetano Veloso assistiu aos primeiros filmes numa atmosfera encantatória de província, nos cinemas Santo Amaro, Subaé e São Francisco. Neste último, do Círculo Operário, viu pela primeira vez *Os boas-vidas* (1954) e *Noites de Cabíria* (1957), de Federico Fellini, com repercussões existenciais em sua adolescência. A mitologia americana não exercia sobre ele um fascínio avassalante, em grande medida pela presença habitual de fitas italianas, francesas e mexicanas no circuito exibidor baiano. Mesmo durante o tropicalismo, depois de ser impactado pela pop art de Andy Warhol, seu interesse por estrelas de Hollywood, como Ava Gardner, Bette Davis, Elizabeth Taylor, Ingrid Bergman, Gene Kelly ou Cyd Charisse, não estava acima do encanto por divindades de cinematografias não hegemônicas, como a mexicana Maria Felix, as italianas Giulietta Masina, Sophia Loren, Gina Lollobrigida, Silvana Pampanini, Rossana Podestà e Claudia Cardinale e os franceses Alain Delon, Jean-Paul Belmondo e Brigitte Bardot, alguns deles citados em letras de músicas. Em sua sensibilidade, o neorrealismo italiano deixou mais marcas que os westerns, assim como sua admiração pelas capacidades técnicas do cinema industrial não aplacou seu sentimento de respeito talvez superior pelas experiências radicais dos europeus e brasileiros. Por sua vez, os musicais da Metro-Goldwyn-Mayer não lhe pareceram menos engenhosos que as obras da insurgente nouvelle vague. O frágil cosmopolitismo dos cinemas da província, ilhado pelo domínio comercial de Hollywood, possibilitou também um fenômeno asiático, em julho de 1957. Numa das viagens da família à capital baiana, Caetano se impressionou com a plateia festiva do filme indiano *Fantasia oriental* (*Aan*, 1952), dirigido por Mehboob Khan, em cartaz ao longo de oito semanas no Cine Art, o recorde baiano de bilheteria naquele ano. Em 1960, a mudança de Santo Amaro para Salvador, junto com sua irmã, Maria Bethânia, o aproximou da ideia de modernidade nas artes plásticas, teatro, música erudita, arquitetura e dança, no meio de um florescimento cultural catalisado pela Universidade Federal da Bahia, então dirigida pelo reitor Edgard Santos. Além do contato com as vanguardas do pós-guerra, a transferência para a capital baiana propiciou sua transição da cinefilia para a crítica, no aprendizado cineclubista. Com rapidez, Caetano assumiu uma visão orgânica do cinema e sua história, despertou para os elementos da linguagem fílmica e se aproximou do movimento de cineastas baianos dedicados a pensar e representar a realidade brasileira. Apesar das pressões de críticos e produtores, Edgard Santos não acolheu a proposta de criar um curso superior de cinema, cujos postulados eram mais discutidos fora da universidade. Nem por isso a Escola de Teatro deixou de influir nos projetos pioneiros de Glauber, Roberto Pires e Rex Schindler, com a formação de um pensamento cenográfico e a preparação dos atores Othon Bastos, Geraldo Del Rey, Sonia dos Humildes, Helena Ignez e Antonio Pitanga.

Nos primeiros anos de sua descoberta de Salvador, Caetano cursava o secundário no colégio Severino Vieira e se dedicava aos debates do Clube de Cinema da Bahia, fundado em 1950 pelo crítico e advogado trabalhista Walter da Silveira, ex-militante do Partido Comunista e líder teórico dos jovens realizadores locais. Aos domingos, no Cine Liceu — e anos depois no Cine Guarany, na praça Castro Alves —, Walter apresentava filmes e correntes estéticas em preleções que externavam sua formação política de esquerda, aprofundando os temas das aulas públicas em ensaios semanais no *Diário de Notícias*. Não era o único núcleo inovador. À margem desse grupo cinéfilo, Roberto Pires criou uma lente em formato Cinemascope, a Igluscope, e a utilizou para rodar o primeiro longa baiano, *Redenção*, de 1959, na zona de sombra dos filmes policiais americanos. No mesmo ano, Glauber lançou seu primeiro curta, *O pátio*, aderente à arte concreta, e expandiu sua liderança geracional no Rio e em São Paulo. Em 1960, o diretor paulista Trigueirinho Neto concluiu o longa *Bahia de Todos os Santos*, uma representação do universo da pobreza, acolhido com entusiasmo por Glauber mas rechaçado por Walter e parte expressiva do meio cultural de Salvador.

O Clube de Cinema era o epicentro baiano das investigações teóricas e expunha as vanguardas das décadas de 1920 a 1940, o cinema mudo, o realismo poético francês, o cômico americano e os clássicos de Hollywood. Caetano frequentou festivais retrospectivos do cinema francês, com mais de oitenta filmes, em janeiro e fevereiro de 1962, e do cinema soviético, em janeiro de 1963. Conheceu obras de Georges Franju, Max Linder, Méliès, Émile Cohl, Paul

Paviot, Louis Delluc, Dimitri Kirsanoff, René Clair, Claude Autant-
-Lara, Jean Vigo, Jean Epstein, Albert Lamorisse, Jean Grémillon,
Henri-Georges Clouzot, Jean Renoir, Marcel Carné, Alberto Cavalcanti, Luis Buñuel, Eisenstein e Dziga Vertov. Durante a reforma
do Cine Liceu, o cineclube improvisou sessões de curtas dos irmãos
Auguste e Louis Lumière na rampa do Teatro Castro Alves, onde
estava sediado o Museu de Arte Moderna da Bahia (MAM-BA), dirigido pela arquiteta Lina Bo Bardi. Em 1962, a agitação cinéfila
levou ainda Caetano a participar da organização da jornada de cineclubes, em cuja programação constavam uma mostra de Humberto
Mauro e uma conferência do crítico paulista Paulo Emílio Sales Gomes, além da presença de Jean-Claude Bernardet.

A essa altura, Caetano já ocupava um lugar de crítico. Em
30 de outubro de 1960, ele estreou no jornal *O Archote*, de tiragem
de 2 mil exemplares, fundado em Santo Amaro por seu ex-colega
de colégio Genebaldo Correia, então repórter do *Jornal da Bahia*, e
por dois professores do Centro Educacional Teodoro Sampaio, Edio
Pereira de Souza (história) e Nestor Oliveira (língua portuguesa).
Com a lembrança da adolescência cinéfila de Caetano, os conter-
râneos não pensaram em outro colaborador para a seção de filmes.
Sem atraso, Edio fez o convite. E Genebaldo passou a recolher os
textos em visitas ao filho de Dona Canô e José Telles Velloso, que
era o agente postal telegráfico da cidade. Cheio de vaivéns, Caetano
escreveu em onze das vinte edições do *Archote*. Na coluna "Cinema e
público", assim intitulada porque discutia não só os filmes, mas a recepção das plateias, o jovem crítico analisou a programação das salas
de Salvador, celebrou as atividades do Clube de Cinema e encampou
a missão de introduzir a cultura cinematográfica em Santo Amaro,
ao custo de sacudidas nos admiradores de melodramas americanos,
mexicanos e alemães. Os ataques a *Imitação da vida* (1959), de Douglas Sirk, marcaram sua autoexigência de responsabilidade com a
formação de público para um cinema mais reflexivo.

Seu grupo de críticos nasceu num curso livre de teoria e crítica
cinematográfica, na capital baiana. Caetano, Geraldo Portela, Alberto Silva e Carlos Alberto Silva aspiravam a dirigir filmes e logo reco-
nheceram as qualidades de orientador em Orlando Senna, crítico

dos Diários Associados e amigo de Glauber. Senna encurtou o caminho dessa turma para a imprensa, introduzindo-a, a princípio, no círculo da revista *Afirmação* — de política, artes e ciências sociais —, editada pelo professor de filosofia Hélio Rocha, ex-integralista aberto ao diálogo com os discípulos esquerdistas. Um artigo sobre Fellini, na *Afirmação*, marcou provavelmente a estreia de Caetano na imprensa de Salvador.[1]

O tópico geracional da superação do subdesenvolvimento reverberou em suas reflexões de juventude. Plenas de espírito de dissensão, suas críticas constituem um roteiro do olhar formativo e assumem um tom aguerrido, avizinhado da radicalidade de Glauber, a quem lia no *Diário de Notícias*. Glauber era um modelo de agente provocador, mas, nos arredores, havia a referência mais comedida de Walter da Silveira, pioneiro na defesa da viabilidade econômica do cinema nacional ainda na década de 1940 — meio incentivador, meio repressor de Glauber, que o reconhecia como pai teórico e responsável pela sua introdução à obra de Serguei Eisenstein. Walter propugnava o realismo cinematográfico e buscava a síntese de duas vertentes da crítica francesa — "Georges Sadoul, no plano da História, e André Bazin, no plano da Estética".[2] Em dois textos dos anos 1960, Caetano reconheceu Glauber e Walter como líderes do movimento cinematográfico na Bahia e formuladores de um pensamento moderno sobre a representação dos atrasos brasileiros, redimensionando os desafios do romance social de 1930.

Aos dezoito anos, Caetano afirmou em "Crônica e leitor":

> Quando comecei a escrever para o *Archote* (coisa de que muito me orgulho) vim com um ideal em mente: criar em Santo Amaro (ou pelo menos incentivar) uma cultura cinematográfica. Pretendi (pretendo) encetar trabalho semelhante ao de tantos críticos da capital que tentam trazer o público, aos poucos, para o cinema sério. Homens como Jerônimo Almeida [pseudônimo do crítico marxista José Gorender], Glauber Rocha, Walter da Silveira e muitos outros que me conquistaram para o cinema através da crônica. Resolvi passar para o lado deles, de acordo com minhas menores possibilidades.

Na celebração dos dez anos da tropicália, em setembro de 1977, Glauber se gabou de ter cumprido "o papel histórico de publicar os primeiros artigos de Caetano Veloso como crítico de cinema", embora este não seja um fato preciso.[3] Caetano estreara no *Archote*, mas sua alegria maior se deu em ver dois de seus primeiros artigos nas páginas do prestigioso suplemento do *Diário de Notícias*, sob a indicação de Senna e a edição de Glauber. De modo surpreendente, o cineasta relembrou o artigo de Caetano sobre seu longa de estreia, *Barravento* (1962), demonstrando que não esteve alheio por completo ao iniciante: "Reli outro dia e vi que é uma lúcida crítica onde nós podíamos encontrar do ponto de vista de análise da montagem épico-didática de *Barravento* já os elementos da compreensão estrutural que se manifestaria na sua música porta-estandarte 'Tropicália', que lançaria definitivamente o movimento tropicalista no Brasil".

Nas análises de *Barravento*, de Glauber, *A grande feira* (1961), de Roberto Pires, e *Hiroshima, meu amor* (1959), de Alain Resnais, Caetano manifestou pendores historiográficos sistematizados, num esboço de alinhamento com os postulados do Cinema Novo, sem abdicar de sua admiração autônoma por diretores como René Clair e Federico Fellini. Era um leitor assíduo do suplemento de fim de semana do *Diário de Notícias*, em Salvador, e dos exemplares da *Cahiers du Cinéma* de seu amigo Duda Machado, um interlocutor relevante no pré-tropicalismo. Em contraste com sua adesão a Fellini e Resnais, Machado enalteceu o recém-lançado *Acossado* (1960). O impacto da obra de estreia de Godard preparou Caetano para a mescla tropicalista de enunciados de vanguarda e símbolos da cultura de massa da década de 1960, numa fusão reprocessada anos mais tarde pelo contato com *Terra em transe* (1967), também de Glauber. Em Salvador, ele esboçou impasses futuros do tropicalismo. Na análise de *A grande feira*, em 1962, surgiu uma questão amadurecida na ruptura tropicalista de 1967, a tensão entre a linguagem de choque e as armadilhas da sociedade de consumo, que a quase tudo absorve e converte em mercadoria. "O que temos visto são filmes que não conseguem ser obras de arte nem agradar ao grande público. Os diretores não têm tido a habilidade de fazer bom cinema ao lado de boa concessão. Alguns têm conseguido fazer arte apenas (*Rio, 40 graus*) ou apenas concessão (*Meus amores no Rio*), nunca a coexistência funcional das duas coisas."

A consolidação internacional do Cinema Novo com *Vidas secas* (1963), de Nelson Pereira dos Santos, *Os fuzis* (1964), de Ruy Guerra, e *Deus e o diabo na terra do sol* (1964), de Glauber, coincidiu com a crise institucional do governo Jango e a retração abrupta das forças sociais progressistas. Às vésperas do golpe militar, então estudante de filosofia na Universidade Federal da Bahia, Caetano acompanhou as reuniões do Centro Popular de Cultura da UNE (União Nacional dos Estudantes) e o desenvolvimento de projetos de alfabetização baseados no método Paulo Freire. Na Bahia, o recesso democrático veio junto com o triunfo estético de *Deus e o diabo*, os espetáculos brechtianos do Teatro dos Novos e a estreia dos músicos da geração de Caetano, a mente conceitual por trás dos shows *Nós, por exemplo*, no Teatro Vila Velha, e *Nova bossa velha & velha bossa nova*, no Teatro Castro Alves, numa precoce revisão crítica da canção popular. Por paradoxo, seu descolamento do círculo do cinema se desenvolveu no período de mais intenso engajamento cineclubista. Em 1962, ele conheceu o diretor teatral Álvaro Guimarães e iniciou sua guinada para a música ao fazer a trilha da peça *Boca de Ouro*, de Nelson Rodrigues, montada no Teatro Oceania, em agosto de 1963. Guimarães, seu anjo revelador, o convidaria a compor sua primeira trilha sonora para um filme, com a participação vocal de Maria Bethânia — o curta *Moleques de rua* uniria os caminhos artísticos bifurcados de Caetano. Ao mesmo tempo, entre as encenações teatrais e os encontros lúdicos na casa da atriz Maria Moniz, formava-se seu núcleo geracional, que aglutinava Bethânia, Gilberto Gil, Gal Costa, Tom Zé, Duda Machado, Dedé Gadelha, Fernando Barros e Anecy Rocha, irmã de Glauber.

O lançamento da canção "Chega de saudade", de Tom Jobim e Vinicius de Moraes, com voz e violão de João Gilberto, em 1958, apresentou a Caetano um projeto de modernidade que serviria de modelo para suas reflexões paulatinas sobre os impasses e ambições do cinema brasileiro, seduzido pela possibilidade de síntese da experiência de estúdio da Companhia Vera Cruz, de 1949 a 1954, em São Paulo, como parte de uma pretensão industrializante, e da violência da expressão do Cinema Novo, na insurgência da "estética da fome" de Glauber Rocha, teórico da violência estilística dos filmes do Terceiro Mundo.

Seu encontro mais fecundo e traumático com o cinema de Glauber aconteceria, no entanto, na concepção do movimento tropicalista. Em 1967, numa sala de Copacabana, Caetano assistiu a *Terra em transe* e reconheceu na desarmonia estilística a criação de um imaginário brasileiro impensado. No livro de memórias *Verdade tropical*, ele afirma que, em consonância com seus atos e ideias individuais, o filme foi o "deflagrador do movimento". No Rio, estava predisposto a acolher as inovações glauberianas graças a conversas com o designer Rogério Duarte e o escritor José Agrippino de Paula. Em sua alma a meio caminho da tropicália repercutiu a cena em que o poeta Paulo Martins (vivido por Jardel Filho) tapa a boca de um operário e acusa a incapacidade política do povo.

Caetano escreve em *Verdade tropical*:

> O golpe no populismo de esquerda libertava a mente para enquadrar o Brasil de uma perspectiva ampla, permitindo miradas críticas de natureza antropológica, mítica, mística, formalista e moral com que nem se sonhava. Se a cena que indignou os comunistas me encantou pela coragem, foi porque as imagens que, no filme, a precediam e sucediam, procuravam revelar como somos e perguntavam sobre nosso destino.

E acrescenta: "Quando o poeta de *Terra em transe* decretou a falência da crença nas energias libertadoras do 'povo', eu, na plateia, vi não o fim das possibilidades, mas o anúncio de novas tarefas para mim".

Nos anos da tropicália, 1967/1968, suas críticas de cinema se retraem, mas os filmes invadem suas canções com imagens e transposições das elipses da montagem para as vigas poéticas de "Alegria, alegria", "Tropicália" e "Superbacana", entre outras canções de proximidade mental com Godard. Em mais uma manifestação de sua busca de simetria com as imagens em celuloide, o encarte do disco-manifesto *Tropicália ou Panis et Circencis* trouxe um roteiro sem assinatura escrito por Caetano, sob a inspiração de atitudes e pensamentos de seus companheiros de movimento. O texto se integra aqui pela primeira vez à sua obra crítica. Na fase mais repressiva da ditadura militar, o tropicalismo passou a exercer influência cultural sobre cineastas em filmes como *Brasil ano 2000* (1969), de Walter Lima Jr., com canções de Gilberto Gil e José Carlos Capinan, *Macunaíma* (1969), de Joaquim Pedro de Andrade, *Os herdeiros* (1969), de Cacá Diegues — no qual Caetano contracena com Jean-Pierre Léaud —, *Meteorango Kid* (1969), de André Luiz Oliveira, *Copacabana mon amour* (1970), de Rogério Sganzerla, outro com trilha de Gil, e *Nosferato no Brasil* (1970), de Ivan Cardoso, que tem o poeta Torquato Neto como protagonista. Glauber reconhecia imagens de um "cinema tropicalista" em *O dragão da maldade contra o santo guerreiro* (1969).[4] Às vésperas da prisão de Gil e Caetano pelo Exército, o círculo tropicalista viveu o impacto de *O Bandido da Luz Vermelha* (1968) em sua originalidade anárquica e domínio sinfônico de som e imagem — "um far-west sobre o Terceiro Mundo", como definiu Sganzerla.[5]

O exílio de Caetano em Londres (1969-72) não o impediu de inteirar-se sobre o cinema brasileiro posterior ao ato institucional nº 5 (AI-5), nem lhe tirou o hábito de frequentar salas de espetáculos, pois, em meio à tristeza de exilado, o Electric Cinema se tornara quase seu único ponto de lazer ("*In the Eletric Cinema or on the telly/ Nine out of ten movie stars make me cry*"). Imagens da vida social e mental dos tropicalistas na fase londrina estão presentes no longa *O demiurgo*, de Jorge Mautner, músico, poeta e cineasta bissexto que entrou no círculo dos baianos em 1970. Na Inglaterra, a aproximação mais forte de Caetano com Sganzerla e Julio Bressane coincide com uma visita de Glauber, seu hóspede em plena fase de choques dos cinemanovistas com o chamado (nem sempre a contento) cinema marginal. Em Paris, sob o signo da complexidade, Cacá Diegues o apresentara a *Matou a família e foi ao cinema* (1969), salto de Bressane no pós-Cinema Novo.

Em 1969/1970, as relações estéticas de Caetano com Glauber chegaram a um ponto imprevisto de confluência. Rodado nas cercanias de Roma, *Vento do Leste*, de Godard e Jean-Pierre Gorin, do coletivo de cineastas de orientação maoista Dziga Vertov, exibiu Glauber entoando a canção tropicalista "Divino maravilhoso", de Caetano e Gilberto Gil. "Para lá, é o cinema desconhecido, o cinema da aventura. Para aqui, é o cinema do Terceiro Mundo, é um cinema perigoso, divino e maravilhoso [...], é um cinema que vai construir tudo, a técnica, as casas de projeção, a distribuição, os técnicos, os trezentos cineastas por ano para fazer seiscentos filmes para todo o Terceiro Mundo", diz Glauber na encruzilhada, introduzindo versos de Caetano no corpo fílmico de Godard.

Depois do exílio, o diálogo crítico de Caetano com diretores brasileiros e estrangeiros emergiu nos textos em que evocou ou revisou o movimento geral das artes. A partir da década de 1970, embora não escrevesse regularmente sobre cinema, continuou a observá-lo em textos dispersos em livros, jornais e revistas. O conjunto eclético desse período encontrou no "cinema de autor" uma de suas constantes. O fascínio pela estilística de cineastas o lançou à escrita de breves perfis e anotações críticas coloridas pela memória pessoal. Caetano privilegiou autores devotados à narrativa de ficção, mas não excluiu de seu horizonte o cinema não narrativo e suas derivações experimentais. Se ainda na Bahia ele foi exposto à modernidade radical das vanguardas de Buñuel e Epstein, durante o exílio se informou sobre o aparecimento de *Self-Portrait*, de 1969, filme de Yoko Ono com uma tomada única de 42 minutos do pênis de John Lennon. Em entrevistas, revelou ser um observador das experimentações de Maya Deren e Andy Warhol.

Godard, Fellini, Antonioni e Glauber despontaram em seu campo de visão ainda na Bahia e seriam diretores de permanência duradoura, absorvidos em canções como mitos da modernidade. No pós-1968, Bressane, Sganzerla e José Agrippino de Paula, que tanto o marcara com o romance *PanAmérica* e estreara no cinema com *Hitler III Mundo* (1968), assumem assentos entre os criadores referenciais na pesquisa estética, imaginação artística e liberdade da expressão diante da técnica. Em "Fora de toda lógica", sua admiração inalterável por Godard se acirrou em viés polemista. Publicado na *Folha de S.Paulo* em março de 1986, o artigo defendeu *Je Vous Salue, Marie* (1985), longa do diretor franco-suíço cuja releitura do dogma da concepção virginal enfrentava o boicote do Vaticano e a censura do governo de José Sarney, no curso da redemocratização do Brasil. Caetano afirmou que as objeções estéticas ao filme eram tão problemáticas quanto os argumentos da censura federal, que acusava Godard de profanar a figura sagrada de Maria. "É engraçado. Todos os que se manifestaram contra o veto apressaram-se em se manifestar também contra o filme. A revista *Veja*, em editorial, xingou a mãe de Godard. Roberto Romano diz que o filme é prosaico, e Paulo Francis que é 'entrópico'", escreveu Caetano. Ao rebater as restrições a *Je Vous Salue, Marie* por parte de intelectuais brasileiros — incapazes de conceder ao filme uma estilística havia muito estabelecida na poesia moderna —, sua defesa intransigente da arte de Godard se opôs à incompreensão crítica, ao catolicismo tradicional do cantor Roberto Carlos, apoiador do veto, e à postura antidemocrática de Sarney, que cedeu a pressões da Igreja. Os protestos de Caetano contribuíram para a posterior liberação do longa no país.

Referência de sua formação cinéfila, a obra de Fellini o invadiu como uma experiência existencial e, no limite, religiosa, com aspirações à eternidade. Fellini surgiu irmanado com Giulietta Masina no ensaio "A voz da Lua", que atribui à atriz um lugar central na obra do diretor, como se fosse um fantasma a rondá-lo até mesmo nos filmes em que não é a protagonista. E nenhum filme de Fellini o inquietaria como *La strada* (1954), visto numa sessão matinal do Cine Teatro Subaé, lugar de uma epifania que inspira o título desta coletânea. "O rosto de Giulietta Masina ficou profundamente gravado em minha alma, como se fosse um momento de metafísica universal", declarou ao jornal italiano *La Repubblica*, em 1997, rememorando seu enlevo com a personagem da artista de circo Gelsomina. O mito Masina repousa no coração do projeto estético de Fellini:

> Suas delicadas caretas, tão gráficas quanto as de Charles Chaplin e tão etéreas quanto as de Harry Langdon; o ritmo do seu corpo pequeno, tão vivo como o de um pequeno animal vivo e tão simplificado e convencional quanto o de uma figura de desenho animado, decidiram a grandeza do filme — e a ultrapassaram: Gelsomina se tornou, como D. Quixote, como Carlitos, como Hitler, como Mickey Mouse, como o Crucificado, uma imagem concentrada que vem ao mundo nitidamente para dizer o que só ela diz.

O universo felliniano figura ainda num tributo ao compositor Nino Rota e suas aproximações melódicas com o cancioneiro popular. O lugar da música no cinema brasileiro passa a merecer a atenção crítica de Caetano após as suas experiências por vezes insatisfatórias com a composição de trilhas, nem sempre aproveitadas a contento na forma final do filme. Em sua visão, apesar do impacto de algumas trilhas perenes, como a de Tom Jobim para *Porto das Caixas* (1962), de Paulo César Saraceni, o encontro entre músicos e cineastas nos filmes brasileiros resultaria menos proveitoso do que a soma de seus esforços criativos poderia supor. Incapaz de ombrear com a energia histórica da nossa música, o cinema nacional, julga Caetano, em raras ocasiões soube transpor às telas a mística das estrelas da canção popular. As nuances desse descompasso, e as notáveis exceções, são comentadas em textos sobre os filmes *Os Doces Bárbaros* (1976), de Jom Tob Azulay, e *Cazuza: O tempo não para* (2004), de Sandra Werneck e Walter Carvalho. Em outubro de 1991, no *New York Times*, ele refletiu ainda sobre uma expressão brasileira dos musicais de Hollywood, a atriz e cantora Carmen Miranda, radiografada em sua caricatura do ser brasileiro. Caetano explora o gestual de baiana estilizada e percorre as ressonâncias de seu mito na raiz dadaísta da tropicália e na estética *camp*.

Como intérprete, diretor de trilhas ou autor de canções originais, Caetano emprestou sua voz a filmes de vanguarda ou industriais de várias nacionalidades, e alguns hits despontaram de sua associação fecunda com o cinema. Do álbum em espanhol *Fina estampa*, de 1994, a venezuelana "Tonada de luna llena", de Simón Díaz, surge em *A flor do meu segredo* (1995), de Pedro Almodóvar; do registro ao vivo do mesmo disco, a mexicana "Cucurrucucú paloma", de Tomás Méndez, seria relida com êxito internacional por Caetano numa cena de *Fale com ela* (2002), também de Almodóvar, mas estivera antes (para o desagrado do diretor espanhol) na trilha de *Felizes juntos* (1997), de Wong Kar-Wai, assim como voltaria a aparecer no vencedor do Oscar de melhor filme *Moonlight: Sob a luz do luar* (2016), de Barry Jenkins. Almodóvar recorreu à sua voz outra vez com o fado "Estranha forma de vida", dos portugueses Amália Rodrigues e Alfredo Marceneiro, no filme homônimo de 2023. Dezesseis anos antes, outro diretor espanhol, Carlos Saura, convidara Caetano a cantar a mesma música numa cena de *Fados* (2007). O procedimento de conduzir o cantor à cena teve precedente em *Os herdeiros*, de Cacá Diegues, e *O mandarim* (1995), de Julio Bressane.

Uma colaboração mais complexa se desenvolveu na autoria das trilhas de *Proezas de Satanás na Vila de Leva-e-Traz* (1967), de Paulo Gil Soares, *São Bernardo*, de Leon Hirszman, marco do cinema brasileiro com suas vozes ruminadas e superpostas, *Tieta do Agreste* (1996) e *Orfeu* (1999), de Cacá Diegues. Com Gilberto Gil, dividiu a trilha sonora do documentário *Viramundo* (1965), de Geraldo Sarno, amigo de ambos no Centro Popular de Cultura (cpc), em Salvador; e com Milton Nascimento, a de *O coronel e o lobisomem* (2005), de Maurício Farias, que originou a breve turnê *Milton & Caetano*. Em outro plano de colaboração, baseado em argumentos, roteiros ou trechos de filmes ainda não finalizados, Caetano fez canções originais para *A dama do lotação* (1978), de Neville D'Almeida, *Índia, a filha do Sol* (1982), de Fábio Barreto, *Tenda dos milagres* (1985), de Nelson Pereira dos Santos, *Dedé Mamata* (1988), de Rodolfo Brandão e Tereza Gonzalez, *Dois córregos* (1999) — em parceria com Ivan Lins —, de Carlos Reichenbach, *Eu me lembro* (2005) — com Tuzé de Abreu —, de Edgard Navarro, *Ó paí, ó* (2007), de Monique Gardenberg, *O bem-amado* (2010), de Guel Arraes, e *Reis e ratos* (2012), de Mauro Lima.

No início dos anos 1980, o surgimento de um canal americano de videoclipes, a mtv, espraiou uma linguagem audiovisual sincopada e ampliou as fronteiras comerciais da indústria fonográfica. O fenômeno estimularia Caetano a dirigir clipes para as canções "Terra" e "O estrangeiro". Atento ao pop televisivo no tropicalismo, como espectador dos programas de Chacrinha e da jovem guarda, Caetano se tornou um dos pioneiros da apreciação crítica do videoclipe no Brasil com o artigo "Vendo canções", de 1984. No título, ele embute um trocadilho sobre a natureza visual e mercantil dos vídeos musicais, remetendo às transações entre arte e comércio nos filmes de Stanley Kubrick e Rainer Fassbinder. Nessa análise da cultura audiovisual, Caetano observa o regresso dos videoclipes à estética das vanguardas dos anos 1920 e 1930 ("A maioria deles tem é o sabor da loucura modernista mais perto do *Entr'acte* e do *Chien andalou*") e entende que o cinema cumprira ao longo da história sua vocação de espetáculo, sufocando arroubos vanguardistas. Os vídeos de tonalidades expressionistas e surrealizantes da MTV reviravam as conquistas do modernismo. A linguagem convulsionada se transformava então em embalagem mercadológica da indústria do disco.

Em 1986, o envolvimento do compositor com o cinema se aprofundou ao estrear na direção de longa-metragem com *O cinema falado*, filme-ensaio estruturado em torno da fala e pontilhado de referências literárias (Guimarães Rosa, Gertrude Stein, Thomas Mann, João Cabral de Melo Neto). Mais tarde, ele o chamaria de "*Araçá azul* no cinema",[6] numa alusão ao seu disco experimental de 1973, uma ruptura com os padrões comerciais do mercado fonográfico. A ideia de explorar a oralidade na tela veio de seu gosto por entrevistas televisivas, somando-se a isso uma observação de Godard de que um filme pode ser criado apenas com uma câmera diante de uma pessoa contando uma história. Em *O cinema falado*, os personagens falam à câmera, mas não protagonizam histórias. Sucedem-se encenações poético-reflexivas e sequências de autonomia relativa nas quais a personalidade de seu criador se dispersa, como num caleidoscópio, numa multiplicidade de vozes, paisagens, citações. A presença de amigos e familiares do diretor tem grande relevo. Caetano radiografa o mundo em seu universo pessoal.

"O grande culpado", release escrito para a Embrafilme no lançamento do filme, e "Sou pretensioso", revisão da experiência de diretor publicada pela primeira vez na coletânea *O mundo não é chato*, são textos elucidativos das intenções artísticas, do método de produção e do repertório de ideias estéticas de *O cinema falado*. O release remete à memória prazerosa do convívio com a equipe de filmagem e celebra a alegria de ver as imagens do roteiro consumadas no set. Intervenção de choque, "Sou pretensioso" impõe-se como resposta a hostilidades à sua presença no campo cinematográfico. *O cinema falado* teve pré-estreia em 23 de novembro de 1986, numa sessão marcada por vaias de parte do público no FestRio — segundo a imprensa, o cineasta Arthur Omar liderou as ofensas e questionou o caráter vanguardista do filme. Os comentários depreciativos de alguns cineastas e jornalistas criaram a impressão equivocada de que houve uma reação negativa uniforme, mas, em São Paulo, em 5 de dezembro, a plateia do Cine Metrópole, na avenida São Luís, lhe daria uma acolhida calorosa, com aplausos puxados pelo poeta concretista Décio Pignatari. Além disso, o filme conquistou elogios dos também poetas Cacaso, Haroldo e Augusto de Campos, dos cineastas Arnaldo Jabor, Julio Bressane, David Neves, Carlos Reichenbach, e de uma parte expressiva da crítica.

O ensaio "Sou pretensioso" reafirma a importância do filme no projeto estético extramusical de Caetano e transparece uma relação traumática com a memória de sua recepção. "Preciso limpar um pouco a área em que ele se move para poder continuar eu mesmo a mover-me com um mínimo de liberdade", escreveu quase duas décadas após a estreia. Ele reconheceu nas críticas um incômodo com a sua ambição de transpor para o cinema a mesma densidade teórica há muito exercitada em discos, shows e entrevistas. O texto não se esgota em *O cinema falado*. De suas palavras extraem-se referências sutis ao ritmo como traço definidor da poética de Godard, em contraposição à proeminência do quadro em Antonioni. Noutro momento discute o curioso apego à duração média do formato longa-metragem entre realizadores — Godard e Bressane à frente — de resto empenhados em contestar as formas convencionais da indústria cinematográfica.

Na apresentação de *O cinema falado* à imprensa, Caetano afirmou que o longa era "um ensaio de ensaios de filmes possíveis". Na revisão aberta em "Sou pretensioso", ele se pergunta se, já entrado nos sessenta anos, realizaria outras obras. Lidos em conjunto, os dois textos fazem pensar que a polêmica em torno de seu único longa não suprimiu o desejo de voltar ao set. De fato, os "filmes possíveis" assediaram o impulso criador de Caetano antes e depois de *O cinema falado*. Na apresentação deste livro, ele relembra o projeto de um musical livremente inspirado na amizade de Carmen Miranda e Assis Valente, recriados no Carnaval de Salvador.[7] Nos anos 1990, cogitou dirigir a adaptação da peça *Ó paí, ó*, de Márcio Meirelles, mas também abandonou esse projeto, contentando-se em compor um tema para a trilha. Monique Gardenberg assumiu a direção do filme com o Bando de Teatro Olodum. Pouco depois, Caetano escreveu o argumento de um longa de ficção em que Salvador seria fotografada da perspectiva da baía de Todos os Santos, um projeto rememorado aqui em depoimento inédito.

Nesta antologia, de um total de 64 escritos, são recuperados 46 textos dispersos em livros e jornais, inéditos em coletâneas de Caetano. A divisão cronológica nos pareceu mais proveitosa que o ordenamento temático ou conceitual, por salientar o panorama da transformação de suas ideias num conjunto heterogêneo de intervenções, redimensionador do cinema na história geral da tropicália. Em seis décadas de ensaios e entrevistas, acompanhamos a oscilação de suas análises de Douglas Sirk e Woody Allen, as pequenas reavaliações da filmografia de Glauber e Fellini e a revisão da sensibilidade tropicalista tão próxima do imaginário do cinema industrial americano. Entre 1960 e 1963, nos anos de crítica em jornais, ele publicou quinze textos, recuperados parcialmente em janeiro de 1995 por Genebaldo Correia, que franqueou seu acervo ao repórter Waldomiro Júnior, do jornal *O Globo*. Quase 35 anos depois de sua estreia na folha santamarense, as colaborações em *O Archote* foram submetidas ao compositor. Meses mais tarde, a partir dessa redescoberta, o jornalista Leão Serva, do *Jornal da Tarde*, promoveria em São Paulo a mostra O Cinema Segundo Caetano Veloso, de 28 de agosto a 3 de setembro, no então Espaço Banco Nacional de Cinema, na rua Augusta. O ciclo fez projeções de *Hiroshima, meu amor*, de Resnais, *De crápula a herói* (1959), de Roberto Rossellini, *Je Vous Salue, Marie*, de Godard, *O belo Antônio* (1960), de Mauro Bolognini, *O Bandido da Luz Vermelha*, de Sganzerla, *A aventura* (1960), de Antonioni, *A doce vida* (1960), de Fellini, *Meu tio* (1958), de Jacques Tati, além de três sessões de *O cinema falado*. Um caderno especial do *Jornal da Tarde* também publicou a íntegra dos textos do *Archote*. A revisão de 1995 ignorou, porém, a existência de outros textos de Caetano no *Diário de Notícias* e na *Afirmação*, publicados nos anos 1960 em Salvador. Depois da breve e intensa passagem pela imprensa baiana, ele voltaria a ter coluna no semanário carioca *O Pasquim*, criado em 1969, no qual colaborou de Londres, e no jornal *O Globo*, de 9 de maio de 2010 a 3 de agosto de 2014. Desde então pequenos textos sobre filmes, atores e diretores apareceram em suas redes sociais.

Nos artigos publicados no jornal *O Globo*, Caetano exerceu um olhar abrangente, da política ao urbanismo, e contemplou com regularidade a análise de filmes naquela que seria sua mais extensa contribuição para um veículo. Esses textos expõem um giro em seu percurso.

Em seus começos na crítica, ele se concentrava em acompanhar a evolução da linguagem cinematográfica, liderada por cineastas europeus de audácia formal merecedora de defesa intransigente. Na maturidade, abriu outras veredas. Boa parte de seus artigos no jornal carioca acenou para a origem popular do cinema e reverenciou sua condição de entretenimento, sobretudo o divertimento hollywoodiano. Numa das colunas, Caetano admite que, feito um espectador médio americano, seu apetite por produções anglófonas se arraigara a ponto de estranhar tudo aquilo que não fosse falado em inglês nas telas.

A valorização do prazer desarma certos consensos críticos. Contrariando quem pudesse tomá-lo por ingênuo, Caetano confere legitimidade ao discurso ambientalista embutido em *Avatar* (2009), de James Cameron. E não se dobra a quem vê no colorido de *Rio* (2011), de Carlos Saldanha, uma representação inautêntica da realidade brasileira, identificando na animação da Disney uma reafirmação de sua crença pessoal no excepcionalismo do Brasil. Ele deplora, sim, os fumos de sobriedade hollywoodiana ("cara de seriedade forçada") de *Lincoln* (2012), de Steven Spielberg, e expressa a vontade de que o 3D, ilusão marcante em sua infância e que alcançaria em *Pina* (2011), de Wim Wenders, "a glória da invenção do cinematógrafo", não seja monopolizado por blockbusters. Desde 1968 a visada crítica do tropicalismo persiste em seus textos, como ao apreciar a síntese de alta e baixa cultura no cinema autoral de Pedro Almodóvar. Todavia, nem sempre o exame da autoralidade de um cineasta assume um tom celebratório. Caetano se mantém insubmisso ao cânone de seu tempo e dessacraliza os "filmes de arte", sublinhando o kitsch em Ingmar Bergman, a afetação de *Paris, Texas* (1984), de Wim Wenders, ou a sofisticação provinciana de Woody Allen.

Nos três anos de pesquisas para esta coletânea, os organizadores puderam consultar Caetano Veloso sobre dúvidas e lacunas textuais, episódios biográficos, trilhas para cinema e impasses de ordem metodológica. Em alguns momentos, à medida que antigos ensaios foram redescobertos, ele releu e avaliou suas opiniões e predileções.

A ideia deste livro surgiu do cinema falado de Caetano. Os organizadores vivenciaram sua paixão por filmes e suas conversas de muitos ramos sobre o fenômeno do cinema e seus mitos. Noutras horas, observaram seu silêncio em salas de projeção e sessões caseiras de obras clássicas ou de ocasião, sinalizando um envolvimento ascético com as imagens, às quais regressa depois dos letreiros, minucioso e memorioso. Gilberto Gil considerou que os filmes ficam ainda melhores nas suas descrições.[8] Os amigos podem ser levados à frustração no contato posterior com uma obra, pois tudo se torna mais vívido em sua narração de planos, sequências, figurinos, atuações, trilhas, tramas e subtramas. Uma obra-prima de Gil, "Super-Homem — A canção", nasceu momentos depois de Caetano contar o enredo de *Superman — O filme*, de 1978. Há noites em que seu pendor para o comentário de filmes suplanta a conversa sobre a música, e, no entanto, nessa aparente inversão, afirma-se a sua verdade artística, desde sempre vinculada ao cinema ou ao desejo de realizá-lo em canções. Não seria demais imaginar esta coletânea como uma tentativa de reter e transmitir o calor de seu pensamento cinematográfico nas madrugadas.

NO SET, EM 1986. "FIZ *O CINEMA FALADO* COMO EXERCÍCIO PARA EM SEGUIDA FAZER FILMES NARRATIVOS."

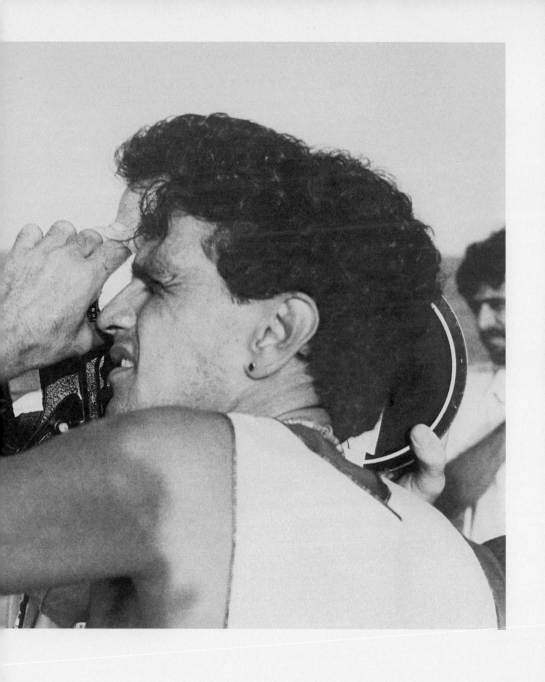

APRESENTAÇÃO

Caetano Veloso

Numa visita à casa londrina de Bernardo Bertolucci, a que fui acompanhado por Pedro Almodóvar, ouvi do cineasta italiano (cujo *Assédio* me encantara àquela altura) que a língua dele não era boa para o cinema. Me lembrei do senso comum brasileiro dos anos 1950 sobre o português não servir para filmes. Discordei apaixonadamente de Bernardo. Eu quase gritava que ouvir italiano fazia as imagens parecerem mais belas e mais fortes. Godard escreveu em sua(s) história(s) do cinema que a língua italiana se entranhava nas imagens, mesmo que os cineastas da Itália nunca gravassem o som junto com elas. Tudo dublado (e frequentemente fora de sincronia) mas abençoado pela língua que me parecia a mais bela do mundo. Bertolucci, que já havia cometido um gozado erro linguístico em Roma, quando, anos antes dessa visita a sua casa inglesa, me sugerira que eu pusesse um "viado" no palco do meu show ("viados" eram o grande fenômeno brasileiro nas ruas noturnas das grandes cidades italianas: as travestis — algumas exuberantemente exitosas — de Milão ou Roma eram como que todas brasileiras). Sempre escrevo "veado" para me referir a homens homossexuais, mas Bertolucci usava a gíria italiana que nascera do trato com as travecas brasileiras — e ela pressupunha o "i". Tentei explicar (em italiano) que bastava um veado no palco do meu show: eu. Bertolucci se perdeu um pouco na piada. Na verdade o erro era também meu, que não sabia que no italiano daqueles anos "viado" significava "travesti". O roteiro de *Assédio* se devia em grande parte a sua mulher, Clare Peploe, e o filme era quase todo falado em inglês. A gradativa revelação da escadaria da Piazza di Spagna era um deslumbramento. E as poucas palavras ditas em italiano ao longo do filme me hipnotizavam. O que Bertolucci não sabia é que eu tinha posto uma travesti no palco de um dos meus shows montados pouco depois da volta do exílio, em 1972. Eu cantava o bolero "Tenho ciúme de tudo" e, quando a canção chegava aos versos "Tenho ciúme até/ Da roupa que tu vestes", uma traveca paulistana que trabalhava no teatro entrava dançando à minha frente, com um rabo de plumas enormes, e eu me ajoelhava beijando-lhe a mão.

Todos os meus shows, todos os meus discos têm estruturação nascida de filmes semi-imaginados. Antes de fazer esse show, sonhei fazer um filme em Salvador. Depois de dois anos e meio no exílio, eu só queria morar na Bahia. Me sentia feliz. Moreno nasceu. O filme que não fiz fora sonhado como uma versão movimentada, colorida e encantadora do curto texto de Assis Valente sobre Carmen Miranda que eu encontrara numa coletânea de artigos, declarações e frases sobre a Pequena Notável, publicada logo depois de sua morte. Assis dizia apenas algo como "quando Carmen foi-se embora para os Estados Unidos, minha vida acabou". Eu via a imagem tropicalista estilizada da Gal Costa de *Fa-Tal* como uma trans-Carmen, uma super-Miranda, uma figura que deveria ser mundial — e imaginava cenas para ela de um musical ainda não existente, com algumas coreografias entre areia e água, nas praias de Salvador, com roupas de papel crepom se desfazendo nas minimarolas, tingindo a água salgada de cores diversas, as músicas sendo escritas e gravadas para servir a isso. Gal ao meio, a turma neo-hippie que enchia a Salvador do começo dos 1970s, evidentemente interpretada por boas e bons bailarinos, formados ou não em escolas de balé. No projeto, meu amigo Dazinho (que aparece dançando no adro da igreja em *O cinema falado*, o único longa que dirigi) faria o Assis Valente da era da contracultura. Um jovem mulato feio mas de personalidade encantadora, ele seria o compositor das músicas que Gal cantava. Um convite para fazer apresentações e até um filme nos Estados Unidos a levava embora. O avião em que ela embarcara decolava do aeroporto de Salvador e passava, já um tanto alto, sobre a praça Castro Alves abarrotada de foliões numa tarde de Carnaval. Dazinho, o Assis, com restos de fantasia de pierrô de chita, chorava olhando o avião cruzar o céu. Ele e Gal tinham um não romance. Intenso. A colaboração cantora-compositor era, sobretudo aos olhos dele, eivada de sentimentos amorosos complexos. Eu queria que a dubiedade sexual do personagem (na verdade, dos personagens) se mostrasse no filme de modo tão óbvio e tão oculto quanto o era para os dois.

Minha concepção era poética. Pensava muito no que senti ao ver os primeiros filmes de Godard: cinema/poesia. Li tardiamente o artigo instigante em que Pasolini distinguia cinema de prosa de cinema de poesia. Eu via poemas audiovisuais nas sequências metalinguísticas das quase não narrativas godardianas. E reencontrava isso nos filmes de Rogério Sganzerla e Julio Bressane. Sobretudo em *Matou a família e foi ao cinema*, deste último. O que veio a dar no movimento tropicalista nasceu em mim quando vi *Terra em transe*, de Glauber Rocha. E, entre a prisão e o exílio, vi os filmes de Rogério e Julinho como a cara cinemática das consequências disso. A audácia de Glauber, que arrastou Luiz Carlos Maciel para Salvador, era propor um cinema inventivo, relevante — e mesmo revolucionário em âmbito mundial — produzido no Brasil. O cinema é arte da era industrial. Começou como atração de feira e virou indústria de divertimento, o que a canção popular já era. Mas a canção, coisa bem mais antiga, é, em sua forma comercial, como que a história de abastardamento de uma arte elevada. Desde seus começos, o cinema contou com experimentadores formais, com ambições estéticas e intelectuais que, digamos, oficialmente estavam ausentes da música popular. Não que as letras e frases melódicas de Cole Porter ou Noel Rosa, as sequências harmônicas de Gershwin ou Ary Barroso, fossem menos ricas artisticamente do que os filmes de Hitchcock, mas os críticos da *Cahiers du Cinéma* (e os diretores da nouvelle vague) deram as voltas possíveis em torno de Méliès, Buñuel e Cecil B. DeMille, criando assim um critério novo. A história que eu sonhava pôr sobre as telas sugeria um musical que tivesse presença forte no mundo (Glauber tinha sido elencado como diretor de filmes de poesia pelo próprio Pasolini).

Eu me identificava com o estilo de *O Bandido da Luz Vermelha*, mas, se me fosse dado, tentaria aprofundar o que há de poesia em *Matou a família e foi ao cinema*. Sem desmentir o que fora deflagrado por Glauber. O Cinema Novo tinha sido um dos gatilhos do tropicalismo e, além da radical virada glauberiana (que soube querer fazer do cinema brasileiro uma ponta de lança do cinema mundial sem ter sequer passado pela conquista de acabamento de nível europeu que o cinema argentino, por exemplo, atingira — e que a Vera Cruz, em São Paulo, tentara), havia *Brasil ano 2000*, de Walter Lima Jr., para o qual foram escritas as primeiras canções tropicalistas. O filme, sendo um musical, estaria sempre longe do prosaico. (Pasolini não encara a questão dos musicais: toda a multidão de filmes comerciais, filmes-espetáculo, é desqualificada sumariamente por ele.) O filme de Walter Lima, no entanto, sendo, como o tropicalismo, um filho de *Terra em transe*, é algo não prosaico e apresenta uma mistura de inventividade e precariedade dentro do gênero. Vejo o filme que não fiz situado entre ele e *A Lira do Delírio*, que Walter veio a fazer em 1978. Em 1972 convidei Walter para colaborar comigo na elaboração do roteiro. Foram muitos dias de camaradagem e esboços de estruturação de um argumento. Walter me chamava para a realidade da feitura de filmes. E apareceu o lado narrativo, prosaico, que estava instintivamente repudiado por mim. Foi um tempo bom de convivência e conversas. Mas ele se esforçava para dar ao filme estrutura mais convencional. A ideia do protagonista masculino ser feio (o que de fato não corresponde à verdade sobre Assis Valente, que era bonito) levou Walter a sugerir que Paulinho da Viola fizesse o compositor. Eu era fã e amigo de Paulinho. E ele é bonito. Achava quase irresistível filmar um musical com ele fazendo um novo Assis ao lado da Gal Fa-Tal. Mas as sugestões de conflitos para amarrar a narrativa somadas à ideia de ter Paulinho como o autor de canções que não só não seriam dele como seriam algo que seu estilo precisa rejeitar para ter o alto nível de beleza que tem me deixavam tímido diante de Walter. Terminei sentindo que eu não poderia fazer um filme. Foi um tanto entristecedor: vi-me amarrado à música e tendo de retrair-me diante do destino.

O Cinema Santo Amaro ficava na praça da Purificação, bem perto da igreja de Nossa Senhora. Até a minha adolescência, esse era o único cinema da cidade. Importa que ele fosse tão próximo da matriz, onde as novenas com cânticos operísticos sobre orquestra de câmara vindo de um piso alto acima das portas de entrada, de frente para o altar de colunas salmão com frisos dourados, tendo ao centro uma imagem barroca da Virgem em vestes com estampas de ouro, cercada por grandes nuvens de gesso pintado em cores de chuva e esplendor, ensinavam tudo sobre encantamento. As imagens movendo-se na tela me apaixonavam tanto quanto ou mais do que as ruas vistas da bicicleta, voando sobre paralelepípedos, beirando o rio Subaé. Eu queria ir todas as noites ao cinema. O som de gongo que precedia o apagar das luzes era sagrado. A entrada custava quatrocentos réis. Minha mãe me dava um mil-réis (que é como ainda chamávamos o cruzeiro), eu guardava o troco e, quando já tivesse juntado quatro tostões, comprava o último bilhete antes de pedir novo cruzeiro a ela.

À medida que fui crescendo, ficando mais feliz por sair da infância, coisas diferentes vieram. Um novo cinema se inaugurou — e este já tinha Cinemascope. Chamava-se Cine Subaé. Além dele, um outro, menor do que o Santo Amaro, começou a funcionar "lá embaixo", onde a rua do Amparo se unia à "estrada dos carros". Coisa do padre Fenelon, que era o pároco do Rosário (e também da nova pequena igreja de São Francisco) e incentivou a feitura do Cine São Francisco. Tudo o que era rio acima a gente chamava de "lá em cima". A praça da Purificação ficava "lá em cima". Os cines Subaé e São Francisco, assim como a igreja do Rosário, ficavam "lá embaixo".

Mesmo antes disso, minhas irmãs mais velhas tinham ido estudar em Salvador. Passei a ir de vez em quando com meus pais "à Bahia", que é como chamávamos Salvador, e lá, no Cine Roma, vi *Sansão e Dalila*. Fiquei deslumbrado. Pareceu-me a coisa mais linda que eu já tinha experimentado na vida. E passei a imitar as caretas de Victor Mature. Surpreende-me que eu tenha ficado tão encantado com a beleza de Hedy Lamarr e me identificado com o herói masculino. Eu tinha uma certa rejeição pelo culto dos heróis dos filmes de caubói. Me sentia diferente dos meus colegas de escola quanto a isso. Mas com Sansão surgiu meu modelo de macho. Eu teria uns oito anos. Minhas irmãs, já moças — e nossos primos soteropolitanos, os Souza Castro —, ressaltavam a importância do neorrealismo italiano. Nesse meio-tempo, depois de anos de febres por gripes repetidas, fui trazido ao Rio por uma prima que tinha vindo morar aqui. Nossa casa em Santo Amaro era cheia de mulheres. Essa prima que me trouxe ao Rio já era adulta, embora fosse a mais nova das sobrinhas de meu pai que moravam conosco. Ela era enfermeira. Eu faria uns exames e voltaria no fim do verão com um tratamento que me livrasse das febres. Tiraram-me as amígdalas e eu fiquei um ano inteiro no Rio. Numa casa da Fundação da Casa Popular, junto ao subúrbio de Deodoro, lugar que hoje se chama

Guadalupe. Minha Inha (era assim que eu chamava essa prima) me levava ao auditório da Rádio Nacional e ao cinema. A gente ia a sessões passatempo na Cinelândia e principalmente via filmes grandiosos no Cine Imperator, no Méier. Assim como *Sansão e Dalila*, *Suplício de uma saudade* me marcou. As chanchadas brasileiras eram desrespeitadas mas exitosas. Todo mundo se divertia e ninguém dizia que era bom. Havia um natural autodesrespeito do Brasil por si mesmo que a gente entendia desde pequenininho — e os filmes com Oscarito e Grande Otelo (mas principalmente os mais novos com Zé Trindade, Ankito, Dercy Gonçalves) eram um modo seguro de manutenção dessa autoimagem. Quando voltei do Rio para Santo Amaro, aos catorze anos, uma espécie de percepção crítica dessa realidade de nossas vidas já se dava em mim. Eu via que o mesmo se passava com todos os brasileiros, mas não os via experimentar isso com desconforto consciente. *Nem Sansão nem Dalila* e *O homem do Sputnik* eram filmes fascinantemente sofisticados e complexos dentro dessa tradição comercial/popular. Foi aí que vi *A estrada da vida*, o incrível *La strada* de Fellini, que só ganhou outro título no Brasil. Vi no Cine Subaé, num domingo, às dez da manhã. Passei o dia chorando, no fundo do quintal, sem conseguir comer. O gesto de olhar para o céu pela primeira vez que Zampanò realiza na cena final, a música de Nino Rota, a cara de Giulietta Masina, meus pensamentos sobre a vida e o cinema.

Escrevi crítica de cinema desde meus dezenove, vinte anos. Primeiro para a revista *Afirmação*, criada por Hélio Rocha, depois no jornal *O Archote*, de Santo Amaro, e finalmente para jornais da capital baiana. Devo quase tudo a meu irmão Rodrigo, que, mais velho do que eu e já empregado em Salvador, me encorajou a entrar em cineclubes e assistir a palestras sobre cinema. Nesse ambiente, entrei em contato com Orlando Senna, um jovem crítico que estimulava colegas ainda mais jovens. Aprendi muito nas conversas com Orlando e a turma que o cercava. Vi palestras de Walter da Silveira e de Glauber. O diretor teatral Álvaro Guimarães me convidou para pôr música na montagem que fez de uma comédia brasileira do século XIX — e logo me pediria para escrever a música para seu curta-metragem *Moleques de rua*. Pedi à minha irmã Bethânia que cantasse o tema que inventei para a trilha. Alvinho foi um amigo milagroso. Me apresentou a todas as pessoas que se tornaram importantes em minha vida e me empurrou para a música. Duda Machado andava com ele. Passei a andar com os dois. Duda, aos dezessete, já sabia muito sobre alta cultura e, em sua paixão pelo cinema, logo estaria lendo a *Cahiers du Cinéma* e tinha palpites sobre esta ou aquela posição crítica deste ou daquele articulista. As críticas que escrevi para revistas e jornais me pareciam tateantes. Duda devia achá-las quase infantis. Mas meu entusiasmo pelo cinema me exigia correr o risco do ridículo e escrever críticas que tivessem ao menos um arremedo de desenvolvimento intelectual. Aliás, a trajetória crítica de Glauber arriscava-se a soar pretensiosa. Na verdade, suas resenhas resultavam estimulantes e instigantes, não eram exemplos de pedanteria provinciana.

As críticas que se podem ler neste livro foram escritas no comecinho da virada que foi o Cinema Novo. Supunha que o primeiro artigo meu sobre um filme a sair em jornal da capital baiana tivesse sido sobre *Barravento*, o primeiro longa de Glauber. Mas meus amigos que organizam este livro me alertaram para o fato de que escrevi antes sobre *A grande feira*, de Roberto Pires. Seja como tenha sido, foi no momento da superação da fase chanchadas/Vera Cruz que comecei a escrever sobre cinema.

Me lembro de, ao reler alguns dos textos reunidos neste volume, quando de uma primeira retomada deles pelo jornalista Leão Serva, ainda no século XX, pensar em quão adolescentes parecem os esforços para educar leitores interioranos a respeito dos filmes "de arte". Para ficar num exemplo revelador, vim a rever a versão de Douglas Sirk de *Imitação da vida*, na BBC, em Londres, já aos 26 ou 27 anos, e, com a sensibilidade pós-pop, pós-tropicalista, fiquei mais impactado com a graça da narrativa, angulação, montagem, do que as moças santamarenses que choraram com ele, das quais meus amigos Chico Motta, Dazinho e eu ríamos — e contra o sentimentalismo das quais escrevi a crítica.

O caso que mais me fascina é a minha discordância dos nouvelle-vaguianos quanto a René Clair. Nunca deixei de ver com quase adoração a sequência de imagens de *As grandes manobras*. Vi o filme no Cine Santo Amaro nos anos 1950. Depois de anos de perceber o desprezo dos críticos da *Cahiers* por Clair, surpreendi-me com o encantamento que esse filme produzia em mim já no final do século xx. Devo isso a Leão Serva, que organizou um minifestival que acompanhava a descoberta por ele de minhas críticas juvenis. Quando Tom Luddy me convidou para fazer uma curadoria no Festival de Telluride, incluí *As grandes manobras* — e, revendo-o já no século XXI, vi meu maravilhamento confirmado. Bob Hurwitz, um amigo americano, então presidente da Nonesuch Records, ironizou a forma aparentemente convencional do filme. Eu me emocionava com a fluidez da narrativa e a elegância dos enquadramentos. Para a mesma série de projeções, eu havia escolhido também *Viver a vida*, de Godard — e me envolvia na dialética dessas escolhas.

Dentre os textos que escrevi mais tarde, já sem querer nem precisar tornar-me crítico de cinema, ressalto um elogio entusiasmado a *Reis e ratos*, de Mauro Lima — que tentei incluir na lista de Telluride mas que Luddy, tendo visto o filme a meu pedido, desaprovou. Ele dizia não entender o filme, a história que conta ou o que quer dizer. Eu sigo achando esse um filme único no cinema brasileiro mais recente. Mas já não vejo filmes como antigamente. Eu ia ao cinema todos os dias. Às vezes via dois, três filmes no mesmo dia; às vezes via um mesmo filme várias vezes. Passei a fazer isso com menos frequência — e nos anos de pandemia de covid-19 não vi quase filme nenhum numa sala de espetáculos. Acho muito diferente ver um filme na TV. Os estímulos à atenção são outros e a memória não guarda nem tão intensa nem tão longamente quanto o faz com o que recebe da tela grande. E esta é tela iluminada, não tela luminosa.

Tive um encontro crítico com Godard que confirma minha identificação com ele, em contraste com o desencontro quando se tratou de René Clair: *The Brown Bunny*, de Vincent Gallo, me arrebatou. Eu via a frieza com relação a esse filme por parte dos críticos e cinéfilos como um desentender o cinema. Depois de defendê-lo em conversas, li Godard dizendo sobre ele exatamente o que eu pensava.

Agora estou aqui, passados meus oitenta anos, cantando canções em palcos, amando o que acontece no cinema em Pernambuco ou em Contagem, nostálgico do tempo em que via "tudo" e podia ter uma perspectiva. Escrevo estas palavras sem ter relido a maioria das críticas que se mostram aqui. Gostaria de ter tempo de escrever uma crítica das críticas que aqui se reúnem. Seria talvez um tanto ácida.

"CINEMA NOVO"

O filme quis dizer: "Eu sou o samba"
"A voz do morro" rasgou a tela do cinema
E começaram a se configurar
Visões das coisas grandes e pequenas
Que nos formaram e estão a nos formar
Todas e muitas: *Deus e o diabo*, *Vidas secas*, *Os fuzis*,
Os cafajestes, *O padre e a moça*, *A grande feira*, *O desafio*
Outras conversas, outras conversas sobre os jeitos do Brasil
A bossa nova passou na prova
Nos salvou na dimensão da eternidade
Porém aqui embaixo "a vida", mera "metade de nada"
Nem morria nem enfrentava o problema
Pedia soluções e explicações
E foi por isso que as imagens do país desse cinema
Entraram nas palavras das canções

Primeiro, foram aquelas que explicavam
E a música parava pra pensar
Mas era tão bonito que parasse
Que a gente nem queria reclamar

Depois, foram as imagens que assombravam
E outras palavras já queriam se cantar
De ordem, de desordem, de loucura
De alma à meia-noite e de indústria
E a terra entrou em transe

No sertão de Ipanema
Em transe no mar de Monte Santo
E a luz do nosso canto, e as vozes do poema
Necessitaram transformar-se tanto
Que o samba quis dizer: "eu sou cinema"

Aí *O anjo nasceu*
Veio *O Bandido*, *Meteorango*
Hitler III° *Mundo*
Sem essa aranha, *Fome de amor*
E o filme disse: "eu quero ser poema"
Ou mais: "quero ser filme e filme-filme"
Acossado no *limite* da *Garganta do diabo*
Voltar à Atlântida e ultrapassar *O eclipse*
Matar o ovo e ver a Vera Cruz

E o samba agora diz: "eu sou a luz"
Da *Lira do Delírio*, da alforria de *Xica*
De *Toda a nudez* de *Índia*
De *Flor* de Macabeia, de *Asa branca*
Meu nome é *Stelinha*, é *Inocência*
Meu nome é Orson Antonio Vieira Conselheiro de *Pixote*
Superoutro
Quero ser velho, de novo eterno,
Quero ser novo de novo
Quero ser *Ganga bruta* e clara gema
Eu sou o samba, viva o cinema
Viva o Cinema Novo

Do álbum *Tropicália 2*, 1993. Com música de Gilberto Gil[9]

ENSAIOS E CRÍTICAS

CINEMA E PÚBLICO

Vamos constantemente ao cinema. Lemos todos os números das "revistas especializadas". Sabemos os nomes e temos decoradas as caras (e os gestos) de Rocks Hudsons, Tonys Curtis, Elizabeths Taylors e nos consideramos a par das coisas de cinema quando sabemos dos novos casamentos dos atores, quando estamos em dia com os últimos divórcios, quando conhecemos os últimos boatos e mexericos. Mas não conhecemos um só nome de diretor. Não procuramos ver quais as mensagens dos seus filmes. Nem supomos que é ele o importante numa película, e não o ator. Temos notícia do que vestiu Marilyn Monroe na noite da avant-première, mas não tentamos compreender o que pensou Fellini ao realizar *La strada* ou o que sentiu De Sica ao criar *Ladrões de bicicleta*. Para nós o importante é Brigitte Bardot, e não Jean Renoir, é Sophia Loren, e não Rossellini.

A nossa situação em face do cinema: ou, melhor, a situação do cinema diante de nós, o público, é quase desconcertante.

A verdade é que não estamos avisados acerca de cinema. É que o atraso cultural em que ainda nos encontramos é tão grande que não reconhecemos o cinema como uma cultura. Se lemos um livro, cremos aumentar nossa cultura, se ouvimos música, sabemos que estamos nos educando; mas, se vemos um filme, nos sentimos como quem leu uma revista em quadrinhos.

Não neguemos se preferimos os dramalhões às obras-primas; se preferimos os canastrões aos grandes atores é porque somos ignorantes acerca do cinema. Mas reconhecer isso não basta. Esse conformismo é que nos deixa no atraso em que estamos. Não basta sabermos que não sabemos; é preciso que procuremos saber.

Não pensemos que temos muita personalidade quando discordamos dos críticos. Procuremos entender por que eles discordam de nós. Não nos conformemos em dizer que eles são malucos ou ignorantes porque não concordam com nossas opiniões. Tentemos estudar por que eles não concordam.

Não sabemos acerca de cinema. Verdade. E a missão dos críticos não pode ser ensinar-nos o que é cinema, mas induzir-nos a estudá-lo; é espicaçar no espectador inteligente a curiosidade sobre a arte cinematográfica; é levá-lo a procurar ler os compêndios que já foram escritos sobre a cinestética. É orientá-lo.

Procurar saber sobre arte cinematográfica não é apenas um passatempo esnobe, mas uma necessidade cultural do homem moderno. Porque, das artes, a mais atual é o cinema. É a que mais exprime o espírito inquieto do momento; é a arte do movimento; é a que mais se pode aproximar do público, ou, melhor, é a que mais aproxima o público dele mesmo: é a arte de maior importância social.

O homem precisa de arte porque além de ter nervos e músculos tem uma coisa que se chama alma. E a arte é a maior carícia para a alma. Por isso ele sempre praticou esses exercícios do espírito. Praticou ou contemplou. Porque a arte é prazer para quem a faz e para quem a observa. E o homem necessita desse prazer. Para quem a pratica é o prazer de externar seus sentimentos. Para quem a contempla é o prazer de ver o belo ou de reconhecer, no sentimento do artista, seu sentimento.

Para o momento atual, para nossa era, para o nosso século, o cinema é o melhor meio de expressão para os artistas e a melhor maneira de os espectadores encontrarem seus sentimentos na obra artística. Ainda: o cinema é a arte de maior importância social e política. É a que mais penetra no espírito dos povos levando ideias, ensinamentos, mensagens. Nós precisamos entender essas ideias, alcançar esses sentimentos, interpretar essas mensagens. Além de entreter nossas almas com a estética dessa arte, moderna por excelência.

O Archote, n. 2, Santo Amaro, Bahia, 30/10/1960

CINEMA, ATOR E DIRETOR

Sinto decepcioná-los, mas aqui vai como uma notícia: não é o "ator", e sim o "diretor", o importante num filme. O cinema é uma estética, é uma arte. E o diretor está para a obra de arte fílmica assim como o pintor está para o quadro. Os materiais de que dispõe um realizador cinematográfico são a câmera, o celuloide, os cenários, as coisas, os atores etc.; como são materiais à disposição de um pintor a tela, os pincéis, as tintas. Pus propositadamente os atores entre os "materiais" para frisar que dentre os estudiosos do cinema eles são considerados como simples objeto na mão do realizador. O que é mais um exagero usado como antídoto do "estrelismo" do que a realidade mesma. É inegável que o ator é um "instrumento" na mão do diretor, mas um instrumento "superior"! Nunca igual a um objeto. Porque dele o diretor tira emoções, expressões humanas. É verdade que um realizador pode conseguir milagres de interpretação de um "canastrão", como, por exemplo, Fellini conseguiu de Amedeo Nazzari em *Le notti di Cabiria*, mas jamais poderá qualquer realizador extrair de uma Sarita Montiel uma profundeza dramática e humana, uma quase genialidade como a da grande Giulietta Masina em *La strada* ou no referido *Notti di Cabiria*! Certo é que ela foi dirigida pelo mesmo Fellini que fez de Nazzari um bom ator (o que nos levaria a julgar ser sua "genialidade" resultado apenas da boa direção); mas uma coisa é um diretor conseguir, com habilidade, que um péssimo ator pareça, aos olhos do público, estar representando bem; e outra é o ator compreender o desejo do realizador, entender e sentir a personagem que interpreta e compor uma atenção consciente, racional, inteligente, "construída pedacinho por pedacinho", como foram as de Masina. Interpretação que eleva o ator a um ponto alto no valor total da obra. Mas mesmo nesses casos a importância do ator não atinge a importância do diretor, que é, sem dúvida, quem realiza o filme. É ele quem idealiza a personagem que o ator interpreta. O ator pode ser genial, se a personagem for mal elaborada e o diretor não sabe o que quer, sua interpretação será fraca. O autor de um filme é o diretor, assim como o autor de um livro é o escritor. É claro que estou falando dos verdadeiros realizadores de cinema. Pois não se pode dizer que a maioria dos diretores de Hollywood é de autores de filmes. Lá, em geral, a companhia produtora escolhe a estória, entrega-a a um roteirista, escolhe o músico, seleciona os atores, e só então convida um diretor, que já nada terá que fazer a não ser dirigir os atores e fazer algumas modificações (dentro do exigido pelo que há na produtora e pelo que há de social ou político no país). Não, não me refiro a esses, mas a alguns de exceção em Hollywood, a muitos dos europeus e à maioria dos asiáticos (me refiro aos japoneses). Ninguém pode negar que é Fellini o autor de *Estrada da vida*, *Boas-vidas*, *Cabíria* etc.; como ninguém duvida que é Vittorio De Sica o autor de *Ladrões de bicicleta* ou de *Umberto D.* e Akira Kurosawa de *Sete samurais*, *Fortaleza escondida* ou *Trono manchado de sangue*. Os seus estilos narrativos e estéticos, os seus conceitos ideológicos estão em todas as suas obras.

O meu interesse é acender a curiosidade de alguns (seria pretensioso dizer de todos) sobre esta arte que é tão importante na formação da mentalidade do povo.

Sim, porque enquanto não se entender sua mensagem, enquanto não se reconhecer a imensa superioridade de René Clair sobre Rock Hudson, continuar-se-á a ser ludibriado por uma indústria de falsa felicidade ou por algumas propagandas nacionais.

Procurem sempre lembrar (se é que se interessam) que o importante é Billy Wilder, e não Marilyn Monroe; que o importante é J. B. Tanko, e não Ankito (embora, infelizmente, em sentido negativo).

O Archote, n. 4, Santo Amaro, Bahia, 04/12/1960

O CASO *DOCE VIDA*

Quando escrevi aqui o meu primeiro artigo sobre as relações de "cinema e público" (expressão que agora é o título desta coluna), falei da preguiça mental que impede uma ampliação e um aprofundamento da cultura cinematográfica no Brasil. Se volto ao assunto é para citar, como exemplo, um caso muito recente — o fracasso popular de *La dolce vita* de Fellini, em Salvador.

O filme, como se sabe, é o máximo. É filme de denúncia social. É a reportagem de uma sociedade em decadência. É a obra premiada e aclamada, considerada importante social e artisticamente. Entretanto o povo se retirava do cinema durante a projeção ou saía reclamando, dizendo aos amigos: "É um abacaxi".

E isso é fracasso!

Dir-se-ia que é comum acontecer um filme ter sucesso de crítica e não ter sucesso de público. Mas *A doce vida* é um filme muito claro e escandaloso e traz uma "doçura" superficial que agradaria às plateias quando não as atingiu com sua profunda amargura. Ademais, o filme agradou imensamente na Itália e em toda a Europa (e continua agradando). Mas entre nós existe uma preguiça mental, um desleixo do intelecto que não deixa o povo ver o filme pensando. A nossa gente está acostumada a ver a obra fílmica de uma maneira passiva, sensorial, quase irracional. Está viciada com os dramas coloridos e falsos de Hollywood, com os roxos dramalhões mexicanos, com os rosados melodramas alemães e não pode entender Fellini.

É preciso lutar contra isso. Não podemos nem devemos aceitar, passivamente, a falsidade dos "Imitações da vida", dos "Violeteras", dos "Sissis". Isso é uma vergonha para o Brasil e para o cinema.

Quem justificar essa atitude dizendo que "cinema é distração" e que "de triste e amargo basta a vida" é mais ingênuo e supérfluo que gostar desses filmezinhos ridículos; porque as mesmas pessoas que isso alegam vão ao cinema assistir amargos dramalhões e chorar com eles, o que prova que elas não vão ao cinema em busca apenas de uma "leve distração", mas em busca de um sentimento falso e primitivo. Não importa que seja de alegria ou de tristeza (o que mostra que a tristeza da vida, só, não basta), mas que seja imediato e superficial, que seja fácil, que não dê trabalho de ser sentido. Não sabem entretanto que esses sentimentos falsos, causados por falsas obras de arte, são efêmeros e inúteis. Contudo, continua a grande maioria agarrada aos filmezinhos medíocres que se destinam aos sentidos, e esquecida dos verdadeiros sentimentos provocados pelas obras sinceras e que, porque profundos, ficam, permanecem, passam a fazer parte da nossa alma.

Mas o povo não quer pensar, parece ter preguiça de se lembrar que é raça humana. A culpa, talvez, não é do público, mas dos mercadores de falsa felicidade, dos donos de "happy end", dos autores das lágrimas lilases. É o velho caso: quem só lê M. Delly não pode entender Hemingway.

O Archote, n. 5, Santo Amaro, Bahia, 24/12/1960

FESTIVAL JAPONÊS

CINEMA

O aparecimento de um festival de filmes japoneses em Santo Amaro foi, de qualquer forma, um acontecimento importante. Excluindo *Rashomon* (de Akira Kurosawa), que aqui foi exibido há muitos anos, nenhum filme do Japão era conhecido, até agora, pelas plateias santamarenses. Entretanto, conhecer o cinema japonês é uma obrigação de todo cinéfilo. De surpresa nos apareceram sete filmes da Terra do Sol Nascente, o que muito nos alegrou. Esperávamos sete obras representativas de um cinema que nos apresenta como um dos maiores do mundo. Infelizmente chegou até nós apenas uma série de filmes comerciais que somente serviram para mostrar o adiantamento técnico da indústria do cinema no Japão. Contudo, dois filmes salvaram o festival: *Banzuin, o Destemido* e *Jovens desencaminhadas* (se não me engano, ambos do diretor Osone).[10] O primeiro, antes de tudo, teve a vantagem de ser tradicional: a história passada em época feudal, quando nada ainda era ocidentalizado; depois, é um filme muito interessante do ponto de vista artístico (muito bonita a ideia de repetir a tomada dos fogos de artifício nas cenas de encontro de Shirai com sua amada), com o roteiro curioso sobre a história de amor e aventura. O segundo teve coisas muito boas — é um filme humano, bom tema, bom roteiro, boa montagem, alguns achados belíssimos. A tendência para o melodrama, para o sentimentalismo fácil compromete ambos os filmes.

Na conta final, o festival foi bom.

PÚBLICO

Se os filmes nos decepcionaram um pouco, o público nos decepcionou muito. O que o povo deveria receber com pesquisadora curiosidade, recebeu com gargalhada indiferente. "Os piadistas de cinema" deviam aprender com os japoneses a arte do respeito humano (em que são mestres).

Um dia ainda escreveremos sobre esses humoristas frustrados que dizem na plateia o que não puderam dizer no palco.

O Archote, n. 6, Santo Amaro, Bahia, 15/01/1961

CRÔNICA E LEITOR

Qual a verdadeira finalidade de uma crônica? — Ser lida, dir-se-ia. Mas será que é esse apenas o real desejo de quem a escreve?; será essa a sua única necessidade?

A resposta poderia ser afirmativa se nos referíssemos a cronistas cujas pretensões sejam apenas literárias: ele quer escrever bem e ser muito lido; contenta-se em ouvir muita gente dizer que o lê e que ele "escreve bonitinho". Mas contentar-se-ia com isso um cronista idealista, que não quer escrever bonitinho mas que quer convencer? Um cronista que não se preocupe com a armação da frase, a não ser que esta venha em benefício da mensagem?

Não, o articulista que quer convencer, que batalha por uma causa não se satisfaz por ser muito lido e pouco entendido. Ele não se conforma que suas coisas sejam lidas como poesia, consideradas "bonitinhas" e esquecidas depois. Um catequista não se satisfaria se seu catequizando achasse bonita a sua catequese mas não saísse catequizado. Um conquistador não se alegraria se sua amada achasse belas as palavras de amor mas não aceitasse o namoro!

Não. A verdadeira necessidade, o real desejo do cronista-batalhador não é que mil pessoas leiam suas palavras e "gostem" delas; mas que pelo menos quatro ou cinco leiam-nas e, dentre essas, duas ou três sejam atingidas, "catequizadas", "conquistadas". O que ele quer não é agradar, é vencer, repito.

Quando comecei a escrever para o *Archote* (coisa de que muito me orgulho), vim com um ideal em mente: criar em Santo Amaro (ou pelo menos incentivar) uma cultura cinematográfica. Pretendi (pretendo) encetar trabalho semelhante ao de tantos críticos da capital que tentam trazer o público, aos poucos, para o cinema sério. Homens como Jerônimo Almeida, Glauber Rocha, Walter da Silveira e muitos outros que me conquistaram para o cinema através da crônica. Resolvi passar para o lado deles, de acordo com minhas menores possibilidades. Porque considero seu trabalho árduo e belo. Mas eu expus o jogo, fui franco. Luto mostrando o plano de trabalho de batalha. O meu primeiro artigo aqui foi uma espécie de introdução explicativa do trabalho que se seguiria, que eu considerei bem clara mas que parece não ter bastado. Fazer crítica de cinema no Brasil é uma batalha. Não contra o público, mas contra certa mentalidade infantil que a insistência de um cinema açucarado de Hollywood criou, o encadeado de filmes roxos mexicanos aperfeiçoou e o melodrama cor-de-rosa alemão arrematou. O difícil é lutar contra isso.

Julguei que a minha primeira crônica bastasse para esclarecer tudo. Mas aprendi que é preciso estar batendo sempre na mesma tecla. Por isso estou repetindo essas coisas. Só apelo para a curiosidade de alguns para chamá-los à luta contra o mau cinema. Eis por que escolho filmes conhecidos, sucessos de bilheteria para criticar. O crítico discorda do público, por quê? — essa é a pergunta que eu espero que nasça na mente dos leitores inteligentes. Propositadamente escolho filmes como *Imitação da vida*, *La Violetera* e *Sissi* (que são péssimos, mas que agradam ao grande público) para espinafrar. Tento conseguir que os leitores perguntem a si mesmos: "Por que ele não concorda conosco?".

Sei que muitos se aborreceram porque critiquei *justamente* certos abacaxis coloridos. Isso, de certo modo, me alegra. Mas eu quero ainda mais. Aborrecer-se não basta, quero que se intriguem, que se interessem. Porque minha missão aqui é espicaçar no espectador inteligente a curiosidade sobre a arte cinematográfica; é levá-lo a reconhecer no cinema uma cultura de nossos dias, a arte do século.

Com essa ideia em mente, repito: *Imitação da vida* é um dos maiores dramalhões de todos os tempos; *La Violetera* nem é bem um filme, mas um LP em que Sarita Montiel canta apenas razoavelmente, e representa muito mal; *Sissi* é uma melosíssima estória de bonecos que nada têm de humanos; embora seja o melhorzinho dos três.

O Archote, n. 8, Santo Amaro, Bahia, 22/03/1961

IMITAÇÃO DA VIDA

Ainda na crônica passada eu disse que *Imitação da vida* é um "dramalhão". (Coisa que provocou muita discussão.) Aliás, esse é um termo que muito repito, uma expressão de que muito abuso para denominar certo tipo de filme. Mas que vem a ser um "dramalhão"?; o que o caracteriza, por que digo isso de determinados filmes, o que os faz diferentes dos outros, como identificá-los?

Bem, partindo de uma definição de dicionário (DRAMALHÃO: drama de pouco valor, mas cheio de lances trágicos artificiais; drama em que as situações são exageradas ao máximo resultando numa falsa dramaticidade), podemos dizer que as características do dramalhão são o exagero e a falsidade. Diz-se que um filme é dramalhão quando sua história é falsa; sua feitura, ruim; e seus incidentes, exagerados. A artificialidade está na caracterização da pessoa humana quase sempre: as reações psicológicas do homem são forçadas ao gosto do autor da estória. Também é falsa a relação do homem com a sociedade, com o meio; isto é, dramalhão é filme sem ideologia filosófica ou sociológica. O único interesse é fazer o público chorar. Mas acontece que, no intuito de fazer o povo chorar, eles fazem tudo, inclusive desrespeitar o próprio homem. Na ânsia de fazerem a gente chorar, apelam para todos os meios, lícitos ou não!

Para que entendamos isso melhor, tomemos um exemplo qualquer: *Imitação da vida*, de que já falamos, por exemplo. Quando disse que esse filme era um "dramalhão", e assim o ataquei, não foi sem motivo; sei que a maioria não concorda comigo, mas tenho esperança de que um dia muitos compreenderão.

Bom, fiz ver que dramalhão é um filme sem tema, sem mensagem filosófica, sem outro objetivo senão fazer o povo chorar (e consequentemente encher de dinheiro os bolsos do produtor). Ora, *Imitação da vida é* um filme sem tema. Senão vejamos: de que trata o filme? Do amor, do ódio, do problema do racismo nos Estados Unidos da América, do drama dos que tentam o teatro na Broadway?... Não! De nenhum desses assuntos se ocupa *Imitação da vida*, embora aparentemente lá estejam o amor, o ódio, o racismo e o problema dos atores. Digo isso porque esses assuntos não são discutidos, nem sequer abordados pelo filme: entram apenas (e certamente por acaso) como pretexto das situações bisonhas que são apresentadas. E como são esses temas "apresentados" sem a mínima preocupação, como eles os abordam sem lhes dar a menor importância, os problemas são desrespeitados com as mais descaradas mentiras, as mais deslavadas calúnias. Assim eles falsificam os homens e seus problemas. O caso do racismo, por exemplo, em *Imitação da vida*: então se trata de um grande problema a partir de incidentes inverossímeis? Então o único grito de revolta contra o preconceito racial, o desespero da filha da negra, é falsificado e a menina se nos apresenta como um monstro? Então o certo é ser serviçal e consciente da sua "inferioridade racial", como sua mãe?!

Basta pensar um pouco e se vê que com todos os outros assuntos acontece o mesmo desrespeito, a mesma mentira. Em benefício das rendas da produtora, são desrespeitados os maiores problemas da atualidade e o próprio homem.

Desse modo, não posso entender como vocês podem amar obras que desrespeitem sua vida e vocês mesmos; não sei como conseguem identificar-se com aquelas coisas falsas que se movem na tela e que, sem dúvida, não são criaturas humanas; não entendo como podem ver seus dramas naqueles incidentes exagerados e mentirosos.

O que se disse aqui em relação a *Imitação da vida* poder-se-ia dizer de tantos e tantos outros dramalhões que insistem em aparecer nas telas, como: *O anjo branco, Os filhos de ninguém*; toda a série de filmes com Libertad Lamarque ou Sarita Montiel e outros monstros.

O Archote, n. 9, Santo Amaro, Bahia, 28/05/1961

NOUVELLE VAGUE E *HIROSHIMA*

Se Hiroshima, mon amour *é presságio do que está para vir,*
a nouvelle vague é tão importante para o cinema quanto o neorrealismo.

ALEX VIANY

De fato, ainda há pouco o crítico Orlando Senna, falando acerca do
"novo cinema" no ciclo de conferências sobre arte cinematográfica
promovido pelo grupo da revista *Afirmação*, salientou que a nouvelle
vague não é uma escola, não tem uma tendência ideológica ou formal; é apenas uma nova onda de realizadores mais ou menos jovens
e mais ou menos talentosos; é um movimento nascido não de ideias,
mas de circunstâncias.

Assim sendo, como situar a nouvelle vague? — Esse o problema que se apresenta a quem queira estudar o fenômeno. Porque,
embora estejamos mais aparelhados para saber o que é a nouvelle
vague, agora que ela, como onda, já não existe, resta-nos a dificuldade maior de saber o que ela *significa*. Isto é, medir o valor de sua
contribuição para a evolução da forma cinematográfica.

Como sabemos que a nouvelle vague não é uma escola mas uma
"invasão", não podemos medir-lhe o valor a partir dos seus princípios
ideológicos ou estéticos, pois estes não existem. Só podemos fazer-lhe
uma apreciação crítica baseados nos seus resultados. Não se pode considerar resultado, aqui, a obra total da nouvelle vague (onde não há, nem
pode haver, unidade); mas o que de importante surgiu em *consequência*
da invasão. Como renovação, como passo importante na evolução do
filme, *Hiroshima, mon amour* de Alain Resnais — Marguerite Duras é
o fruto mais significativo do movimento. Vendo *Hiroshima* tendemos a

considerar a contribuição da NV para o progresso da estética do cinema uma coisa de grande importância. Porque *Hiroshima* é o rompimento com a lógica superficial e a cronologia exata do cinema acadêmico. Enquanto as outras artes já se haviam desligado da realidade imediata para expressar uma realidade mais profunda, o cinema se mantinha preso às regrinhas de "tempo dramático e tempo real"; quando a literatura se voltava para o monólogo interior, o cinema continuava apegado à ação objetiva. Mas, com *Hiroshima*, Resnais revive a teoria de Eisenstein e utiliza a montagem para recriar o drama subjetivo de sua personagem e estudar o problema do esquecimento e da memória humana. E casa, corajosamente, cinema com literatura. Assim, *Hiroshima* se nos apresenta como o primeiro filme moderno. Contudo, até que ponto podemos considerá-lo a abertura de um caminho, o início de uma fase?

Se esse poema literoplástico é o começo da realização do "cinema do futuro", previsto por Béla Balázs, então a nouvelle vague será importantíssima na história da evolução da cinestética. Entretanto, poderíamos considerar este o caminho certo para a linguagem cinematográfica?

Em *Hiroshima* não só há uma fusão de palavras e imagens, mas também uma supervalorização do texto, que é a base da comunicação da mensagem. O "cinema" funciona como ilustração, uma ilustração genial, mas ilustração. Embora exista, às vezes, um contraponto entre fala e imagem. Não seria isso o suicídio do cinema como arte autônoma?

Esta dúvida persiste. Sobretudo quando vemos *Hiroshima, meu amor* e sentimos que é uma grande obra. Sim, a nouvelle vague propiciou uma renovação formal e esse filme excepcional é prova disto; mas qual será sua repercussão nas obras do futuro?

Afirmação, n. 10, Salvador, maio de 1961

FILMES

Durante as últimas semanas foram exibidos alguns filmes bons, poucos excelentes e outros horríveis.

O maior acontecimento cinematográfico da temporada (e sem dúvida um dos melhores do ano) foi *Meu tio*, uma das melhores comédias do cinema moderno. Aproveitando a cor com muita inteligência, criando gags (piadas visuais) de grande imaginação, aproveitando o som com uma quase genialidade, Jacques Tati (que dirige e interpreta) faz o que Chaplin não pôde fazer: continua aquela linha de graça e poesia humana no cinema falado.

Outro excepcional filme que vimos foi *A lei dos crápulas*, do mestre Jules Dassin, autor de obras como *Rififi* e *Aquele que deve morrer*. Aqui Dassin traz para a tela, com profundidade humana e força poética, os dramas simultâneos que se desenrolam numa aldeia no sul da Itália. O filme é dirigido com maestria impressionante, as estórias se entrelaçam com fluência natural, os personagens são bem caracterizados e os desempenhos corretíssimos (sobretudo os de Yves Montand, Pierre Brasseur e Melina Mercouri).

Intriga internacional é um filme de suspense muito bem realizado, como era de se esperar, sendo uma obra de Alfred Hitchcock. A trama bem realizada recebeu adequado tratamento. Mais uma vez Hitch brinca com os sustos e o mistério usando para isto do nonsense. Contudo, ele tem feito filmes melhores, tanto no passado (*Pacto sinistro*) quanto no presente (*Um corpo que cai*), mas *Intriga* é bom.

Também merece menção o filme inglês *Afundem o Bismarck*. Filme sério realizado com segurança e com algumas excelentes cenas de batalha. A narrativa é sóbria (como em todo filme inglês), sem maiores brilhos e às vezes assume um caráter meramente documental. Um filme bom.

Ainda deve ser mencionado *O ídolo de cristal*, este porque foi horrendo. Jamais deveria ter sido feito esse drama ridículo que hollywoodiza a estória dos amores da hollywoodesca Sheilah Graham com o nada hollywoodesco Fitzgerald. Nem mesmo a simpatia natural de Deborah Kerr e Gregory Peck alivia a coisa. Ela (sempre tão bem-comportada) está irritante com aqueles gritos e ele, um "Scott" estereotipado. Imperdoável.

Além disso, tivemos a presença da grande Giulietta Masina em nossas telas — *Tortura de duas almas*; Sophia Loren, linda em *Pão, amor e...*; e um romance francês medíocre — *Feira de mulheres*.

O Archote, n. 10, Santo Amaro, Bahia, 19/07/1961

FILME E JUVENTUDE

Depois de tanto tempo do seu lançamento, vimos, afinal, em Santo Amaro, o filme de Nicholas Ray, *Juventude transviada* (*Rebel without a Cause*), obra que iniciou uma série de outras sobre o mesmo tema.

Pelo menos pelas outras fitas americanas que abordam o mesmo assunto esta não foi superada. É um filme muito bem realizado, tecnicamente impecável, contando com a direção segura de Nicholas Ray e a interpretação emocionada de James Dean, sem dúvida uma das personalidades mais comoventes do cinema moderno. Contudo (embora seja este o filme que mais se aproximou da realidade), o problema da mocidade desesperada é visto superficialmente, demasiadamente esquematizado, simplificado ao máximo. E um mal que é de geração, que é coletivo, se reduz a casinhos domésticos nascidos de circunstâncias especiais. Existe realmente uma falta de coragem para estudar o problema a fundo e o filme resolve todo um complexo social com desfechos sentimentais.

Talvez quem dá maior dose de autenticidade ao drama é James Dean, que sabe tirar proveito de seu tipo físico, de uma beleza revolucionária (se podemos dizer assim), construindo um personagem em cuja expressão facial angustiada e cínica se encontra a revoltada denúncia que o filme não teve coragem de fazer: a denúncia contra uma sociedade burguesa decadente que causa, com sua falsidade moral e religiosa, todo o desespero ético e metafísico da geração nova. Os jovens estão desamparados, crescendo em meio a uma sociedade que lhes ensina uma verdade que ela não possui, que lhes exige uma moral em que ela intimamente não crê. Tudo não pode ser resumido a certos lares infelizes, a pais que não têm tempo de beijar os filhos nem a meninos "naturalmente rebeldes". Sua rebeldia não é sem causa: o moço não crê nos valores acadêmicos que lhe foram ensinados como verdadeiros porque ele já os sabe falsos e não encontra apoio em novos valores porque estes ele ainda não conhece. A burguesia não tem força moral para exigir nada dos jovens que a desprezam. Enquanto ela era sinceramente errada, sinceramente errados nasciam os seus filhos; agora ela é falsamente "boazinha", os jovens não creem nela nem em si mesmos.

O Archote, n. 11, Santo Amaro, Bahia, 20/09/1961

A GRANDE FEIRA 1

O que tem impedido o surgimento de grandes obras no cinema nacional é a insegurança que o desequilíbrio existente entre as tendências de emoção — pessoal, necessidade comercial e compromissos sociais e estéticos — provoca nos realizadores. O cineasta brasileiro está muito distanciado de sua obra: seu filme só será um fruto de sua vivência-emoção e de sua formação psicológica, ou ainda de sua ideologia política, depois que for honesto com o povo (agradável a ele), honesto com a intelligentzia, honesto com os financiadores e honesto com a (ou necessidade de criar uma) reputação do cinema brasileiro no exterior.

É lógico que este problema da dificuldade de criação artística do cinema é universal — é mais uma "questão de suor", como afirma Ingmar Bergman —, mas no Brasil ele se amplia e se multiplica. O cinema no Brasil é um problema e o que nós buscamos é menos um filme do que uma solução. Fala-se em "câmera-na-mão": esse "cinema do futuro", de que já nos falava Jean Renoir, em que os filmes seriam rodados por "amadores, com películas de 16 milímetros", pode ser uma resolução para o problema da intimidade do autor com a obra, uma libertação do cinema de seu caráter industrial: mas quais seriam as relações entre essas obras e o público mormente no caso do Brasil?

Não creio que o cinema deva perder sua qualidade de arte para o povo: é esta capacidade de penetração que faz dele a arte mais importante do século. A "câmera-na-mão" solveria a questão estética do cinema nacional, mas não solucionaria a questão do público. O problema do cineasta brasileiro é também um problema de honestidade para com o povo. Assim, o melhor realizador nacional será menos o "artista" do que o homem hábil que solucionar ou que mostrar um caminho para a solução. O critério crítico que deve ser adotado com relação a filmes se baseia na maior ou menor habilidade nele contida: a importância de um realizador será revelada mais pela posição que ele toma em face do complexo arte-compromisso-necessidade, do que aquilo que ele fizer de "cinema" ou de "social" no seu filme: sua obra significa mais do que é. Não quero, contudo, dizer com isto que o significado da obra independa do que ela é. A qualidade do filme enquanto filme influi decisivamente na sua honestidade, mas não é tudo: seria honesto criar obras-primas de forma fílmica que o povo não chegaria a entender? Seria hábil fazer "manifestos" sociais que meia dúzia de sociólogos e intelectuais aplaudiria, mas que não atingiriam o povo?

O que temos visto são filmes que não conseguem ser obras de arte nem agradar ao grande público. Os diretores não têm tido a habilidade de fazer bom cinema ao lado de boa concessão. Alguns têm conseguido fazer arte apenas (*Rio, 40 graus*) ou apenas concessão (*Meus amores no Rio*), nunca a coexistência funcional das duas coisas. Tentativas têm sido feitas, mas, resultando da incompreensão do gosto do público, surgem filmes em que as concessões feitas comprometem artisticamente e não conseguem interessar o espectador comum.

Aqui "concessão ao grande público" perde o seu tom pejorativo e figura ao lado da honestidade, ou melhor, integra-se. O brasileiro tem complexo de inferioridade cultural e o filme nacional é uma vergonha para ele, por isso ele o ridiculariza. O seu critério de julgamento tem um filme estrangeiro — americano — como base, exemplo de perfeição técnica, meta a atingir — e inatingível. A chanchada representa a sinceridade de um cinema que só pode ser mesmo é debochado. Não é com obras-primas que vamos conquistar esse público, para depois educá-lo. Com relação ao cinema nacional, o "grande público" está também preocupado. Em sentido negativo, se podemos dizer assim, mas está. Ele não busca no filme brasileiro, como busca no estrangeiro, uma mera distração. Também ele quer uma "salvação" do cinema nacional. O cinema americano para ele é uma coisa realizada, pronta, perfeita, ele se senta diante do filme sem riscos. Diante do filme brasileiro, o "grande público" toma posição crítica. Qualquer espectador comum declinará as "falhas" que ele encontrar num filme nacional. Tenho certeza de que no dia em que ele não encontrar nenhuma, ele se alegrará. "Concessão ao grande público", pois, não significa fazer filmes "agradáveis", mas fazer filmes "sérios", segundo o conceito que esse público tem de seriedade. Muita gente não sabe disso — daí a confusão que está havendo: julga-se que se deu ao povo exatamente o que ele busca nos filmes estrangeiros; mas acontece que no filme nacional ele busca outra coisa. O *happy end*, por exemplo, agrada ao povo, contudo *Mandacaru vermelho* de NPS teve um ridículo final feliz que agradou menos do que agradaria uma luta "bem-feita" no decorrer do filme. O que o público deseja é assistir a filmes nacionais "tecnicamente perfeitos".

Desse modo, julgar um filme nacional é medir-lhe a honestidade. Não confundir, contudo, honestidade da obra com boa intenção do autor. A "honestidade" de que falo é o respeito àquela série de compromissos com o povo, com a intelligentsia, com a economia etc., mas que são o único campo onde ele se pode revelar; ser bom realizador no Brasil é saber contornar, com habilidade, esses problemas — o que não é fácil. O filme nacional que esperamos é o que fizer concessões com inteligência, o que conseguir, num equilíbrio entre as forças opostas que atraem o realizador, o sistema de forças complexo que produz a insegurança. Ou o que achar outro caminho.

A grande feira é o filme nacional mais importante dos últimos tempos. Não o julgo como filme enquanto filme, senão como acontecimento. *Rio, 40 graus* teve maior potencial poético, mas não fez concessões. *Mandacaru vermelho* fez concessão sem habilidade. *A grande feira*, se ainda não é o filme que esperamos (sendo, contudo, mais do que esperávamos), é a obra mais inteligente, mais hábil, mais honesta, que se fez até aqui: o filme onde quase se equaciona o problema do complexo arte-política-economia-conquista do público. É o passo mais largo que o nosso cinema deu em direção da resolução desses problemas. Pela primeira vez as concessões foram feitas com inteligência e até mesmo usadas de modo funcional. Não são raras as vezes em que a concessão e a boa realização coexistem. Assim, *A grande feira* não vem provar apenas, como *Cidade ameaçada*, que se pode fazer um filme bem realizado e, ao lado disso, um filme agradável para o público, mas que a boa realização pode, se pensada com inteligência, ser concessão ela mesma. Roberto Pires abre um caminho — o que me parece único, mas, como toda obra que vale como uma proposta, seu filme não se realiza, ainda, totalmente, no campo que escolheu. Ele conseguiu o máximo de integração arte-concessão; mas a concessão não funciona em conjunto com o problema social elaborado no filme: aquele existe ao lado deste apesar deste, digamos assim; mas não há funcionalidade entre os dois, não há perfeita integração. Não se conseguiu ainda manter o povo conquistando-lhe o interesse pelo problema social de que se trata. Não sei qual será a reação do público, mas afirmo aprioristicamente que *A grande feira* o manterá de bom gosto na cadeira e (embora talvez ainda não seja o filme diante do qual, porque não achou "falha" nenhuma, ele se alegrará) merecerá o seu elogio nas esquinas. Entretanto, não acredito que possa haver a identificação que seria desejável, a do povo com questões água-de-meninos versus tubarões. Inclusive porque não existe para isso uma identificação de ambiente. Apesar de ser este o filme que nos traz a Bahia mais Bahia que o cinema já mostrou, não foi criada uma atmosfera da feira: nós não vivemos com os feirantes, não entramos nas barracas, não vibramos pela sua causa; trata-se do assunto, no filme, é verdade, mas através de palavras (e palavras nem sempre pensadas em termos de cinema); e, embora por vezes surjam achados de boa inteligência e grande mordacidade, nós nos interessamos mesmo é pelos casos particulares de amor e de ódio. É lógico que estes casos têm ligação com o problema da feira e integram a crítica social; mas não raro alienam o espectador dessas questões para mantê-lo interessado pela trama. Maria, por exemplo, embora morra para salvar os feirantes, é mais a mulher bonita que tem um caso com o marinheiro Rony do que a mulher da feira que luta contra os tubarões; mesmo porque ela não "vive" a feira; Maria passa através dela como uma compradora, não ficou demonstrada a sua amizade com os feirantes; ela não parece um deles. Mas tudo isso é perdoável se se leva em conta que ainda é quase impossível resolver o problema da integração do público com o tema social dos filmes, no Brasil, onde o povo é inculto e mais politizado. É lógico que o cinema é ótimo veículo de politização, mas, se damos aulas de sociologia, o povo não vai ao cinema. É preciso tato.

Creio que *A grande feira* já consegue, com o mínimo de sacrifício para a arte, identificar-se com o público. Lançando mulheres de beleza internacional como Helena Ignez e Luiza Maranhão (das mais belas do mundo); mostrando ao Brasil atores como Antônio Sampaio e Helena Ignez (dos melhores do Brasil); com uma fotografia seriíssima de Hélio Silva e uma música exata de Remo Usai (o melhor músico do cinema nacional), *A grande feira* agradará ao público e já é uma vitória da inteligência no cinema brasileiro.

Muito nos alegra que isso aconteça na Bahia.

Diário de Notícias, Salvador, 03/12/1961

A GRANDE FEIRA, DE ROBERTO PIRES, "CONSEGUE, COM O MÍNIMO DE SACRIFÍCIO PARA A ARTE, IDENTIFICAR-SE COM O PÚBLICO". NO STILL, OS ATORES LUIZA MARANHÃO E MILTON GAÚCHO.

A GRANDE FEIRA 2

Estamos assistindo, em Salvador, a um espetáculo impressionante: a vitória do cinema nacional. A não ser em certa época, quando as chanchadas enchiam as salas exibidoras, nunca vimos um filme brasileiro fazer mais sucesso que este *A grande feira*, obra realmente séria, inteligente e agradável como poucas películas estrangeiras. Tenho certeza de que não se trata de uma mera "curiosidade" do público baiano para com um filme "feito em casa": isso não sustentaria filas imensas durante duas semanas. Vimos os casos de *Redenção* e *Mandacaru vermelho* que, embora nascidos aqui (o primeiro porque realmente fraco e o segundo porque pouco hábil), não conseguiram o amor do povo e o aplauso estrondoso da crítica. *A grande feira* é filme para alegrar a qualquer brasileiro, a qualquer baiano, a qualquer cinéfilo.

Assim, a título de notícia (não posso "criticar" um filme que não foi exibido aí), posso (devo) dizer que *A grande feira* é obra de baianos, dirigida, interpretada, produzida e iluminada por baianos; tem os nomes de Rex Schindler, Braga Neto e Glauber Rocha à frente; as belezas de Luiza Maranhão, Geraldo Del Rey e Helena Ignez iluminadas (ou iluminando) por mestre Hélio Silva; as inteligentes interpretações de Antônio Sampaio, Helena Ignez (esta, além de ser uma das mais belas do cinema mundial, é uma atriz em profundidade, em extensão e em brilho, é uma atriz das grandes: contida, exata, inteligente — merecia um artigo à parte) e Geraldo Del Rey, sublinhadas pela música funcional de Remo Usai (sem dúvida, o melhor músico do cinema nacional); e a direção de Roberto Pires, pensada, segura, quase realizada (como nunca o foram as direções de filmes brasileiros) sobre um roteiro importantíssimo (artística e sociologicamente) do próprio Roberto, feito a partir do argumento seriíssimo de Rex Schindler.

Seria fabuloso que esse grande filme (não tenho medo de dizer: grande filme) fosse exibido em Santo Amaro. Tenho certeza de que agradaria imensamente ao público — aviso aos interessados.

Nota: Vimos aqui, há algumas semanas, um grande filme: *Guerra e humanidade*.[11] Uma obra humaníssima, revolucionária, corajosa e linda como poucas. Todo ser humano (falo realmente dos seres humanos e não dos centauros) deve ter sido tocado pela verdade ao assistir àquela obra. Sei que ainda há gente que prefere Rock Hudson e as fitinhas policoloridas de Mr. Harry Stone; e a essas pessoas absolutamente despreocupadas e alienadas é que *Guerra e humanidade* tenta acordar: transformar centauros em humanos.

O Archote, n. 13, Santo Amaro, Bahia, 16/12/1961

OS MELHORES DO ANO

Embora eu saiba que estes não foram os filmes que mais agradaram ao grande público e que nesta relação há obras que a maioria não conhece, aqui estão, teimosamente, os melhores de 1961, em Santo Amaro:

— *Por ternura também se mata* — O lindíssimo filme de René Clair encabeça esta lista porque foi a mais perfeita coisa que passou por nossas telas.

— *Guerra e humanidade* — Aquele filme japonês é o segundo do ano; uma obra humaníssima, grandiosa; uma das mais sérias e corajosas películas sobre a guerra.

— *Meu tio*, de Jacques Tati, é o terceiro — Perfeição, finesse, modernização da comédia, aproveitando o som e a cor.

— *O belo Antônio*, de Mauro Bolognini — Um grande drama humano; um filme bem realizado, que teve, além de grande interpretação de Marcello Mastroianni, um tema muito sério. O quarto da lista.

— *Não deixarei os mortos* é o quinto — De Kon Ichikawa; aquele filme japonês também sobre a guerra, muito bonito.

— *Abismo de um sonho*, de Federico Fellini — Uma comédia que, além de ter o toque felliniano, conta com a participação da imensa Giulietta Masina.

— *Gervaise, a flor do lodo* — Reapresentação do grande filme de René Clément, mereceu entrar na relação. Maria Schell é uma grande atriz realmente.

— *Intriga internacional*, de Alfred Hitchcock, teve "suspense" bastante para entrar na lista.

O melhor diretor foi, sem dúvida, o mestre René Clair, que com *Por ternura também se mata* deu-nos um show de cinema e poesia.

A melhor atriz foi Maria Schell, que, com seu sorriso, deu-nos Gervaise lindamente trágica.

O melhor ator foi Pierre Brasseur, em *Por ternura também se mata*, num Juju genial e comovente.

O Archote, n. 14, Santo Amaro, Bahia, 31/12/1961

HUMBERTO, FRANÇA E BAHIA

Embora vivendo nesta cidade tão próxima a Salvador, a maioria de nós não sabe que a capital da Bahia está se tornando o centro cinematográfico do Brasil. Não só pela existência de um Clube de Cinema que promove estágios culturais, cinematográficos e festivais retrospectivos, mas também, e principalmente, pelo trabalho de uma equipe de jovens cineastas, produtores, atores e iluminadores que estão realizando, aqui na Bahia, a despeito de tudo, o renascimento do cinema nacional.

Filmes como *A grande feira*, *Festival de areias*, *O pátio*, *Rampa*, *Barravento* provam a existência de uma atividade surpreendente e (o que é mais importante) de uma consciência artística e social em formação. Nomes como os dos realizadores Roberto Pires e Glauber Rocha, dos produtores Rex Schindler, Braga Neto e Davi Singer, dos atores Helena Ignez, Antônio Sampaio, Geraldo Del Rey e Luiza Maranhão estão intimamente ligados à história do cinema brasileiro. Outro nome, o de Walter da Silveira (embora ele não apareça como diretor, produtor ou fotógrafo, e como ator apenas casualmente), não deve ser esquecido. Porque se tudo isso existe, se há um Glauber, uma Iglu, um Orlando Senna, tudo isso se deve a Walter da Silveira, que trouxe a cultura cinematográfica para a Bahia. Ainda há pouco, e com muita importância para nós, estudantes de cinema, jovens críticos e realizadores, o Clube de Cinema, que ele dirige, promoveu um festival retrospectivo do cinema francês onde foram exibidos filmes desde os primitivos Lumière e Méliès até os modernos (e geniais) documentários de Alain Resnais, passando pelas belíssimas comédias de René Clair. Atualmente está se realizando

"SE TUDO ISSO EXISTE, SE HÁ UM GLAUBER, TUDO ISSO SE DEVE A WALTER DA SILVEIRA, QUE TROUXE A CULTURA CINEMATOGRÁFICA PARA A BAHIA." SILVEIRA NO SET DE *TOCAIA NO ASFALTO*, DE ROBERTO PIRES.

um estágio para dirigentes de cineclubes, durante o qual está sendo exibida, para estudo, uma série de filmes do cineasta brasileiro de valor universal — Humberto Mauro. Mauro era, praticamente, desconhecido até que Alex Viany passou a estudá-lo. Toda a curiosidade em torno do seu nome e da sua obra foi despertada quando o francês Georges Sadoul (o maior historiador do cinema), vindo ao Brasil e interessando-se pela sua obra, considera-o um dos cem cineastas mais importantes de todos os tempos, em todo o universo. Conhecer o cinema de Humberto Mauro é uma experiência inteiramente nova para um brasileiro, sua obra é uma obra em que por trás do amor a um certo regionalismo se esconde um cinema (onde a marca de Griffith é, às vezes, encontrada) muito pessoal, que possui características estranhas e possibilidades universais que fazem do cinema de Humberto Mauro o melhor do Brasil.

Sem dúvida, conhecer a obra de um cineasta como esse é algo de importância substancial para a crítica baiana e mormente para os realizadores baianos que lutam por construir o cinema brasileiro, mas que estão sem alicerces porque nós não possuímos uma tradição cinematográfica.

O Archote, n. 16, Santo Amaro, Bahia, 04/03/1962

OS GRANDES DO MOMENTO

Depois de um período pouco profícuo, o cinema mundial volta à velha moda da obra-prima, com o surgimento de novos realizadores geniais (como Alain Resnais e François Truffaut) e com o retorno, em grande forma, de "velhos" imensos (como Visconti e Rossellini).

Se o estrondoso "renascimento" tem como centro a Itália, de onde saiu a maior parte dos grandes filmes, a França (que possui uma bela tradição cinematográfica) segue-a de perto, com alguns moços "cobras", que, em meio à tremenda balbúrdia de nouvelle vague, realizaram fitas fabulosas.

Muitas dessas obras do grande cinema moderno já foram exibidas no Brasil e algumas na Bahia. Das que vimos, escolhemos as cinco grandes, que são: *A doce vida* — Federico Fellini, depois de ter surpreendido o mundo com *I vitelloni* e, em maior escala, *La strada*, escandaliza-nos, agora, com o seu *A doce vida*, filme tremendamente bem realizado e que se tornou, desde o seu lançamento em Cannes, onde foi premiado, um mito.

Mas, por baixo do choque e do escândalo, esconde-se uma obra forte, terrivelmente pessimista, que traz a visão felliniana do mundo com maior largueza e profundidade que nunca. Aqui Fellini lança o olhar para o comportamento das classes de nossa sociedade, e se aterroriza diante da morte da burguesia. O Cristo é a sua meta e a moral cristã esmagada é a sua dor. A angústia metafísica tem culpa sobre o comportamento social. Mas ele não sabe que a formação social produz a angústia. Ele sente que a única solução seria uma volta à pureza cristã, mas sabe que Cristo já não preencheria o caos interior de cada homem.

Para ele, não há solução. Seu filme não chega a conclusões e ele não tem esperanças; mas experimenta, com assustadora profundidade, a angústia do homem em nosso tempo e fez o seu estudo em grande linguagem. *Hiroshima, meu amor* — o filme de Alain Resnais, o jovem francês que veio de uma carreira de curtas-metragens geniais, é, antes de tudo, uma revolução estética no cinema.

Traz para o filme as experiências antes feitas em literatura, utilizando, para isso, a teoria eisensteiniana da montagem como recriação do monólogo interior. A palavra (o grande problema do cinema sonoro) em Resnais entra como elemento integrante de uma unidade raramente conseguida em cinema. O valor do poema de Marguerite Duras (o texto do filme) não pode ser medido em separado, desde que a palavra e a imagem em *Hiroshima* se completam, sublinhadas pela música, num todo funcional indissolúvel.

Essa é a técnica que Resnais utiliza para a recriação do drama subjetivo de sua personagem, que desce às profundezas filosóficas do estudo da memória humana. O drama da lembrança e do esquecimento da morte.

A aventura — a visão de Michelangelo Antonioni do que seja cinema é personalíssima. Eis por que seus filmes são inteiramente diferentes. Ele vem do período despojado do neorrealismo e é a partir do estilo simples que chega à realização de filmes trabalhados com o cuidado da mais fina inteligência.

Ele não é retórico como Fellini e seu filme não tenta dizer algo que não pode. Apenas olha o homem. Não cria histórias, como Visconti, para dizer o que pensa do momento atual. *A aventura* não é senão uma situação. Mas o seu olhar sobre o homem é tão agudo, sua análise é tão objetiva que cada gesto, cada olhar, cada palavra num filme seu levam até onde Visconti chegou através de lúcida dialética. *A aventura* é um pequeno drama entre personagens de nosso tempo, cujas reações, cujos comportamentos psicológicos são a marca do homem atual, são a revelação do seu modo de sentir, de pensar, são o desnudamento de seus problemas.

De crápula a herói — o último filme de Roberto Rossellini é uma obra que ainda traz aquela simplicidade estilística do neorrealismo, embora já não seja realizado com a "câmera na mão". Aqui Rossellini cria um belíssimo drama humano, partindo de um estudo da transformação dos sentimentos, pela guerra. Quando seu personagem, depois de ter passado por ser o Generale Della Rovere, um general da Resistência italiana, sendo um crápula consumado, pratica, no final, um último ato heroico, não existe apenas a necessidade "mística" do heroísmo, mas a exigência da solidariedade humana, a necessidade do companheirismo.

Rocco e seus irmãos — o filme de Luchino Visconti é, em nossa opinião, o maior dos grandes filmes modernos. A objetividade com que encara os problemas do homem atual, discutindo dialeticamente o seu drama social, faz dessa obra, magnificamente bem realizada, um dos maiores acontecimentos artísticos do mundo moderno. Criando um drama humano de força incrível, Visconti estuda a decadência do homem premido pela sociedade burguesa, a alienação, a consciência e o engajamento.

Mas não se desespera diante da impossibilidade da bondade e do amor em nossos dias: ele espera e trabalha por um mundo onde o homem se reencontre nas suas melhores qualidades.

O Archote, n. 17, Santo Amaro, Bahia, 11/05/1962

UM FILME DE MONTAGEM

I. *Barravento* é um filme cheio de intenções. Como todos os filmes que têm surgido do movimento Cinema Novo, ele não é uma obra gratuita: é uma tentativa de cinema vinculado com a verdade e a cultura do Brasil. Um cinema que supere a nossa pré-história (chanchada) e redima os erros dos que tentaram iniciar uma arte brasileira do filme, mas que correram para o preciosismo alienado ou que não saíram da intenção de fazer cinema caboclo (Vera Cruz; produtores independentes).

Até que ponto *Barravento* atinge esses objetivos? Até onde ele supera a obra preciosista cuja força de mensagem social fica apenas na intenção? Aqui começa a discussão sobre o filme.

Desde o início sentimos que *Barravento* é uma obra caracteristicamente Cinema Novo, em que as intenções surgem claras, mas os resultados não têm a sua força. Como em *A grande feira*, tenta-se lançar a mensagem social sem rodeios, diretamente: ela está nas falas dos personagens quase em tom de discurso. Porém, se no filme de Roberto esses discursos surgem motivados por situações e, desse modo, são prolongamentos da ação dramática, Glauber levou isso às últimas consequências: a relação dramática entre o discurso e a ação é anulada pela montagem e a mensagem surge acintosamente pura e seca. Enquanto em *A grande feira* Roberto Pires tenta camuflar a doutrinação de diálogos, criando assim uma discussão dialogação-mensagem que ele não pôde superar, Glauber lança a sua mensagem como mensagem, e se para isso foram utilizados personagens de ficção, estes são despersonificados pelo corte e o filme torna-se dialético.

Glauber percorreu muitos caminhos antes de realizar sua montagem dialética, e ficou nítido que ela não foi bolada previamente mas surgiu como exigência final de superação de uma incerteza e uma insegurança na direção. Insegurança e incerteza que resultariam na confusão eclética e na total incomunicabilidade de ideias.

II. A montagem, em *Barravento*, se exerce num plano acima do corte de imagem para imagem: a figura de Pitanga chamando os pescadores à consciência de classe, montada sobre o plano dos pescadores remendando a rede em silêncio, é um choque dialético neoeisensteiniano, estabelecido entre a imagem e a fala. Embora exista uma motivação dramática entre os dois planos, ela é destruída pelo corte. Não é Firmino discutindo com os pescadores, mas o grito pela tomada de consciência em antítese com a inércia e a alienação. Também o close de Aruan jogado bruscamente em meio à cena da sentinela de Chico deixa de ser a particularização dramática de um personagem para ser o choque entre um ambiente místico e as palavras: "Peixe se pesca é com rede, com tarrafa; peixe se pesca é no mar, não é com reza, não". O drama é destruído: resta um poema documental um tanto neorrealista, contraponteado por violentas falas revolucionárias.

III. Firmino dos Santos personifica a consciência, a exigência da justiça para a raça e para a classe. A luta contra a alienação dos mitos, contra a derivação para Iemanjá de problemas que devem ser resolvidos aqui na Terra entre os homens. Todo o filme é uma discussão entre os métodos de vida do povo praieiro e a revolta desse personagem que tem a força do rosto bonito de Pitanga, um ator impressionante.

Firmino consegue lançar a semente da revolução no meio dos pescadores: Aruan quebra o encanto e nega Iemanjá. No final, Firmino tenta atrair aquela gente para o caminho de Aruan ("É ele que vocês devem seguir. O mestre é escravidão"); os pescadores, porém, seguem o mestre lentamente, a caminho do mar, no místico enterro de Chico. Mas Aruan continua andando para a frente.

Esta, a estória que Glauber anula com o corte. Ou, pelo menos, que fica reduzida a um mero sustentáculo da dialética em que o filme redundou. Sustentáculo do documentário poético daquelas vidas paradas (tese); dos discursos revolucionários que, em meio à ação dramática, perdem a característica de diálogos, ao tempo em que os personagens se desindividualizam e se abstraem na ideia revolucionária (antítese).

IV. A discussão sobre *Barravento* reside na maior ou menor força comunicativa dessa dialética. Não acreditamos que este filme tenha, com o público, o contato que glorificou *A grande feira*: é uma obra clara enquanto pode ser como mensagem política, mas não faz concessão ao gosto do público que ainda vai ao cinema em busca da alienação que encontra na TV e nos filmes americanos. Glauber sempre desprezou a concessão e agora sentimos como ela é perigosa: o que "ficou" de *A grande feira* foi a alienação para o drama burguês que existe no filme. *Barravento* rompe definitivamente com o convencional. Mas isso leva a um rompimento com o gosto do povo, para o qual, obviamente, sua mensagem é dirigida. Acreditamos numa preocupação do público com relação ao cinema brasileiro; sabemos que, com relação ao cinema nacional, o povo se porta de modo diferente; que ele tem confiança e esperança no cinema baiano e que o nosso cinema não deve decepcioná-lo. É obrigação do cineasta conquistar definitivamente a confiança desse povo para o nosso cinema, porque para ele o realizamos. *Barravento* não é um filme pequeno-burguês: sua mensagem social ficará mais do que a de *A grande feira*, porque não há dispersão. Mas, sendo um filme chocante para o gosto do povo, é um perigo para as relações cinema-público na Bahia.

Contudo, acreditamos que agradará mais ao pequeno-burguês semiletrado do que ao povo mesmo.

Diário de Notícias, Salvador, 24/06/1962

PASOLINI

Pier Paolo Pasolini num longo antipoema desancou, em nome do PC, a juventude estudantil que se rebela e vira capa de *Paris Match* etc.; o seu texto foi publicado no Brasil na semana da invasão da Tchecoslováquia pelos soviéticos.

No Brasil, na paz, à sombra do napalm, não acredito em nenhuma linguagem revolucionária estabelecida. Aprendi a cantar ouvindo o rádio: não me preparei para realizar um trabalho rigoroso na espinha da linguagem; mas a supervulgaridade, a super-redundância superexposta pode balançar a estrutura toda.

Jorge Ben é tão espontâneo, seu canto está fora da lei. Jorge Ben me interessa mais que Pasolini.

Em "Marginália: Arte & cultura na Idade da Pedrada",
Marisa Alvarez Lima, *O Cruzeiro*, 14/12/1968

LONDRES

LONDRES — Um abraço pelo ferro na boneca Moraes & Galvão + Paulinho Boca de Cantor. O disco, como de hábito, não é bom. Mas é ótimo, em compensação. Porque a gente vê que a turma é legal. Sob esse aspecto (talvez mais do que sob qualquer outro) se parece com os discos dos velhos baianos na fase tropicalista. O disco de Gil ainda vá lá, mas aquele meu era terrível. E, no entanto, ambos eram ótimos. Na verdade, eu adorei o disco dos Novos Baianos, fiquei emocionado quando ouvi. Não disse logo de cara pra o pessoal aí não querer gozar com minha cara de baiano velho etc., porque eu estou por dentro de muita coisa que a moçada não está; janelas tão abertas, meu coração via transplante no país da serenata, uma menina sentada no chão na casa de Pituba sem blusa, com um trapinho de calça Lee amarrado no tronco pra cobrir os bicos dos peitos, Rodrigo comandando o Brasa, o Brasa, Seu Catarino, não comandando nada, a turma repentina do Aplicação, a aplicação, façamos terra. Se alguém me disser que o disco é ruim, tá legal, eu também tou entendendo e os caras também tão entendendo desse ruim. Deixe comigo e eles, a gente não está querendo nem saber. Ou melhor, deixem comigo que eu deixo com eles: se virem, cuidado pra não se machucarem, mandem brasa etc. f. na b.

Um abraço especial em Baby Consuelo — sim, por que não? —, pela curtição de véu e grinalda.

Um abraço sempre de novo em Paulinho da Viola cantando, um abraço pelo seu sinal. Paulinho é um grande amor. Deve ser a pessoa de quem eu mais gosto no Rio de Janeiro que passou em minha vida. O sinal está claro, límpido, luminoso. Embora fechado, porque não há outro jeito. É um disco solar. Dá fossa, mas ele e eu não temos medo de trocadilho. Também isso podem deixar conosco. Quem sabe...

Um abraço em Gonzaga Júnior pela festa e pela erva. Pra o velho Lua eu não posso e não preciso dizer nada: continuo ouvindo e aprendendo. O milho pra o céu apontando, o feijão pelo chão enramando. O cristão tem de andar a pé. Canaã? Belo é o Recife pegando fogo na pisada do maracatu.

Um abraço em Julinho Bressane pelo que ele fez: matou a família e foi ao cinema. O cinema é um bom lugar pra se ir. Chorei pra burro. Fui a Paris pra ver filmes porque em Londres não temos muitos. Vi *Era uma vez no Oeste* e *Satyricon* e *As aventuras de Juan Quin Quin* (Itália, Itália e Cuba) e fiquei meio cabreado: acho que já estou velho pra gostar de ver figuras mexendo na tela, pensei. O fato é que o cinema me desencantou. Um dia o Cacá Diegues me chamou pra ir ver um filme brasileiro na cinemateca, uma sessão especial. Aí já começou com um close de Márcia Rodrigues, linda, e outro da Renata Sorrah, que eu amo. Perdidas de amor, era visível. Depois o estilo livre, ligando os pontos da violência cotidiana brasileira às avessas. Um filme lírico. E as meninas ali mesmo e Antero. O filme parece que limpou a tela de todo vício e me fez gostar de estar no cinema de novo. Não sei por quê: objetivamente, *Matou a família e foi ao cinema* é um filme interessante, com uma estrutura nova etc., mas ele me pegou muito mais do que isso. Talvez Renata. Talvez tudo. A escolha daquela música do Roberto, aquela que a gente sempre soube e não se lembra. Os franceses críticos de cinema e selecionadores de festival que estavam na sala não pareceram ter entendido nada. O nosso amor é puro, espero nunca acabar.

O Pasquim, 04/06/1970

O ESPECÍFICO FÍLMICO

Era a alegria social, quero dizer: era a linguagem comum e era para mim o mais importante. De resto, todos os meus amigos chegaram a gostar (?) muito do filme de Fellini. Ah... Lembro de um filme de René Clair, *As grandes manobras*, que me deu uma lição formal. A leveza dos cortes, sei lá o quê. O lado ficção do cinema sempre me foi menos respeitável: eu era facilmente mau-caráter nas minhas imaginações por esse campo. Meus argumentos eram bolados para fazer emocionar mentindo e eu sabia disso. Era "social". Eu tinha muito medo de não ter ninguém comigo, eu queria impressionar facilmente as pessoas tais como eram, mesmo sem me sentir identificado com elas. E isso era totalmente realizado nos sonhos de argumentos cinematográficos. Ao contrário do cinema "real" que eu fazia na solidão. Aqui estava meu gosto e nada mais: assoviando, eu me deixava levar pela luz que aparecia no fim do canudo de papel ou entre os dedos. Cores discretas, folhas tenras, sardas, cabelos voando levemente. Tudo era panorâmica e travelling e música. Estradas. Não havia corte propriamente, senão alguns "escurecimentos" lentos conseguidos com o fechar dos olhos. O caminho do ginásio, a "estrada dos carros" com seus ciprestes, o muro dos fundos, a beira do rio. Ah, e a bicicleta. Ainda hoje guardo o vício de assoviar segundo as imagens quando estou num trem, num ônibus, num automóvel. A bicicleta de Bethânia inspirou filmes mais violentos: tombos e paralelepípedos, ruas apavorantes, o cheiro da morte e da alegria, sujeira, música terrível. Atores também éramos eu, Chico Motta e Bethânia. Principalmente Chico à noite na praça do Rosário: *I vitelloni* nos fez chorar. A nós e a Agnelo Rato Grosso. É de onde eu devo partir: daquele

COM UMA CÂMERA SUPER-8 EM SANTO AMARO, EM 1971;
À DIREITA, FILMA CANÔ, SUA MÃE.

gosto das cores em movimento sob música. Não há linguagem superada. Esse lirismo de "Avarandado" não é o que serão meus filmes (?), mas outra coisa também como "Avarandado" e sua (minha) tragédia maior que a linguagem. Há também o problema das poltronas e tudo o mais. Não é preciso saber de nada. Se eu falasse em Godard agora talvez me parecesse a mim mesmo mais fácil suportar a ideia, mas não. Eu quero olhar as coisas de novo. Se não tiverem mais gosto, então não há mais esperanças para mim. Mas há de sempre haver. Vou recomeçar.

Em *Alegria, alegria*, org. de Waly Salomão, Salvador: Ed. Pedra Q Ronca, 1977, pp. 32-4

OS DOCES BÁRBAROS

Os Doces Bárbaros não é apenas o documentário de um lindo acontecimento: é um lindo filme. Os músicos que viram o filme gostaram muito do som, porque podem julgar com clareza a instrumentação e a performance dos instrumentistas. Isso não é pouco, quando estamos acostumados a não saber o que o contrabaixista está tocando nos musicais da televisão. De todo modo, todo o mundo se encanta com os números, porque estão muito bem cortados e bem montados. A clareza e precisão da montagem me impressionaram. As tomadas de Gal, Berré e eu fazendo coro, inseridas com tanta graça e oportunidade no solo de Gil; as rápidas aparições dos pés de Gil durante a dança, em precisa continuidade de movimentos; a imagem deslumbrante de Gal no coro de "Fé cega, faca amolada", surgindo sempre no momento certo de "crescer" e "brilhaaaaaaaar"; o corte da passagem das estrelas de detrás da rotunda para a cena; e, principalmente, o saque do movimento de Bethânia no final de "Um índio", quando ela dança o corpo para a frente e a gente vê o início do movimento em superclose do rosto, e sua complementação em plano geral, com Bethânia de frente, no meio do palco; em todos os lances, a montagem concorre para a criação de um clima particular em cada número. E cada número tem seu clima cinematograficamente encontrado. Gal e Bethânia cantando o "Esotérico" é um mundo à parte, cheio de mistério, uns espaços que não pintam nos outros números. "Fé cega, faca amolada" é um filme completo em si mesmo. "O seu amor" é um sonho. Tudo. E a impressionante visão de Bethânia cantando "Um índio", quase todo em close, é, até o momento, a mais pungente amostra da intimidade do famoso transe de palco de Bethânia. Eu sei que meu julgamento é apaixonado e, portanto, suspeito, mas a chamada crítica lúcida, feita em tom blasé, tão em voga, tem provado ser desastrosa. O fato é que *Os Doces Bárbaros* quebrou o gelo das relações entre o cinema e a música popular no Brasil. E isso é muito, uma vez que há anos a gente vive a frustração de ver um enorme pique de criatividade no cinema brasileiro e sua incapacidade de aproveitar o riquíssimo audiovisual que a fauna da música popular oferece.

Este filme tem, além dos melhores números até aqui filmados da música popular moderna no Brasil, o mais rico e mais profundo documento de alguns indivíduos que a produzem. Gilberto Gil flagrado num episódio difícil de sua vida deixa ver, para além da festividade libertária que a superfície do acontecimento possa suscitar, os labirintos que um homem superior tem que enfrentar no caminho da sabedoria. O rosto de Maria Bethânia sem pintura, no despojamento total do mito, dando uma entrevista a um jornalista qualquer, é a confirmação do mito e, possivelmente, uma das mais belas e importantes cenas do cinema brasileiro de todos os tempos. Em suma, eu fico alegre e orgulhoso que essa loucura de nós quatro nos termos juntado em *Doces Bárbaros* tenha sido boa não só para nós e para a música, mas também para o cinema do Brasil.

Press-book do filme de Jom Tob Azulay,
agosto de 1978

VENDO CANÇÕES

À memória de Elis Regina

Fellini gosta de declarar o desprezo que dedica à televisão, "um eletrodoméstico". Odiaria ver seus filmes andando pra frente e pra trás, numa cópia em cassete, ao gosto do espectador que aperta os botões. Filmes que foram feitos para a solenidade de teatro das salas de projeção. De fato, a televisão é pouco mais que uma geladeira. Mas o próprio cinema é, antes de tudo, indústria de diversão para as massas. Essa situação de dúbia respeitabilidade permite ao olhar post-pop flagrar o kitsch no chic de Bergman e o chic no kitsch (visual, literário, filosófico) de Fellini.

Sem dúvida, muito do encanto felliniano vem da relação ora ingênua ora descarada com a evidência dessa situação. Kubrick fala contra a atitude de vanguarda e olha com desconfiança para a mania do novo em toda a arte moderna. Realiza os filmes mais radicalmente experimentais, guardando o jeito do cinema de produção hollywoodiano. O qual merece de Godard (instalado num ambiente cultural muito mais refinado) sutis referências e comentários. O fato é que as tentativas de vanguarda (Lang, Clair ou Buñuel) foram abandonadas pelo modo de ser do cinema na história. Não falo aqui de conquistas e avanços como os de Griffith e, sobretudo, Eisenstein, que foram incorporados pelo seu futuro, mas daqueles ensaios de transplantar para os fotogramas os ismos das vanguardas do início do século.

Glauber começou "concretista", mas o peso da sua obra reside no tom de luta heroica (Conselheiro e Corisco) pela implantação, num país subsofisticado do Terceiro Mundo, de uma indústria cinematográfica que servisse à reflexão e à ação sobre a realidade desse país, pondo em questão todas as contradições presentes, inclusive a *criança* dessa mesma indústria cinematográfica. Pode-se dizer que ele deu a vida por isso. Julio Bressane é quem afinal se revela mais próximo do *Pátio* do que de *Deus e o diabo*, enquanto Sganzerla (a meu ver o maior talento propriamente cinematográfico surgido dessa empreitada brasileira) permaneceu na posição guerreira (*Terra em transe*), como se estivesse sempre refilmando *Deus e o diabo* através de um filtro godardiano.

Vi na artificialidade deliberada de encenação de *Querelle* (que é uma ostentação da atitude vanguardista) uma curiosa semelhança com os comerciais de televisão.[12] Mick Jagger me disse em Nova Iorque que, para ele, rock é algo assim como um filme classe B. David Bowie quer tomar o rock como uma forma de arte fina, "as novas telas onde podemos pintar as novas coisas". Nenhum dos dois me convence, mas o assunto me interessa. De Jagger pode-se dizer que ele é ao mesmo tempo um Andy Warhol e uma lata de Campbell's. Décio Pignatari, na época da explosão dos Beatles, falou em "produssumo". Hoje Merquior deplora a escalada "contracultural" que levou às ruas os temas e os estilos da vanguarda do início do século. E o próprio Décio dá sinais de alerta para que cada um ocupe seu devido lugar. Fora o caso brasileiro da TV Record (Sampa) não tenho notícia de nenhuma emissora de televisão, em todo o mundo, que tenha feito da música "popular" o centro do seu interesse. O surgimento da MTV (Music Television), um canal nova-iorquino que apresenta exclusivamente números musicais 24 horas por dia, me faz pensar estas coisas que anoto às pressas e tento "montar" ou convidar quem me leia a fazê-lo na sua cabeça. Os números musicais da MTV são filmes que duram o tempo das canções e lhes servem de anúncio e ilustração ou comentário. Isso repercutiu na indústria fonográfica e já começa a influenciar a própria obra dos compositores e grupos.

Podem ser vistos no *Fantástico* alguns desses filmes e no Brasil já se produzem similares. São o casamento do rock ("filme B") com a televisão ("eletrodoméstico"). Os filmusicais de hoje. Uma nova arte? Antonio Cicero gosta da atitude de Bowie que encara os espetáculos de rock como arte de vanguarda, enquanto Jagger (cuja arte Cicero e eu sabemos ser muito superior à de Bowie) diz: "*It's only rock 'n' roll*". Dois videoclipes, produzidos para a MTV (os quais aliás não foram lançados comercialmente), foram comprados pelo Museu de Arte

Moderna de Nova Iorque para o seu acervo. O fato de esses filmecos serem curtos (lembre-se que tanto *Citizen Kane* quanto *O Rei do Baralho* têm a mesma duração dos filmes convencionais), de serem produzidos como comerciais e, sobretudo, de terem como base gravações feitas em estúdios sofisticados — tudo isso faz com que eles estejam o mais longe possível dos filmes underground de Warhol (que são propositadamente amadorísticos). A maioria deles tem é o sabor da loucura modernista mais perto do *Entr'acte* e do *Chien andalou*.

Predomina um surradíssimo surrealismo (muito Magritte demais) que, no entanto, muitas vezes se mostra encantador. Mas também expressionismo (o clipe para a chatíssima "Radio Ga Ga" do Queen é um lindo aproveitamento de *Metrópolis* de Lang) e cubismo e hiper-realismo e realismo mágico e formalismos frios à op. Os melhores videoclipes brasileiros ainda são as aberturas de novelas (*Dancin' Days*!!!), e o que Décio disse sobre estas num artigo poder-se-ia aplicar a toda a produção da MTV. Talvez apenas não se devesse falar em "pop": pop é o ato de realizar videoclipes e não o estilo que vai se encontrar dentro deles. Há pop em Godard e Sganzerla. Conversando outro dia com José Agrippino de Paula sobre a incrível atualidade do teatro que ele produziu em 1968, Sampa (*Tarzan III° Mundo ou O Mustang hibernado*), ouvi dele o comentário — "É Rock Theatre. Eu gosto. Isso seria bom hoje era pra televisão". Rock Television. É curioso e estimulante que algo assim apareça exatamente quando Lévi-Strauss declara que Picasso não é um bom pintor e que a arte moderna representou a perda de toda uma técnica e toda uma cultura. Estamos vivendo na prática, pondo em questão, tanto a discussão sobre a cultura de massas quanto sobre a validade das vanguardas do começo do século XX. Quanto a Zé Agrippino, é preciso repetir que seu filme *Hitler III° Mundo*, de 1968, é o mais radical e mais extraordinário ensaio de quantos foram feitos no Brasil de um cinema marginal ou alternativo.

Publicado originalmente no jornal *Cinema Livre*, de Salvador,
e republicado na *Folha de S.Paulo*, 16/06/1984

UM IRRACIONALISTA RADICAL

Suponho que a literatura tenha ocupado o centro da ambição criadora de Zé Agrippino. É o aspecto mais difícil de julgar, dentre suas atividades. Mário Schenberg apontou suas virtudes. Para mim é um desafio. Os espetáculos teatrais (*Tarzan iii² Mundo* e *Rito do amor selvagem*) e os filmes (*Hitler iii² Mundo* e vários super-8 deslumbrantes) justificam logo o entusiasmo ostensivo. Li *PanAmérica* em 1968 e achei pós (bem pós) "tropicalista". Anos depois li *Lugar público*, seu primeiro livro. Tive nas mãos os manuscritos de um terceiro livro que permanece inacabado. Enigmático caminho de uma visão ultrassofisticada do mundo expressa em língua deliberadamente rude, até tornar-se uma visão rude expressa em língua elegante. Tem-se que pensar em Mautner, beatniks, pop art, hippies, rock 'n' roll. Importância? Acho que a literatura no Brasil tem que dar conta das relações que teve de travar com essa mente tão singular e tão radical.

Quando Gil, Rogério Duarte, Guilherme Araújo e eu estávamos querendo fazer uma onda em música popular, eu conheci Zé Agrippino. Ele calado já dizia mais que nós. Parecia que ele já tinha passado por tudo o que nós estávamos ainda tentando fazer. Rogério e eu nutrimos uma paixão intelectual por ele. Às vezes me sinto perante Zé como o Serenus de Mann diante de Adrian Leverkühn (Gast diante de Nietzsche?).

Zé Agrippino é um irracionalista radical. O "rito" viu o sucesso. *PanAmérica* encontrou admiradores tardios. Eu e Gil musicamos e cantamos um trecho de um dos seus capítulos: "Eu e ela estávamos ali encostados na parede", no LP *Doces Bárbaros*. A literatura

O COISA DE *HITLER III º MUNDO*, DE JOSÉ AGRIPPINO DE PAULA.

(ou antiliteratura) de Zé Agrippino vai ainda nos fazer repensar a literatura latino-americana e o lugar singular e algo desconfortável que a expressão literária brasileira ocupa dentro dela.

Folha de S.Paulo, 16/12/1984

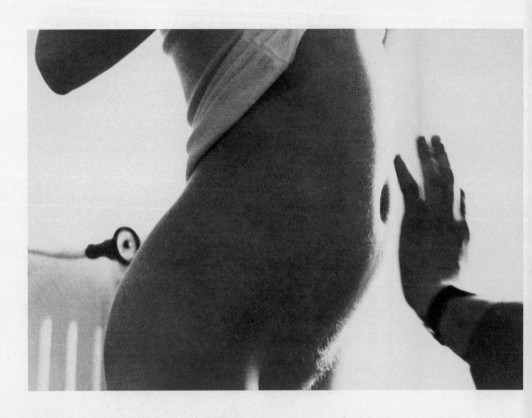

JE VOUS SALUE, MARIE, DE JEAN-LUC GODARD: "ESCOLHA DO VIÉS RELIGIOSO PARA ENCONTRAR O POÉTICO NO BRUTO COTIDIANO".

FORA DE TODA LÓGICA

O telegrama de Roberto Carlos a Sarney, congratulando-se com este pelo veto a *Je Vous Salue, Marie*, envergonha nossa classe. Gustavo Dahl ao menos disse que há muito tempo deixou de ser cineasta, antes de pedir respeito por um governo que não parece querer dar-se ao respeito; d. Arns prefere que esqueçamos um assunto que "já se tornou chato". Não! Eu não esqueço. Fernanda Montenegro não esquece. Sabemos que o veto é uma violência cultural e uma vergonha política. Eu jamais barganharia com Celso Furtado ainda que fosse a total moralização dos direitos autorais pela estupidez de minimizar o escândalo sob o pretexto de que Godard é um falso gênio. Não aceito o veto e acho que nenhum artista digno de nome pode aceitá-lo.

O artigo de Paulo Francis, "Ave Sarney", fala por mim e exatamente nos termos que eu gostaria de me expressar. Exceto no que diz respeito ao filme em si. É engraçado. Todos os que se manifestaram contra o veto apressaram-se em se manifestar também contra o filme. A revista *Veja*, em editorial, xingou a mãe de Godard. Roberto Romano diz que o filme é prosaico, e Paulo Francis que é "entrópico". São todos tão insuspeitos como Austregésilo de Athayde. Eu não. Se quando os bispos, o presidente da República e os organizadores do FestRio tentaram fazer a gente de besta, eu gritei e pedi explicações; se quando o ex-ministro da Justiça ia estudar uma decisão, enviei um telegrama pedindo a liberação; e se agora insisto no assunto e convido meus colegas (ao menos os de música popular, para compensar a burrice de Roberto, já que os cineastas estão tão tímidos) a exigir do presidente uma revisão da sua posição, não é apenas por um senso cívico (temos de ter um mínimo, banana!), mas sobretudo porque me sinto esteticamente comprometido com o filme. Para mim é outro escândalo que ele não tenha encontrado nenhum apoio crítico, fora o parecer do chefe da Censura, que o proibiu a contragosto, o singelo "é lindo" de Fernando Lyra, que não pediu demissão, e a resenha escrita por uma moça de boa vontade na revista *IstoÉ*, que considerou o filme "uma missa". O artigo do professor José Arthur Giannotti é uma exceção. Mas, tal e como Romano e, como este, trabalhando com conceitos com os quais não estou muito familiarizado, vê o filme perpassado por uma "ladainha racionalista". Sem dúvida, suas observações sobre o drama da Virgem representando a diferença entre sexo e carne através da inversão da relação corpo-alma dizem algo sobre a beleza do filme.

Mas a "acusação" de racionalismo não pode ser aceita sem discussão. Eu acompanharia mais facilmente a argumentação de Paulo Francis, apenas para chegar à conclusão oposta: é certo que, em *Je Vous Salue, Marie*, toda vez que se esboça um sentido, este é anulado e as coisas se espatifam bem à nossa frente. Mas não é o mesmo que acontece quando a gente lê os *Títeres de Cachiporra*, de Lorca, na verdade todo o Lorca? O poema se desvencilha dos seus sensos grosseiros que ameaçam a cada passo a instauração de sua luz que deve ser nova e única e irredutível. O que é que acontece em cummings? E mesmo em Pound? Ou será que só compreendemos o canto retórico contra a Usura? Pode-se dizer que, se a Roberto Romano *Je Vous Salue, Marie* parece desprovido de poesia, a Paulo Francis ele parece supersaturado dela. Para um, não pode haver poesia na paisagem urbana contemporânea (tudo o que não for tafetá chamalotado púrpura é prosaico), para o outro, certas liberdades formalmente reconhecidas como direito do poema invadiram a vida cotidiana e assim se perderam todos os parâmetros: basta molhar de tinta o rabo de um burro e virar-lhe o traseiro para a tela. Aquela velha história. Suponho que Romano fez certa confusão entre prosaísmo e racionalismo, e Paulo Francis entre lirismo e baderna. Já Giannotti (o que melhor viu o filme) parece se ressentir apenas dos restos de cacoetes racionalistas (Freud?) que sem dúvida fazem parte do "sotaque" de Godard. Este, nas suas entrevistas, mesmo deixando a tática poética de desfazer sentidos invadir a conversação, disse coisas muito mais simples e mais claras, que servem melhor a quem queira, como eu, esboçar uma defesa do filme.

Godard encontrou, há muito tempo, meios de montar uma imagem em movimento com uma imagem estática, sem que se perca a leveza do corte e a fluidez da sequência. Em *Je Vous Salue, Marie*, a alternância, sem tropeços, das imagens intensamente movimentadas de uma moça que joga basquete com a imagem de uma lua imóvel é, para além da maestria formal, uma dança do intelecto entre os signos visuais: a bola, o corpo, a lua, a barriga, a alma, o feminino, o branco, a terra-céu. Godard é um artista moderno, crítico, complexo, que foge do fantasma da autoconsciência. Muitas vezes essa fuga vale a pena: *Je Vous Salue, Marie* é um momento privilegiado desse drama. Não faz sentido falar em cartão-postal diante de uma cena de campo, de jardim ou de sol, que justamente fala de todos os cartões-postais, libertando deles toda a paisagem e libertando-os da abominação de terem matado toda beleza, redescobrindo assim também neles a sua beleza própria. Não faz sentido falar em revista *Playboy*, quando se despe o nu da farda do nu. Não faz nenhum sentido falar em intenções sensacionalistas se o artista que resgatou Hollywood e sua indústria do sensacional expõe com delicadeza sua atração pelo assombro que é pensar a maternidade virginal não como mito apaziguador da angústia infantil perante a natureza carnal e sexual da concepção, mas como a dádiva incomensurável daquela que aceitou negar sua sexualidade para encarnar esse mito necessário à vida. E que, por isso, é uma metáfora da aceitação da vida mesma pela matéria. E da matéria pelo espírito: a alma tem um corpo. "O filme é a prova do que é possível, pois acontece sob nossos olhos. O medo. O sangue. A alegria." Faz sentido dizer que a concepção virginal de Maria não poderia se dar sem José: as deslumbrantes tomadas da mão que tenta se aproximar da barriga ("Eu te amo!") que não se deixa tocar são o canto doloroso (apesar do intelectualismo francês e da finura impressionista do estilo, o filme faz pensar não apenas em Lorca, mas nos *cantes flamencos*) a falar de um corpo que possui uma alma que aprende a aceitar a aceitação não aprendida, mas nem por isso menos dolorosa, do inexplicável por uma alma que possui um corpo. Seria outra coisa o milagre da concepção numa virgem solitária. Pelo carinho com que olha a mulher, pelo contraponto sutil nas oposições entre o sagrado e o profano, pela escolha do viés religioso para encontrar o poético no bruto cotidiano. *Je Vous Salue, Marie* se aproxima, mais do que qualquer outro filme de Godard, de *Vivre sa Vie* (a alma ficava depois do lado de dentro da galinha; a prostituta na tela via santa Joana na tela e chorava). Só que *Vivre sa Vie* era elegíaco e *Je Vous Salue, Marie* é o hino à alegria. Os animais do presépio contra o céu. O presépio como os nus da *Playboy* e os cartões-postais. Uma voz de mulher sussurra: "Obrigada, Maria, por todas as mulheres".

Dizem que o filme dá sono. A mim me deixou acordado em Paris até o amanhecer, chorando e falando. Lembro que disse mil coisas, mas as palavras que li, na *Folha*, do próprio Godard, se o Espírito tivesse me dado, naquela noite, concebê-las, eu me teria calado em seguida, tranquilo, sabendo-me de posse do que tinha experimentado: "Maria é uma personagem muito próxima do artista, que aceita sem compreender, que recebe antes de dar, que acolhe a palavra fora de toda lógica, e que lamenta não poder aceitar tudo e todos com mais felicidade".

Uma cantora de voz vazia chamada precisamente Madonna repete o refrão *"like a virgin"*. Aqui na Bahia o machismo grita: "Pega ela aí, pega ela aí. Pra quê? Pra passar batom". O que me deixa indignado é que o filme que o atraso político impede os brasileiros de verem (inclusive com agentes da Polícia Federal apreendendo vídeos) seja exatamente um dos mais belos e instigantes que eu já vi. Roberto Carlos teve problemas com os bispos no início da carreira por causa da inesquecível canção "Quero que vá tudo pro inferno". Parece que recebeu pressões para escrever "Eu te darei o céu". Tais pressões o impressionaram demais. Todo mundo esqueceu? Vamos manter uma atitude de repúdio ao veto e de desprezo aos hipócritas e pusilânimes que o apoiam.

Folha de S.Paulo, 02/03/1986

O GRANDE CULPADO

Tive a ideia vendo programas de entrevista na televisão à noite e, também, TV Mulher nas horas de insônia matinal: como assistir a gente falando interessa sempre! Minha preguiça para a ficção. A desenvoltura com que Godard mescla leituras e declarações às suas quase estórias. Uma afirmação do próprio Godard em entrevista: um filme poderia constituir-se apenas de alguém contando uma estória na frente da câmera. Gertrude Stein: *"Remarks are not literature"*. A ironia da situação. O cinema brasileiro tem frequentemente pretendido ser um lugar privilegiado para a reflexão. Descarar isso. A decisão de fazer o filme veio com o título: ouvi a voz de Aracy de Almeida em *Nem tudo é verdade*, de Sganzerla. "O cinema falado é o grande culpado."

Não escrevi um roteiro. Escrevi textos para serem ditos. Escolhi trechos de literatura (ficção e não ficção, prosa e poesia). As imagens e as situações foram se delineando à medida que eu me aproximava do início das filmagens. Não tive que procurar ou mesmo escolher atores: cada texto escrito ou escolhido já era pensado para ser dito por uma pessoa cujos modos eu conhecia bem. As filmagens foram dias intensos e de uma felicidade diferente. Shows de música se fazem à noite, filmes de dia. Acordar às sete da manhã durante quase um mês trouxe nova dimensão à minha vida adulta. Tudo aconteceu de maneira fácil. Eu só poderia fazer um filme barato e meu modelo de produção eram os filmes da Belair do final dos anos 1960 e início dos 1970.

Quando falei com Pedro Farkas, a primeira pessoa da equipe que consultei (eu queria fazer um filme com ele desde que vi *Índia*), ele ficou um pouco assustado com minha decisão de filmar em pouco

O ARTISTA PLÁSTICO LUIZ ZERBINI EM *O CINEMA FALADO*.

tempo e, sempre que possível, fazer um só take para cada plano. Mas durante as filmagens ele só fez me ensinar e descobrir o modo de resolver a luz com muito cuidado e em pouco tempo. Eu não tinha muitas dúvidas a respeito das locações: conhecia bem a sala da minha casa; a praça da Purificação em Santo Amaro, o Porto da Barra e a estação do Méier. Isso me deu firmeza para persuadi-lo, quando ele vacilava, de que um filme pode resultar limpo esteticamente, despojado das amarras convencionais de produção. Ele, tanto quanto os atores, tinha o direito de considerar um risco fazer tudo de primeira.

Mas, assim como Hamilton Vaz Pereira criou uma peça límpida de atuação dizendo o longo trecho do monólogo do *Grande sertão* no canto de um quarto sem repetir um só plano, Pedro fez em 21 dias um trabalho de fotografia que não diminui em nada o brilho da carreira que ele vem desenvolvendo em filmes mais "preparados". Jorge Saldanha, responsável pelo som direto de um filme que carrega o título ironicamente pretensioso de *O cinema falado*, me transmitiu mais segurança durante a aventura da filmagem do que Indiana Jones pode transmitir a uma plateia de adolescentes.

O som da música na cena da dança de Maria Esther Stockler é mais belo, em pureza e profundidade, do que muito som curtido em grandes estúdios. Bruno Wainer dirigiu a equipe e o diretor, botando ordem em todos os momentos caóticos que se insinuavam. E Rodolfo (Dodô) Brandão, que me tinha sido sugerido por Pedro Farkas, era o homem que tinha que fazer tudo isso acontecer. E fez. Quando as filmagens terminaram, fiquei com saudade de todos eles, não só os já citados como também de Edinho, Gui, Pecê, Sérgio, Luis e o outro Bruno.

Meus atores, meus amores. Antonio Cicero (a quem também o filme é dedicado) teve que dizer um texto que é exatamente o contrário do que ele pensa. Regina sugeriu até angulações, sem contar com o fato de que o "número" de imitação de Fidel eu já conhecia de vê-la fazer conversando entre amigos. Ela também ajudou Luiz Zerbini a encontrar soluções para driblar os textos "contra" Picasso e Matisse, sendo que uma delas (o rosto deformado pelas mãos) se tornou a cara do filme no cartaz. Dedé Veloso e Felipe Murray enfrentaram um desafio: como ambos (ela na vida cotidiana, ele no palco) têm fama de não ter boa dicção, dei a eles os textos mais longos do filme. Desafio que Dedé tirou de letra com finura e humor, e Felipe com pureza e discrição. Rogério Duarte e Dorival Caymmi falam o que pensam e eu documento. Dadi e Paula Lavigne tinham que falar de coisas que não conheciam (ele de alguns autores que não leu, ela de alguns filmes que não viu). Os dois arrasaram sob uma luz quente, ele alternando os timbres da guitarra, do baixo e da voz, ela passando com uma fluência milagrosa de uma quase não atuação à superatuação na paródia do *Exorcista*, voltando em seguida ao tom despojado com que iniciou a cena. Sergio Maciel foi todo segurança, clareza e eficiência. Paulo César de Souza teve uma noite para decorar todo aquele texto de Thomas Mann em alemão e filmou na manhã seguinte, sem quase ter dormido. Tudo dava certo. Na Bahia choveu tanto e nós só tínhamos dois dias para fazer Salvador e Santo Amaro. Rodrigo Velloso fez do dia uma festa e Dazinho ficou com a noite. Desde que concebi o filme, eu queria que ele terminasse com Nina Cavalcanti dizendo aquele trecho de Heidegger. Mas criança é misteriosa e eu cheguei a pensar que talvez devesse desistir e chamar uma menina maior. Felizmente Regina e Paulinha me persuadiram a insistir na minha ideia inicial e Péricles Cavalcanti, pai da Nina, me ajudou a ensinar-lhe o texto. Guilherme Araújo, produtor, que se mostrou animado em fazer o filme como não tem se mostrado para fazer qualquer outra coisa há muito tempo, ficava constantemente espantado com a facilidade com que as coisas aconteciam.

Um outro filme é montar o filme. E com Mair Tavares adivinhando seus pensamentos, e só falando o essencial, é ioga. Devo a Mair não só o ritmo que o filme ganhou (o que ele tinha de ter, porque Mair entendeu imediatamente todas as intenções do filme), mas também a ideia de colocar aquele genial plano de Mário Peixoto do filme de Ruy Solberg. Mair dá vontade da gente fazer mais filmes. O que, neste caso, é um bom pensamento. *O cinema falado* não é um filme: é um ensaio de ensaios de filmes possíveis para mim e para outros.

Release escrito para a Embrafilme, 1986

CARMEN MIRANDA DADA

Para a geração de brasileiros que chegou à adolescência na segunda metade dos anos 1950 e à idade adulta no auge da ditadura militar brasileira e da onda internacional de contracultura, Carmen Miranda foi, primeiro, motivo de um misto de orgulho e vergonha e, depois, símbolo da violência intelectual com que queríamos encarar a nossa realidade, do olhar implacável que queríamos lançar sobre nós mesmos.

Carmen Miranda morreu em 1955. Em 1957 as suas gravações brasileiras anteriores à sua vinda para os EUA soavam totalmente arcaicas aos nossos ouvidos e as que ela tinha feito aqui nos pareciam ridículas: "Chica Chica bom chic", "Cuanto le gusta" e "South American Way" iam no sentido inverso ao dos nossos anseios de bom gosto e de identidade nacional. Ouvíamos então cantoras de que talvez nunca se tenha ouvido falar aqui [nos EUA], mas que nos pareciam superiores a ela — e de fato o eram sob certos aspectos: Ângela Maria, Nora Ney, Elza Soares, Maysa. Quase adivinhávamos a bossa nova. Mas Carmen tinha se tornado uma das personalidades formadoras da vida americana do pós-guerra, influenciando a moda e mesmo o gestual de uma geração. Hoje, fascinados, a encontramos referida na biografia de Wittgenstein — como favorita do biografado. À época, já tinha bastante peso saber que ela era a única artista brasileira reconhecida mundialmente e, ouvíamos os mais velhos repetirem, não sem méritos. Assim calávamos no peito um orgulho que afinal é semelhante ao que sentimos quando ouvimos o nome de Pelé fora do Brasil ou quando vemos o Bloco Olodum tocando com Paul Simon no Central Park para centenas de milhares de pessoas: todos os indivíduos de um país que não figura nos noticiários dos grandes jornais do Primeiro Mundo, a menos que uma catástrofe se abata sobre seu povo ou o ridículo sobre seus governantes, emocionam-se compulsoriamente com coisas assim. No caso de Carmen Miranda, àquela altura, víamos-lhe mais o grotesco do que a graça e não estávamos maduros o bastante para meditar sobre o seu destino.

A saída mais fácil (e a atitude mais frequente) era ignorá-la. O que não era difícil num país que, diferentemente da Argentina, não costuma guardar vivas na memória suas figuras de massa, quer sejam líderes políticos ou cantores de música popular.

Contudo, em 1967 Carmen Miranda reaparece no centro dos nossos interesses estéticos. Um movimento cultural que veio a se chamar tropicalismo tomou-a como um dos seus principais signos, usando o mal-estar que a menção do seu nome e a evocação dos seus gestos podiam suscitar como uma provocação revitalizadora das mentes que tinham de atravessar uma época de embriaguez nas utopias políticas e estéticas, num país que buscava seu lugar na modernidade e estava sob uma ditadura militar. Esse movimento derivou seu nome de uma instalação do artista plástico Hélio Oiticica, inspirou-se em algumas imagens do filme *Terra em transe*, de Glauber Rocha, dialogou com o teatro de José Celso Martinez Corrêa, mas centrou-se na música popular. A canção-manifesto "Tropicália", homônima da obra de Oiticica, termina com o brado "Carmen Miranda dada dada". Tínhamos descoberto que ela era nossa caricatura e nossa radiografia. E começamos a atentar para o destino dessa mulher: uma típica menina do Rio, nascida em Portugal, usando uma estilização espalhafatosamente vulgar mas ainda assim elegante da roupa característica da baiana, conquistara o mundo e chegara a ser a mulher mais bem paga dos EUA. Hoje há estrelas latinas vivendo neste país e trabalhando para massas de latinos residentes aqui.

Carmen conquistou a América branca, como nenhum sul-americano tinha feito ou viria a fazer. Ela era a única representante da América do Sul com legibilidade universal e parece que é exatamente por isso que a autoparódia era sua prisão inescapável. Parecia então que podíamos entender a depressão profunda a que ela chegou nos anos 1950, o abuso de remédios, a destruição da sua vida. Ainda hoje, estar escrevendo estas palavras sobre ela é algo difícil e penoso para mim. O que quer que aconteça na América com a música brasileira — e mesmo o que quer que aconteça no hemisfério Norte com qualquer música do hemisfério Sul — nos leva a pensar em Carmen Miranda. E, inversamente, pensar nela é pensar em toda a complexidade desse assunto. O Olodum no disco de Simon, a coletânea de sambas experimentais de Tom Zé feita por David Byrne, Naná Vasconcelos e Egberto Gismonti, Sting e Raoni, Tânia Maria, Djavan e Manhattan Transfer, o culto de Milton Nascimento. Ela está sempre presente.

Quando a bossa nova estourou nos EUA, isto é, no mundo, sentíamos que finalmente o Brasil exportava um produto acabado e de boa qualidade. Mas o fato de essa onda ter sido deflagrada por um compacto, extraído do álbum *Getz/Gilberto*, que contém "Garota de Ipanema" belamente cantada por Astrud Gilberto, em inglês, conduz à insinuação de uma Carmen Miranda cool-jazz. Não apenas a voz de Astrud salta como uma fruta gostosa de dentro das harmonias densas de Tom Jobim: a própria personagem da garota de Ipanema louvada na canção parece usar frutas na cabeça.

Isso não é um pensamento forçado, é algo que está no ar. Recentemente, numa noite de gala em benefício da Rain Forest Foundation, comandada por Sting e abrilhantada pelo próprio Jobim, corria o rumor nos bastidores de que, quando Tom e sua banda tocassem a "Garota de Ipanema", Elton John entraria no palco vestido de Carmen Miranda ou, pelo menos, usando um daqueles turbantes cheios de bananas ou de guarda-chuvas. Afinal, tal não se deu. Mas dizem que somente porque Elton e Sting não estavam seguros de que Tom (e a plateia) aceitaria a brincadeira com simpatia. De todo modo, pra mim já é bastante revelador que tal boato tenha surgido ali. Ela está sempre presente. Airto sacudindo balangandãs na banda de Miles Davis em 71. Flora Purim e Chick Corea.

Ela está sempre presente também porque há uma coisa sobre a qual os tropicalistas logo tiveram de meditar, além do caráter extraordinário do seu destino: a qualidade de sua arte. Antes de se tornar a falsa baiana internacional, bem antes de ascender ao posto de deusa do *camp* (e de fato aquela imagem de um infinito de bananas partindo do topo de sua cabeça que Busby Berkley, com sua tendência de produzir visões de êxtase místico, criou, é a confirmação de sua divindade), Carmen Miranda tinha deixado no Brasil o registro abundante da sua particular reinvenção do samba. E, depois que a bossa nova já estava madura e exportada, quando Tom Jobim já se instalara entre os maiores autores de canções do século e Sérgio Mendes achara a melhor maneira de colocar a musicalidade brasileira no mercado internacional — depois, enfim, de tudo isso que se fez possível pela magia do bruxo-mor João Gilberto, nossa aventura mais profunda —, os velhos discos de Carmen já não soavam mais como antiguidades. Na verdade, saiu no Brasil uma coletânea em CD dessas gravações e não seria má idéia se o mesmo se desse aqui. O repertório deslumbrante recebia um tratamento precioso do seu estilo, feito de destreza e espontaneidade. A agilidade da dicção e o senso de humor jogado no ritmo são a marca de uma mente esperta com que descobriríamos que tínhamos muito o que aprender.

A gravação de "Adeus batucada", um samba profético de Synval Silva (que era seu motorista particular e revelou-se extraordinário compositor) em que ela se despede de seus companheiros de roda de samba dizendo "eu vou deixar todo mundo, valorizando a batucada", é uma das mais belas jamais feitas no Brasil.

Essa canção terminou por encontrar eco em outra, escrita por Vicente Paiva, em desagravo à frieza com que ela foi recebida pela plateia do Cassino da Urca no Rio, quando de sua primeira apresentação no Brasil depois do sucesso nos EUA: "Disseram que eu voltei americanizada". É uma prestação de contas bem-humorada ao público e à crítica cariocas, que se ressentiam da descaracterização dos ritmos brasileiros, aos quais os músicos americanos tinham dificuldade em se adaptar e talvez pouca paciência de prestar atenção, dando deles uma versão sempre cubanizada. Que justamente uma cantora do único país de língua portuguesa da América Latina tenha sido eleita a representante desse conjunto de comunidades de língua espanhola não trouxe poucas dificuldades estilísticas a suas performances. Hoje há um conhecimento específico da rítmica brasileira entre músicos americanos — depois da bossa nova e de Milton Nascimento pode-se contar com o desejo de captar a peculiaridade da música no Brasil. Na época de Carmen bastava fazer um barulho percussivo que fosse facilmente reconhecido como latino e negroide. Mas ela, que tinha feito questão de trazer consigo os rapazes do Bando da Lua, representou menos a adulteração alegada pelos seus críticos do que o pioneirismo de uma história que ainda se desenrola e hoje parece mais fascinante do que nunca: a história das relações da música muito rica de um país muito pobre com músicos e ouvintes de todo o mundo. Uma história de que, de resto, este artigo não é o episódio menos curioso, sendo o seu autor o mesmo da canção tropicalista que termina com o nome de Carmen, com o "Miranda" ecoando em "dada".

Desta singular perspectiva é que se tenta observar a virada crítica que nos levou a descobrir os encantos das velhas gravações brasileiras de Carmen Miranda e também a dignidade predominante na sua discografia americana. Ela fez mais e melhor samba por aqui do que nós estávamos dispostos a admitir.

O poeta brasileiro Oswald de Andrade, do movimento modernista de 1922, disse uma vez: "O meu país sofre de incompetência cósmica". Carmen parecia livre dessa maldição. O que salta aos olhos quando revemos hoje seus filmes é a definição dos movimentos, a articulação das mãos com os olhos, a nitidez absurda no acabamento dos gestos. Anos depois da boutade de Oswald de Andrade, Hanna Arendt se referia à disparidade entre os países pobres e os países ricos exatamente na área da competência. Muito do que sai no Brasil torna-se notável pela magia, pelo mistério, pela alegria; pouco pela competência. Quando me perguntam por que Carmen Miranda agradou tanto aos americanos, eu respondo: não sei. Mas fico me perguntando se a sua grande vocação para a arte-final, a sua capacidade de desenhar a dança do samba num nível exacerbado de estilização, como uma figura de desenho animado, não terá tido parte decisiva nisso.

"Competência" é uma palavra que define bem o modo americano de valorizar as coisas. Carmen Miranda excedia nessa categoria. Gal Costa, Maria Bethânia, Margareth Menezes são verdadeiras baianas, são grandes artistas da alegria e do mistério. Mas o estilo gestual de

Carmen encontra uma identidade no estilo vocal de Elis Regina: alta definição no ataque das notas, nitidez no fraseado, afinação de computador — competência. Hoje talvez os EUA não estejam tão apaixonados por esse item, talvez estejam menos saudavelmente ingênuos quanto ao progresso tecnológico do que nos anos 1940 e 1950: ir ao Japão é ser levado a pensar nisso. Quanto ao Brasil, houve quem dissesse que o surrealismo é o único realismo possível na América Latina, pois o cotidiano da miséria é surreal. Nós, os tropicalistas, numa época que os highbrows e os lowbrows fizeram umas farras conjuntas, para desespero de alguns middlebrows, achávamos que Dada nos dizia mais respeito do que o surrealismo; era o inconsciente não estetizado, era a não explicação do inexplicável. Era também o contrário de prendermo-nos num absurdo formalizado: era termos optado antes de tudo pela liberdade como tema fundamental. Não éramos dadaístas, é claro. Éramos um punhado de garotos baianos, filhos da bossa nova, e interessados no neo-rock-'n'-roll inglês dos anos 1960. Alguns tínhamos chegado à universidade. Foram os irmãos Campos, Augusto e Haroldo, líderes do movimento da poesia concreta no meio dos anos 1950, com quem passamos a ter um bom convívio quando nos mudamos para São Paulo, que nos deram a sugestão do paralelo entre Dada e o surrealismo de que nós fizemos o uso que descrevi acima. Hoje, quando as vanguardas do início do século são postas em questão por terem, entre outras coisas, atraído uma horda de subletrados que produzem cultura de massas, olhamos para trás sem vergonha e sem orgulho. Apenas sorrimos felizes quando ouvimos Marisa Monte cantar uma canção de Carmen, acompanhando-a com uma reprodução muito sutil do seu gestual. E não encontramos nada em nossas próprias gravações que seja comparável às melhores gravações de Carmen Miranda dos anos 1930.

Exilado em Londres em 1971, foi que eu vi pela primeira vez a tal fotografia em que Carmen Miranda aparece involuntariamente de sexo à mostra. Lembrei dos primeiros portugueses que, ao chegarem ao Brasil e vendo os índios nus, anotaram em carta ao rei de Portugal que "eles não cobriam as suas vergonhas". Isso de se referir à genitália como vergonha era corrente no português do século XVI. Pensei que não deixava de ser significativo que a nossa representante fosse a única do olimpo hollywoodiano a exibir sua vergonha. E que tivesse feito sem saber o que estava fazendo, por descuido, inocentemente. "Vergonha" é uma palavra que atravessa este artigo, desde o primeiro parágrafo. Mas tal visão me causou antes orgulho do que mal-estar. Nos braços de César Romero, sorriso hollywoodianamente puro nos lábios, cercada de brilhos cheios de intenção e controle, tudo nela e em torno dela parecia obsceno perto da inocência de seu sexo.

A iluminação, o cenário, a pose, a fantasia eram Carmen Miranda. O sexo exposto era Dada.

The New York Times, 20/10/1991, publicado sob o título "Caricature and Conqueror, Pride and Shame"; *Folha de S.Paulo*, 22/10/1991

GIULIETTA MASINA EM *LA STRADA*. "SUA FIGURA PASSOU A SER UMA ESPÉCIE DE ASSINATURA DE FELLINI."

A VOZ DA LUA

O melhor filme de Fellini (*Noites de Cabíria*) e o seu pior (*Julieta dos espíritos*) são com Giulietta Masina. Isso, a meu ver, demonstra quão inexoravelmente o desenho dessa figura e o espírito dessa mulher atravessam a totalidade da obra desse artista tão genuíno quanto se pode admitir que um cineasta o seja.

Não tenho dúvidas em atribuir a uma autêntica deformação profissional de críticos e diretores de cinema o destacarem eles *8½* entre os filmes de Fellini para inclusão nas (de resto necessariamente furadas) listas de "melhores de todos os tempos"; uns e outros se satisfazem com a fruição das intermináveis e nem sempre muito autênticas confissões sobre como sofrem os homens que dirigem filmes e com as pouco convincentes tiradas metalinguísticas feitas por um cineasta que, definitivamente, não é "do código", e sim "da mensagem".

Claro que a piada anti-Antonioni ("hoje em dia estão na moda os filmes em que não acontece nada — pois bem, no meu vai acontecer tudo") é genial, e há todo o brilho das sequências de "memória", além de maravilhosos retratos de irritantes jovens senhoritas aspirantes ao estrelato. Mas, no total, o filme deixa a clara sensação de algo desequilibrado, com o peso dado a certas sequências — e a duração delas relativamente a outras e ao tempo total do filme — não propriamente legitimado. É um problema consequente à autoindulgência da segunda metade de *La dolce vita* — quando o ex-colaborador neorrealista resolveu soltar de vez a imaginação (e, diríamos, vulgarmente mas com muita propriedade, dada a chatice da sequência da última festa em que Mastroianni faz um sermão atirando penas de um travesseiro pela sala, a franga).

Ele já vinha de certa polêmica com alguns setores do suporte crítico do neorrealismo, cujas exigências considerava uma prisão: nem só da vida material dos homens pobres, queria ele dizer, deve viver o cinema, mas também da imaginação e da aventura espiritual de todos os homens. Mas foi aproximando-se de uns poucos personagens extraídos de ambiente materialmente miserável que ele encontrou a libertação; os pobres de *A estrada da vida* (o Brasil é o único país que traduziu o título de *La strada*), por serem funâmbulos e saltimbancos, trabalham eles mesmos com o imaginário e, portanto, permitem ao diretor passar quase imperceptivelmente para a zona do sonho, sem abandonar os trapos e os cortiços que eram a marca registrada da escola, e para a zona do espiritual, sem perder a força bruta da anônima tragédia física dos desvalidos desse mundo que era a substância dos filmes de seus mestres.

Antes disso, ele já tinha dado mostras claras de que caminhava nessa direção: *Abismo de um sonho* (*Lo sceicco bianco*) e *Os boas-vidas* (*I vitelloni*) são justamente os filmes que deram ensejo à deflagração da discussão entre os neorrealistas ortodoxos e Federico Fellini. Mas *La strada* não apenas levou até muito mais longe o gesto do cineasta, como também — e isto é que é o mais importante — venceu a discussão e acabou com ela.

Estou convencido de que algo do impacto produzido por esse filme em tantas pessoas de minha geração se deve ao fato de que ele representou um triunfo ideológico sobre a ortodoxia neorrealista. Mas isso só se fez possível por Giulietta. Suas delicadas caretas, tão gráficas quanto as de Charles Chaplin e tão etéreas quanto as de Harry Langdon; o ritmo do seu corpo pequeno, tão vivo como o de um pequeno animal vivo e tão simplificado e convencional quanto o de uma figura de desenho animado, decidiram a grandeza do filme — e a ultrapassaram: Gelsomina se tornou, como D. Quixote, como Carlitos, como Hitler, como Mickey Mouse, como o Crucificado, uma imagem concentrada que vem ao mundo nitidamente para dizer o que só ela diz.

Ao mesmo tempo, e por isso mesmo, sua figura passou a ser uma espécie de assinatura de Fellini. Mas, expondo uma figura que é, antes de tudo, uma assinatura de si mesma, Masina passou a ser um problema da identidade autoral felliniana — um problema que ele, tendo a grandeza de reconhecer que se originava no fato de ter sido desde o início uma solução insubstituível, dedicou-se a recomeçar a resolver a cada dia, com um carinho e um cuidado admiráveis.

Ouvi de muitos amigos meus italianos e informados palavras duras contra ela: "Giulietta Masina representa tudo o que há de pior na Itália"; "O que atrapalha Fellini é o lado sentimental e carola, ou seja: Giulietta Masina" etc. O próprio Glauber me disse em Londres, em 1971, vindo de Roma, respondendo a uma minha pergunta sobre Fellini: "Ele continua lá, o problema é que ele não se separa daquela anã horrorosa". Eu não posso deixar de pensar nessas observações cada vez que revejo aquela magnífica cena de *Amarcord*, na verdade uma parábola, em que um louco sobe ao topo de uma árvore imensa e permanece ali durante horas aos gritos de "quero uma mulher", sem que nada ou ninguém consiga tirá-lo de lá ou apaziguar sua insatisfação: só a chegada de uma freira anã é capaz de acalmá-lo e fazê-lo pôr de volta os pés no chão. Não posso deixar de pensar em Giulietta quando vejo essa freirinha — e em Fellini gritando seu enigmático desejo da árvore arquetípica.

A mulher do diretor em *8½*, interpretada por Anouk Aimée, é o alvo das confissões de culpa de uma caricatura de marido burguês, o qual, no entanto, sendo um artista, vive obcecado na construção de fantasmas. Separa-se aqui o que na "vida real" está inextricavelmente amalgamado: a mulher de Federico Fellini, diferentemente da do Marcello do filme, é o fantasma número um, aquele que abriu a porta para toda a legião. Giulietta Masina estava representada ali sempre mais autenticamente nas figuras grotescas ou angelicais — nas crianças, nos adivinhos, nos velhos malucos — do que na imagem a um tempo reivindicativa e resignada da mulher do diretor, papel que ela própria, de resto, parecia desempenhar à perfeição na vida de Fellini.

A tentativa de ir adiante no enfrentamento dessa questão — também de realizar um *8½* para Giulietta — levou-o a *Julieta dos espíritos*, em que é dado à própria Giulietta o papel de mulher burguesa. A escolha de um ator fisicamente parecido com Fellini não significava apenas uma compensação para o fato de, desta vez, o marido não ser cineasta. Essa escolha confirma a deliberação de tocar em áreas perigosas — e que se revelam tão mais perigosas quanto mais se é inconsciente da grandeza do perigo. A beleza de Mastroianni era uma convenção estética, como a urbanidade moderna de Anouk Aimée uma simplificação para efeito de comunicação. Agora víamos na tela, tentando livrar-se da falange de espíritos que ela mesma trouxera para ali, uma Giulietta cuja atmosfera lunar e lunática parecia aprisionada a uma aparência distinta — e cujo gênio para o grotesco-angelical estava preso a um compromisso com o que se costuma chamar de "uma boa atuação".

Numa entrevista dada aqui no Brasil, ela declarou que não gostava muito de *Julieta dos espíritos* e que considerava seu trabalho ali não muito bom, reafirmando que sua melhor atuação tinha sido em *Noites de Cabíria*. Possivelmente, na história do conflito felliniano com relação à presença de Giulietta em sua vida e sua obra, *Julieta dos espíritos* foi idealizado como um presente para a mulher e para a atriz. Se o foi, foi quase um presente de grego. Todas as tolices que são ditas a respeito da atriz Giulietta Masina se devem a esse filme — não pelo julgamento que se faz de sua atuação nele, mas porque ele cria em torno dela — e com valor retroativo — uma expectativa equívoca.

Uma expectativa que põe em discussão coisas muito acima das quais ela se colocou irremediavelmente desde o início. Ela repetia sempre que aquela Giulietta de *Julieta dos espíritos* não tinha nada a ver com ela. Eu acrescentaria: nem a mulher do diretor de *8½*, nem a mulher em *Cidade das mulheres* — se não quisermos chegar até Gelsomina e encontrar ali toda a culpa de Federico por ser uma pata sobre aquela flor. Não, nem a freirinha. Nenhuma dessas imagens parciais da mulher poderia aspirar a representá-la. A estrutura e a inteireza de *E la nave va*, o imenso navio de *Amarcord*, a valsa de Nino Rota para o palhaço de *La dolce vita*, essas aparições que inundam a alma chegam mais perto. Ela é a voz da Lua.

Os franceses não admitem o cômico feminino. Lévi-Strauss e Godard já se manifestaram veementemente a esse respeito. A tradição americana da mulher engraçada — sobretudo a combinação, na figura da loura burra, do ridículo com o sexual — parece-lhes uma aberração. Há um acerto universal que permite e estimula que a comédia se sirva do sexo, mas não o sexo da comédia. O amor — claramente na sua acepção de eufemismo para sexo — aparece como incompatível com o humor numa canção de Irving Berlin. A mulher-palhaço, que os franceses não concebem e que foi levada, na América, aos extremos de Mae West, Lucille Ball e Judy Holliday, é uma entidade que representa em si mesma um desafio. Buscando tocar essa linha tênue que liga Giulietta Masina a Marilyn Monroe (a rainha das louras burras e seu avatar mais transcendental), eu, que nasci no país que produziu o genial poema:

Amor
humor

— o mesmo país onde nasceram Dercy Gonçalves e Regina Casé —, escrevi, em meados dos anos 1960, este estranho paradoxo:

Giulietta Masina, considerada sem atrativos, representa uma mulher que vende o próprio corpo no filme *Noites de Cabíria*. Marilyn Monroe, que representa o tempo todo, nos filmes e na vida, uma mulher cujo corpo tem alto valor de venda, é considerada uma mulher atraente. Mas, por sob a maquiagem e as roupas grotescas que foram desenhadas para ridicularizar a prostituta do filme, percebe-se um corpo pequeno mas firme e bem torneado; enquanto por trás da pintura e do figurino composto para criar o glamour da outra, adivinha-se a flacidez dos músculos e a desproporção das partes.[13]

O estereótipo do palhaço triste já era gasto quando *La strada* foi concebido e realizado. Giulietta foi fator decisivo para que a abordagem por Fellini desse lugar-comum reluzisse de originalidade. O fato de ela ser uma mulher foi fator decisivo para que isso se desse através da sua pessoa. As histórias de Fellini com Sandra Milo e outras mulheres opulentas, sua paixão deslumbrada e publicamente alardeada pela beleza de Anita Ekberg, a própria confissão autoanalítica da obsessão por mulheres imensas como tendo origem em sua infância, tudo isso exacerba o contraste entre, de um lado, o ideal de mulher que Fellini supostamente compartilha com sua plateia, e, de outro, a pequenina provinciana católica e caricata que é sua mulher real.

Mas os bons resultados do paciente cuidado de Fellini para com essa mulher e a entidade que ela veio a incorporar em seus filmes (não podemos falar no cuidado dela para com ele) são perceptíveis na tranquilidade com que ela incluiu, num texto que escreveu sobre *La strada*, muitos anos depois do seu lançamento, a declaração: "Eu queria ser o personagem que Anita Ekberg interpretou em *La dolce vita*"; e na força da permanência da perspectiva instaurada por *Noites de Cabíria* quanto à questão do desenvolvimento do conseguido em *La strada*: ali há virtuosismo numa área que é só dela, há uma obra rica e acabada que faz com que possamos dizer — contradizendo sua afirmação de que "Fellini é um artista, eu sou atriz apenas, e basta" — que a mulher que morreu anteontem foi uma grande artista e que não basta ser ator ou atriz, mesmo grande, para entrar no páreo com ela, que nos leva a rever sempre melhor *Julieta dos espíritos* e a ver da maneira certa *Ginger e Fred*, e também a entender o sentido maior da mesura feita por Chaplin numa entrevista ao *New York Times*: "*She is the actress I admire the most*" ("Ela é a atriz que eu mais admiro").

P.S.: Quando eu era adolescente, sonhava com frequência que encontrava Giulietta Masina e Federico Fellini, e conversávamos. Não sei o conteúdo dessas conversas, mas lembro a intensidade da emoção. Assim, defendendo meus próprios fantasmas benfazejos contra a fúria esnobe da crítica, que, por vezes, precisou tentar empurrá-los para baixo na escalada do alpinismo intelectual, fiz uma canção com o nome dela e a gravei num disco. Algum tempo depois, eu estava em Bari, no sul da Itália, dormindo num hotel, e minha mulher atendeu uma chamada telefônica de Roma, "da parte da senhora Giulietta Masina", que queria saber de mim e da canção. Só fui informado quando acordei, algumas horas depois. Não tinha tempo de parar em Roma na minha viagem de volta para o Brasil. Paolo Scarnecchia, um amigo italiano que é um grande conhecedor de música e tinha acesso aos Fellini, ofereceu-se para entregar o disco a ela. E o fez. Voltei à Itália por duas vezes depois disso, e dessas vezes ficando em Roma. Ela não me procurou mais. Concluí, sem nenhuma surpresa, que ela não gostou da música.

Folha de S.Paulo, 03/04/1994

GOSTEI DE LER MINHA COLUNA

Percebo logo a imaturidade desses textos escritos na tentativa de criar em Santo Amaro um ambiente cineclubístico semelhante ao que havia em Salvador.[14] Como eu era um neófito na onda de cinema de autor, exagerava a rejeição aos filmes "de arte" por parte do público comum. *A doce vida* fez mais sucesso de público do que se suporia pela leitura desses meus artigos.

Não é por acaso que, depois, eu passei tantos anos exaltando de preferência a produção comercial americana, uma gracinha que cansei de fazer (e que era um subproduto do tropicalismo). Hoje tenho saudades daquele tempo em que tanta gente (mesmo em Santo Amaro) via com naturalidade filmes europeus. De todo modo, gostei de reler minha coluna santamarense. Eu tinha dezoito, dezenove anos. É incrível ler o que eu disse de Antonioni num jornal que se chamava *O Archote*.

O resultado é que os filmes que mais me emocionaram nos últimos muitos anos foram *Je Vous Salue, Marie*, de Godard, e *E.T.*, de Spielberg.

O Globo, 08/01/1995

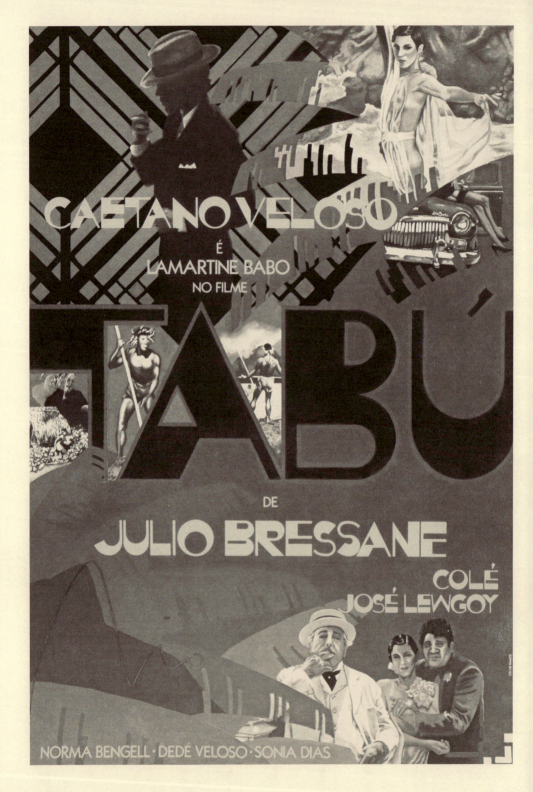

CARTAZ DO DESIGNER ÓSCAR RAMOS PARA *TABU*, DE JULIO BRESSANE.

SÁBIA E ARRISCADA ASCESE

Julio Bressane é um caso único dentro do cinema brasileiro não por ser um autor experimental e anticomercial: tantos outros o são. Ele se destaca pela obsessão com que se aferra à tarefa de elevar-se através do cinema. A história de Julinho é a de um temperamento refinado que teve de atravessar grossas barreiras para reconhecer-se como tal. Embora ele e eu transitemos na área do show business e do entretenimento para as massas — cinema e música popular —, ele conduz sempre nossas conversas para questões de rigor intelectual, de exigências estéticas radicais. E para temas eruditos que frequentemente são os estímulos iniciais para ele fazer seus filmes.

A intensidade de nosso contato inaugurou-se quando, no meio da década de 1960, ele, saindo lindamente da adolescência, fez um documentário de curta-metragem sobre minha irmã Maria Bethânia. O público do Cine Paissandu (templo dos cinéfilos pretensiosos do Rio de então) vaiou a combinação do despojamento delicado do novo diretor com a intensidade dramática e as marcas regionais da nova cantora. Eu silenciei essa vaia com gritos desaforados contra a estreiteza da plateia (eu estava mais possesso do que no "É proibido proibir", mais do que no Jô respondendo ao Brooke do *New York Times*). Foi um pequeno escândalo. Mas sempre me pareceu enormemente significativo que Julinho tivesse se sentido atraído pela arte e pela pessoa de Bethânia tão no início de ambos. Não é por acaso que o videoclipe feito por ele para a promoção do disco dela cantando Roberto Carlos é um dos mais belos filmes brasileiros recentes (Michelangelo Antonioni compartilha deste meu entusiasmo). Mas foi com *Matou a família e foi ao cinema* — uma obra-prima da arte brasileira em qualquer área, um dos maiores acontecimentos do moderno cinema mundial, quase só conhecido no Brasil —, foi com esse doloroso e terno cinepoema que fiquei sabendo que estava diante de um grande artista.

A união de Julinho com Rogério Sganzerla — o genial Sganzerla de *O Bandido da Luz Vermelha* — nos anos 1970 trouxe uma nova configuração — enriquecedora — para o panorama do cinema brasileiro. Filhos rebeldes de Glauber — do Cinema Novo, portanto —, eles puseram tudo em questão num tom intolerante que, se me parecia difícil de partilhar, mostrava-se eficaz na liberação de energias criativas. Essas energias tomaram, em Julinho, a forma de um isolamento, a um tempo sábio e arriscado, que faz de cada fotograma de seus filmes uma experiência especial. É impressionante notar como os seus trabalhos, aparentemente mais vulneráveis, se firmam com o passar do tempo. Monge do cinema e de si mesmo, Julio Bressane vai destilando o mel de bombom (como ele próprio, brincando, gosta de dizer), dialogando com Antônio Vieira e com Godard, com Roger Corman e com Haroldo de Campos, com Machado de Assis e com Lamartine Babo.

Orgulho-me de amá-lo.

Setembro de 1995
Em Julio Bressane: Cinepoética, org. de Bernardo Vorobow e Carlos Adriano,
São Paulo: Massao Ohno Editor, 1995

FELLINI E GIULIETTA

Um dos acontecimentos mais marcantes de minha formação pessoal foi assistir a *La strada*, aos quinze, no Cine Subaé, em Santo Amaro da Purificação, a cidadezinha no interior da Bahia onde nasci. A cara de Giulietta Masina ficou no fundo de minha alma como se fosse uma instância metafísica universal. Mas o que me fez chorar — e passar o dia inteiro sem poder comer — foi constatar que Zampanò, cambaleando na praia na cena final, olhava pela primeira vez para o céu. Eu pensava repetidas vezes abismado: é a história de um homem que nunca olhou para o céu e só o faz depois de destroçado. As estrelas do Louco — as estrelas que o Louco reencontrava nas pedras e em Gelsomina — revelavam-se agora ao brutamontes por intermédio da ausência de quem ele não soubera reconhecer como único amor maior de sua vida, como seu destino.

Passei o resto da adolescência sonhando que conversava com Federico e Giulietta. Nessas conversas eu quase desvendava o mistério de minha própria vida. Nas tardes assombrosas, eu passava horas tocando o tema de *La strada* no piano. Santo Amaro era a cidade dos *Vitelloni*: seu Agnelo Rato Grosso, um açougueiro mulato semialfabetizado que tocava trombone na banda de música, saiu do cinema chorando e dizendo: "Este filme é a vida da gente".

Depois vimos *Le notti di Cabiria* e a maestria de Fellini e de Masina se confirmou madura e exuberante: aqui Masina realmente era, mais que um rosto ou uma entidade, uma atriz extraordinária. E Fellini, um diretor com pulso para grandes cenas de multidão, atmosferas urbanas complexas e onirismo transbordantes. Ainda hoje, acho *Cabiria* o filme mais perfeito que ele dirigiu.

La dolce vita seria o primeiro de uma série de filmes em que aquelas características de grandiosidade diziam que tinham chegado para ficar. Era um filme inquietante: fui vê-lo umas dez vezes quando ele foi lançado em Salvador. Foi o maior triunfo de Fellini e parece ter-lhe, a um tempo, aberto e fechado todas as portas da criação. Daí em diante, ele passou a fazer filmes que pareciam precisar mostrar que ele podia fazer tudo o que quisesse, mas as produções que lhe eram possíveis é que o prendiam nessa estranha espécie de liberdade.

Uma liberdade real, no entanto — uma liberdade de manter-se em contato com os pontos essenciais de sua verdade pessoal —, essa liberdade nunca o abandonou. Ela ressurge a cada instante em que a magia se instaura inesperadamente numa cena, na relação do som ou do silêncio com o movimento das personagens, na reconstrução inspirada da observação profunda de um aspecto da realidade. Para mim, isso é tão verdadeiro que, mesmo depois de parecer escravizado pela profusão de fantasmas e de bizarrias que todos esperavam de um filme dele, obras como *E la nave va* e *Amarcord* se provaram tão perfeitas, a meus olhos, quanto *Le notti di Cabiria* — e tão profundas quanto *La strada*. Com efeito, *E la nave va* é um dos maiores filmes do final do século.

Sou de um país estranho. Fellini se orgulhava de o título de *La strada* ter se mantido no original em todos os países do mundo. Ele não sabia que no Brasil o título tinha sido mudado para o mais vulgar — mas não impertinente — *A estrada da vida*.

Faço música popular e sou apaixonado por cinema. Minha música está cheia de imagens invisíveis que vieram das grandes telas. As imagens escondidas no mais fundo de meu som, as que marcam mais decisivamente seu sentido, vieram dos filmes de Fellini.

O Globo, 04/10/1997. Texto sobre o show *Omaggio a Federico e Giulietta*,
realizado em 28, 29 e 30 de outubro de 1997, no Teatro Nuovo,
em Dogana, República de San Marino

DON'T LOOK BLACK?
O BRASIL ENTRE DOIS MITOS:
ORFEU E A DEMOCRACIA RACIAL

Em 1956 estreava no Rio a peça *Orfeu da Conceição*. O público entusiástico que lotou os teatros onde ela foi representada era proporcional à importância das implicações desse acontecimento. Com efeito, naquele momento dava-se o encontro entre Vinicius de Moraes e Antonio Carlos Jobim — passo decisivo para a invenção da bossa nova; um elenco de atores negros pela primeira vez protagonizava um espetáculo teatral no Brasil; e a peça, transpondo o mito de Orfeu para as favelas cariocas, coroava a vitória do projeto brasileiro de guindar o samba à forma de expressão privilegiada da nacionalidade. Três anos mais tarde, o filme francês *Orfeu negro*, inspirado na peça, arrebataria corações não brasileiros e ganharia a Palma de Ouro em Cannes e o Oscar de melhor filme estrangeiro. Dizer que esse filme não foi recebido com entusiasmo no Brasil é um *understatement*. O contraste entre o fascínio que *Orfeu negro* exerceu no exterior e o desprezo que lhe dedicaram os brasileiros é tão gritante que convida à reflexão sobre a solidão do Brasil. O fato de se lançar agora um novo filme inspirado na peça de Vinicius e de se tratar, desta vez, de um filme produzido e dirigido por brasileiros reaviva a questão.

Não faz muito tempo, li no *NYT* um artigo de David Byrne em que uma sonora declaração de ódio ao conceito de world music funciona como alerta contra o risco de os formadores de opinião atuantes nos países ricos virem a sentir-se no direito de decidir o que é e o que não é autêntico na produção artística de países pobres. O caso do filme *Orfeu negro*, nesse sentido, chega a ser caricatural. Com efeito, frequentemente somos acusados de inautênticos por não nos parecermos suficientemente com o que os estrangeiros viram naquele filme. Sobretudo tem sido teimosa a incapacidade deles de entender a rejeição dos brasileiros ao filme de Marcel Camus. O sucesso de público que o novo *Orfeu*, dirigido por Carlos Diegues, obteve no Brasil no ano passado aprofunda o debate.

Não pretendo julgar comparativamente os dois trabalhos. Fui crítico de cinema de um jornal provinciano na extrema juventude, mas retomar a atividade agora seria duplamente inoportuno: eu centraria o foco nesses filmes particulares, quando o que interessa aqui é uma discussão de caráter mais geral; e, depois, tendo feito a trilha sonora do novo *Orfeu*, tornei-me "parte interessada". As comparações, inevitáveis, devem, portanto, referir-se às reações suscitadas pelos dois filmes, não a eles mesmos enquanto obras de arte.

Revendo *Orfeu negro* e acompanhando algumas projeções de *Orfeu* em favelas, o que mais me comoveu foi reconhecer a propriedade do insight de Vinicius ao conceber a peça: o Brasil revela qualquer coisa de essencial a seu respeito através do mito de Orfeu. E o filme de Camus, com seu irrealismo e ingenuidade, sobretudo quando traduzido pelo olhar virgem do estrangeiro incauto, parece realizar à perfeição o contato direto com essa verdade inconsciente. Para além do que já era francamente admirável desde a primeira visão (a Mira, de Lourdes de Oliveira, Léa Garcia com o namorado marinheiro, o diálogo entre Orfeu e o faxineiro da repartição burocrática, o menino que toca pandeiro — sem falar nas canções), as próprias cores fantasiosas (tão diferentes das do Rio) e o clima geral de "macumba para turista" me pareceram agora conferir à fita um ar onírico de iconografia religiosa popular que enternece. Desde a tropicália que aprendi a acolher com grato interesse os modos dos estrangeiros nos verem, e *Orfeu negro* não estava, quanto a isso, numa posição essencialmente diferente da de Carmen Miranda. Assim, é com esse grão de sal que devem ser lidas minhas sinceras lembranças do clima em que a rejeição a *Orfeu negro* se deu no Brasil, bem como a ênfase na importância de os espectadores não brasileiros abrirem-se ao realismo do novo filme. Em suma: seria bom se os estrangeiros pudessem entender melhor tanto por que as plateias brasileiras hostilizaram o primeiro quanto por que elas aplaudem o segundo.

Um crítico do jornal francês *Libération*, comentando o *Orfeu* de Diegues, deplora que Arto Lindsay (cujo nome ele leu nos créditos como coprodutor das gravações da trilha sonora) tenha introduzido música rap em algumas sequências. "Diegues não precisa disso", diz o crítico francês. "Ele sabe fazer a música melódica passar de uma cena a outra como se saísse das vielas do morro." Ora, a música rap é justamente a que ininterruptamente sai das ruelas dos morros cariocas nos dias de hoje. Ela está no filme como um elemento documental, colocado ali pelo diretor. A música melódica é que representa o elemento artificial e ficcional.

As favelas mudaram muito de 1959 para cá. Em geral, o nível material foi elevado, com a alvenaria substituindo o zinco, e o papelão e cimento cobrindo a lama dos becos. Os bandidos que antes assaltavam casas passaram-se para o mais rentável tráfico de drogas e construíram um sistema de poder cujas lutas internas e cuja independência em relação à lei e à repressão se sustentam em armas de uso militar muito superiores às da polícia.

Grupos de rap, compostos de favelados, vêm criando um estilo que reflete esse ambiente, com uma ênfase no confronto de raças nunca antes vista na nossa cultura popular, o que faz com que todo o movimento (é assim que os praticantes do hip-hop brasileiro se referem ao fenômeno que desencadeiam) ilustre a hipótese de o Brasil tender hoje para o birracialismo, em oposição simétrica a uma tendência americana para o multirracialismo. Um desses grupos, os Racionais mc's, já chegou a vender perto de 1 milhão de cópias do seu último disco, exibindo-se principalmente em favelas e negando-se a aparecer nas grandes redes de tv.

O novo *Orfeu* foi realizado tendo essas realidades como pano de fundo. Como não ver no equívoco do crítico do *Libération* ao atribuir a Lindsay a presença do rap na favela uma distorção semelhante à descrita por Byrne em seu artigo contra os cultores paternalistas da world music? Mas ali se tratava da breve resenha de um crítico de cinema despretensioso e que não conhece o Brasil.

No entanto, algo não de todo diferente se encontra num texto muito mais longo assinado pelo historiador Kenneth Maxwell, e que saiu com grande destaque no jornal *Folha de S.Paulo*. Esse respeitado luso-brasilianista, com livros publicados sobre fatos importantes de nossa história colonial, conta que se interessou pelo Brasil ao ver *Orfeu negro* no início dos anos 1960, em Cambridge. Tendo visto o novo *Orfeu* agora em São Paulo, declara-se primeiro espantado com uma cena em que um "branco de classe média" é executado por um bando de traficantes "na maioria pretos"; depois, decepcionado por ver Orfeu usando dreadlocks; e, finalmente, desconfiado do gorro na cabeça do chefe do tráfico, que lhe pareceu "mais adequado ao frio de Chicago do que ao calor do Rio".

Bem, o cara que os traficantes executam é um favelado como eles, e quanto a isso os diálogos não deixam dúvidas; os dreadlocks de Orfeu são quase tão comuns no Brasil quanto na Jamaica e, além de serem usados há já muitos anos pelo cantor-ator que faz o papel, remetem a Carlinhos Brown, cuja figura pública confessadamente inspirou os roteiristas na construção do novo Orfeu; e, por fim, quem vive no Rio sabe que o raro é encontrar um traficante favelado sem gorro.

A que devemos creditar tão exibido desconhecimento do cotidiano do Brasil por parte de um estudioso do país que o visita com frequência? Maxwell sugere uma resposta quando diz que, amante de *Orfeu negro*, teve de fazer esforço para aceitar que os brasileiros descartassem o filme de Camus como "exotismo para turista". Com o passar do tempo, no entanto, chegou à conclusão de que a reação "da classe média brasileira" contra o filme se assemelhava à da polícia baiana, que, na década de 1930, prendia os turistas que fossem flagrados fotografando "crianças não brancas" nas ruas de Salvador (aqui ouço um eco distorcido de *Tristes trópicos*) e lhes confiscava os rolos de negativos: nos dois casos, perceber-se-ia o horror dos brasileiros de parecerem pretos aos olhos dos estrangeiros.

No excelente ensaio "Don't Look Back", Charles Perrone adverte que os textos não brasileiros por ele citados e que ressaltam a questão racial ao falar do filme de Camus "*demonstrate how foreign intervention, in cinema and its critique, can be surprisingly stimulating and productive for related debate and self-scrutiny*". Sem dúvida. Evidência de que, embora errada, a leitura sugerida por Maxwell da rejeição ao filme de Camus como tentativa de esconder nossa negritude não é uma fantasia forjada no vazio; encontra-se no press release de seu lançamento, onde se lê que "num país como o Brasil, com uma população de 65 milhões de pessoas, das quais quase 20 milhões são pretas, a ideia de fazer esse filme pareceu a princípio estranha a muitos dos 45 milhões de brancos".

Mas Maxwell não parece levar em conta que, em primeiro lugar, a peça, encenada com negros, não encontrou antipatia semelhante, pelo contrário. Em segundo lugar, Vinicius de Moraes, autor da peça e responsável pela decisão de encená-la com um elenco inteiramente negro, detestou o filme ao vê-lo, e a tal ponto que se retirou no meio da projeção (no palácio presidencial, então ainda no Rio), vociferando que seu Orfeu tinha sido "desfigurado". Seria demasiado ilógico atribuir essa reação de Vinicius à negrofobia. E em terceiro lugar: dado o sucesso da peça, a expectativa a respeito do filme era de otimismo e excitação. A glória que *Orfeu negro* conhecera na Europa enchia os brasileiros de orgulho e esperança. E é claro que todos sabiam que ele era protagonizado por negros. Como então atribuir a decepção a preconceitos racistas?

Uma anedota reveladora, no entanto, traz uma luz diferente à questão. Em meados dos anos 1970, Carlos Diegues, justamente o diretor do novo *Orfeu*, fez um filme sobre a lendária Chica da Silva, uma escrava negra que, no século XVIII, tornara-se uma dama poderosa no mundo das minas de diamante do Brasil Central. Ao negociar com um grande distribuidor, Diegues ouviu deste que, embora ele próprio tivesse achado o filme excelente, estava decidido a programá-lo numa sala pequena, pois, dizia ele, "o público brasileiro não gosta de filme com crioulo". Diegues, que queria ver seu filme nas salas do grande circuito, propôs-lhe uma aposta. O distribuidor colocou o filme nas grandes salas apenas porque estava certo de ter a aposta ganha. *Xica da Silva* estourou nas bilheterias, tornando-se um dos maiores sucessos de público da história do cinema brasileiro.

A afirmação do distribuidor sobre o gosto do público brasileiro assemelha-se ao press release de *Orfeu negro*. Ambos falam em nome de um preconceito que parecem não ter mas que atribuem ao público. Não é absurdo imaginar que o distribuidor de *Xica da Silva* estivesse sob a influência da lembrança do fracasso brasileiro de *Orfeu negro* e interpretasse esse fracasso em termos semelhantes aos de Maxwell e outros observadores estrangeiros. As caixas registradoras desmentiram seus prognósticos. Mas isso não prova que no Brasil não existe racismo. Antes expõe as ansiedades de brasileiros e estrangeiros ao tratar o assunto. Esse é de fato um tema crucial para o autoconhecimento das Américas — e o Brasil ocupa lugar singular no panorama. Frequentemente vejo surpresa — às vezes um estranho prazer — no olhar de quem flagra evidência de racismo entre brasileiros. Mas o que me surpreende é que tais flagrantes possam provocar espanto tão cândido. Será que os comentaristas mais exigentes acreditavam mesmo que em algum lugar do Novo Mundo o pecado original da brutalidade da escravização de africanos tivesse se esvanecido por milagre?

Não obstante, em toda parte nas Américas a evidência da identidade básica dos seres humanos encontrou meios de se impor, precária mas tenazmente, sobre as teorias racistas que amparavam as práticas brutais. E nenhum de nós tem o direito de jogar fora o acervo conquistado nesse processo. A experiência brasileira deve ser enriquecida com as críticas ao mito da "democracia racial", não desqualificada por elas.

No início do século xx, os europeus hesitavam em investir no Brasil porque temiam a "insalubridade dos trópicos". Como relata Thomas Skidmore em *Preto no branco*, um escritor brasileiro que escreveu em francês um livro para ser publicado na Europa como esforço de propaganda queixava-se de que, até ali (1891), seus amigos franceses "sabiam apenas que havia negros e macacos no Brasil — e meia dúzia de brancos de cor duvidosa". O sonho brasileiro de "branqueamento" via miscigenação e imigração europeia visava, pois, criar uma nação aceitável. A inversão de sinal no julgamento do mestiço, marcada pela publicação, nos anos 1930, de *Casa-grande & senzala*, de Gilberto Freyre, representou a liberação de uma autoimagem racialmente eufórica dos brasileiros, e a expressão "democracia racial" insinuou-se como um rótulo adequado a essa euforia. Ela se tornou também o alvo obsessivo das críticas de cientistas sociais e militantes políticos, de tal forma que quase se pode falar num mito do mito da democracia racial.

No livro *Orpheus and Power*, Michael Hanchard, ao interpretar o insucesso do movimento negro brasileiro, quase nos convence de que o nosso alegado multirracialismo só serviu para atrasar os negros brasileiros na solução de seus problemas. Muitos militantes negros daqui rezam por essa cartilha. Aparentemente, esses militantes receitam o antigo princípio americano de "uma gota de sangue" para o problema do negro no Brasil. Mas o "branqueamento", que no Brasil foi um projeto coletivo, pode ser pensado com franqueza como um sonho inevitável para os povos das Américas, e o reconhecemos, como projetos individuais, nas perucas louras de Ella Fitzgerald, nos cabelos descoloridos de Tina Turner e Whitney Houston — e na esfinge Michael Jackson.

Para mim, as reações negativas a *Orfeu negro* no Brasil se deveram a angústias nacionais referentes ao cinema, não à raça. Nos anos 1950, a classe média multirracial a que eu pertencia tinha muito mais vergonha do nosso cinema do que dos nossos negros. Ouvir brasileiros dizendo, de modo inconvincente, por alto-falantes fanhosos, diálogos que não eram belos nem faziam a história andar era um tormento de que sonhávamos nos livrar. Em *Orfeu negro*, ter de ouvir vozes sulistas dublando malandros do Rio; ver as alas das escolas de samba dançando em um andamento quatro vezes mais rápido do que a música que se ouve (a qual, aliás, se compõe de descuidadas colagens de batucadas que saltam grosseiramente de um ritmo a outro); acompanhar as cenas do desfile ao som de um samba em tudo diferente dos sambas-enredos; e ainda ver nessas manobras a intenção de impressionar os que não conheciam a cidade e seu povo era condenar-se à frustração quanto a um indicador de potência no seio da modernidade: o cinema.

Kenneth Maxwell, em seu artigo, nos acusa de temer ser arcaicos e de insistirmos em cultuar o progresso. "Não aprenderam a lição", diz ele. Talvez isso signifique, no fundo, que todo avanço deve ser apanágio da Inglaterra do século XIX e dos Estados Unidos do século XX. Godard, quando *Orfeu negro* foi lançado, deplorou o fato de Orfeu conduzir um bondinho passadista, em vez de, por exemplo, ser um daqueles trocadores de "lotação", figuras realmente poéticas que seguravam o dinheiro dobrado ao comprido entre dois dedos — e protestou por Eurídice não chegar ao Rio de avião, "no lindo aeródromo Santos Dumont, entre o mar e os arranha-céus".

Era o comentário de um crítico-artista: as marcas confusas do "progresso" na vida urbana do Rio eram captadas em toda a sua poesia nesse seu filme hipotético.

Um filme real, realista e nada godardiano (embora desta vez Eurídice chegue de avião), o novo *Orfeu* de Carlos Diegues pode, como previu Maxwell, não atrair jovens do Primeiro Mundo para o Brasil, mas não será talvez melhor que seja assim? Não creio. É preferível que esta discussão continue. Seja como for, temos de reconhecer com Robert Stam, autor do importante *Tropical Multiculturalism*, que "*it would be a serious mistake to see Carlos Diegues's* Orfeu, *as a remake of Marcel Camus's* Black Orpheus. *The slums, for Diegues, are a place of creativity and injustice*". A conjunção de injustiça com criatividade é difícil de equacionar, tanto para cineastas quanto para espectadores. O Brasil, nas duas posições, tenta provar que vale a pena o esforço.

> *New York Times*, 20/08/2000, publicado sob o título "Orpheus, from Caricature". Trad. de Ana Maria Bahiana

ISTO É BARRETÃO

Da convivência com homens cheios de imagens internas — Chateaubriand, Glauber —, o homem da objetiva trouxe o sonho de produzir a nossa indústria de imagens exteriorizadas. Cada filme, cada foto, cada fotograma que ele realizou carregou-se assim da essência de nossa história. A fogueira de *Vidas secas*, as grandes manchas negras opondo-se à luz crua de *Terra em transe*: isto é Barretão. *Índia, a filha do Sol, Dona Flor, Memórias do cárcere*, o tom de conchavo benigno, o afago cearense filtrado por Rio e Bahia e Brasília, o Brasil possível, o Brasil impossível. O elo entre o Cinema Novo e o tropicalismo musical. Preto no branco. O popular autêntico, o aristocratismo, o arrivismo novo-rico, toda a mobilidade brasileira esperneando dentro da imobilidade que a gente envolve desde sempre. Latifúndio, contrabando e Carnaval. Amo as imagens geradas por tudo isso. Imagens do Brasil, imagens do mundo. O mundo visto através desse filtro brasileiro. Menino pescador. Beijo no Maracanã. Escada em Paris, escada em Salvador. Os retratos das pessoas do tempo. É bom e bonito termos esse trabalho agora em nossas mãos, documentado em livro.

Em Luiz Carlos Barreto, *Passagens: A memória visual de Luiz Carlos Barreto*, Rio de Janeiro: Objetiva, 2001

NINO ROTA: IMAGENS MELÓDICAS

Amo de modo especial a música que Nino Rota escreveu para cinema. Há muitas coisas bonitas escritas para servir como trilhas sonoras de filmes. Mas, embora eu aprecie um trabalho rico em textura e atmosfera como o de Bernard Herrmann, ou cheio de inspiração e sentimento como o de Victor Young, nunca música nenhuma ouvida na sala de projeção me comoveu tão fundamente quanto a que comenta as imagens de *Noites de Cabíria* (de Fellini), a que faz andar o drama de *Rocco e seus irmãos* (de Visconti) ou a que dá sentido à fábula de *A estrada da vida* (Fellini outra vez). Talvez isso se deva à proximidade que a música de Rota mantém da música popular. De fato, ele arrisca vincular o andamento das cenas a melodias, a motivos melódicos, em vez de concentrar-se em criar climas sonoros apoiados em harmonia e timbre. Ele não é o único a fazer isso. Os outros que o fazem, no entanto, frequentemente recorrem aos efeitos sinfônicos nos momentos críticos dos filmes. Rota, evidentemente encorajado por Fellini (mas levando isso para outras filmografias), expõe a melodia nua nas cenas cruciais. Sente-se naturalmente a presença da ópera como forma, mas é o que há de mais próximo do canto popular nas árias que ele elege como referência.

Assim, pode ser que eu ame tanto Rota apenas porque sou popular e amo a música popular. Seria bastante. Mas tudo é mais complexo do que isso. O fato é que muitos músicos que trabalham convencionalmente para filmes de baixa qualidade são levados a apoiar-se na melodia. Acima, comparei Rota a alguns grandes compositores do cinema. Mas toda noite pode-se ver na televisão um filme ruim com um tema chato a repetir-se em som de flauta sobre piano. Nada mais longe de Nino Rota. Os motivos melódicos que este cria têm a misteriosa qualidade de parecerem lembranças. Na verdade, estão sempre sobre uma tênue linha que (não) separa o que é nostálgico do que é paródico: a gente nunca sabe se se trata de plágio ou de inspiração mística. E é com os elementos que resultam dessas sutis diferenças que ele compõe sua renda de fragmentos melódicos que ecoam, esvaem-se, reaparecem no tempo criado do filme.

O músico com quem, afinal, Rota mais se parece é alguém cujo temperamento supõe-se que seja muito diferente do seu: Kurt Weill. Tendo também trabalhado sobretudo para as artes cênicas, sempre perto da ópera e da canção popular, do cabaré, do circo, da retreta; e igualmente instigado por um autor e diretor de dramas e comédias a comentar em música a própria música que produzia, Weill achou um tom que fascina e alerta ao mesmo tempo, mantendo-se assim entre a paródia e o envolvimento. Nenhuma novidade aqui: já se relacionou Rota a Weill e, o que traz outras consequências, é notável e notório que o alemão influenciou e inspirou o italiano. Embora seja claro que este último tenha trabalhado para a criação de uma poética do sentimento (sentimental) enquanto o outro, cerebral, tenha trabalhado contra a sentimentalidade. Mas o que conta é que ambos construíram peças complexas usando material e técnica de aparência simples — e que ambos chegaram a zonas que se tocam ou se fundem.

Para minha formação, Rota foi um artista fundamental. Um dia, nos anos 1970, eu disse a um amigo compositor italiano: "Fellini não seria metade do que é, não fosse por Nino Rota". Ele me respondeu: "Nino Rota tampouco seria quem é, não fosse por Fellini". Não discordei. Não conheço a obra de Rota fora do que ele fez para o cinema. Aqui, o que ele fez me foi essencial.

Quando compus "Giulietta Masina", procurei — com muito esforço — evitar qualquer parecença com a música de Rota. Fui para o Nordeste, citei minha própria Cajuína, porque eu queria dizer que eu, brasileiro, esta pessoa do interior da Bahia, este músico popular que fez músicas desse jeito que faço, eu é que queria falar de Giulietta. E dela. Não do cinema de Fellini ou da música que Rota fez para ele. Um crítico inglês da revista *Wire* (eu acho) falou muito mal do meu disco *Omaggio a Federico e Giulietta*, dizendo que este quase nada tinha a ver com os filmes de Fellini, que soava simplesmente como mais um disco de música brasileira. É isso aí. O imbecil queria algo que soasse como Nino Rota. Ignorante das coisas brasileiras (mas também do cinema italiano), portanto incapaz de entender onde Fellini/Rota/Masina entra na "Ave Maria" de Augusto Calheiros, no fado "Coimbra" e em "Chega de saudade", concluiu que o disco era uma "sopa de marshmallow" (a doçura e o sentimentalismo — neste caso, obrigatórios — tinham que levar essa porrada neopunk). Mas Rota está em "Luz do sol". E sobretudo está dentro de mim. As músicas que não parecem com as dele estão cheias de sua presença.

Recentemente fiz uma canção a que dei o título de "Michelangelo Antonioni". Não é uma canção ninorotiana. Está calcada na atmosfera dos filmes de Antonioni. As referências minimalistas do arranjo são homenagem ao minimalismo formal pioneiro desse cineasta. Mas é uma canção que ecoa a música italiana. Muitos esquecem de que Antonioni é italiano. E ele o é muito intensa e profundamente. A introdução dessa canção que fiz sobre/para ele, cantada em falsete, com uns cromatismos melódicos e harmônicos, levam a pensar em Nino Rota. É que aqui, diferentemente do caso de "Giulietta Masina", eu não fiz nenhum esforço para afastar-me de Rota: com Antonioni eu já estava suficientemente longe. O compositor italiano Aldo Brizzi me disse que eu cheguei a Antonioni "via Margutta", que é a rua onde Fellini morou. Essa é a Itália para mim.

Também para *O Quatrilho* compus um tema que ecoava o canto de Rocco no filme de Visconti. Rota fez a música desse filme. Mas a música do filme de Fábio Barreto não é ninorotiana. A introdução de "Michelangelo Antonioni" o é consideravelmente mais. Antonioni, que sabe tudo, aprovou.

O tema de *Os boas-vidas*, o de *Noites de Cabíria*, o de *Rocco e seus irmãos*, o de *O Poderoso Chefão*; a melodia do trompete de *A estrada da vida*, a do acordeão de *Amarcord* — toda essa música é parte do que há de mais belo entre as coisas que se fizeram no século passado.

Bravo! Online, 22/01/2002

O CINEMA QUE FAZ DO ESPECTADOR UM ARTISTA

Ao assistir a *Remanescências* tive a impressão de que se tratava de um dos mais belos filmes já feitos no Brasil, em qualquer metragem. A impressão se confirmou a cada revisão e permanece intacta na memória. Esse filme, uma pergunta íntima pelo momento da chegada do cinema entre nós (e uma reflexão poética sobre o cinema em geral, abrangendo os aspectos mais inocentes e os mais autoconscientes de sua história), é o núcleo da arte de Carlos Adriano.

Seus outros filmes que vi são belos e inspiradores — *O papa da pulp* e *A voz e o vazio: A vez de Vassourinha*, antidocumentários quase biográficos sobre dois diferentes artistas populares; e *Militância*, outra viagem à gênese do cinema no Brasil (desta vez indo até o pré-cinema) —, e tornam-se mais claramente o que são à luz de *Remanescências*.

O conjunto do trabalho revela, de todo modo, um cineasta mais profundamente envolvido com a linguagem que elegeu do que qualquer outro em atividade hoje de que eu tenha conhecimento. Um cineasta para cineastas. Mas também um cineasta para poetas e artistas. E, portanto, para todos os verdadeiros amantes do cinema. Seus filmes são feitos para o espectador-artista, isto é: fazem do espectador que de fato os vê um artista.

E fazem já uma diferença na perspectiva crítica de todo o nosso cinema: de *Limite* a *Vidas secas*, de *Ganga bruta* a *São Jerônimo*, de *O homem do Sputnik* a *O auto da Compadecida*, de *Barravento* a *Tieta do Agreste*, de *O Bandido da Luz Vermelha* a *Superoutro*, de *Anjos do arrabalde* a *O invasor*, de *Sinhá Moça* a *Lavoura arcaica*, tudo ganha nova feição se visto do lugar onde Carlos Adriano nos põe.

São apenas alguns filmes curtos e delicados feitos por um jovem que ama as trucas e as moviolas, mas já se coloca essa responsabilidade grande. Ninguém que ame o cinema pode deixar de vê-los: em poucos minutos aprenderá muito sobre a essência da arte que cultua.

Catálogo do Festival do Rio 2002

PARECE UM FILME MENOR

O cinema brasileiro ainda não tinha se encontrado com a música popular do Brasil. Claro que todos sabemos de *Alô, alô, Carnaval!*, das chanchadas da Atlântida e de *Quando o Carnaval chegar*. Não esquecemos tampouco a colaboração de Sérgio Ricardo com Glauber Rocha em *Deus e o diabo na terra do sol* ou a utilização da vitalidade de Jorge Ben por Cacá Diegues em *Xica da Silva*. Há o Mário Reis, o Lamartine Babo, o Sinhô e o Noel de Julio Bressane — e gravações de marchinhas e sambas dos anos 1930 em todos os filmes deste. Há Chico e Menescal em *Bye Bye Brasil* e Ruy Guerra na *Ópera do malandro*. E o Diegues destro que hoje celebramos com sucessos em série começou com *Veja esta canção*. Mas não é preciso esquecer que "A voz do morro" identifica *Rio, 40 graus* para constatar que *Cazuza* marca o primeiro encontro verdadeiro do nosso cinema com a nossa música popular. No sentido de o cinema estar aqui à altura das virtudes e vantagens da canção, de suas conquistas tanto nas áreas baixas quanto nas altas da produção cultural.

Muitos filmes brasileiros novos têm se aproximado dessa comunicabilidade a um tempo extensiva e profunda que sempre foi natural na canção. Mas *Cazuza* é o primeiro a ser assim e ter a música como tema. Não se trata mais de um cinema que pode mostrar-se superior à música em aspectos que a ela não interessam, sendo falho em quase tudo o que ela domina. Não. Aqui é um grande filme sobre música — e que se dá pela música — em que a nossa conhecida competência em lidar com ela se acompanha de uma competência cinematográfica de mesma natureza. É o primeiro grande filme musical brasileiro.

Era de se temer que um filme biográfico (quase não há biografias aceitáveis no cinema mundial) — e sobre um artista cuja presença real ainda está fresca em nossa lembrança — resultasse em desastre. Mas *Cazuza* é um dos mais arrebatadores retratos de personagem romântico que se pode ver projetados numa tela. Sandra Werneck e Walter Carvalho, os diretores, e Daniel Filho, o produtor (o filme tem um saudável gosto de "filme-de-produtor"), reuniram elementos que se potencializam uns aos outros de forma quase milagrosa: os atores (sobretudo Marieta Severo e o sublime Daniel de Oliveira), a direção de arte, o tom dos diálogos e principalmente o tratamento dos números musicais (as remixagens de números do Barão Vermelho, feitas por Guto Graça Mello, em que as vozes de Daniel e do próprio Cazuza se alternam e se fundem sem que a gente perceba as trocas), tudo concorre para criar uma empatia entre a obra e as plateias que enobrece a face popular do cinema e populariza alguma coisa misteriosa da experiência poética autêntica.

Alguns críticos, embora não pudessem esconder o arrebatamento, deram mostras de desconforto com o tom literário ou o caráter intencional das falas do personagem central. Confesso que em mim o estilo de diálogo encontrado para o filme não provocou mal-estar. Ao contrário. As falas sempre como que ditas por alguém inspirado intensificam o espírito romântico do filme e do seu personagem. Elas são fundamentais para que *Cazuza: O tempo não para* produza o abalo emocional que atinge mesmo aqueles que se creem envergonhados ao ouvi-las.

Muitas vezes lamenta-se que não haja roteiristas hábeis no Brasil. Mas aqui é uma sorte que não tenha chegado alguém com ideias para guinadas na história ou construção de conflitos. O filme ganha muito com ater-se a acompanhar o jovem poeta em episódios que o definam e em performances que o revelem. Com isso o roteirista Fernando Bonassi contribuiu para que *Cazuza* parecesse um filme menor, em que cremos que a beleza vem do assunto tratado, e não do próprio filme. Quando, na verdade, estamos diante de um filme que é grandioso justamente porque nos convence de que seu tema o ultrapassa. É como se não fossem a fotografia e a montagem que criassem o encanto, mas a grandeza dos fatos retratados que imprimisse sabedoria aos cortes e textura às imagens. O que é perfeitamente adequado a uma obra romântica e sobre o romantismo. Ver a refeitura da apresentação do Barão no Rock in Rio ou ouvir a "Vida louca", de Lobão, na voz de Cazuza quando este é carregado por Bené para dentro das ondas do mar; sentir-se entre Daniel e Marieta quando eles reproduzem um diálogo de Cazuza com sua mãe dentro de um túnel urbano aonde ela fora levar a gasolina para abastecer o carro do filho desleixado — esse é o tipo de experiência de que se precisa para chegar a estados de intensa comoção.

A explosão do rock brasileiro nos anos 1980 foi um acontecimento de grande importância. Que o cinema tenha vindo (ou ido) até onde a música está, justamente quando decidiu contar a história do mais romântico dos representantes desse fenômeno romântico, é um sinal de saúde: o Brasil já sabe e pode dar consistência à construção de seus mitos.

Jornal do Brasil, 15/06/2004

SOU PRETENSIOSO

Sempre quis ser cineasta. *O cinema falado* é, até agora, o único filme que dirigi. Portanto seria impossível ele não ter uma grande importância para mim. Importância não apenas afetiva: as questões que ele suscita dentro e fora do seu próprio âmbito são pertinentes ao diálogo que mantenho com quem quer que acompanhe o andamento do todo do meu trabalho. Por isso me interessa defendê-lo. Não será uma defesa crítica: para isso eu precisaria afetar imparcialidade e o esforço talvez não valesse a pena. Mas, justamente por observar que outros precisam fazer mais esforço do que eu para afetar imparcialidade diante do meu filme, sou levado a concluir que tenho de defendê-lo, não das eventuais acusações ou restrições, mas da confusão e do mal--entendido. Preciso limpar um pouco a área em que ele se move para poder continuar eu mesmo a mover-me com um mínimo de liberdade.

O cinema falado foi lançado, fora de competição, no FestRio, o mais badalado festival de cinema do Brasil na década de 1980. Recebi um convite para apresentá-lo no Festival de Brasília, mas declinei por duas razões: o convite para o Rio chegara antes e o de Brasília vinha com um estranho recado assegurando que o filme "ganharia o festival" se eu o retirasse do FestRio para pô-lo lá. Esse recado (ainda que não tenha partido dos organizadores do evento) foi o primeiro golpe com que uma certa violência mental que ronda o mundo do cinema me atingiu. O choque seguinte se deu na sessão de lançamento. O cineasta Arthur Omar, de quem até então eu desconhecia até o nome, gritou frases agressivas da plateia e xingou nominalmente o diretor e o produtor do filme, causando um tumulto que resultou na sua expulsão da sala de projeção. Foi convidado a sair por seguranças do festival. Mesmo assim, voltou mais duas vezes. Isso tudo começou quando ainda se projetavam as primeiras sequências do filme. No entanto, num artigo que saiu na grande imprensa quando do lançamento do filme em DVD, li que Omar gritou impropérios "uns dez minutos antes de acabar a projeção". E que "a plateia de amigos e fãs de Caetano Veloso que lotavam o auditório do Hotel Nacional vaiou Omar em peso; esparsos aplausos foram ouvidos". Na verdade, a algazarra que se criava por causa dos gritos de Omar não permitia discernir vaia ou aplauso: ouviam-se apenas chiados e pedidos de silêncio. A única vaia que se ouviu em peso naquela noite dirigia-se ao próprio filme. E eu me orgulho muito dela. Foi quando, na longa sequência em que Dedé Veloso e Felipe Murray falam sobre cinema, um deles diz palavras irreverentemente críticas sobre o então cultuadíssimo *Paris, Texas* de Wim Wenders. A plateia vaiava *O cinema falado* porque este ousava pôr na boca de um dos seus antipersonagens palavras diretas de desaprovação crítica ao cineasta da moda. Me pergunto por que o artigo que li apresentava uma versão tão distorcida daqueles fatos. É, de todo modo, muito significativo que nele se conclua que *O cinema falado* teria "talvez passado em brancas nuvens se não tivesse sido feito por quem foi". É ruim, hein! Imagine-se o filme de um estreante anônimo que contivesse uma longa discussão crítica sobre a fala no cinema (e sobre o cinema no Brasil) encenada como um diálogo amoroso entre uma mulher e um rapaz, sob música de Walter Smetak; um texto de Thomas Mann sobre casamento e homossexualidade dito em alemão por um jovem caboclo numa praia do Rio, sob música de Schoenberg; um trecho de "Melanctha", de Gertrude Stein, traduzido pelo próprio diretor, interpretado por Regina Casé entre uma estação de subúrbio e um barraco de favela, ao som de Billie Holiday; um poema concreto de Décio Pignatari dito por um negro bonito mas totalmente inocente de literatura, nu, em cópula estilizada com uma moça branca, ao som da *Manon Lescaut* de Maria Callas; a mesma Regina Casé, literalmente contracenando com a "câmera-na-mão" de Pedro Farkas, num ferino estudo cômico de Fidel Castro em entrevista televisiva; uma senhora de mais de oitenta anos cantando (bem) "Último desejo", de Noel Rosa, com sotaque baiano; um pintor fazendo de sua própria cara uma peça cubista para declamar a desqualificação de Picasso formulada por Claude Lévi-Strauss (com música de Varèse); uma pergunta de Heidegger sobre o futuro da civilização ocidental pronunciada por uma menina de sete anos, entre flores, sob música de John Cage; um diálogo de *Sansão e Dalila*, de Cecil B. DeMille, dito, em tradução brasileira (mas com legendas no inglês do original), pelo casal que fala de cinema, simulando um assalto em que um apartamento de luxo em São Conrado substitui a rica tenda de Dalila que Sansão assalta no filme de Hollywood, enquanto se ouve a versão brasileira da "Canção de Dalila", o tema de Robert Young para aquele filme, cantada por Emilinha Borba etc. Não. As únicas nuvens brancas que se formaram sobre o inescapável interesse de tais ideias e imagens se devem ao fato de o filme ter sido feito por quem foi: um artista conhecidíssimo em sua área, inclusive por usar de procedimentos semelhantes (e tom semelhantemente pretensioso) em canções, discos, livros, shows e entrevistas. Essa careta de esforço para parecer imparcial ilustra o desacerto da abordagem desse e de outros comentários de que *O cinema falado* foi objeto.

Diz-se, por exemplo, que me vali da estrutura dos filmes de Godard e de Bressane para compor o meu, mas que aqueles dois diretores apresentam, em suas obras fragmentárias, um fio imperceptível de narrativa, enquanto *O cinema falado* é uma coletânea de curtas. É notório que Godard é uma referência fundamental para mim. Em entrevistas, no livro *Verdade tropical*, em toda parte, repito que o cinema de Godard foi um dos principais inspiradores do tropicalismo. Na metade dos anos 1980, eu tinha muito claro em minha mente o que tinha sido e o que é Godard. Pois aquele era exatamente o momento que se seguiu à sua segunda vinda, a qual se deu com *Sauve Qui Peut (la Vie)*. Eu tinha acabado de brigar publicamente com o ministro Celso Furtado, com o presidente José Sarney e com o rei Roberto Carlos por causa de *Je Vous Salue, Marie*. Como tivera a ideia de fazer um filme em que a fala (e a fala tendentemente ensaística) predominasse, decidi fazê-lo de modo tão nitidamente antigodardiano quanto minhas gravações de "Asa branca", "Mora na filosofia" ou "Podres poderes" são antijoãogilbertianas. Godard é um cineasta do ritmo. Seus planos têm ritmo interno, mas esse ritmo está subordinado ao ritmo do fluxo, à "música da luz". A composição do quadro nunca se esgota em si mesma, como acontece em Antonioni. Bergman, que não gosta de nenhum dos dois, considera o grande pecado de Antonioni a paixão pelo quadro em detrimento do fluxo: ele não poderia usar o mesmo argumento contra Godard. E de fato não o faz. Ele não gosta de Godard por causa da exibição de cerebralismo e, sobretudo, pela recusa da narrativa dramática. Mas o ritmo de poesia que Godard busca (e frequentemente consegue, caso contrário seu cinema cai num "audiovisual" inconsistente) é o ritmo de que eu quis deliberadamente fugir ao fazer *O cinema falado*. Admitir ser influenciado por alguém que se admira muito é imodéstia. Não podemos nos sentir merecedores com tanta facilidade. Assim, escrevi, dirigi e montei (com Mair Tavares) *O cinema falado* com a mais firme decisão de não fazer nada à maneira de Godard. E nunca disse o contrário. De fato, só fiquei à vontade para colocar pessoas no filme falando sobre "imitar Godard" por me sentir seguro de estar longe de tentar fazê-lo. As falas/cenas têm a aparência de objetos estanques, o estilo visual é irregular e descontrolado, a escolha dos atores e o jeito de levá-los a trabalhar está mais para Pasolini, enfim, tudo é feito de modo a evitar aproximações com o que considero o estilo Godard.

Por outro lado, apesar de aparentar compor-se de cenas isoladas fechadas em si mesmas, *O cinema falado* não é uma série de curtas. Os filmes de Godard — mas sobretudo os de Julio Bressane — frequentemente me faziam pensar sobre o problema da duração. Me parecia sintoma de alienação que tantos filmes pudessem mostrar-se tão conspicuamente livres das convenções narrativas e teimassem em durar cerca de uma hora e meia. Esta questão permanece um mistério para mim. E me leva a considerar que certas longuras de cenas nesses filmes exercem a função de tapar buraco. Como, no caso dos dois diretores citados, as iluminações poéticas explodem com grande intensidade apesar disso, penso que o mistério talvez se explique pelo amor inocente que ambos dedicam ao cinema, o que os teria levado a negar tudo o que banalizou o longa-metragem médio, menos a duração média de longa-metragem. É como se eles dissessem: isto aqui é que é um filme de verdade, essas coisas lindas é que se devem fazer num filme, não as vulgaridades do cinema convencional. Mas eles não ousam fazer um filme com quinze horas, outro com três minutos e ainda outro com 25 segundos de duração: com uma metragem demasiado longe da hora-e-meia dos filmes de cinema, eles se sentiriam colocando toda aquela beleza em outra coisa que não um filme. Pensei muito nisso ao planejar *O cinema falado*. Agora, por que *O Rei do Baralho* ou *Prénom Carmen* não são considerados um punhado de curtas embaralhados? (Aliás, o cinema de Bressane é abissalmente diferente do de Godard, mas vamos deixar isso para outra hora.) Há uma ironia específica na escolha do tema de *O cinema falado*: as falas políticas e sociológicas, em uma palavra, teóricas, dos filmes do Cinema Novo sempre soaram falsas. Os cineastas daquele movimento parece que estavam mais apaixonados pela política e pela vida intelectual do que pelo cinema. Este era como que um meio para que um misto de militância e intelectualismo se exercitasse. Mas o fato é que isso contribuiu para a força de originalidade do cinema brasileiro que nos anos 1960 e 1970 chamou a atenção do mundo. No meu filme, eu quis tratar do assunto oscilando entre a mofa e a exaltação. Levando às últimas consequências o defeito construtivo, fiz um filme de falas conteudísticas sobre a fala conteudística no cinema. Esse é o assunto explícito do filme e o atravessa de ponta a ponta. Às vezes (como quando a imagem da moça branca e do moço preto nus volta rapidamente em meio ao capítulo intitulado "Pintura"; ou quando Maurício Mattar cita Lorca anunciando que aparecerá nu mais tarde; ou quando Paula Lavigne, depois de repetir, com a voz da menina do *Exorcista*, "*fuck me, fuck me*", ecoa, ainda usando a mesma voz, o *Grande sertão* de que Hamilton Vaz Pereira recita longo trecho muitos minutos antes, dizendo "no meio do redemoinho" etc. etc.), apenas às vezes, há indicação de inter-relação temática entre as cenas; mas isso é feito com parcimônia, e não é absolutamente necessário para que a unidade do filme se afirme. Essa unidade aparece quando se chega à seguinte constatação: a rigor, todas as cenas de *O cinema falado* pertencem ao capítulo intitulado "Cinema", são extensões dele. Escrevi, no texto que distribuí à imprensa no lançamento do filme, que "*O cinema falado* não é um filme: é um ensaio de ensaios de filmes possíveis para mim e para outros". Isso era o máximo que eu podia dizer sobre o caráter fragmentário do filme. Mas é óbvio que a declaração também diz algo sobre sua unidade. Afinal, o filme é todo feito de cenas de pessoas falando textos teóricos ou poéticos, sempre numa semiencenação de ação pouco definida que em geral nada tem a ver com o texto dito. Esse é um procedimento imperativo que amarra o filme a seu tema único. A dança é o elemento recorrente que faz contraponto. Nem então nem agora eu admitiria que se trata de uma série de curtas-metragens. Nada contra uma série de curtas. Outro dia recebi de Jorge Furtado um DVD que continha todos os seus curtas: quem me dera *O cinema falado* tivesse um terço da riqueza cinemática que há naquele disquinho. Um dos melhores filmes brasileiros de todos os tempos é *Céu sobre água*, de José Agrippino de Paula, um curta-metragem mudo (há apenas música indiana adicionada às imagens) feito em super-8. Não tenho o fetiche do longa, como Godard ou Bressane: se quiser fazer um filme totalmente transgressor, ele terá a duração que o que quer que o inspire exija — e duvido que ela coincida com a "hora-e-meia" convencional do longa-metragem. Fiz *O cinema falado* como exercício para em seguida fazer filmes narrativos. A duração de longa era já um aceno ao cinema popular. Gosto do cinema como arte de massas. Acho que há muita poesia no mero fato de ele o ser. E no fato de alguém que faz filmes constatar isso (na verdade, grande parte da beleza dos filmes de Godard e de Bressane vem dessa constatação, embora eles tenham crescentemente se definido pela criação de um cinema erudito — e talvez aqui estejamos do outro lado da moeda da questão da longura).

Faço sempre, dentro de mim, um paralelo entre *O cinema falado* e o disco *Araçá azul*. De fato, sempre disse que o *Araçá azul* parece a trilha sonora de um filme "de arte" amador. E é notória a minha volta, depois dele, aos discos de canção popular típicos. É bem verdade que todo disco meu, de antes e de depois do *Araçá azul*, é sempre um atípico disco de canção popular típico. Creio que assim também seriam (serão?) meus outros longas-metragens: atípicos exemplares de típicos filmes populares. Por essa razão, o fato de Augusto de Campos mostrar-se reticente diante de *O cinema falado* e francamente entusiasta em face do *Araçá azul* me dá o que pensar. Claro que entendo que a Augusto (que gosta muitíssimo mais de música do que de cinema) um disco experimental lacônico (não há textos discursivos no *Araçá azul*) agrade mais do que um filme sufocado por falações prolixas, ainda que isso venha matizado de ironia e que o experimentalismo seja ostensivo. Mas não sou nenhum idiota: fiz *O cinema falado* sem ter experiência na direção de filmes; no entanto, o filme é menos canhestro do que o *Araçá azul*, disco que fiz depois de anos de trabalho profissional na área da música popular. Deixei muitos defeitos em *O cinema falado* de propósito, enquanto fiz grande esforço para superar defeitos do *Araçá azul*, em vão. O refrãozinho do "mulato nato", da faixa "Sugar Cane Fields Forever", eu o inventei sentindo um suingue bonito que eu próprio não pude reproduzir na hora da gravação (em nenhuma das várias tentativas, em dias diferentes, que fiz de gravá-lo bem) — e isso por causa da minha insegurança musical, da intolerável limitação do meu talento para a música. Não há nada que se lhe compare em *O cinema falado*. Ao contrário: a sequência das falas sobre artes plásticas está mais no nível do meu tão invejado disco do Walter Franco. A ingenuidade das peças orquestrais de Perinho Albuquerque, um gênio musical autodidata então ainda muito verde para escrever música de vanguarda, também me esfria quando ouço o *Araçá azul*. O mesmo se dá com os efeitos eletrônicos em "Tú me acostumbraste". E mesmo as vozes superpostas de "De conversa" estão chapadas, sem profundidade e sem riqueza de textura. Já em *O cinema falado*, Dedé Veloso e Felipe Murray foram escolhidos para superar o modo pouco articulado (no caso dela) ou de articulação artificiosa (no caso dele) de falar porque os dois eram conhecidos em nosso círculo de amizades. E a superação se fez com grande êxito. Eu os convidei com absoluta certeza de que seria assim. E assim foi. E se por algum surpreendente acaso assim não fosse, não haveria o filme. Teimosamente quis que a cena mais longa do filme, e justo aquela que fala sobre a fala no cinema, fosse interpretada por dois amigos meus que partiriam de seus problemas de dicção. E eles não exibem problemas de dicção no filme. Quem o faz é Antonio Cicero, que, no entanto, foi convidado porque lê poesia e prosa (em várias línguas) como poucos. Mas Cicero odiava o conteúdo do que eu lhe pedi para dizer. E não se sentiu à vontade diante da câmera — além de enfrentar uma ventania que dificultava a captação do som. Deixei assim mesmo defeituosa a cena — e não a mudei de posição no filme: por um capricho de experimentador, não quis mexer na ordem que tinha preestabelecido no roteiro. A vitória de Dedé e Felipe, o embaraço de Cicero, o desaviso de Wellington Soares, tudo aponta para aquilo que Roberto Correia dos Santos ressalta, no mais belo artigo escrito sobre *O cinema falado* saído na época do seu lançamento: o amadorismo fundamental de todo o meu trabalho. Esse amadorismo, na música, é, em parte, consequência da limitação de minha acuidade; no cinema, também em parte, é causa dos gestos desabusados; em ambos, uma defesa feroz de alguma verdade minha. Pretendo tê-lo mantido nos bem-acabados shows e discos que se seguiram a *Caetano* e *O estrangeiro*. E continuar mantendo-o nos discos e filmes que venha a fazer, por mais polidos que se apresentem. Sou pretensioso.

Em *O mundo não é chato*, org. de Eucanaã Ferraz,
São Paulo: Companhia das Letras, 2005

IRONIA POP

Pedro Almodóvar se transformou em um artista síntese das complexas relações que se apresentaram, a partir dos anos 60 do século XX, entre a cultura séria e a arte popular de massa. Não só criou um cinema que é ao mesmo tempo popular e profundo, como também fez de seu cinema um perpétuo comentário sobre essa questão.

Fellini era popular e profundo, Godard é um perpétuo comentário sobre o fato do que o cinema pode vir a ser. Mas os filmes de Pedro não pretendem ser tão impopulares como a música dodecafônica ou as fórmulas quânticas — seus filmes também não estão presos em suas narrativas. Sua obra está mais próxima do rock do que do jazz.

É a vitória da inteligência livre guiando uma sensibilidade intensa: o sonho dos músicos da minha geração. Quando vi *A lei do desejo*, o primeiro filme dele que assisti, compreendi imediatamente que seria assim. Seus filmes são a oportunidade ideal para observar o quanto de silêncio comicamente reverente existe nos espectadores franceses, e o quanto de risadas vazias existe nos espectadores norte-americanos. E nos fazem compreender como, nos dois casos, tudo é comovedor.

São também a expressão do espírito espanhol, com uma versão particular de seu sentido de humor, impregnada de ironia pop. Nos Estados Unidos disseram que *Fale com ela* é o melhor filme da década, um dos melhores de todos os tempos, um em um século, e sei lá mais o quê. E agora ele ganha o prêmio Príncipe de Astúrias. É uma glória merecida. E, sobretudo, é a confirmação da universalidade de seu gênio, uma experiência sobre a qual todos nós, de cultura ibérica, devemos pensar muito.

El País, Madri, 17/05/2006

AVATARES DA REVOLUÇÃO

Marina Silva e Gilberto Gil se comoveram com a política de *Avatar*. Slavoj Žižek escreveu um artigo para desacreditar essa suposta política. Mas, tanto quanto Gil ou Marina, ele reconhece que o filme é um libelo anti-imperialista feito do ponto de vista de uma esquerda ecológica. Sempre que digo a amigos brasileiros que *Avatar* é um filme de esquerda tenho risos de mofa como resposta. Imagino que Žižek ficaria confuso com essa reação. O artigo dele quer alertar os espectadores ingênuos para o conservadorismo escondido atrás do esquerdismo de fachada do filme de James Cameron: a fábula do paraplégico que enfrenta executivos e militares malévolos para salvar um povo que vive em harmonia com a natureza.

Fica a impressão de que o espectador comum brasileiro, feito um adorniano instintivo, é antes sagaz o suficiente para entender que num filme cuja renda se conta aos bilhões não se pode sequer querer ver esquerdismo, mesmo de fachada. É como se, ao contrário do que o parentesco de Žižek com a Escola de Frankfurt sugere, a teoria crítica cegasse mais as pessoas do que as obras da indústria cultural. De modo que a singeleza da visão de Marina e Gil aparece como um sinal de que eles têm olhos mais livres. *Avatar* é julgado pelas pessoas que conheço (seja no Rio, em Sampa ou em Santo Amaro) a partir da negação automática de qualquer veleidade de progressismo em filmes comerciais americanos. Não posso deixar de sentir que as argumentações prolixas de Žižek chovem no molhado, enquanto o encantamento de Marina e Gil questiona o olhar convencional.

No entanto, a tradição liberal de Hollywood ("liberal" nos EUA significa "de esquerda") é até piada de apresentadores da entrega do

Oscar. *Spartacus, Tempos modernos, Dr. Strangelove, Missing, Norma Rae* são apenas alguns títulos de filmes que se apresentam como críticas políticas feitas de um ponto de vista esquerdista. Mas, também nos filmes bíblicos, a resistência judaica a filisteus, babilônios, egípcios ou romanos ganha tons de panfletos anti-imperiais. Quase todos os filmes sobre conflitos raciais parecem penitências pelo pecado original de *Nascimento de uma nação*, filme que pode ser considerado como O Nascimento do Cinema e que é uma ode à Ku Klux Klan. Os atos do macarthismo em Hollywood foram uma reação contra a predominância liberal e o risco de tendências radicais — uma reação que, no médio prazo, foi derrotada. O esquerdismo de *Avatar* é bem hollywoodiano.

Avatar para mim é puro entretenimento. Fui adolescente nos anos 1950: amo 3D como um meio de intensificar a magia do cinema. O uso dessa técnica no filme de James Cameron vai longe nisso. Vi o filme duas vezes (porque sou um velho cheio de compromissos e não posso mais ver o mesmo filme dez vezes como fazia aos dezenove anos). A retórica ecológica e anti-imperialista foi útil para que eu fruísse os efeitos sem preocupações (eu não ia ter de ouvir amigos atrapalhando meu entusiasmo infantil). Mas a menção casual a tal retórica causava tanta desconfiança nas pessoas com quem falei sobre o filme que o texto de Marina e a entrevista de Gil caíram como um bálsamo.

Žižek é um compulsivo escritor pop que, saído da resistência antistalinista da Europa do Leste, decidiu usar Lacan (sobre quem pesa a frase de Lévi-Strauss: "Não sei se entendo o que ele quer dizer") para chocar os liberais pós-queda do Muro de Berlim com insinuações de reabilitação do terror de Robespierre, da opressão de Stálin e da crueldade de Mao. Li dois dos seus livros: *Bem-vindo ao deserto do real* e *Defendendo causas perdidas*.

Acabo de chegar do Chile (onde o privatismo dos economistas de Chicago implantado por Pinochet sustentou o sucesso da série de governos de centro-esquerda e agora elegeu um de centro-direita) e da Argentina (onde esquerda e direita se misturam no peronismo, mas a população é maciçamente estatista). É neste país que Žižek faz mais sucesso (no mundo acadêmico americano também, mas na Argentina, além do estatismo, mantém-se o culto à psicanálise, sobretudo a Lacan). Vi Žižek falando na UFRJ e me senti tão parecido com um liberal inglês quanto Ferreira Gullar. Embora o achasse engraçado, com cicio agravando o sotaque e o cabelo encharcado de suor. Mas o que é pertinente aqui é a conclusão do livro das "causas perdidas". Depois de fazer um retrato do mundo atual, em que as mudanças podem vir das favelas, da crise ambiental, da biotecnologia e da propriedade intelectual, ele fecha o livro com um programa revolucionário que só será possível se a esquerda eleger o risco de catástrofe ecológica como tema central — e com a pergunta: "A ameaça ecológica não oferece, então, uma chance única de reinventar a 'Ideia eterna' do terror igualitário?".

No livro, Žižek prefere Chávez a Lula, passa rápido por Mangabeira Unger e vê o pessimismo de Adorno/Horkheimer como equivalente ao de Soljenítsin (que acreditava que o Ocidente ia perder a Guerra Fria): a desesperança de Frankfurt nos levaria a derrubar o capitalismo como o erro do russo ajudou a derrubar o Muro de Berlim. Mas é no tema ecológico que, como em Marina ou em Gil, se passa o essencial do drama a ser vivido. Gil é meu amor de juventude, incondicional e para sempre. Amo Marina inclusive porque seu avatar da revolução contrasta tanto com o de Žižek que fica claro quão pouco uso o Brasil pode fazer das teses deste.

O Globo, 16/05/2010

ONDA NOVA

Lendo o livro de Patti Smith sobre seu caso amoroso com Robert Mapplethorpe, encontrei-a perguntando-se por que não tinha gostado muito de *Trash*, famoso filme de Andy Warhol: "Talvez", diz ela, "porque o filme não fosse suficientemente francês". Ela, como eu, gostava da nouvelle vague. Às vezes vestia-se como Anna Karina em *Bande à Part*. Eu pensei a mesma coisa quando, em Londres, entre 1969 e 1972, vi *Trash* e *Flesh*: sou demasiado amante de *Vivre sa Vie* para entusiasmar-me com o cinema underground e Warhol. Nessa perspectiva é que me apaixonei pelo underground brasileiro de Sganzerla e Bressane: *O Bandido da Luz Vermelha* é godardiano até o tutano — e *Matou a família e foi ao cinema* (um dos filmes mais belos que há) tem o lirismo e o amor pela história do cinema que se vê nos franceses mas não em Warhol.

Patti conta que Mapplethorpe lhe disse na noite de Ano-Novo da passagem de 1969 para 1970: "Esta será a nossa década". Todos sabemos que assim foi. Mas eu, totalmente dos 1960 (tinha feito o essencial do meu trabalho entre 1967 e 1969), achei os anos 1970 muito sem vida. Ruy Castro que me perdoe, mas sua ideia de que os verdadeiros 1960 se deram nos 1970 não faz sentido para mim. Essa falta de vida eu a via inclusive em Patti e nas fotos em preto e branco na capa do seu primeiro disco. Achei que pareciam imagens da nouvelle vague provincianamente cultuadas com certo atraso. São as imagens que lançaram o que veio a se chamar *new wave*. Já não as julgo assim: isso foi no começo dos 1970.

Glauber me dizia que Godard tem uma personalidade semelhante à de João Gilberto. A julgar pelas entrevistas que aparecem no documentário sobre Godard e Truffaut que está em exibição no Rio, ele ainda não tinha esse ar de verdadeiro gênio que João já apresentava pelo menos desde os 27, quando Tom Jobim o caracterizou como "um baiano bossa-nova", naquele texto incrível da contracapa do *Chega de saudade*. O jovem Godard demonstra compromisso com ideias vigentes e tenta soar sensato. Seus filmes, no entanto, sempre foram geniais. Sou godardiano desde o primeiro momento. Ainda em Salvador, eu era fã de *Hiroshima, meu amor* e, instigado por Duda Machado, fui ver *Acossado*, e abriu-se um novo capítulo em minha vida. No Rio, continuei vendo os então novos filmes franceses no lendário Paissandu. *Os incompreendidos* e *Jules e Jim* me pareceram muito delicados e belos. Mas nunca mais gostei tanto de nenhum outro filme de Truffaut. Esse pendor godardiano me fez, por exemplo, adorar o cinema de Almodóvar de cara — e tornar-me seu amigo — e, embora tenha me tornado também amigo de Fernando Trueba (e adorado seu *Belle Époque*), isso me afastou criticamente deste último: seu *Dicionário de cine* é um livro delicioso, reluzente de humor espanhol, mas eu o amo a despeito da opinião negativa sobre Godard.

O rompimento entre Godard e Truffaut é o centro e o motivo do documentário ora em cartaz. Depois de estarem juntos numa demonstração contra o ministro da Cultura francês André Malraux, que tinha tirado Henri Langlois da direção da Cinemateca de Paris, os dois jovens amigos ainda seguiram concordes através do Maio de 68. Mas Godard saiu do clima das barricadas com uma motivação política radical que o levou a simpatizar com os maoistas e, mais tarde, a dirigir filmes assinados pelo Grupo Dziga Vertov, abdicando a ideia de autoria individual. Para Truffaut, Maio de 68 passou como uma tormenta, embora os relâmpagos estivessem carregados de esperança — e ele voltou aos filmes de narrativa convencional (procedimento com o qual, a rigor, nunca tinha rompido). Depois de assistir a *A noite americana*, Godard escreveu um bilhete violento a Truffaut, onde dizia que ele mentira com suas imagens. Truffaut respondeu com uma carta de vinte páginas. Os trechos dessa carta lidos no documentário revelam uma atitude decente. Ele diz que Godard grita: "Todos os homens são iguais" para sentir-se superior a quem não pensa assim. Ou seja, aponta o narcisismo de Godard e põe sob suspeita esses arroubos de retórica pela justiça social. A carta dele parece longa demais como resposta a um bilhete de menos de meia página. Mas Godard tinha destruído, em poucas palavras, as ilusões de autorrespeito de um amigo de tantos anos, reduzindo-o a alguém que usa o cinema para veicular a "mentira burguesa". A mágoa e as razões de Truffaut me pareceram justas. Godard surge como um cara exaltado e por demais deslumbrado com a grandeza da própria atitude política. Entendi melhor a antipatia de Trueba por ele — e seu respeito inabalável por Truffaut.

Mas as imagens de *A noite americana* me fizeram dar um passo adiante. O fato é que acho esse filme particularmente ruim. Um filme sobre a feitura de um filme, feito por um cineasta que combinou teoria e realização, onde a gente não encontra nem os fatos nem o clima que se dão num set de filmagem. Assim, a crítica de Godard se revela como a de quem vê as consequências dos erros estéticos. Sua desqualificação de Truffaut, injusta politicamente num primeiro momento, ganha sentido quando se vê que toda a sua política se produz e se esgota na linguagem do cinema. Isso está em seus filmes de então e de hoje. Nada desfaz a arrogância do bilhete a Truffaut. Mas a revolta de Godard era contra ver-se preso a um modo fraco de encarar o cinema. O maoismo se foi, a revolução permanente do cinema continua.

O Globo, 13/06/2010

AMÉRICA

As calçadas de Nova Iorque (não acho bonito escrever "Nova York", o JB sempre punha "Nova Iorque", como eu: "Nova York" é como se a gente escrevesse "Nova England" em vez de "New England" ou "Nova Inglaterra") não são de se lamber. Sujas e sempre cheias de gente apressada e surpreendentemente simpática. Fui até o escritório da Nonesuch encontrar Bob Hurwitz e de lá saímos para ver *Biutiful*, o filme de Iñárritu, numa sala privada de projeção, já que o filme, espanhol, não foi lançado nos States. Os atendentes do prédio onde fica a Nonesuch, na Sexta Avenida (que é a avenida das Américas, mas, ao contrário da Madison ou da Park, nunca é referida pelo nome pomposo e sim pela numeração, que é o nome de todas as outras avenidas sem nome), são incrivelmente cordatos e relaxados. Os mecanismos de segurança são muitos, mas o pessoal é quente e quase sempre alegre.

Chegar a New York vindo de Los Angeles é experimentar um contraste violento. Woody Allen faz piadas ótimas em *Annie Hall* sobre isso. Há o comentário de que a única coisa boa em LA é o carro poder avançar o sinal vermelho se for dobrar à direita. Los Angeles nos deu o *valet parking* — em Nova Iorque, pouca gente anda de carro. Muitos táxis e o aproveitamento intensivo do metrô. Todos chamam o país de "América". Quando eu morava em Londres, a chegada de um americano era como o encontro com um brasileiro: comparados aos europeus, os americanos são muito próximos de nós. Com um inglês então... Eles têm algo essencial que você não encontra nem em países latinos (mesmo ibéricos) da Europa: a sensação de ser vira-lata. Não é necessariamente o "complexo de vira-lata", que

Nelson Rodrigues via em nós. É a vira-latice triunfante. Isso também temos. Embora não sejamos um triunfo histórico (meu amado amigo Emanoel Araújo diz que o Brasil é um país fracassado). Mas são vira-latas até nossos orgulhos e momentos de autorrespeito. É assim em toda a América. Nas Américas. Ninguém matou tanto índio quanto os colonizadores de língua inglesa. Mas todos traficamos gente negra para escravizar. Sempre senti os Estados Unidos como um país mestiço, a despeito da segregação. Cresci vendo Louis Armstrong e Doris Day cantarem. O rock 'n' roll foi a virada de quadril de um branco esquisito que enxertou rhythm & blues na country music, a música caipira branca do sul.

Gosto de Nova Iorque. Em *Verdade tropical*, me estendo sobre isso. É uma cidade que só poderia ter surgido nos Estados Unidos. Os americanos dos estados centrais são vistos (e se sentem) como os verdadeiros americanos, os sofisticados habitantes das costas leste e oeste sendo uns "liberais" universalistas. Nada foi tão representativo do impulso revolucionário dos Estados Unidos do que a eleição de Barack Obama. Mas o país vive a ressaca dessa farra histórica. Obama é o presidente mais inteligente e elegante que este país já teve. O ódio contra ele agora é proporcional a isso. Claro, todos entendemos que se a economia vai mal (e não tinha como não ir mal, depois do que fizeram com o reaganismo-thatcherismo — ou do que esse estilo fez com a sociedade capitalista), os eleitores votam contra o governo. O contrário do que aconteceu no Brasil. Mas a ala mais conservadora da população está sonhando em ver Sarah Palin na presidência e chamando Obama de "socialista" (um xingamento aqui) e de "nazista" (um xingamento em qualquer lugar). Tudo se explica pelo horror à presença do governo na vida dos cidadãos. Mas há conteúdos racistas, nacionalistas e religiosos — além de velhas amarras ao grande dinheiro — que quase nunca são explicitados.

Hoje também foi exibido aqui, não sei bem onde, *Uma noite em 67*. Soube porque alguns amigos meus americanos me disseram que iam ver. Já estávamos na sala onde se projetaria *Biutiful* quando eu disse a Hurwitz que esse filme estava possivelmente sendo exibido em algum outro lugar da cidade. Ele disse que se eu tivesse dito antes ele teria sugerido irmos vê-lo juntos. Fico curioso de ver que reação teria Bob diante daquelas primeiras apresentações tropicalistas — mas penso que seria chato para mim rever esse filme aqui, numa exibição única. O filme de Iñárritu é bem como os filmes dele: claramente feito por alguém que nasceu para fazer filmes — e composto do fascínio naturalista pela degradação (parece que quanto mais degradado mais verdadeiro) e dos resquícios melodramáticos do cinema mexicano da minha infância. Há uma dureza de olhar (seringas, feridas, sujeira, cinismo, excrementos) e uma sentimentalidade levada a sério. E a música competente e macetada de Santaolalla (com um Ravel redentor no final). Saí da sessão para as ruas de New York pensando no México, na minha meninice, no rumo de nossas vidas nesse continente que pegou o nome de um aventureiro mentiroso e teve seu nome roubado pelo país que soube enriquecer e sofisticar-se. Sermos americanos nos diz muito sobre nossas chances e deveres. Os Estados Unidos estão imprimindo dinheiro para quebrar o galho (e dificultar as exportações de países como o Brasil), numa queda de braço com a China (que mantém a moeda subvalorizada). É gozado ver países querendo que suas moedas valham menos. Esse mundo é um pandeiro. Mas os EUA ainda são o país mais hospitaleiro para quem queira pensar, experimentar, pesquisar. Basta ter isso em mente — nem precisa lembrar Gershwin — para entender que o antiamericanismo é prova de fraqueza de espírito. Sempre senti os Estados Unidos como um país mestiço, a despeito da segregação.

O Globo, 21/11/2010

ALEGRIA

O fato de Carlos Saldanha ser carioca contribuiu decisivamente para que, em *Rio*, o Rio fosse abordado sempre de ângulos reveladores da experiência real de se estar na cidade. Meu filho de catorze anos comentou, ao sair do cinema, que "tudo aparece mais bonito do que na verdade é". Entendi que ele queria dizer que percebe o lado de publicidade turística ostensiva que o desenho exibe. Já uma amiga me disse que, ao contrário, o Rio que ela vê estando aqui (ela não é brasileira) é sempre mais bonito do que a cidade estilizada do filme. Outra amiga (esta, paulistana abaianada) simplesmente detestou o filme, pela pobreza da música, pelo caricato da simpatia das pessoas, pelo artificioso das cores. Eu adorei. Claro que *Rio*, em parte, é como um chapéu de Carmen Miranda, ou um desenho de Disney da época da política de boa vizinhança, ou ainda os lugares-comuns sobre a alegria brasileira que às vezes aparece com ar sinistro em festivais de música na Europa. Mas a combinação do olho informado e íntimo de Saldanha com as diferenças entre nosso tempo e os tempos de Zé Carioca faz os clichês de *Rio* parecerem mais com a *História secreta do Brasil*, de Cláudia Bernhardt de Souza Pacheco, do que com *Alô, amigos*. Este foi feito em 1942, o ano em que eu nasci — o que me deixa com uma gama de estágios históricos para comparar muito maior do que pode ter meu filho de catorze anos. Não se pense que prefiro *História secreta do Brasil* a chapéus de Carmen ou filmes de Disney. Apenas concluo que a beleza da cidade no filme de 2011 está mais para Stefan Zweig do que para o Pato Donald.

As "três raças tristes" de Paulo Prado terminaram gerando alegrias obrigatórias, do Carnaval da Bahia ao Festival de Montreux.

É inevitável o efeito *Orfeu negro*, que, no caso de *A noviça rebelde*, não poupou nem austríacos e alemães: ninguém gosta de ver sua vida adulterada para iludir incautos. Oswald de Andrade (que criou tantas fórmulas úteis para pensarmos sobre nós mesmos) cunhou a expressão "macumba para turista". Tudo isso me pareceu descabido diante de *Rio*. A propaganda da cidade que sediará as Olimpíadas e a Copa do Mundo (com o país todo ansioso por causa do estado dos aeroportos — para dizer o mínimo), a reafirmação do país dos sonhos tolos, as cores de glacê de bolo de debutante — nada disso me abalou. Será que tudo se deve apenas à minha velha (velha mesmo) paixão pelo 3D? Há mais.

Há as visões do Sambódromo, impressionantemente fiéis ao que a vivência íntima ensinou. Sobretudo há o Sambódromo visto de Santa Teresa — ou de uma das favelas de Santa Teresa — em reprodução exata de minha lembrança de um Carnaval em que saí, não do Morro dos Prazeres, mas da mansão dos Monteiro de Carvalho. É também a exata reprodução de uma epifania vivida pelo meu filho que viu o filme comigo. Ele costumava contar que esse tinha sido o momento mais feliz de sua vida (ele dizia isso aos dez, doze anos, referindo-se ao que ocorrera quando ele tinha nove): para evitar o trânsito, o motorista, criado nos Prazeres, decidira chegar à cidade por Santa Teresa. A passagem pela favela foi cheia de suspense e a luz da pista de desfile das escolas de samba surgiu numa lombada de pico. Ele conta que a felicidade não veio dessa visão: ele já estava profundamente feliz — a passagem pela favela, revelação de algo grande e importante ainda desconhecido, produzira a alegria grave e selvagem de ver desvelar-se o que parecia fadado a ficar-lhe para sempre vedado —, o Sambódromo superiluminado apenas coroou uma sequência de percepções cruciais para o meu menino. Pois perguntei-lhe hoje se ele não tinha se lembrado disso ao ver o filme — e ele me disse que sim, mas não demonstrou que o reconhecimento o tivesse comovido. Comentei que, naturalmente, esse não era mais o momento mais feliz de sua vida, que ele já devia ter tido vivências mais intensas. E ele balançou a cabeça, como dizendo "é... mas mais ou menos". Tanto quanto com o próprio filme, eu estava mais emocionado com a lembrança dessa sua lembrança do que ele. Conto isso para dar a ideia de que é assim de fundo o efeito que o *Rio* de Saldanha e da Hollywood do século XXI causou em mim. O tipo de mestiço que é o garoto da favela; as visões das calçadas portuguesas; o movimento de quadril do macaco *funky* que leva um relógio com o mostrador sobre o púbis; as circulações em torno dos arcos da Lapa. É assim de fundo e mais ainda de amplo. Vejo o Quinto Império de Vieira se insinuando, os meus mais recônditos delírios — que me acompanham desde a adolescência —, o mundo pós-USA.

Esse livro sobre a *História secreta* já me tinha sido dado de presente e eu o tinha deixado de lado: o ufanismo místico apresentado sem sofisticação acadêmica tinha-se-me afigurado uma ridicularização involuntária das intuições mais vulneráveis de minha puberdade. Pois olhando-o agora eu vi mais do que quereria. A capa, com letras góticas e mapa do Brasil em estranha perspectiva, me parecia o cúmulo do mau gosto visual. Agora — e isso se deve a *Rio* — dizia outra coisa. E o principal era que fosse São Paulo o ponto de luz intensa, o Sambódromo surgindo além da favela da epifania do meu filho, o centro do Quinto Império futuro. São Paulo, finalmente mais brasileiro do que todo o Brasil, por sua inacreditável concentração de energia, é algo mais bonito na capa desse livro absurdo do que o Rio em *Rio*. E pelas mesmas razões.

O Globo, 17/04/2011

NOVA IDADE

Glauber Guimarães (que é roqueiro e ganhou esse prenome por seu pai, também baiano, ser admirador do outro Glauber, aquele que apareceu aqui no domingo passado) me conta por e-mail que o professor de cinema André Setaro escreveu na net: "Casamos um príncipe, beatificamos um papa, fizemos uma cruzada, matamos um mouro: eis a Idade Média". Natalia Mendez Arguinteguy, bailarina e atriz argentina, comentou que essa história de "nova Idade Média" só é boa porque pode significar promessa de um novo Renascimento.

Corri para ler algo do livro de Parag Khanna (eu só tinha olhado parte da entrevista dele que tinha saído no jornal) e logo me dei conta de que, desde o subtítulo, essa é a ideia. Lendo o primeiro capítulo, reconheci o mundo em que vivemos. A Terra em transe. Algo que está mais contido no título de *Idade da Terra* do que no próprio filme. No livro do americano de origem indiana, a lembrança da frase de Hegel sobre "o Estado ser uma obra de arte: não há dois Estados iguais". O Brasil aparecendo, junto aos Estados Unidos, como Estado com nacionalidade forte. Estou estimulado a ler os outros capítulos — e a voltar ao assunto aqui. E grato a Glauber, a André Setaro, a Natalia Mendez.

Filmes de Glauber Rocha, conversas com Jorge Mautner, lembranças de Rogério Duarte, som dos Mutantes e de Duprat, coisas assim soam mais lúcidas do que nossos arrazoados. Ouço falar em Nova Idade Média desde pelo menos os anos 1980. Há a expressão numa canção de Cazuza (cujas composições, aliás, também parecem mais perspicazes do que centenas de sérias construções). Ou seja: é uma velha novidade. No entanto, no modo como Khanna a retoma, a expressão

GODARD E GLAUBER ROCHA NAS GRAVAÇÕES DE *VENTO DO LESTE*, NOS ARREDORES DE ROMA, EM 1969. O CINEASTA BAIANO ENTOA O REFRÃO DE "DIVINO MARAVILHOSO" NO FILME DE GODARD E JEAN-PIERRE GORIN.

ganha significado e atualidade. Vamos ver. É continuar lendo, olhar o mundo e observar os novos acontecimentos. Domingo tem mais.

Há uma bolha ideológica que cresce ao redor da internet. Deve estourar como a econômica que a rodeou em sua primeira arrancada. Mas nada disso impedirá as mudanças reais que esse brinquedinho do Pentágono causou, causa e causará em nossas vidas.

Ainda não vi *Vento do Leste*, o filme de Godard do início dos anos 1970. Tenho uma cópia em VHS, mas meu DVD player não está ligado de modo a eu poder ver coisas em VHS. Vi apenas uma cena, não numa telinha de TV mas numa imensa tela ao ar livre, no Circo Massimo, em Roma, em 1983. Era parte de uma série de shows organizados por Gianni Amico, aquele grande amante italiano da cultura brasileira, sob o nome *Bahia de todos os sambas*, em que nos apresentamos, Caymmi, João Gilberto, Gilberto Gil, Gal Costa, Nana Caymmi, Moraes Moreira, Naná Vasconcelos, Tom Zé, Paulinho Boca de Cantor, Walter Queiroz, o trio elétrico de Armandinho, Dodô e Osmar, Batatinha e eu. No filme de Godard (ou melhor, do Grupo Dziga Vertov, em que ele divide a direção com Jean-Pierre Gorin e tem a colaboração de Daniel Cohn-Bendit no roteiro) via-se Glauber Rocha ao lado de uma moça que carregava uma câmera nas costas, como uma mochila (ou será que ela estaria grávida e minha memória me prega uma peça?), em frente a uma estrada que se bifurca. Uma voz lhe pergunta: "Para onde vai o cinema do Terceiro Mundo?" — e ele, em vez de responder com alguma frase explicativa, começa a cantar o refrão de "Divino maravilhoso", canção que Gil e eu fizemos para Gal cantar, inspirada no bordão de Guilherme Araújo. "Atenção: tudo é perigoso. Tudo é divino-maravilhoso." Meu amigo Eduardo (de Ribeirão Preto) me arranjou a cópia. Sou tão lento que ainda não armei as coisas no meu player para vê-la. Mas, em compensação, finalmente vi o *King Lear* de Godard. É impressionante como a gente vê o que o próprio conta num documentário que vi sobre a exposição com que o Centre Pompidou quis brindá-lo: que o cineasta deve antes de tudo tomar dinheiro do produtor. Há muitos filmes que ele fez nas últimas décadas que parecem mesmo o trabalho de montagem (hoje dita "edição") feito a partir de muitos planos fechados (exceto imagens abertas do mar) tomados em poucos dias.

O tema pode ser grandioso: o rei Lear, a Virgem Maria, Carmen. Mas a peça final é quase sempre uma espécie de colagem, por vezes intensamente poética, em que as referências ao tema que chega ao título são contingentes. Tem-se uma sensação de desperdício. Depois de plenitude. Depois de desperdício outra vez. As imagens em preto e branco de *Éloge de l'amour* são magníficas: vê-se ali o amor ao cinema dando tempo a si mesmo (e a chegada das imagens em cores ultrassaturadas não desmente isso, ao contrário). Mas muitas vezes o amor profundo pelo cinema parece rarefeito — e não sabemos se deixamos nosso coração ser arrebatado pelos momentos de inspiração na mixagem de imagens, palavras e sons. De repente isso se torna irresistível, incontornável, inevitável — e perdoamos tudo. O fato é que seguimos lhe devendo.

Gosto de *The Brown Bunny* tanto quanto Godard. A um jornalista americano que, surpreso com o entusiasmo do suíço-francês pelo filme de Vincent Gallo, lhe pergunta: "Mas você não o acha demasiado narcisista?", Godard respondeu: "E daí?".

De fato há na série *Família Soprano* melhor cinema do que na maioria dos filmes americanos que vão para a telona. Mas há algo em Gallo e Sofia Coppola que vai além disso. E nos filmes mais esteticistas de Gus Van Sant. Com isso nos afastamos demais de Glauber Rocha aqui. Mas não por muito tempo. Ele voltará com Khanna e rock no domingo que vem.

O Globo, 15/05/2011

WOODY ALLEN

Uma amiga inteligente me disse que achou *Meia-noite em Paris* legal mas muito parecido com *A rosa púrpura do Cairo*. Fiquei me perguntando por quê. Dois dias depois, Xexéo disse a mesma coisa. Mais: que Woody Allen não vem se repetindo, como dizem, mas que, no caso deste último filme, ele repete aquele em que uma fã de cinema é engolida pelo filme. Xexéo confessa que é um daqueles admiradores de Allen que, pelos anos 1980, estavam certos de que o cineasta é um gênio excelso. Era uma turma com quem eu gostava de contrastar gritantemente. Fui contar essa história numa entrevista que dei a uma revista de cinema de João Pessoa — uma entrevista que era uma espécie de "autobiografia de um cinéfilo" —, e meu amigo Geneton Moraes a transcreveu em seu blog, o que causou uma pequena onda de revolta. É que Geneton tinha posto uma chamada tipo imprensa sensacionalista (coisa tão diferente dele!), com uma frase minha muito negativa sobre Woody, e isso deu primeira página do Segundo Caderno. Na verdade, eu estava contando como reagi ao cinema de Allen logo que tomei contato com ele. Ressaltando, inclusive, que hoje gosto muito mais dele do que então — e constatando algo que o próprio Xexéo também percebe: mesmo os filmes de Allen de que a gente gosta menos ficam melhores quando revistos na TV.

Mas vi *Meia-noite em Paris* no cinema e adorei como nunca tinha adorado nenhum filme desse diretor — e nem sequer me lembrei de *A rosa púrpura do Cairo*, filme que, quando vi, só me fez pensar duas coisas: 1) que Allen pegou um esboço de roteiro de Maiakóvski e o adoçou; e 2) que Mia Farrow, que até ali era uma menina atraente, sob suas lentes ficou parecendo um cachorro sem dono, fazendo olhos compridos de vítima do destino, sem nenhum resto de sex appeal.

Por que será que acharam *Paris* parecido com *Cairo*? A proximidade das épocas em que as histórias se dão? A vivência delirante da fantasia? Mistério. O fato é que *Meia-noite em Paris* resulta arrebatador. Não é um adjetivo que eu usasse sobre nenhum outro filme de Allen. Aqui vemos o avesso do name-dropping de tantas de suas comédias: os gênios que se reuniam na Paris do final dos anos 1920 aparecem como fantasmas maravilhosos que habitam a mente do diretor, eles vêm à tona — e não se parecem com os autores que os personagens de outros filmes de Allen citam em papos supostamente despretensiosos. Eles não surgem para valorizar as piadas do seu devoto: eles são a piada, assombram o filme como os personagens de Fellini assombram os dele: de modo necessário e inevitável.

Allen nunca escondeu que queria fazer filmes como Fellini. Mas nunca aconteceu de sequer uma cena de filme dele parecer-se com o que amamos em Fellini: a elevação dos personagens a aparições quase sobrenaturais. Quando Alice B. Toklas abre a porta para o jovem roteirista louro ou quando Cole Porter o paquera do piano; quando Dalí dá seu show de ego trip ou quando Buñuel encana com a ideia central de *O anjo exterminador*, eu choro de hilaridade, alegria e comoção. Quando a moça dos anos 1920 expressa sua nostalgia da belle époque e logo é transportada, com o protagonista, para lá, uma verdadeira reflexão sobre a dificuldade de aceitar o presente se apresenta de modo fluente e profundo.

Não que coisa semelhante nunca tivesse sido sugerida por outras cenas de filmes de Allen. Mas jamais com essa abertura, essa entrega, essa liberdade que os fantasmas aparecidos lhe deram. E eu, de minha parte, estou mais aberto do que quando me engajava na resistência ao hype. Fiz assim também com Wim Wenders. Em *O cinema falado*, pus na boca de um garoto: "*Paris, Texas* é um dramalhão mexicano encenado como gravura hiper-realista americana com verniz alemão" — e a plateia da pré-estreia urrou uma vaia: era composta da turma que venerava Wenders no então indie Estação Botafogo.

Vontade de ser do contra? Não é tão simples assim. Há um aspecto geracional: amamos filmes que vimos na juventude e tememos que seus lugares no pódio sejam tomados. Porém, há coisa mais respeitável. É que detesto mistificações. Talvez eu tenha tido de lutar muito contra mim mesmo para não deixar que minhas eleições se dessem sem uma exigência de autenticidade, sem um "exame de consciência". Eu queria exigir dos novos cinéfilos esforço igual.

Ruy Castro flagrou a lista dos "melhores cantores de todos os tempos da *NME*", onde não há Sinatra nem Sarah nem Eckstine: ninguém pré-rock. Um amigo meu, culto e sensível, me disse que as canções de Gershwin não lhe dizem nada: coisas anteriores aos Beatles inexistem. Allen ocupa o extremo oposto: tem a agressão a Dylan, tem a tosca cena dos punks em *Hannah e suas irmãs*. Eu próprio não vivo sem Ella, mas aguento tão mal a reação contra o rock quanto em 1968. Mais: pessoas da minha idade viveram num Brasil de responsabilidades internacionais nulas: não falávamos para o mundo exterior, daí pichar estrangeiros não implicava riscos. Hoje, adorando o Woody da frase sobre a masturbação ("o único sexo que você pode ter com alguém que você realmente ama"), eu ficaria triste de encontrá-lo pessoalmente com opiniões negativas sobre seu trabalho. E Wim Wenders acaba de filmar Pina Bausch em 3D — e me chamou para a pré-estreia brasileira. Não desejo um "Vicky Cristina Rio", mas *Pina* em 3D é a glória da invenção do cinematógrafo. Que as salas com o equipamento não se restrinjam a blockbusters.

O Globo, 10/07/2011

ENTRETENIMENTO

Parece que não sei ver filmes. Sempre temo estar desatento para os detalhes cruciais que definem a trama. E isso acontece com frequência considerável. Mesmo assim fui crítico de cinema aos dezoito anos. E agora me chamaram para ser diretor convidado do Festival de Telluride, um evento de pura cinefilia. Não entendo direito os filmes. E mesmo de filmes que adoro se apagam dados do enredo. Gravo melhor os climas poéticos ou plásticos do que os fatos narrados. Qualquer amigo meu rirá ao ler isto aqui. É que tenho fama de ser um grande contador de filmes — alguns chegando a dizer que filmes são melhores contados por mim do que vistos. O que eles não sabem é que contar um filme em voz alta é um meio de eu tentar me ensinar algo sobre o que foi narrado pelas imagens. É parte do processo de percepção: narro sobretudo para mim mesmo. Por isso tudo foi um experimento e tanto assistir a *A árvore da vida*, com um amigo com quem pouco falei, e, no dia seguinte, ir sozinho ver *Melancolia*.

Eu tinha lido os artigos de Francisco Bosco e de Contardo Calligaris — e tinha gostado muito. Ambos reverberam o Nietzsche que me encantava no tempo em que Jorge Mautner era um neopagão em tudo oposto ao seguidor de Jesus de Nazareth que ele é hoje (embora fosse tão unicamente Mautner então quanto agora). Gosto de *Cinzas no paraíso*, de Malick, e detesto os filmes de Lars von Trier que vi. Mas gostei mais de *Melancolia* do que de *Árvore*. Na verdade, comecei por achar, vendo os trailers de ambos, que os dois filmes eram o mesmo. E ainda agora, tendo visto os dois por inteiro, me pergunto se não são ambos tão aparentados por serem sintomáticos do tempo que vivemos. São filmes bem diferentes, me entendam. Quase opostos. O do americano Malick é tão europeu em seu desprezo pelo aspecto entretenimento quanto um Resnais ou um Godard. Já Trier, europeu de fato, exibe o quanto aprendeu com Hollywood sobre suspense e diversão. Do "dogma" só restaram alguns jump-cuts.

Enquanto *A árvore da vida* faz tudo para parecer "arte" mas chega a Discovery Channel e *Nosso lar*, *Melancolia* tem pedigree do mundo culto e fica à vontade para usar um subwoofer de *Transformers* como som da presença do planeta matador.

Por que eu gostei? Bem, em primeiro lugar, Kirsten Dunst é e está irresistivelmente sexy — e é ótima atriz. E já que o filme é perfeito como entretenimento, me liguei logo na Dunst como em qualquer heroína. E, como eu não gosto de casamento, achei a Justine dela hiperlegal em seu desprezo sorridente e sincero pelos ritos. Essa menina com cara de estudante americana (e que já foi Maria Antonieta) foi escolhida por Trier para fazer uma depressiva que perdeu o medo de tudo (entendo bem isso: tive um episódio estranho de depressão há uns catorze anos e ao sair dele perdera o medo de avião que tinha tido a vida toda). Apesar do diagnóstico de Calligaris, tive raiva da mãe encarnada por Charlotte Rampling. Eu não queria que nada atrapalhasse algum prazer que aquele casalzinho pudesse ter. A cena de sexo com vestido de noiva me pareceu legitimar toda a celebração. A sequência inicial, com o jovem casal resolvendo a passagem de uma quilométrica limusine branca por uma estradinha de terra tortuosa, é extraordinariamente bem-feita e nos prende aos personagens de modo direto. Há suspense todo o tempo: as reações do cunhado, a irreverência do pai, as preocupações da irmã.

Aos poucos, os problemas anunciados pelo zelo desta vão se revelando. E Justine, que começara apresentando o noivo ao seu cavalo favorito, termina por dizer ao seu chefe da agência de publicidade que ele vale menos do que nada. Não pude deixar de ver Lars matando o espectador burguês sentado ao seu lado no curta de *Chacun Son Cinéma*. Nem de adivinhar que ela comeria o rapaz que lhe é apresentado pelo chefe como novo contratado da agência. É um típico filme de casamento em que os podres da vida burguesa fatalmente vão aparecer. Me contam que o "dogma" tem um exemplar paradigmático no seu DNA. Trier não fez por menos. Há uma fúria anticapitalista que não me agrada: faz pensar que a piada sobre Hitler tem mais a ver com o filme do que querem nos fazer crer. Quando Claire, a irmã que tem por que ter medo, tenta se agarrar aos restos de convenções para não admitir a morte do filho, Justine se mostra ácida quanto aos planos da irmã (tomar um vinho, sentar no terraço...). "Podemos pôr a *Nona* de Beethoven", ela diz, zombando. E quando a irmã concorda, ela a informa de que a ideia é uma merda (mas Trier põe aqueles clichês de Wagner). Em vez disso, ela fala diretamente com a criança e propõe uma proteção (que ela não sabe que é ilusória) contra a colisão do planeta com a Terra.

Pra mim, que amava ler Nietzsche contando o que disse Sileno (que a melhor coisa para o homem é inalcançável: não ter nascido), Justine, sábia por desprezar tudo, ofereceu ao menino, mas só a ele, a consolação equivalente à arte, aquela que não paga tributo à verdade (como quer o jovem Bosco).

Sinto é não estar no filme de Isa Ferraz sobre Marighella. Gosto de ler Gaspari saudando o gesto de Pedro Simon. É isso aí. Sardenberg explicando o texto de Roubini a que me referi na semana passada é instrutivo. Gosto mais de Mangabeira porque ele não é apocalíptico. Essas fantasias de fim de mundo que estão por trás dos filmes — e das nossas cabeças — não o desviam do sentido da tarefa.

O Globo, 21/08/2011

AMELIA E TELLURIDE

Gosto especialmente de Amelia Rabello. Senti muito ter perdido, na véspera de minha vinda para a Bahia agora, a apresentação dela no Teatro Rival. Só tinha aquele dia para ficar no Rio e precisava encontrar Inês Pedrosa, a escritora portuguesa que também adoro — e que ia viajar para Lisboa na mesma quarta-feira em que embarquei para Salvador. Um dia falo mais sobre Inês. Agora quero escrever algumas palavras sobre Amelia.

Eu a ouvi pela primeira vez num show de Paulinho da Viola. Ela fazia coro e, em meio ao espetáculo, Paulinho a convidava para cantar sozinha uma canção. Fiquei impressionado com a aparição da alma do samba assim exposta numa precisão musical de cantor jazzístico. Era como se o espírito de Dona Ivone Lara estivesse no domínio do aparelho de cantar de uma Elis Regina. Toda a exuberância do pianista Cristovão Bastos (com quem partilhei o palco na primeira temporada da Banda Black Rio, nos anos 1970), que mais parece um desperdício de alterações harmônicas — como é frequente em instrumentistas de jazz pós-bebop e em todo o samba-jazz brasileiro —, ganha sentido de necessidade. Se, nos trabalhos com Paulinho, Cristovão mostra sempre sensibilidade profunda para o vocabulário do samba, com Amelia ele chega à economia perfeita e à adequação total. Mas é o canto dela que parece fazer — de modo exigente — a liga. Seu timbre já explica cada escolha harmônica de um ponto de vista culto. Da cultura do samba carioca em suas manifestações mais puras. Claro que é Paulinho quem paira sobre tudo isso: sem ele essa história não estaria no estágio em que está. Mas Amelia parece material bruto.

Mesmo que Paulinho seja o mestre que veio de mais perto do núcleo do samba, Amelia, que ouviu o chamado e chegou perto, soa como se ela própria fosse uma das referências a que ele tem de se reportar. Seu novo disco — com Cristovão no piano e nos arranjos e quase todo composto de letras de Paulo César Pinheiro (mas com um Radamés sobre Ataulfo e um Ataulfo pouco conhecido, além de um Roque Ferreira, um Moacyr Luz e um Pedro Amorim) — chama-se *A delicadeza que vem desses sons* e deve ser ouvido por quem quer que queira entender de samba e de cantoras.

Telluride é uma cidade bem americana. Quando você chega a uma cidade americana, você não sente que entrou nela: mais parece que você saiu para o descampado. Em Telluride essa única rua que se vê nos filmes de caubói abre-se para a visão das Montanhas Rochosas. No tempo das diligências, era uma zona de mineração. Há 38 anos mantém um festival de cinema que é um paraíso para cineastas e cinéfilos. Não há competição nem prêmios. E — o mais impressionante — não há repórteres nem paparazzi. Este ano, embora lá estivessem George Clooney e Tilda Swinton (além de Werner Herzog, Wim Wenders e Alejandro Iñárritu), não se via nem uma cena sequer de fotógrafos assediando-os ou de microfones surgindo sob seus queixos. A moça que foi me buscar no aeroporto me disse que temia que a imprensa se acercasse do festival este ano, já que uma descendente de Bush ia se casar com um descendente de Ralph Lauren numa fazenda logo ali ao lado. Mas que nada. O que havia era gente vendo filmes e conversando sobre cinema. Apresentei seis filmes, como diretor convidado. Tradicionalmente eles convidam uma pessoa que não (necessariamente) seja do métier para exibir e comentar filmes de sua escolha. Suponho que foi Peter Sellars (o diretor de teatro e ópera de vanguarda, o idealizador de *Nixon in China*, não o igualmente genial ator do *Dr. Fantástico* e da *Pantera Cor-de-Rosa*, aliás já falecido) quem sugeriu meu nome a Tom Luddy. Enquanto ainda duvidava se poderia aceitar o convite, tinha uma única certeza: que levaria *As grandes manobras*, de René Clair. É que, apesar de minha paixão pelo cinema italiano (que, de resto, já foi externada num disco dedicado a Federico Fellini e Giulietta Masina e numa canção chamada "Michelangelo Antonioni"), ter visto o filme de Clair em Santo Amaro aos dezesseis anos teve um impacto sobre mim ao qual eu sei que tenho de ser leal. E há a certeza de que dificilimamente alguém elegeria esse filme para uma mostra agora: Clair foi esnobado pela geração da nouvelle vague e, se seus filmes mudos e os primeiros falados gozam de alta reputação, uma comédia sentimental (colorida) dos anos 1950 fica abaixo da varredura dos radares. O resto foi consequência da decisão inabalável de mantê-lo na lista. Eu quis levar *Matou a família e foi ao cinema*, de Bressane, mas o esquecimento em que se encontra *Deus e o diabo* entre os críticos e cinéfilos americanos me fez sentir-me obrigado a insistir nele.

A combinação de *Grandes manobras* com *Deus e o diabo* — aquele reafirmado por *Se meu apartamento falasse*, de Billy Wilder; este, pelo desequilíbrio inocente e brilhante de *Aniceto*, de Leonardo Favio — e com o insuperável Godard de *Viver a vida* como fiel da balança — todos ligados pela revelação (para mim) de *Nordeste: Cordel, repente, canção*, de Tânia Quaresma — fez de minha minimostra um monstrinho intrigante. Valeu.

Mais valeu ver *Pina*, de Wenders. É a primeira coisa em 3D que enfrenta a densidade e a seriedade. Esperemos que seja logo lançado no Brasil.

Mas a cena que melhor ilustra o festival se deu quando, tendo ido até o alto da montanha para apresentar *Vivre sa Vie*, encontrei Wenders, que me dizia: "Há 25 anos não vejo esse filme".

O Globo, 18/09/2011

VERA CRUZ

No filme *A pele que habito*, Pedro Almodóvar faz curiosas referências ao Brasil. Embora muita gente tenha dito (e ele próprio tenha, de certa forma, anunciado antes de o rodar) que este filme seria diferente daqueles que o fizeram mundialmente famoso, Pedro aqui volta às fábulas sobre identidade e gênero, força vital e amoralidade, dos seus trabalhos mais característicos. Este último elemento, a amoralidade, é algo que ele tem, para o bem e para o mal, vinculado à imagem do Brasil que foi construindo mentalmente. Em entrevistas, ele disse que não apenas o pioneirismo brasileiro no progresso técnico das cirurgias plásticas (ele sempre cita Pitanguy) — e a paixão brasileira por esse tipo de operação — o levou à escolha do nome Gal para a "pele" criada pelo cientista interpretado por Antonio Banderas; à canção "Pelo amor de amar"; e ao nome Zeca para o irmão do protagonista, que chega a Madri vindo da Bahia: o clima "amoral" da vida brasileira foi igualmente decisivo.

Como ele mesmo relembra, frequentemente se ouvem canções ou gravações brasileiras em seus filmes. A mim, sempre me fascinou que, dentre todas as versões existentes de "Ne Me Quittes Pas", ele tenha escolhido, para *A lei do desejo*, a de Maysa. Pedro nunca tinha vindo ao Brasil quando fez essa escolha. Foi uma percepção direta do clima ideal para a cena, uma empatia com o *feeling*. A voz de Elis na cena da tourada de *Fale com ela* soa estarrecedora — para os ouvidos não lusófonos, por dizer tanto em seu enigma; para nós, porque a reconhecemos próxima e límpida, como que destacada da imagem. Em *A pele que habito* ouvimos a voz de uma criança espanhola cantando as palavras em português da canção que Pedro conta que ouviu em *Os bandeirantes*, do mesmo diretor de *Orfeu do Carnaval*, que é, até aqui, a imagem mais pregnante do Brasil no vasto mundo. A menina que canta será pivô da intricada trama geradora das situações meio fascinantes meio escabrosas que definem o filme.

Em entrevistas — e, até certo ponto, no tom do filme — Pedro se refere ao personagem de Banderas como um psicopata amoral, frisando que o filme trata, entre outras coisas, de abuso do poder. Tudo isso é verdade. E o médico vivido por Banderas é um tipo frio de tirano moralmente insalvável. Mas o fato é que a gente, vendo o filme, não pode deixar de pensar em *Ata-me!*, em que o mesmo ator pratica ações que, se contadas a frio, exigiriam uma condenação moral; sua salvação final dando-se pela graça subversiva de uma moralidade baseada no gosto direto da vida, na criação de valores a partir desse gosto. De fato mesmo agora, nesse filme mais sombrio, quando um falso happy ending parece redimir todos os horrores perpetrados pelo protagonista, o espectador é levado a crer que alguma reviravolta do pensamento, amparada num humor demiúrgico, se prova mais uma vez possível (no Odeon algumas pessoas ensaiaram um aplauso a esse possível desenlace). Quando finalmente o filme, num epílogo que dá outra volta no parafuso, desfaz essa vacilante (embora intensa) alegria, a desaprovação moral dos atos do protagonista se refaz — mas a reconquista da harmonia se dá num nível que está muito acima das moralidades convencionais. É uma harmonia algo melancólica e com gosto de resignação, mas tem todas as marcas da vitória da luz sobre as trevas. Embora o próprio diretor tenha usado a palavra "amoral" para descrever o personagem central de seu filme (o que ele liga a suas origens brasileiras), a palavra (inexistente?) "transmoralidade", que me ocorreu mais acima, me parece definir o que se dá com viveza em seus filmes — e que não está ausente deste (talvez sim do seu filme imediatamente anterior, *Abraços partidos*). Tudo isso cheira a Nietzsche, claro. Transvaloração de todos os valores etc. Que é a força nuclear do encanto dos filmes de Pedro.

Quando se revela que o nome da moça vivida por Elena Anaya é Vera Cruz, pode ser que espectadores espanhóis riam — por mil razões. Mas os brasileiros riram e pensaram, por alguns segundos, coisas embaralhadas (sentia-se na sala). Perguntei a Pedro e ele me disse que não sabia que Vera Cruz foi o primeiro nome do Brasil. E que o encantava a coincidência. A mim também me encanta e intriga. Afinal, vi Pedro reagir ao contato direto com a pele do país. Sei com que profunda fascinação (e também urgência de evitar identificações fáceis) ele viu cenas brasileiras, entrou em contato com almas brasileiras. Chego a dizer que havia um componente de ciúme em sua excitação com o espírito do Brasil: era como se o Brasil (que já me iludi de que devesse ter produzido um cinema como o de Pedro) fosse uma criação de vida transmoral que competisse com as criações artísticas dele. A desidentificação crítica sempre vinha tingida desse doce ciúme. Pedro é um rebento dos anos 1960 espanhóis, que se deram nos anos 1980. Ele se identifica com manifestações solidárias e rebeldes. Estará interessado no Occupy Wall Street e na Primavera Árabe como esteve nos protestos madrilenhos. E nunca de modo superficial. É inteligente e responsável. Essa seriedade ele quer salvar da confusão que se pode fazer a partir de suas fantasias fílmicas. A passagem de *A pele que habito* aqui pela terra de Vera Cruz, sem a rejeição ressentida de alguns espanhóis ou a desconfiança impotente de outros europeus, pode desnudar a inspiradora contradição aonde chegou sua filmografia.

O Globo, 16/10/2011

REIS E RATOS

A função que exerceria a ditadura militar brasileira no quadro da Guerra Fria é retratada no filme com um humor feroz ancorado na paródia de diálogos do cinema americano dos anos 1940. Os atores dizem esses diálogos como se fossem dubladores lendo traduções de um suposto original em inglês. Selton Mello, que faz um agente da CIA, iniciou a carreira como dublador adolescente, enquanto o resto da agência americana é encarnado por dubladores ainda na ativa. A exceção é Kiko Mascarenhas, que fala com sotaque. Esse risco assumido pelo diretor dá a medida de quão desassombrada é sua abordagem. O estilo resultante exala raiva política e ceticismo histórico, mas não abre mão da reverência humana e da poesia. O modo de filmar diz que a decisão de Mauro Lima não era de fazer uma comédia: pode-se rir com mais frequência vendo esse filme do que *Meu nome não é Johnny*, mas com menor intensidade.

A questão é que aqui a ausência absoluta de gancho dramático-psicológico pode desorientar certos espectadores, sobretudo os críticos (que ainda veem amedrontados os filmes brasileiros). Aí, em vez de ser um filme amargo que usa o riso para castigar os aspectos terríveis dos episódios narrados, *Reis e ratos* vira uma comédia que não é engraçada o bastante.

Devo ser o cara mais suspeito que existe para falar desse filme, já que gosto muito especialmente de Mauro Lima, o diretor, e a produtora é minha empresária. Além disso, conheço o roteiro desde sua primeira forma. Mas há obviedades inegáveis. A primeira é que *Reis e ratos* é um filme original. É um caso primeiro dentro da filmografia brasileira. Seu único ancestral é *O homem do Sputnik*, de

1959. (As analogias entre os dois filmes foram primeiro observadas por Guel Arraes.) Mas o filme de Carlos Manga era uma comédia e não tinha a dor do olhar de esquerda sobre as relações entre o Brasil e os EUA — nem a experiência dos anos da ditadura. Em *Reis e ratos* trata-se de um conjunto de conflitos muito mais complexo. Ver a figura de Jango e das cantoras da noite carioca, a confusão das ordens vindas de Washington, os arruaceiros encomendados para justificar o golpe, com os olhos de hoje, ou seja, depois de revelados os casos de tortura, depois de revelados os documentos do Pentágono, depois de revelados os horrores do mundo soviético, é tarefa que exige força criativa. Não há filme brasileiro que tenha encarado a situação. Mauro e o elenco o fazem com brilho.

A segunda obviedade é que raros filmes feitos com poucos recursos e em curto tempo apresentam um nível tão alto de feitura. A prova disso é a estabilidade com que ele se mantém, em cada sequência, no comando da atenção de quem o vê, a despeito da aparente confusão da trama e da real complicação da situação.

Mas o que mais me emociona em *Reis e ratos* é até onde chegam certas atuações. O para-raios de todo o imbróglio, o locutor de rádio Hervê, interpretado por Cauã Reymond, é composto com tal carinho, com tão forte inspiração lírica, que a gente se pergunta se o diretor o preparou, com extremo cuidado, para entender a riqueza de aspectos de seu personagem ou se foi o próprio garoto quem intuiu a poeticidade escondida no que poderia ser apenas grotesco. Agente paranormal soviético? anjo da guarda? bicha inocente?, quando ele surge de guerreiro cossaco salvando a vida da mulher do agente, vivida por Paula Burlamaqui, o absurdo e o caricato perdem para a Graça. A profundidade dos olhos de Rafaela Mandelli dá a todo o filme o tom de seriedade que o sustenta aquém da comédia. Aquém: os olhos de Rafaela nos prendem junto à gravidade real da história. As piadas recuam para as franjas, revelam-se extravagantes entradas para um mundo dolorido. Os encontros entre Amélia e Hervê são sempre um esboço de redenção. Por isso ela diz, no final, que a história de amor quase não se deu como prometido.

Também: o que acontece com Selton é o oposto de um ator imitar-se a si mesmo. Na verdade, é sua origem de dublador que volta aqui nua: não é Selton se repetindo, é o gênio de Selton exibindo sua forma embrionária. O resultado é que o quick-wit é parodiado à perfeição porque Selton se expõe aquém de qualquer paródia. Otávio Müller faz um par perfeito com ele. Vindo do teatro, ele comenta de fora o que Selton vivencia de dentro. O resultado é sempre harmônico e dinâmico. Rodrigo Santoro se atira à composição do seu asqueroso Rony com uma entrega total. Seu Jorge xingando quem o ameaça de lançá-lo pela porta de um avião em voo é o malandro transbordando do revolucionário.

Fiz a canção-tema do filme (mais uma razão para eu ser suspeito). Em inglês, a mulher que nela fala, fala de estar no cinema e ter adormecido e, por isso, perdido as piadas e os tiroteios. Mas as plateias nas pré-estreias não dormiam: riam e reagiam como quem vê um filme cuja trama não precisa ser toda entendida para interessar. O bonequinho aqui do *Globo* deve ter visto o filme sozinho, numa cabine — e imaginou uma plateia que em nada se parecia com a que iria ao cinema depois. O Brasil ainda não se acostumou à sua condição de sujeito. *Reis e ratos* tem de ser visto como *Bastardos inglórios* ou *Queime depois de ler*. Não é filme de arte para festivais (em que a câmera balança atrás da nuca de moças desvalidas) nem diversão comercial. É a primeira realização conseguida de um autor pop brasileiro inventivo. Com nervo político.

O Globo, 19/02/2012

FILMES

Adorei a festa do Oscar quando a vi de dentro: o orgulho sincero (e justificado) que aquele pessoal de Hollywood tem por suas conquistas de excelência fez Los Angeles parecer real. Mas sempre acho difícil manter a concentração diante do show de TV anual que é a cerimônia de premiação. Acho chataço. Este ano vi boa parte. Como sempre, não consigo entender a maioria das piadas nem com nem sem tradutores. Tem gente que pensa que eu falo inglês. Eu finjo que falo. Aliás, sempre tive facilidade de imitar pronúncia de língua estrangeira. Mas o crucial é entender. Tenho ridícula dificuldade de entender inglês falado. Mas entendi tudo o que Meryl Streep disse. Depois, vi ao menos três dos filmes indicados.

Um se chama *A Dama de Ferro*. Não há uma gota de ferro no filme. É sobre uma velhinha solitária, uma espécie de Umberto D. de saias, que, pelo que aparece nos péssimos flashbacks, teria sido primeira-ministra. Quando começou eu não cri que aquela velhinha fosse a Margaret Thatcher. Streep faz aquela composição aplicadíssima de sempre, com grande inspiração detalhista quando se trata de reproduzir a dificuldade de andar de uma anciã. E o sotaque. Mas a gente fica vendo o tempo todo três pessoas na tela quando ela está só (a maior parte do tempo): uma boa velhinha que está ficando gagá, uma imagem exterior que sugira a figura de Margaret Thatcher e, last but not least, a Meryl Streep. Sendo que a figura da primeira-ministra é usada como uma dessas máscaras de papelão que são a foto recortada da cara de alguém conhecido. Às vezes é a velhinha quem usa essa máscara, às vezes é indubitavelmente Meryl.

Outro leva o título de *O artista*. É muito bem-feito. Feito com cuidado e dignidade. Há harmonia visual em todos os enquadramentos, e os atores são sempre excelentes (talvez sobretudo o cachorro, mas eu não gosto muito de cachorro). É impossível não se pensar em *Cantando na chuva* de modo um tanto incômodo: a semelhança das situações iniciais não parece "homenagem". Quando a loura burra reclama por não ter tido oportunidade de ir falar na frente da tela no final da exibição do filme, temos mais a impressão (lisonjeira para *O artista*) de que estamos vendo as antigas cenas que inspiraram a fita de Stanley Donen e Gene Kelly. O encontro do astro com uma moça na saída da sessão é tão mais sóbrio (e menos engraçado) do que o de *Cantando na chuva* que volta a impressão de que aquilo é algo que se deu de fato no tempo do cinema mudo, e que *Cantando na chuva* fantasiou em cima. Mas não. O filme retoma o tema da passagem do mudo para o falado e termina levando a sério a decadência do galã, sem que alguma força de amor real se perceba entre ele e a moça que, falando, vira estrela. As piadas sobre o assunto são inspiradas e poéticas, do sonho com som mas sem voz às referências à fala e ao silêncio em várias situações. Também o encanto visual dos gestos coreografados do ator com o cão à mesa do café da manhã, e da moça fazendo as vezes do ídolo e de si mesma numa cena de amor imaginária em que veste metade do paletó dele, é intenso. Mas quando ele bota fogo nos rolos de celuloide a gente se lembra de *Bastardos inglórios* e acha que o material aqui não é nem de longe tão inflamável. Suponho que a trilha sonora ganhou o Oscar, mas o tema e a orquestração de Bernard Herrmann para *Um corpo que cai*, que faz qualquer imagem ganhar páthos, acompanham o clímax da história. E, de novo, funciona tão bem em si mesma que não parece "homenagem". O resultado final é mais para o esquálido. Com todo o desejo de celebrar os estúdios de Hollywood, o filme nos leva a sentir quanta falta faz uma equipe de roteiristas americanos.

Gostei muito mais do *Hugo* de Scorsese. Não que seja um filmaço. É irregular e nem sempre convincente. Mas chega onde pretende chegar. Sou suspeito porque adoro 3D. É coisa de minha infância. E justamente o uso de três dimensões para homenagear Méliès resulta sublime. É assombrosamente adequado. Quando, depois de vermos o esboço feito pelo autômato da imagem da Lua sendo atingida pelo foguete, revemos a famosa cena, agora com efeito de 3D, sentimos grande gratidão e afeto por aquele francês que imaginou e criou os primeiros filmes fantasiosos e percebeu logo a congenialidade do cinema com a ficção científica. Ver pessoas em três dimensões (e em cores) correrem com medo de serem atropeladas pelo trem borrado e em preto e branco dos irmãos Lumière é já algo de intensa poeticidade. Méliès montando seus cenários encantados dentro daquele estúdio de vidro, com aquelas cores e aquele relevo, é de fazer chorar. Ri quando o menino responde, na primeira cena depois do letreiro, à pergunta pelo seu nome com um "Ríugueu Cabrei" (com o "r" retroflexo, é claro): se, num filme brasileiro, alguém fizesse o papel de um menino francês e dissesse que seu nome era "Úgu Cabrê", todos ririam — e os especialistas diriam outra vez o quão mau é o nosso cinema. Mas o pessoal de língua inglesa tem direitos especiais adquiridos.

Embora eu ame Carlinhos Brown e Sergio Mendes, não sou fã da música de *Rio*. Mas acho esse filme melhor do que os outros de que falei. Que fazer? Sou assim. Esquisito. Voltei do Scorsese, liguei a tv e vi *O Bandido da Luz Vermelha* no Canal Brasil. Pensei em como *Reis e ratos* é tão mal compreendido porque esse filme estupendo de Sganzerla está criticamente entregue ao esquecimento.

O Globo, 11/03/2012

PI

O homem e o menino são muito bons. Mas o adolescente me arrebata. Ang Lee tem também a virtude de dirigir com sensibilidade seus atores. *As aventuras de Pi* ganhou apenas duas estrelas aqui na *Tarde*, da Bahia (*O Hobbit* ganhou três, hum...). O bonequinho do *Globo* tratou o filme de Lee com o mesmo desprezo. Bem, não vou ver *O Hobbit*: *O Senhor dos Anéis* (o primeiro) foi um dos filmes de que menos gostei em toda a minha vida. Sinto essa rejeição por Tolkien desde os anos 1970, quando um desenho entusiasmava amigos meus desbundados. E o filme (cuja terceira investida ganhou o Oscar) me pareceu a fórmula perfeita para produzir desinteresse: o que havia de história para ser contada o era nos cinco minutos (pareciam dez) do prólogo — e todas as restantes duas horas e meia (ou seriam três?) eram dedicadas a mostrar erraticamente o que já sabíamos (com o tamanho do Frodo variando constrangedoramente de sequência para sequência). Não havia final. Nem sequer um final de primeiro episódio de série, algo que nos fizesse querer saber o que viria a seguir: apenas, num momento qualquer, aqueles seres teriam que atravessar uma cadeia de montanhas.

Eu estava de mau humor por razões íntimas e fiquei com raiva do tempo que perdi vendo figurinhas que me dão enjoo, como elfos e duendes. Imagino que a turma da Incredible String Band adorasse Tolkien. E eu adorava o som dessa banda. Ainda amo o cara cantando "Water". Mas essa mitologiazinha celta me enche o saco. Já o garoto indiano perguntando à garota, para cuja dança ele toca tabla, por que a flor de lótus se esconde na floresta, com aquela cara, é poesia pura.

A conversa de Pi com os pais e os irmãos à mesa do jantar —

quando é decidido que a família virá para o Canadá e, ao entusiasmo do pai com a ideia de que partirão para o Novo Mundo "como Colombo", o menino responde: "Mas ele queria chegar à Índia" — é genial. E a tentativa de encontro amigável entre Pi e o tigre, abruptamente interrompida pelo pai, é um momento sublime de cinema. Tudo o que, de Lee, sobra em *Brokeback Mountain* (a ênfase adjetiva na beleza da paisagem) aqui encontra seu lugar e dimensão adequados. Tudo o que em *O tigre e o dragão* era desamarrado, aqui se completa num roteiro claro, capaz de dar conta tanto do que há de fisicamente inimaginável de ser feito a partir do livro em que se baseou quanto de segurar a ambiguidade das histórias alternativas que são narradas pelo protagonista. Sem frustrar o espectador.

Lee ama de fato o cinema. O cinema mesmo, o que ele realmente é. Toda a sua história de atração de feira e lugar de recreação, passando pela assombrosa profundidade que seu mecanismo pode atingir ao recriar ideias que são inspiradas por sensações. Tudo o que gerou a respeitabilidade intelectual que o cinema atingiu como meio de expressão. Lee fatalmente teria um papel forte na história recente do uso de tecnologias de imagens em 3D.

Vi *As aventuras de Pi* numa sessão em 4D, para minha surpresa. Eu não sabia do que se tratava. Eu estava com minha pipoca e minha Coca. Também com meu casaco grosso, com medo do ar condicionado. Tive a surpresa alegre de não precisar usá-lo: o cinema não estava gelado. Elogiei a civilidade de Salvador. Qual o quê. Julgava que 4D tivesse algo a ver com o que meu filho Zeca me dissera a respeito de um tal HF-não-sei-quê, referente ao número de fotogramas por segundo. Mas o que acontecia era que minha cadeira estremecia a cada estrondo, o vento gelado me ensurdecia nas cenas de tempestade em mar aberto, o cheiro das flores que rodeavam a imagem da garota que dançava enquanto Pi tocava invadia minhas narinas. Às vezes minha poltrona se movia em sincronia com o movimento de câmera, com efeito que poderia ser desestabilizador mas, não sei por quê, não me incomodou. Nas cenas de tormenta em alto-mar, eu sacolejava junto com Pi e o tigre. Vesti o casaco. A maior parte do tempo soprava um vento gelado. Mas, até o tigre sumir sem se despedir, não houve diminuição do meu encantamento ou da minha atenção.

Quando miríades de seres marinhos desenham o lindo rosto da mãe de Pi, que morrera, seu terceiro olho criando um túnel para o tudo negro, eu chorei. Chorei também com Pi protestando contra Deus. Minha mãe (que meu irmão Rodrigo achava parecida com o ator indiano adolescente dos anos 1950, Sabu) tinha morrido fazia dois dias. Muita Índia demais, com aqueles deuses todos, me enjoa. Mas assim, com Pi vendo o hinduísmo através do Cristo (e vice-versa), e seu pai defendendo a razão que está acima dessas fantasias (e a mãe pedindo ao pai que deixasse o menino encontrar seu caminho), eu me senti muito profundamente em meu próprio ambiente.

O Globo, 30/12/2012

EM *O SOM AO REDOR*, DE KLEBER MENDONÇA FILHO, "TODO O HORROR MAS TAMBÉM TODA A BELEZA SE REVELA A CADA LANCE DE MONTAGEM, A CADA SOM DE MÁQUINA OU DE VOZ".

BELO É O RECIFE

Nesta Bahia maltratada, vi, sozinho, o filme de Kleber Mendonça Filho e fiquei estarrecido. Raramente um diretor encontra com tanta precisão o tom do filme que deve e quer fazer. *O som ao redor* é um desses raros momentos em que tudo acontece de modo adequado sem que a obra seja apenas suficiente: o filme transcende, inspira, ensina e exalta. Ensina aprendendo. Esperando o jeito de dizer surgir dos atores e dos não atores como confirmação da sabedoria na construção dos diálogos. Não há pontes nem Marco Zero, não há sobrados nem maracatu. Mas os prédios feios, as decorações tolas, a fantasmagórica percepção do dia a dia dos recifenses de agora deixam entrever todas as nuances da sociedade pernambucana, de toda a sociedade brasileira mirada daquele ângulo. Todo o horror mas também toda a beleza se revela a cada lance de montagem, a cada som de máquina ou de voz, a cada escolha de ponto de vista.

A "Festa" de Gonzaguinha — imperdoavelmente ausente do bom *Gonzaga: De pai para filho* — está presente aqui, mesmo sem ser ouvida. A começar pela própria existência do filme. Que um filme assim tenha sido feito em Pernambuco, com gente de lá e por gente de lá, é prova da beleza intrínseca que se possibilita nessa quina nordestina do Brasil.

Ouvir a canção (ou paródia de canção) carnavalesca baiana irritando alguns moradores e trabalhadores desses prédios das redondezas da Boa Viagem ("Perigo de tubarões", diz uma placa), isso dentro do cinema Glauber Rocha na praça Castro Alves, é experimentar uma espécie peculiar de iluminação. A mãe de família interpretada pela extraordinariamente sexy Maeve Jinkings é de tirar o fôlego e de apertar o coração. A sobriedade e a profunda verdade de cada milimétrico gesto de Irandhir Santos preparam a cabeça do espectador para estudar tudo o que o filme tem a dizer. E o sotaque pernambucano!... As nuances das diferenças da língua entre gerações e extrações sociais. Os mais jovens e mais urbanos palatalizam mais os tês e os dês. O nome do primo encrenqueiro de João é tudo entre Dinho e Dginho na escala que vai do avô coronel ao primo cosmopolita.

Em *Gonzaga: De pai para filho* há Pernambuco e há cinema. Ainda não vi *A febre do rato*. *Gonzaga* não é um filme pernambucano. Em *Gonzaga* faltam Ivan Lins e o MAU [Movimento Artístico Universitário], falta Som Livre Exportação, sobretudo falta "Festa", o elo perdido entre o filho e o pai. Canção que é também uma obra-prima. Em *O som ao redor* ela ecoa forte, à roda dos sons divinamente editados, dos pátios dos edifícios, da trilha magnífica de DJ Dolores, do mar barrento. Um tal filme ter sido feito no Recife diz da beleza que ele é. Não senti falta, em *Gonzaga*, da menção ao papel secundário e pequeno que o movimento tropicalista desempenhou na redescoberta de Gonzagão pelo público jovem da época. Eu teria posto algo a respeito apenas do *Luiz Gonzaga volta pra curtir*, show que Jorge Salomão dirigiu no Terezão (por que, aliás, mudar o nome do Tereza Rachel para Net Rio? A Net poderia manter o nome consagrado — ou assumir logo Terezão — e colocar-se como patrocinadora: um dia essas empresas vão ver que não é gostoso ter teatros e casas de espetáculos com nomes tipo Credicard Hall, ATL Hall, American Airlines Arena...), mas a ausência de "Festa" é sintoma de falha do roteiro. Ouço-a ao ver *O som ao redor*. Onde, aliás, o tropicalismo recebe uma homenagem que só não considero imerecida porque, sendo a escolha tão profundamente pensada e a inserção do trecho da gravação tão incrivelmente bem-feita, minha reação é de gratidão infinita por ter minha voz, minha pobre voz, fazendo parte desse filme. Mais do que a minha, a voz transcendental de Jorge Ben. Mais do que ela, seu violão. Mais do que o violão, a canção e o que ela sugere.

Não posso deixar de pensar em Eduardo Campos e na seriedade da política em Pernambuco. Eu aqui nessa Bahia maltratada. Sou o cara que canta a peça de axé hilária que soa no filme. Sou o cara que a compõe. Fico, do meu canto, esperando qual será a consequência dos planos de Carlinhos Brown de abrir espaço especial para os blocos afro no Carnaval de Salvador. Ele sempre enriquece a cultura popular da cidade. Não vai ser para este ano, como eu esperava. Clarindo não será, como imaginávamos e queríamos seus admiradores, o subprefeito do Pelourinho. Mas ACM Neto deve saber o que está fazendo. E Clarindo há de ver dias (e noites) melhores na Cantina da Lua.

O som ao redor é um dos melhores filmes brasileiros de sempre. É um dos melhores filmes feitos recentemente no mundo. Gonzaga, Brown, Clarindo, axé, Glauber, Ivan Lins, todos se engrandecem com isso. Deve-se isso ao tom encontrado por Kleber.

O Globo, 27/01/2013

O REDEMOINHO 1

Foi Regina Casé (olhe ela outra vez aí) quem me mostrou. O leitor pode encontrar no YouTube se escrever *O redemoinho* (*Swirl*). É um dos mais belos filmes brasileiros recentes. Tem o que há de forte em *Avenida Brasil* e em *O som ao redor*. É apenas um vídeo amador familiar que, sendo ele mesmo um milagre, versa sobre uma situação milagrosa. Uma família goiana faz um piquenique no que parece ser uma praia lacustre (ou será um trecho represado de rio?). (O rapaz que filma e comenta pronuncia a palavra "tornadinho" de modo reconhecivelmente mineiríssimo, mas, para efeitos de sotaque, Goiás é o grande Minas, além de, como Guimarães Rosa, o rapaz usar também a forma "redemunho".) Ele acaba de perder um redemoinho que diz ter tentado filmar. Outro se inicia. Ele tenta acompanhá-lo com a câmera. O que se segue é sempre de grande beleza — e representatividade dos movimentos que se passam na sociedade brasileira. O grupo (com a mãe evangélica de short curtíssimo, do qual se desculpa, mas termina argumentando que Deus nos criou nus; o primo que não é "politicamente correto" por não aderir à ideia de que "todo mundo é bonito" e mostrar uma garrafa de cerveja; a namorada, bonita, que comenta, com um misto de pudor e malícia, que há belezas "diferentes"; a criança obesa) é muito típico: numa obra de ficção teria sido um grande conseguimento armar um quadro tão representativo e manter tão alto nível de naturalismo e encanto visual. O zoom no cavalo branco no momento em que a mãe cita o pacto entre Deus e Noé é de arrepiar. Nem vou falar mais. É melhor ver. Dura apenas seis minutos. Já vi inúmeras vezes. Muita gente viu (quase 900 mil pessoas). Certamente o apelo religioso congregou a maior parte dessa plateia. Mas suponho que, como Regina e eu, muitos foram dar uma olhada meramente curiosa e se maravilharam.

Trecho da coluna "Lutas", *O Globo*, 20/01/2013

O REDEMOINHO 2

Nunca recebi tantos comentários de leitores desta coluna (pelo visto são mais do que dezessete) como quando saiu o artigo em que falei do *Redemoinho*, o vídeo doméstico que me pareceu maravilhoso no YouTube. De um desembargador que eu não conheço a um diretor de filmes experimentais de quem sou amigo, recebi, através do *Globo* ou diretamente em meu box de e-mail, várias observações (quase todas desaprovando meu entusiasmo). Uma amiga queridíssima me disse (não usando essas palavras) que toda aquela beleza estava em meus olhos. Um amigo não menos querido (e unido a ela) reconhecia (com minúcias de observação pictórica que eu próprio não cheguei a ressaltar) muitas das virtudes a que eu me referira, mas deixando claro que o meu texto é que o tinha levado a chegar a valorizar coisas que o vídeo por si só não teria a força de impor (isso num tom semelhante ao da sua companheira, em que um "ah, Caetano…" parecia me alertar para o fato de que eu viajara demais num vídeo sem tanta substância). Esse amigo é muito inteligente e muito articulado, de modo que conseguiu escrever elogios ao filmeco que eram até mais bem desenvolvidos do que os meus — ao mesmo tempo que quase me repreendia por ter supervalorizado algo que poderia passar despercebido.

Godard disse, numa entrevista pouco feliz, que você pode amar pessoas que gostem de livros ou músicas, quadros ou edifícios diferentes daqueles de que você próprio gosta, mas que é impossível amar alguém que gosta de filmes que você desaprova. Maluquice de cinemaníaco. (Numa outra entrevista, encontrei-me profundamente com ele no culto a *The Brown Bunny*: ele — diferentemente de críticos profissionais e amadores — ficou tão encantado quanto eu com esse filme de Vincent Gallo.) Pois bem, em meio a tantas demonstrações de desconfiança e desconforto relativos a meu ardor por esse acidental curta goiano, um jovem amigo me indicou dois outros vídeos, dizendo que um deles (*Mulher cagando na praia e homem morre*) era seu favorito absoluto no YouTube. Respondi a sério e ele me gozou com carinho na tréplica. Onde vinha a segunda indicação: um vídeo de um americano — numa daquelas paisagens monumentais dos Estados Unidos, que parecem fazer desse país realmente um lugar predestinado a dominar o imaginário mundial — mostrando um duplo arco-íris e gritando em gozo místico perto da câmera: "Deus, oh Deus, o que é isto?". Respondi que fiquei perdido no curtíssima da praia com escatologia (a baixa resolução da imagem dá charme à população da praia, mas não me deixa ver se a mulher está de fato fazendo o que o título brada — e o homem parece trazido morto por uma onda: não o vemos morrer, como o título também anuncia), e que achei a altíssima resolução do filminho americano muito impressionante, mas que, até onde eu sei, todo arco-íris é duplo. Em suma, parecia que eu e meu querido garoto estávamos brigando.

Algo semelhante aconteceu com o diretor de filmes experimentais (excelentes). Como o jovem, ele não opinou diretamente sobre *O redemoinho*, apenas me chamou a atenção para filmes a que eu já deveria ter assistido. Mas quando respondi, ele expressou incredulidade quanto à *naiveté* da pecinha goiana. Bem, para mim, o tom de demagogia religiosa da mãe é ilustrativo do tom adotado pelos milhões de brasileiros convertidos a igrejas pentecostais. E, tal como aparece no vídeo, é um comentário involuntário sobre esse tom. Uma sua defesa efetiva, não um julgamento com desprezo e condescendência. A pose da namorada também é a pose que as moças fazem ao se saberem filmadas. No mais, tudo é acidental e surpreendente, tanto para os partícipes como para os espectadores.

Por que estou discutindo de público até mensagens que me chegaram por caminhos privados? Porque continuo crendo que o vídeo do redemoinho é belo, didático e relevante. E acho igualmente significativo que tantos tenham querido se dirigir a mim desqualificando-o. Regina Casé, que foi quem me alertou para sua existência, contou-me que também com ela se dá algo assim: as pessoas a quem ela o mostra acham que ela vê nele mais do que de fato há. Tenho muita identificação com Regina, mas não precisaria do entusiasmo dela para amar esse vídeo. O interessante é que, ao me referir a ele aqui, falei em *O som ao redor*. Mas eu ainda não tinha visto o assombroso filme de Kleber Mendonça Filho. Citei-o de ouvir falar. Pois Regina foi vê-lo e me disse que parecia que estava vendo *Trate-me Leão*, de tão seu lhe pareceu o filme. Ela não sabia que eu tinha pensado justo nessa peça ao ver *O som*. Este é um passo imenso na história da feitura de filmes no Brasil. O goianinho é um milagre inocente.

O Globo, 03/02/2013

ALGUNS FILMES NO AR

É a Maria Amélia Mello que devo agradecimentos pela publicação da antologia da revista *Senhor*, não a Ana Maria. Peço desculpas pelo erro. Escrevi entre voos e voltas e terminei errando um nome que conhecia. Agora escrevo entre subidas e descidas às proximidades do Morro dos Prazeres, onde ensaio novo show. Muita música para definir, escolher, relembrar. Ficou rodando na memória a série de filmes que vi no avião, entre Paris e o Rio. O que me leva a filmes que vi em Salvador, antes de voar. Quase todos com indicações e/ou prêmios do Oscar. Vi a cerimônia (a palavra fica absurda quando a gente pensa nas piadas do Seth MacFarlane) pela televisão. Não entendo inglês falado com facilidade. Mas retirei a tradução simultânea, que faz a gente entender menos ainda. Perdi algumas piadas (que depois meu filho de vinte anos me contou) mas senti o ritmo. O gozado foi ver dois dos principais filmes no avião.

Dormi depois do jantar (coisa rara em voos). Acordei julgando que tinha dormido a viagem toda e que o comissário me responderia que já estávamos nos aproximando do Rio de Janeiro. Mas sua resposta à minha pergunta: "Quanto tempo falta?" foi: "Sete horas".

Liguei o vídeo e pus os fones de ouvido. Havia "comédias românticas", "comédias", "dramas", "ação" e "lançamentos" para escolher. Entre estes estavam *Argo* e *Lincoln*.

Escolhi *Argo* porque julgava que veria *Lincoln* no cinema, quando voltasse, coisa que me parecia menos provável de fazer com o filme de Ben Affleck. Mal sabia eu que o sono não voltaria mais enquanto eu estivesse no avião e que, assim, eu veria *Lincoln* logo em seguida. Foi uma experiência hilária.

Argo é um filme (eu ia escrevendo "um filmeco") tão tipicamente americano que parece ter sido escrito nos anos 1950. As sequências de montagem cruzada para intensificar o suspense são apertadíssimas, e os diálogos têm quick-wit, sem sombra de ironia. A gente, que está acostumado a Tarantino e Mauro Lima brincarem com isso, fica incrédulo de ver alguém fazê-lo candidamente. Affleck é um ator de má fama, certamente por sua cara inexpressiva. Ele surgiu como roteirista oscarizado, ao lado de Matt Damon, quando ainda os dois eram garotos. Depois atuou em comédias românticas com cara de envelope. Em *Argo* essa impassibilidade facial resulta, com a ajuda da barba, em convincente sobriedade de herói do mundo livre. Você torce pelo agente da CIA e é levado a aplaudir sua vitória juntamente com o elenco do filme. Como nos mais convencionais divertimentos hollywoodianos em que os bons vencem os maus (as plateias americanas são barulhentas e de fato batem palmas nas cenas em que aplausos são puxados pelos figurantes). Mas o suspense nesse filme funciona sempre. Seu lado mais infantil é convidado a torcer para que os do bem entrem no avião antes de os do mal conseguirem passar pelas barreiras. É um filme de entretenimento antiquado e eficaz. Acabei de ver o filme quase gargalhando sozinho na cadeira do avião. Mas faltavam ainda cinco horas de viagem. Botei *Lincoln*.

O contraste terminou sendo também bastante cômico. O filme de Spielberg era grave, escuro, sério. Sobretudo escuro. Parecia um americano escaldado de tanto fazer diversão tipo *Argo* decidindo provar que também pode ser grave. Tal como em *Argo*, tudo é conseguido a contento. Daniel Day-Lewis, cujo estilo britânico de atuar, fundado na composição milimétrica do personagem, parecendo que tudo começa pela roupa, pela barba, pela escolha do timbre de voz etc., até que um punk louro capaz de ter um caso de amor com um paquistanês que abre uma lavanderia, ou um homem capaz de mover apenas o pé esquerdo, ou um presidente que administra uma guerra e quer passar uma emenda constitucional abolindo a escravidão surja crível aos olhos do espectador, Daniel, eu dizia, está perfeito fazendo o oposto do que Marlon Brando faria (mas ninguém chamaria Brando para fazer Lincoln, embora ele tenha feito aquele indescritível Marco Antônio). Tommy Lee Jones é sensacional, e Sally Field também brilha. Mas o filme, embora informativo, ficou com cara de seriedade forçada.

Antes eu tinha visto *Django* e *Amour* na Bahia. Eu achava os comentários de Spike Lee chatos. Mas não me senti confortável com essa refação de *Bastardos inglórios* com os negros no lugar dos judeus e Leonardo DiCaprio errando o francês como Brad Pitt errava o italiano — e o magnífico Christoph Waltz dando show de dicção e desembaraço. Hitler, todos sabemos que não morreu num cinema. Mas lutas de mandingos? E, no final, o mesmo fogo da vingança. Amei os sacos nas cabeças dos racistas. Ri. *Amour* parece que diminui o fascínio que Haneke exerce.

O Globo, 03/03/2013

ESCAPISMO

Quando eu escrevia crítica de cinema em Salvador — e só andava com cinéfilos — a gente ouvia sempre que, durante a depressão dos anos 1930, Hollywood se voltou para as comédias: era um modo de fugir da realidade sombria. Pedro Almodóvar, ao optar escancaradamente pela comédia nesse seu *Os amantes passageiros*, disse que era natural querer rir das coisas, quando a Espanha está com problemas tão difíceis de resolver (embora ele tenha enfatizado o aspecto alegórico da trama em que um punhado de gente não sabe onde vai parar). O filme foi mal recebido pela crítica, tanto aqui quanto na Espanha natal — e, quem sabe, em outras paragens —, mas eu fui assistir e gostei.

Não diria que tenho motivos para defendê-lo criticamente. Apenas gostei de como ele é filmado. As cores são fotografadas de modo incrivelmente elegante. O movimento de câmera que vai da visão do avião de meio perfil (e em contre-plongée) até a espiral que gira no centro da turbina é muito bonito — e essa firmeza de composição, por incrível que pareça, se mantém por todo o filme. É verdade que a gente ri mais no que resulta engraçado em meio aos melodramas do diretor do que nesta comédia que finge gritar "eu sou uma comédia" desde as primeiras imagens. Digo que finge porque a estilização irrealista e as caracterizações caricatas são pensadas para dar esse grito, mas o gosto refinado com que elas são realizadas (um ultracolorido diferente do ultracolorido dos outros filmes de Almodóvar) o amortece. Não de todo — e seguramente não de modo desagradável. Ao contrário: os debruados das poltronas do avião e das roupas dos aeromoços compõem sempre visões relaxantes e doces ao olhar. Mas a unidade com que isso se mantém através do filme, invadindo ruas e casas de Madri, aonde a película desce através de telefonemas de passageiros que falam com amantes em terra (na parte que talvez seja a mais quente de um filme suavemente frio), não ajuda a produzir gargalhadas.

Estou em Curitiba, onde acabo de fazer show num teatro muito bom de acústica. Depois saí para jantar com os caras da banda. Na TV do restaurante (é muito comum hoje em dia restaurantes terem aparelhos de televisão nas salas) vi imagens de pneus sendo queimados em estradas, líderes do MTST e da Força Sindical dando entrevistas, reincidência de truculência da polícia carioca, nesta quinta-feira de greve geral. Os pensamentos que se esboçavam em minha mente diante dessas imagens me faziam lembrar da tese do escapismo do cinema diante de crises. Pensei em Almodóvar e no que senti diante do filme dele. Mas pensei no sucesso de *Minha mãe é uma peça*, filme muito mais engraçado do que o do meu amigo espanhol, que vem reafirmando a tendência do público brasileiro para fruir comédias. Terá tal tendência prefigurado uma crise que parecia não existir faz um mês? Que, na verdade, parecia impossível de eclodir? Nada no filme de Pedro me deixou triste. Não é um bom filme, mas, mais importante, não é um filme mau. É bondoso. Mas tudo me deixa alegre no filme de André Pellenz. As risadas espontâneas que ele provoca, o sucesso que faz, a surpresa que é ver Paulo Gustavo fazer uma mulher na telona e nunca o fato de ser um cara travestido se sobrepor à credibilidade das situações, mesmo as mais naturalistas. E Niterói! Que beleza ver Niterói tão poeticamente captada num filme! Fiquei emocionado e me lembrei de quando conheci Paulo Gustavo, por intermédio de Luana Piovani, atuando ao lado de Fábio Porchat. E, bem depois, de quando vi *Minha mãe é uma peça* ainda no teatro, aonde fui mais de uma vez com meu filho Tom, que era ainda bem pequenininho e adorava o espetáculo (hoje ele tem dezesseis anos: já foi ver o filme e me disse que gostou e achou engraçadaço). Tudo isso me enternece. Se é para escapar das preocupações que a pergunta sobre a entrada dos sindicatos e dos grupos sociais organizados na onda de protestos põe para os políticos, as novas cores de Almodóvar servem de calmante, mas as falas da mãe niteroiense (e de seus irresistíveis filhos, amigos, parentes, ex-marido e desafetos) nos arrancam da cadeira e nos sacodem (no sentido pernambucano da palavra) os grilos fora.

No caso Ecad, só digo que Fernando Brant, na reunião, sentou-se com conforto, ao lado da advogada que foi com ele, em posição central, com visão ampla de todos os que estavam na sala. Inverdade o que ele diz quanto a isso no texto que espalhou. Eu já disse isso a ele. Tendo agora a crer que a ida de minha turma a Brasília afina mais com o clamor das ruas do que contrasta com ele. Mas não quero tratar aqui de coisas complicadas. Só quero pensar em Paulo Gustavo, Niterói, Tom e o cinema que faz rir.

O Globo, 14/07/2013

ESQUEMAS

O filme de Woody Allen com Cate Blanchett DuBois é bom, como tantos dizem, mas tem uma dramaturgia meio engraçada. Nem Walcyr Carrasco escreveria a cena do encontro entre a Wall Street Blanche e o ex-marido da exageradamente contrastante irmã, na porta da joalheria em que ela vai comprar, ao lado do novo amante que representaria sua redenção, o anel de noivado. (Escrevo sem o cuidado de ocultar detalhes que revelam o desfecho da trama. É para quem já viu o filme. Quem não viu, pare por aqui, ou pule para os parágrafos finais, onde provavelmente estarei tratando de alguma outra coisa que não tem nada a ver com isso.) O ex-cunhado diz logo tudo o que destruiria o futuro casamento. É certo que ele tinha razões para querer vingança, mas a coincidência (assim como a da irmã que, em Nova Iorque por poucos dias, vê o marido de Blanche Blue Jasmine levar uma amante até a esquina e beijá-la na boca) surge forçada como nas mais descaradas novelas. Sou um antigo detrator do estilo de Allen. Quando ele era adorado, eu implicava com o que me parecia careta demais em sua visão de mundo. *Manhattan* não tem nem um preto; os punks de *Hannah e suas irmãs* são retratados como aberrações uniformemente fabricadas; há a piada sobre Dylan em *Annie Hall*; *Zelig* espelha todo tipo de gente, nunca mulheres ou bichas; maconha é anátema; a música popular morreu desde os Beatles, tal como para Paulo Francis ou Ruy Castro; Barcelona e as coisas da Espanha são como *Bananas*. Eu era contracultura tropicalista. Tenho muita saudade de Tereza Aragão — e sofro em dobro por não poder dizer-lhe que hoje amo os filmes de Allen.

Na verdade, mesmo à época eu tinha consciência de alimentar uma implicância. Afinal, eu próprio gosto da música do período pré-Beatles com o mesmo entusiasmo que o diretor; detesto maconha ou qualquer droga que mude minha percepção; considero Nova Iorque cidade minha, o lugar onde eu poderia viver fora do Brasil (se aguentasse os invernos). Comecei a gostar em *Radio Days*, que, no entanto, eu caracterizava, com alguma razão, como uma miniatura de *Amarcord*. Justo um filme que os antigos amantes de Allen não curtiram muito: era já o começo do desencanto do público americano com seu gênio. Hoje gosto de quase tudo de Allen na TV. E, ao contrário de muitos amigos meus de Nova Iorque, sou apaixonado por *Meia-noite em Paris*. Adoro *Tiros na Broadway* e já vi *Tudo pode dar certo* umas cinco vezes sem que em nenhuma delas pudesse conter as lágrimas ao ouvir a frase final dita por Larry David (ele diz, olhando para o espectador — isto é: para a câmera —, ser o único que vê a imagem inteira, na verdade "todo o filme", já que *picture* também significa "filme", sendo ali claramente frisada essa acepção da expressão inglesa corrente "*see the whole picture*"). E revejo com prazer qualquer uma das comédias que fazia questão de desprezar décadas atrás.

Os dramas são mais difíceis de engolir. Allen ele próprio diz que seu melhor trabalho é *Match Point*. Que me parece uma refilmagem de *Crimes and Misdemeanors*, um cinedrama de ideias, ou de tese, em que, como disse Pauline Kael, ele quer "nos ensinar não apenas o que já sabemos mas também o que já rejeitamos". E com todas aquelas alusões a *Crime e castigo*. *Interiores* parece um congresso de antílopes, com todos sempre de bege. Mas, vamos lá, não são ruins de todo. E neste agora Cate Blanchett é tão bonita e tão naturalmente inteligente que quase tudo ganha profundidade. Mas eu fui um espectador incômodo, rindo em momentos sem intenção de comédia. É que o esquematismo é uma licença do cômico: no drama, pode bater forte demais em nossa credulidade. De todo modo, não atribuo exclusivamente a Cate os méritos citados: o diretor ama as mulheres e sabe filmá-las de modo a revelar-lhes os mais intensos encantos. Sérgio Mallandro, que também ama as mulheres, reconheceu o esquematismo do filme, mas o redimiu à sua maneira dizendo que ele traz a mensagem "O caguete tem que se foder". "Ela",

Jasmine, "estava toda feliz naquela vida de rica. Foi dedurar o marido, terminou falando sozinha no banco da praça."

O *Globo* botou que o ministro Gilmar Mendes contou casos judiciais de biografias vs privacidade na Alemanha, mas não transcreveu nenhum. Qualquer complexificação do tema causa alergia em jornalistas e editores. Tudo tem de ser mais forçado que as viradas de Allen. Bem, ele é o mais oscarizado dos roteiristas. A biografia de Hal e a história das biografias no Brasil são tratadas com mão pesada.[15] Sou um ser estranho. Gosto da imprensa livre do Brasil e dos filmes de Allen. Mesmo não podendo conter o riso diante do que é inconvincente.

O Globo, 01/12/2013

QUENTE E FRIO

Não posso deixar de registrar aqui meu mal-estar ao ler o minieditorial do *Globo* festejando a condenação de Rafael Braga Vieira. É no mínimo motivo para perguntas óbvias o fato de ser um preto sem-teto o primeiro condenado (a cinco anos em regime fechado) das manifestações de junho no Rio. Não julgo a decisão judicial, mas o contraste perfeito com a autodefinição dos Racionais MC's, "contrariando a estatística", grita por si. Rafael está antes confirmando a estatística. Quando toda a imprensa celebra as penas do mensalão — que mostram aos brasileiros que engravatados também podem ser presos —, a única condenação por ação perigosa nas ruas de junho ser a de um preto pobre parece piada macabra.[16]

Ver *Azul é a cor mais quente* no Leblon 2 teve um gosto de quando a gente via filmes franceses no cinema e os achava muito melhores do que os americanos. Nessa época, ouvi, em momento adequado, o comentário de um amigo poeta: "Cinema é uma abreviatura de cinema americano" (isso está em *O cinema falado*). Ele comentava com humor e liberdade sua despreocupação com o cinema como arte de altas pretensões e, ao mesmo tempo, explicava o renascimento crítico de Hollywood (justamente exercido na França da *Cahiers du Cinéma*, de Truffaut, Godard e cia.) e o reconhecimento estético do pop rock ("um folclore urbano e internacional"). Mas ter respirado ares europeus (de Bergman a Godard, de Buñuel a Fellini) tinha contribuído para que nós outros, amantes do cinema como forma artística, tivéssemos chegado a entender poetas como ele. Pois bem, o filme de Abdellatif Kechiche faz a gente gostar de filme francês artístico como na primeira metade dos anos 1960. Dá para ver qualidade e sentir interesse em áreas consideravelmente distantes de Hollywood. O filme dura três horas e não tem vazios de concentração. As cenas de sexo são detalhistas e excitantes, oscilando entre o cinema pornô e *Carne trêmula* ou *A Última Ceia*, mas realmente parecendo ser algo um milímetro além de tudo isso. Lembro que em *A Última Ceia* a gente ficava entediado com a cena de sexo. Aqui, apesar de as três principais sequências de transa parecerem clipes, como em geral acontece (com pouca clareza quanto ao crescendo do prazer: quem leva quem a o quê, como etc., a montagem — hoje sempre chamada de "edição" — sendo menos narrativa do que eu exigiria), elas, as cenas, não parecem parar o filme e, mais importante, não o deixam menos quente quando desaparecem. Não que nos sintamos aliviados (eu amei tanto Adèle, que eu não conhecia, quanto Léa, que eu já adorava da Paris de Woody Allen: não tive nem um segundo de enfado com o sexo entre elas, ao contrário!, mesmo que percebesse alguns clichês e algum esteticismo postiço), mas o interesse não cai quando vamos para a escola onde a moça, agora adulta, ensina, ou para as conversas sobre artistas que sua amante pintora entretém com seus amigos, deixando Adèle meio de fora. Aliás, antes de elas transarem, a conversa sobre Sartre surge para coroar meu devaneio de volta à juventude: tudo muito bem lembrado, e dito — como o mais nesse filme — de modo extraordinariamente espontâneo pelas atrizes. Boa fala sobre Francis Ponge (quem o lembra hoje?). Pena serem inconvincentes a arte de Emma e o retrato do mercado de arte. Divino que Léa lembre Cássia Eller.

O que arrebentou com a graça do filme e fez de suas três horas um suplício paralelo foi a temperatura do Cine Leblon. Quem regula esses aparelhos de ar condicionado cafonas dos cinemas? Na saída, com os pés gelados e o lábio partido, falei com o funcionário que observava a saída dos espectadores, pedindo a ele que levasse minha queixa a alguém responsável pela gerência do cinema. Ele assentia com cara de quem diz "okay, velho chato, acaba logo de falar, não vou dizer nada a ninguém!". Mas sei que ele vai falar. Ao contar a colegas que alguém foi tão chato, ele levará a mensagem e a palavra circulará. Precisamos deixar de ser tão bregas. E, a sério, é um risco para a saúde. É um horror social. Vejo a complacência com que milhares de pessoas vão ao cinema de casaco em pleno verão e respeitam o quanto--mais-frio-melhor, contribuir para o caldo de cultura que, no limite, leva *O Globo* a saudar, sem segundos pensamentos, a prisão de Rafael Braga Vieira. Um articulista de direita disse que sou de esquerda. Ri. Amigos meus chiam de minhas inclinações liberais em economia, minhas reticências sobre as cotas, meu ceticismo quanto à fantasia brasileira de que "o governo" deve resolver tudo na nossa vida. Fiquei com a garganta mal por causa do ar do cinema. Falo de raivas nascidas de fatos mínimos que apontam para males maiores.

O Globo, 15/12/2013

SUPERSTIÇÃO

Vi *A grande beleza* numa "sala de arte" da Universidade Federal da Bahia e fiquei quase o tempo todo emocionado com as imagens de Roma e a língua italiana ecoando no cinema. Era como retomar a minha vida. Vi *La dolce vita* umas dez vezes no Cine Tupy, na Baixa do Sapateiro, quando eu mal tinha me mudado de Santo Amaro para Salvador. Anos depois, ouvindo de Bernardo Bertolucci, em Londres, que a língua italiana não era apropriada para o cinema, reagi quase indignado: ouvir pessoas falando italiano num filme fazia com que as imagens ficassem visualmente mais bonitas e o ritmo de seu fluxo, mais interessante. Hoje encontro vários jovens para quem as imagens e situações cinematográficas perdem todo o sentido se não vêm acompanhadas da língua inglesa. Eu próprio às vezes me surpreendi estranhando sequências fílmicas só porque os atores falavam russo ou parse. Mesmo o francês e o italiano, tão frequentes nos filmes que vi em minha juventude, já chegaram, em tempos mais recentes, a retirar a credibilidade das histórias que as imagens tentavam contar. Às vezes, diante da TV ligada no Telecine Cult, me vi estranhando cenas só por não serem acompanhadas dos sons da língua dos cinco olhos. Quase me identifiquei com o americano médio, que não consegue ver filmes legendados. E agora quase digo que é felizmente que, embora fale inglês, não acho fácil entender o inglês falado. Vi filmes franceses e italianos (além, é claro, de russos, gregos, turcos, iranianos, chineses, coreanos e japoneses — além de pelo menos um tailandês) nos últimos anos. Mas a frequência (e a competência em manter fórmulas eficientes) do cinema de Hollywood tem dominado tanto que sempre foi com algum estranhamento que os absorvi.

A grande beleza me trouxe de volta ao prazer imediato do filme falado em italiano. Me lembro de amar as falas nos filmes de Fellini, mesmo dubladas (há uma cena em *O cinema falado* na qual faço Dedé dizer que aquilo é "tudo fora de sinc, mas tem magia", algo assim). A semelhança buscada e conseguida por Paolo Sorrentino com o mundo felliniano (freiras onipresentes, cardeais mundanos que frustram expectativas de orientação espiritual do protagonista, santos grotescos mas reais e festas de aristocratas e burgueses entediados) proporcionou uma verdadeira atualização da experiência de assistir a um novo filme de Fellini, mantendo toda a atmosfera daqueles que o mestre criou a partir dos anos 1950 do século passado, só que com smartphones, Instagram e música eletrônica. Talvez eu não tenha conseguido gostar da fala final do protagonista, mas o tom de comédia melancólica, de farsa amarga, e a cor das paredes de Roma me trouxeram de volta ao encantamento de seguir diálogos em italiano com todo o coração.

E é mais do que significativo que isso me tenha acontecido estando eu na Bahia.

Meus dezoito anos. Um futuro para além de Hollywood e dos então apenas intuídos cinco olhos (eis um tema atual que me obsessiona). Um eco do neorrealismo visto em Santo Amaro. Um amor intenso pela imagem em movimento embalada pelos sons. Não se pode imaginar o quanto sentir renascer tudo isso em mim é importante. Salvador parece que foi destruída. Prédios feios e crack. Violência e vulgaridade. Mas não: ouvi as palavras italianas com sotaque napolitano e romano adornando imagens misteriosas e a esperança se renovou. O filme parece aquele gafanhotinho verde que pousou em mim no Carnaval de 1972, quando voltei do exílio — e que tanto desgostou Roberto Schwarz. Sou incapaz de perceber como kitsch o episódio de *Verdade tropical*. E a visão do filme de Sorrentino me apareceu como um momento semelhante àquele. O que espero? O que quero com tudo isso? Com tantas canções feitas às pressas — exatamente como nosso grande mestre Dorival Caymmi desaconselhava que se fizesse — e tanto pensamento desorganizado? O que quero dizer? O que as forças que me interessam serão capazes de fazer surgir no mundo? Quão ridícula é minha superstição?

Acho que *O som ao redor* é um filme superior a *A grande beleza*. Mas só sei que, se ele fosse reconhecido na realidade do mainstream do cinema mundial (Oscar etc.), algo do que sonho estaria pondo a cabeça de fora. E só continuo sonhando assim porque vejo gafanhotinhos e um filme como *A grande beleza* em plena Bahia. Um dia desses, vou me sentar, parar para pensar e escrever longamente sobre o que está por trás do que estou querendo dizer aqui. Tenho que ter muita paciência comigo mesmo (sem falar nos malucos que escrevem na internet). Ter visto esse filme aqui agora (apesar do ar-condicionado criminoso) me leva até este estágio.

O Globo, 26/01/2014

O POEMA DOS GÊNEROS
E A VERDADE ESTÉTICA DE *BOI NEON*

Boi Neon é um belo filme feito no Brasil. Principalmente por ele e por *O som ao redor* (mas não só), o cinema de Pernambuco é uma das forças profundas que mantêm o país de pé. Todas as imagens do filme de Gabriel Mascaro são de uma beleza extraordinária e se sucedem num ritmo que lhes dá sempre maior sentido compositivo e emocional. A fotografia de Diego García é fundamental para que essa beleza se materialize. Mas o entrosamento da concepção e direção do filme com sua expressão plástica revela o essencial do que seja a feitura de uma grande obra.

O modo como o gado é filmado já mostra intensidade de poesia desde o plano de abertura. A intimidade com que as cenas são captadas, os diálogos, as caracterizações trazem para o espectador a verdade do ambiente em que a quase não história se passa. É um Nordeste brasileiro rural em que a cultura urbana que domina o mundo tem modos especiais de penetrar. A tinta fosforescente sobre a pele do animal que dá título ao filme é a síntese da estranha naturalidade com que se dá esse encontro de mundos.

O ambiente das vaquejadas, com sua mescla de crueldade e arcaísmo inocente, é o lugar perfeito para captar a densidade dessas misturas de perspectivas. Tem-se mesmo a impressão de que quem escreveu e dirigiu o filme tem familiaridade com aquele universo — ou o estudou tão meticulosamente que acabou por abrir-lhe sua alma.

O lento poema sobre o masculino e o feminino que o filme vai revelando ser ampara-se na miraculosa concentração dos atores profissionais e amadores que foram escolhidos ou encontrados.

A firme masculinidade de Juliano Cazarré, todo o erotismo que emana de seu corpo, de sua voz, de cada mínimo movimento seu, nunca parece uma característica exibida: é sempre o meio incontornável de a pureza d'alma do personagem manifestar-se.

Maeve Jinkings, que em *O som ao redor* é uma exuberantemente sexuada mãe de família, aqui apresenta uma sobriedade interpretativa que, apesar do aparente contraste com os cabelos oxigenados que exibe e com as cenas de dança e de sexo que protagoniza, não sugere contenção deliberada, mas expressão de um temperamento sóbrio.

Pelo modo como esses dois atores são aproveitados, pode-se medir a inspiração do autor e diretor, que estende sua sensibilidade por toda a paisagem física e humana que retrata. A verdade estética das imagens, dos sons e das personalidades que se apresentam é tão intensa que o espectador não é levado a pensar que as situações insólitas que presencia foram concebidas de antemão e só no set de filmagem ganharam credibilidade surpreendente. Não. O espectador, ao contrário, sente como se aquelas coisas todas tivessem acontecido, e o cineasta tivesse sido irresistivelmente arrebatado por elas — e tivesse de registrá-las.

Um vaqueiro másculo e rude que viaja com uma trupe de rodeios precários e cruéis é atraído por tudo o que se liga ao mundo da moda, da criação de roupas femininas: ele desenha, sobre fotos de mulheres nuas na *Playboy* (a cuja nudez ele não dá nenhuma importância, zombando dos colegas que se masturbam olhando para elas), modelos que serão usados pela moça loura, feminina e singela, que dirige o caminhão no qual ele segue junto a colegas de trabalho.

Essa loura atua num espetáculo paralelo às vaquejadas, usando modelos desenhados pelo vaqueiro, e também trata da parte mecânica do veículo com naturalidade. Tem uma filha de cerca de dez anos que gosta de cavalos e quer usar botas. Por causa de uma tentativa de tirar proveito de um leilão de éguas, vê-se o vaqueiro, com a ajuda de um dos companheiros, masturbar um cavalo até que este ejacule.

Finalmente, uma jovem grávida que vem divulgar a venda de um perfume (em pleno momento da vaquejada) termina por levar o vaqueiro a uma fábrica de tecidos, onde ela à noite trabalha, armada, como segurança.

Tudo poderia parecer uma fábula artificiosa sobre troca de papéis de gênero. Mas são os atores e os personagens, a geografia e a vida real do Nordeste brasileiro que levam o autor às situações que descreve — e que não tem como não descrever. É como na criação de um poema: algo se impõe a quem o compõe.

Num dado momento, pelo meio do filme, os viajantes topam com um artista que pinta sobre as grandes pedras do Semiárido. Numa delas, uma onda que não é de todo diferente das ondas de Kanagawa. Ao lado dessa, uma outra, em que se lê TROPICAOS. A referência pode ser ao coletivo de pernambucanos em São Paulo, Calefação Tropicaos, que promove eventos. Mas não se pode deixar de pensar em Rogério Duarte (1939-2016) e em seu livro que tem *Tropicaos* como título.

Nele se reúne o que restou de sua obra literária (ele queimou o essencial durante a ditadura militar) e observações sobre sua participação no tropicalismo. Toda uma crítica da vida brasileira — e da redução do movimento a seu aspecto de indústria cultural — condensa-se nessa palavra que reaparece pintada na pedra à beira da estrada por que passa a trupe de *Boi Neon*.

Para mim, crítico bissexto (e bissexual), que vi o filme no Cine Glauber Rocha em Salvador, essa visão da pedra crítica dá a dimensão do sentido amplo dessa obra cinematográfica peculiar.

Há uma sociologia minuciosa, expressa em tom de ficção naturalista, que serve de véu através do qual se vê o poema dos gêneros e da proximidade entre a vida animal e os humanos que, entre fezes bovinas e esperma equino, buscam a ascensão social mas também o sublime. Mostrando isso, o filme é que o alcança.

Folha de S.Paulo, 22/05/2016.
Texto originalmente escrito para publicação na imprensa americana
durante o período em que o filme esteve em exibição nos Estados Unidos

NELSON PEREIRA DOS SANTOS

Quando Nelson Pereira dos Santos foi à Bahia para filmar *Vidas secas*, choveu no sertão e as filmagens tiveram de ser adiadas. Para não perder o dinheiro gasto e a equipe já em campo, Nelson resolveu fazer um filme com história escrita por ele mesmo — e atuar como protagonista. O filme se chama *Mandacaru vermelho* e é uma obra menor do grande cineasta. Mas, vendo o filme em Salvador, fiquei surpreso de ver como ele era bonito. Nelson tinha trazido para o cinema brasileiro um núcleo que lhe faltava. Tínhamos chanchadas e Vera Cruz: sucesso da bagunça e esforço de respeitabilidade. *Rio, 40 graus* abriu um espaço diferente. Tínhamos força própria. "A voz do morro" ecoa ainda hoje o que significou aquilo. *Rio Zona Norte*, com Ângela Maria fazendo uma aparição no backstage da Rádio Nacional, confirmou. Eu conhecia o nome de Nelson ligado a essas conquistas que tornaram possível a realidade ainda mal avaliada do Cinema Novo. Vê-lo como um rapaz bonito na tela era fascinante. Depois veio *Vidas secas*, com o rosto inesquecível de Maria Ribeiro, a harmonia entre as imagens, o som do carro de boi como música na cena da morte da cadela Baleia. Mais bonito do que o livro de Graciliano em que se baseou. Isso já era Cinema Novo feito por quem o fizera viável. Depois vieram coisas fortes. O meu preferido é *Memórias do cárcere*, um dos melhores filmes já feitos no Brasil. Nelson Pereira dos Santos é um dos construtores deste país. A obra dele e sua memória hão de seguir sustentando os alicerces.

Post no Facebook, 21/04/2018

BERNARDO BERTOLUCCI

Tenho orgulho de ter tido proximidade, mesmo amizade, com Bertolucci. Uma das maiores figuras do cinema italiano de todos os tempos e uma pessoa que transmitia muita alegria no trato pessoal. Vi *O conformista* em Londres, na BBC 2. O filme ainda era novo. Como todo mundo que gosta de cinema, fiquei impressionado. Depois entrei de volta num Brasil em que *O último tango em Paris* estava proibido e assim ficou por mais de ano. Vi quando liberaram. Nem gostei tanto do filme. Tinha muito lençol sobre os móveis. Mas a presença de Marlon Brando era forte. Especial. Maria Schneider, apaixonante. E o filme furou a superfície da bolha que blindava o erótico contra o pornô. *O imperador* que ganhou o Oscar é bacana. Mas meu filme preferido do Bertolucci maduro é *Assédio*, que, além de ter aquele roteiro lindo de Clare, mulher de Bernardo, tem uma construção visual divina que leva a gente de um buraco num sobrado e aos poucos vai deixando ver que estamos na margem da escadaria da praça de Espanha. Roma vai se revelando das tripas para fora. E o negro africano que toca um instrumento nativo sob uma árvore. Uma vez, na casa de Bernardo e Clare em Notting Hill Gate, Londres, ele me disse que a língua italiana não era boa para o cinema. O inglês seria mais congenial. Discordei aos berros: para mim, eu disse, basta que os personagens falem italiano para as imagens se valorizarem visualmente. Ele riu. No meu preferido *Assédio*, as pessoas falam inglês e italiano. As duas línguas com que nos comunicávamos. Aprendi com ele que a palavra "viado" passara a significar "travesti" em italiano popular por causa da alta frequência de travestis brasileiros em Milão. Bertolucci me apareceu ainda jovem, no Teatro Tereza Rachel, apresentado por amigos comuns, e tornou-se uma referência pessoal na minha Europa. Sinto saudade dele.

Post no Facebook, 29/11/2018

DOR E GLÓRIA

Dor e glória, o novo filme de Almodóvar, me fez chorar muitas vezes em Salvador, no Cine Glauber Rocha, na praça Castro Alves. Antonio Banderas está divino. E o filme se conecta com *A lei do desejo*, filme em que ele apareceu, jovem, apaixonado por um cineasta gay. Neste de agora, ele é o cineasta. Já maduro, com dores lombares e inapetência criativa. Tudo é de grande beleza. Um filme denso e ao mesmo tempo livre da moda chiaroscuro das séries ditas excelentes, dos filmes novos e até das telenovelas. Densidade às claras. Não apenas "cores de Almodóvar", que também são. Jogo delicado e complicado de metalinguagem, o filme, calmamente, nos arrebata a todo momento: com um engasgo do personagem; com uma gota de "A noite do meu bem" de Dolores Duran cantada em espanhol por Chavela Vargas; com a reconstrução do que teria sido o Primeiro Desejo do menino, futuro cineasta, frente ao corpo de um jovem pintor de parede pasoliniano; com a mãe Penélope Cruz jovem e a velha mãe Julieta Serrano ouvindo e repetindo "covas" ou resmungando ante um "não gosto". Um filme que dá vontade de voltar ao cinema algumas vezes para rever. As lembranças são vivências de agora e ficam na lembrança pedindo para serem revisitadas.

Post no Facebook e no Instagram, 22/06/2019

ANNA KARINA

Muitas pessoas que amo e admiro morreram. Isso acontece o tempo todo. Quando a gente fica mais velho, o ritmo acelera. Normal. Sou de uma geração que teve motivos para supor que viu mais amigos, amantes e ídolos morrerem ao longo da juventude do que acontece geralmente. Drogas, prisões, aids. Mas deve ser ilusão. Outras viram guerras, desastres econômicos, e, em regiões delimitadas, secas, enchentes, terremotos. Escrevo raros posts aqui. Obituários são frequentes. Normal. Mas Anna Karina morrer é demais para mim. Suponho que para a maioria das pessoas que leem posts em redes sociais ela não seja ninguém. Para mim, Anna Karina é uma das mais fortes maravilhas das telas de cinema. Eu a encontrei uma vez: a produtora Liège Monteiro e o cineasta Neville D'Almeida me apresentaram a ela aqui no Rio. E fiquei muito emocionado ao vê-la de perto. Mas a notícia de que aquela moça de *O demônio das onze horas*, de *Viver a vida*, de *Uma mulher é uma mulher* — o encantamento mais intenso do fim de minha adolescência — morreu me fez sentir (até hoje só tinha pensado, mas agora é visceral) a necessidade de fechar para balanço. Fui ver Henrique Vieira no Carlos Gomes, conversei com familiares e amigos, mas eu não estava aí. Estava sozinho dentro de mim mesmo, chorando e sabendo que tenho que pesar as coisas da minha vida de outro modo.

Post no Facebook e no Instagram, 16/12/2019

CACÁ DIEGUES

Cacá Diegues é uma das grandes figuras da história do Brasil de minha formação. Tendo sido um dos pioneiros do Cinema Novo, ele nunca deixou de crer no que o levou a isso. No tempo da ditadura, ele estava na Europa e me levou, em Paris, a ver um filme que segue sendo um dos que mais amo, *Matou a família e foi ao cinema*, de Julinho Bressane, peça da fase inaugural do pós-Cinema Novo, e, de volta ao Brasil da abertura, fez *Xica da Silva*, um dos encontros mais intensos entre a arte que os intelectuais cinemanovistas ambicionavam fazer e o público que alimenta a indústria cultural. *Bye Bye Brasil* encontra a aprovação dos pensantes e se mostra fascinante aos olhos estrangeiros, o que faz de cada gringo um Elia Kazan, gênio hollywoodiano que amava Cacá desde *Os herdeiros* (e em cujo quarto de hotel parisiense Cacá viu foto de Joseph Losey, ex-amigo que Kazan tinha dedurado ao macarthismo e refugiara-se em Londres produzindo obras finas). Quando, convidado a prestar homenagem a Almodóvar na Cinemateca Francesa, cantei para uma plateia em que estava Jeanne Moreau, esta me disse, no final, com lágrimas nos olhos, que *Joana, a Francesa* era um dos filmes que mais gostara de ter feito, que ela seria para sempre grata a Cacá. Eu, que não tinha gostado muito do filme quando ele foi lançado mas tinha, numa revisão televisiva casual, ficado surpreso com sua capacidade de crescer com o tempo, senti lágrimas virem aos meus. Cacá fez oitenta anos. Tenho orgulho de que no Brasil haja alguém obstinado a ponto de, ao contrário do que a preguiça dita, nos levar a insistir seja qual for a aparência da derrota e da desesperança.

Post no Facebook e no Instagram, 21/05/2020

GODARD

Godard foi quem me deu a perspectiva pop que possibilitou o tropicalismo. Duda Machado me alertou para o cinema dele, eu vi *Acossado* e isso significou mudança de paradigma.

Amo muito muitos dos seus filmes e sempre seu modo de pensar e fazer o cinema, mesmo nos filmes menos belos em si. Sem ele não haveria "Alegria, alegria", "Tropicália", "Luz do sol" ou "Nine out of Ten".

Briguei com Sarney, Roberto Carlos e Celso Furtado por causa da abominável censura a *Je Vous Salue, Marie*. Godard é um dos maiores artistas do século XX. Ele fez Hollywood e Bergman significarem outras coisas.

Por ele, vi o que vi em *Terra em transe* e me identifiquei com Sganzerla e Bressane. Ele mudou minha cabeça e minha música, mais do que os Beatles ou Hendrix.

Post no Twitter e no Instagram, 13/09/2022

ENCARTES

TROPICÁLIA OU PANIS ET CIRCENCIS

SEQUÊNCIA 5
CENA 3

Interior, noite. Palco mal iluminado de teatro vazio. A câmera descreve um travelling lento partindo do fundo da plateia até close do ator que se encontra ao centro do palco. Os personagens estão vestindo blue jeans e camisas cáqui. Vão falando à medida que a câmera se aproxima.

GIL: Está encerrada a sessão.
Moisés, Charles Starrett, Átila (Rei dos Hunos), Joan Crawford ("The Woman Who Loved Johnny Guitar", cf.: La Chinoise), *Anne Frank & Roberto Campos em coro: o Brasil é o país do futuro.*

CAETANO: Esse gênero está caindo de moda.

CAPINAN: No Brasil e lá fora: nem ideologia, nem futuro.

TORQUATO: Bacana. Está ótimo. Pode apagar.

Corta.

SEQUÊNCIA 5
CENA 4

Exterior, dia. Céu de cinema russo (ou americano). Plano geral. Personagens discutem entre si, mas, como estão de pé sobre uma balaustrada, os populares pensam tratar-se de um comício.

TORQUATO: Será que o Câmara Cascudo vai pensar que nós estamos querendo dizer que bumba meu boi e iê-iê-iê são a mesma dança?

GAL: Eu trouxe o SuperBoy bi, a Luluzinha, o Carinho, o Tio Patinhas, o Zé Carioca...

O POVO: Queremos uma vitrola enxovalhada, uma vitrola enxovalhada, uma vitrola enxovalhada...

SEQUÊNCIA 5
CENA 5

Exterior, dia cinzento. O maestro Rogério Duprat no alto de uma torre de TV. Ao fundo a cidade de São Paulo.

ROGÉRIO DUPRAT: A música não existe mais. Entretanto, sinto que é necessário criar algo novo. Ou melhor, sei que alguma coisa nova se cria e a partir daí o resto não me interessa. Já não me interessa o municipal, nem a queda do municipal, nem a destruição do municipal. Mas e vocês, mal saídos do calor do borralho, vocês baianos, terão coragem de procurar comigo? Terão coragem de fuçar o chão do real? Como receberão a notícia de que um disco é feito pra vender? Com que olhos verão um jovem paulista nascido à época de Celly Campello e que desconhece Aracy & Caymmi & Cia.? Terão coragem de reconhecer que esse mesmo jovem pode ter muito que lhe ensinar? (*pausa*) Sabem vocês o risco que correm? Sabem que podem ganhar muito dinheiro com isso? Terão coragem de ganhar muito dinheiro? Terão mesmo coragem de saber que só desvencilhando-se do conhecimento atual que têm das formas puras do passado é que poderão reencontrá-las em sua verdade mais profunda?

Por acaso entendem alguma coisa do que estou dizendo? Baianos, respondam.

A noite cai, repentinamente. Zoom. Silhueta do maestro agarrado à torre de TV. Acende-se a luz vermelha no alto da torre. Ouve-se uma voz ao longe, em resposta ao chamado do maestro.

ADROALDO RIBEIRO COSTA: (*voz off, longínqua*) Enquanto nós cantar-
mos, haverá Brasil.

Corta.

SEQUÊNCIA 5
CENA 6

Interior, noite. Parede azul, os personagens entram em campo, um a um.
Dizem suas falas e saem em seguida.

TORQUATO: Pode dizer palavrão?

CAETANO: Vocês são contra ou a favor do transplante de coração
materno?

SEQUÊNCIA 5
CENA 7

Exterior, dia de sol. Nara e os Mutantes passeiam de mãos dadas e pés
descalços na areia. Todos os cabelos voam ao vento. Praia de Ipanema.

NARA: Pois é... e Ernesto Nazareth e Chiquinha Gonzaga...
e Pixinguinha...

OS MUTANTES: Pois é... e os Jeffersons Airplane e os Mamas&Pa-
pas... e...

NARA: Pois é... e se pessoas se perdem nas ruas e não sabem
ler e consultam consultórios sentimentais e querem
ser Miss Brasil... e se perdem...

OS MUTANTES: E aquela distorção dá a ideia de que a guitarra tem
um som contínuo... e até a boutique dos Beatles se
chama a maçã...

NARA: Pois é... falaram tanto...

Corta.

SEQUÊNCIA 5
CENA 8

Interior, noite. Tom Zé, sozinho no quarto, lendo a antologia Noigandres. Papéis com anotações espalhados. Ele para de ler, anota algumas coisas num papel. Para um instante. Volta a ler. Fecha o livro e fica pensando. Câmera corrige e aproxima-se do seu rosto. Close de Tom Zé.

Corta.

SEQUÊNCIA 5
CENA 9

Interior, noite. Exterior, dia. Estúdio de gravação. Nara, Gal, Gil, Caetano, Torquato, Capinan e os Mutantes, frente ao microfone, obedecem ao maestro Rogério Duprat. Uníssono.

TODOS: As coisas estão no mundo, só que é preciso aprender.

Corta.

SEQUÊNCIA 5
CENA 10

Interior, dia. Sala de uma casa em New Jersey. Plano americano, câmera imóvel. João Gilberto e Augusto de Campos sentados.

AUGUSTO: E o que é que eu digo a eles?

JOÃO: Diga que eu estou daqui olhando pra eles.

Encarte do álbum *Tropicalia ou Panis et Circencis*,
Rio de Janeiro: Philips, 1968 (texto não assinado,
mas de autoria de Caetano Veloso)

OMAGGIO A FEDERICO E GIULIETTA

Eu estava em Nova Iorque mixando *Circuladô* quando recebi a carta de Maddalena Fellini me sugerindo, em nome da Fondazione Fellini, que eu fizesse uma apresentação em Rimini em homenagem a Federico e Giulietta. A irmã de Federico me contava que Giulietta chegara a conhecer a canção que eu escrevera sobre ela e que ficara tocada. Maddalena deplorava (quase tanto quanto eu) que o casal tivesse morrido sem que um encontro pessoal nos tivesse sido concedido pelo acaso, o destino, Deus, os deuses. Ela tinha lido minhas declarações à imprensa italiana de amor à poesia do cinema de Masina-Fellini. Amor que se destacava como algo especial dentro da minha admiração pelo cinema italiano dos anos 1940, 1950 e 1960. O fato de isso encontrar resposta no misterioso amor de alguns italianos famosos e anônimos pela minha música levou-a a considerar a oportunidade de um tal concerto. A carta me arrebatou.

No dia em que finalmente cheguei a Rimini para cantar, minha voz apresentou um tipo de problema que eu até então desconhecia: bem no fundo da laringe, algo quase me impedia de emitir qualquer som, embora os sons que, com um incômodo sem dor, eu conseguia produzir saíssem consideravelmente límpidos. De modo que o controle da afinação e sobretudo das intensidades me limitava exasperantemente. Estava frio e úmido em Rimini, mas havia também uma emoção grande demais em mim. Essa emoção envolvia tristeza, orgulho exaltado e vagos medos ligados ao sentido da minha vida.

O show que tínhamos preparado já me aproximava de uma atmosfera mágica e, tanto nos ensaios quanto na hora de nos apresentarmos, o grau de inspiração dos músicos me enternecia e me assombrava. Eles me pareciam beatificados.

Eu sabia que ia cantar "Giulietta Masina" e, portanto, "Cajuína" e "Lua, lua, lua, lua". Estava certo de cantar "Trilhos urbanos" também, pois era preciso pôr tudo na perspectiva de minha meninice em Santo Amaro, onde eu vi os filmes de Fellini pela primeira vez e de onde me vem esse sentimento de recuperação metafísica do tempo perdido que é semelhante ao sentimento que percebo nesses filmes.

Pensei em cantar o tema do palhaço de *La dolce vita* e, obviamente, "Gelsomina", sem letra. Alguém me conseguiu o disco de Katina Ranieri cantando os temas fellinianos de Nino Rota com letras adicionadas a eles por autores italianos. Mas eu queria manter o clima metafísico do palhaço na noite de Marcello com o pai e decidi ater-me apenas à melodia. Mesmo assim, o desejo de combinar os sons do meu português santamarense com as notas de Rota me levou a escrever uma letra da qual terminei gostando muito. O difícil título ficou "Que não se vê", embora eu cante uma estrofe do "Come tu mi vuoi" de Amurri e outra da "Gelsomina" de Galdieri.

Em *Noites de Cabíria*, Rota aproximou-se mais do que nunca da canção napolitana dos sons do sul na quase canção "Li arì li irà". Então eu aproximei *Cabíria* da "Luna rossa", a canção napolitana que mais me comoveu na adolescência. E é sempre a mesma lua-luna, a faculdade de Coimbra, a voz da Lua.

Eu não poderia deixar de cantar "Chega de saudade", que foi tão fundamental na formação da minha sensibilidade quanto *La strada*. E que é a canção-emblema da música popular brasileira moderna. No show, nós a apresentamos de forma talvez demasiado ligeira (nos dois ou três sentidos), como que confirmando a irônica ternura com que olhamos aqueles que procuram os brasileiros em busca de alegria.

O ouvinte do disco é poupado, com este texto, das longas falações a que me entreguei durante a apresentação. Eu estava tão emocionado e tão imbuído do senso de importância do evento que não tive vergonha de às vezes falar por nove minutos entre uma canção e outra. Em mau italiano e com a garganta ameaçada.

Antes de cantar "Nada", eu contei a história do "faquir Eli". Esse "faquir" apareceu em Santo Amaro para jejuar em espetáculo por 25, trinta ou quarenta dias, não lembro mais, e instalou-se numa loja desocupada no beco do Lactário, o qual saía da rua do Amparo em frente à minha casa. O faquir Eli tinha apenas um companheiro que parecia servir-lhe de empresário, assistente e mestre de cerimônias. Esse companheiro falava por um microfone renovando os anúncios do jejum e tocava sua seleção de discos. Era fascinante e melancólico ouvir nas tardes quentes e letárgicas de Santo Amaro as vozes de Chico Alves e Dalva de Oliveira cantando "Tristeza marina". Havia uma gravação que também se repetia muito, era o tango "Nada" vertido para o português por Ademar Muharran e transformado em samba por Waldemar Reis. Enquanto o faquir jazia dentro da urna de vidro sem tampa, a palavra "nada" ecoava pelas ruas. Foi também do alto-falante do faquir Eli que me vieram as notas meio exóticas, meio nostálgicas do "Num mercado persa", de Ketelbey. Isso foi no início dos anos 1950. Quando *La strada* passou, eu encontrei não sei quê de parecença entre o tema de "Gelsomina" e o "Mercado persa". E lembrei do faquir e da atmosfera de espetáculo popular ingênuo e das músicas na tarde. O "Nada", de Waldemar Reis, ficou fundamente ligado a *La strada* de Fellini dentro de mim. Quando, alguns anos depois, vi *Noites de Cabíria*, estremeci ao ouvir o "Mercado persa" na cena de Giulietta com o hipnotizador.

Por isso é que o "Mercado" introduz "Coimbra" — que vai fechar o espetáculo com a palavra "saudade", que é a palavra-emblema da língua portuguesa e é o nome do que eu sentia (e sinto) em relação a Federico e Giulietta, uma saudade infinita por nunca tê-los visto em pessoa, por ter conversado com eles (muitas vezes) apenas em sonhos. "Coimbra" que, por sua vez, sempre ouvi por trás dos temas cromáticos de Rota e que afinal apareceu numa cena de *Il bidone*.

A parecença entre o tema de *Amarcord* e a segunda parte do "Coração materno" talvez se deva ao mesmo gesto de fazer pastiches de árias de ópera que o melodramático Vicente Celestino compartilha com Rota (ou com o músico popular que aparece tocando acordeom no filme). Quando, no show, expliquei as razões para cantar o "Coração materno", Tonino Guerra, o roteirista dos últimos filmes de Fellini (e de quase todos os de Antonioni), exultou com minha afirmação de que "Coração materno" (reaproveitamento de um velho conto popular no qual um jovem enamorado arranca o coração da mãe para trazer como prova de amor à sua amada) era, como Fellini, sentimental e popular, e que Fellini, sendo sentimental e popular, era um grande artista. Uma combinação muito difícil. Guerra me disse que ficou particularmente interessado na minha observação de que é fácil ser-se sentimental, talvez menos fácil ser-se popular, mas não é difícil ser-se popular quando se é sentimental; agora, é dificílimo ser-se sentimental, popular e um grande artista. Isso só é dado aos muito grandes.

"Ave Maria", que a gente ouvia todos os dias às seis da tarde pelo serviço de alto-falante, ou pelo rádio, na voz de Augusto Calheiros, foi e é, para muitos brasileiros da minha geração, a expressão da tristeza sem nome que avassala as ruas, as praças e os corações das pequenas cidades de países católicos na hora do anjo. Essa mesmíssima tristeza que Fellini desvelou como ninguém.

Há uma canção que, não tendo nenhuma ligação direta com os filmes de Fellini, nem sendo um marco equivalente a ou contemporâneo do meu encontro com tais filmes, se impôs desde que a proposta para o show me foi feita: "Chora tua tristeza". Trata-se de um samba bossa-nova composto por Oscar Castro Neves quando ele tinha dezessete anos. Obra menor do movimento, essa canção, na singeleza da letra de Luvercy Fiorini, traz um conselho de purificação pelo pranto indulgente que a transforma num comentário involuntário e redentor de toda sentimentalidade. Canto-a, ouço-a, como se fosse uma reza. Só uma oportunidade como essa do show para Fellini me levaria a cantá-la em público.

É mais ou menos no mesmo espírito que "Come prima" se inclui no repertório. Ela, por ser italiana e possuir a graça inocente com que o kitsch urbano é abordado em Fellini, está mais perto de seus filmes do que "Chora tua tristeza".

"Let's Face the Music and Dance" é a canção de Irving Berlin que Fellini escolheu para *Ginger e Fred*. Pusemos o tema de *La dolce vita* como introdução e frisamos o parentesco dos temas de Rota com as composições americanas dos anos 1920 e 1930. Nós a tocamos como se fôssemos uma banda fuleira que toca na rua para esmolas. Meu problema de voz aparece muito aqui, mas a atmosfera geral (e a dinâmica em particular) faz do número um momento encantador para mim.

"Patricia" está em *La dolce vita* e estava em todos os bailes do Ginásio Estadual Teodoro Sampaio, em Santo Amaro. Na letra da hilariante versão brasileira (que teve grande êxito por aqui na época) a frase que termina com a palavra "malícia" tinha sílabas demais e impedia a gostosa paradinha do original de Pérez Prado.

Um tema de *Amarcord* serve de introdução à velha marcha carnavalesca "Dama das camélias", que entra aqui como uma referência remota a *E la nave va* e uma homenagem a Pina Bausch. Como Fellini, sou apaixonado por Pina. E aconteceu de, em sua peça *Cravos* (*Nelken*), ela usar uma gravação dessa marchinha cantada pelo coro do corpo de bombeiros do Rio. Era curioso que toda a companhia dançasse por entre cravos enquanto o coral cantava, na velha gravação, sobre a vida se resumir a flores em perfume. Perguntei a Pina se ela sabia o que dizia a letra da música. Ela me contou que comprara o disco no Rio muitos anos antes, sem saber do que se tratava. Ao preparar *Nelken*, achou que aquela era a música certa para aquela coreografia. Devo confessar que, ao fazer essa homenagem velada a Pina Bausch (e a ela em *E la nave va*), pensei que era significativo que a marchinha brasileira fosse sobre a "Dama das camélias", a personagem de *La traviata*, talvez a mais famosa das óperas, e que *E la nave va* é um filme que gira em torno da ópera.

"Dama das camélias" para Pina Bausch, "Patricia" para Anita Ekberg, "Que não se vê" para Marcello Mastroianni, "Coração materno" para Tonino Guerra, tudo para Fellini e Giulietta, minha Daia, Nossa Senhora da Purificação e Lambreta.

Encarte do CD *Omaggio a Federico e Giulietta: Ao vivo*,
São Paulo: Universal Music, 1999

ENTREVISTAS E DEPOIMENTOS

GLAUBER, O CINEMA NOVO E A FUNÇÃO DA ARTE[17]

ENTREVISTA REALIZADA E EDITADA POR RAQUEL GERBER EM 1975 (VÉSPERA DO RETORNO DE GLAUBER DO EXÍLIO NA ITÁLIA) PARA A COLETÂNEA QUE INTEGROU SUA DISSERTAÇÃO DE MESTRADO EM SOCIOLOGIA DA CULTURA, INTITULADA *O MITO DA CIVILIZAÇÃO ATLÂNTICA: CINEMA, POLÍTICA E A ESTÉTICA DO INCONSCIENTE*, DEFENDIDA NA FACULDADE DE FILOSOFIA E CIÊNCIAS SOCIAIS DA USP. FOI PUBLICADA EM LIVRO EM 1982 PELA EDITORA VOZES EM COEDIÇÃO COMA SECRETARIA DO ESTADO DA CULTURA DE SÃO PAULO, COM A CURADORIA DE ROSE MARIE MURARO.

[...] Eu tive a impressão que essa frase do Glauber, quando ele fala do *Deus e o diabo*, é como se fosse assim a explosão do inconsciente de Fabiano, que é o camponês de outro filme, do *Vidas secas*, do Nelson. Pra mim aí estava o tom da coisa. É isso que eu achei.

O fato de você ter um cinema criativo num país como o Brasil, de uma certa forma, tem que ser visto assim... Se você for muito realista com relação ao que realmente se passa, você vai ver os autores como uma espuma. A não ser que o próprio autor dê a volta por cima disso. Eu tenho a impressão que Glauber, daí o Cinema Novo como movimento, dá. Olha, tem muita gente que faz cinema no Brasil e que tem com o Cinema Novo um problema muito grande, e eu não tenho, eu acho que, pelo contrário, o Cinema Novo teve, tem tido até agora, essa capacidade de suportar esse papel.[18] Porque eu acho também que o cinema é um negócio industrial, a produção de cinema precisa de uma base, é toda uma coisa que até chegar a haver é incrível. É uma barra pesadíssima, e Glauber tem sempre essa coisa em mente. Mas você não pode julgar o que significa aquilo tudo pelo conteúdo do pensamento consciente dos autores. Como se fosse muito raso com relação ao problema. Porque às vezes pode parecer que eu estou tomando uma posição de não acreditar no autor. Por exemplo, muitas vezes a gente diz assim: veja, Hollywood foi um momento alto da história do cinema, porque ali se juntou tudo o que o cinema é: indústria, uma criatividade brutal, irracional. E tudo isso porque não era o sistema europeu do autor, do humanista. Quer dizer, era a brutalidade capitalista deixando florescerem coisas. E você veja, eu tenho a impressão que nos fins dos anos 50, começo dos

TERRA EM TRANSE, DE GLAUBER ROCHA, INSPIRA O TROPICALISMO.

anos 60, na França, na época que pintou a nouvelle vague, ficou uma moda de paixão por Hollywood, uma espécie de visão oposta. Os caras quiseram ser aquilo como autores, aquilo que os outros foram naturalmente sem pensar em ser autores. Vi uma entrevista do John Ford na televisão inglesa em que ele dizia: "Não, eu não sei não, eu não sei de nada, quer dizer, pra mim mandaram fazer, pagaram pra dirigir o filme, eu era contratado, vou lá e dirijo, não sei o quê". Inclusive fazendo charme em cima disso. Como muitos outros, como certos caras autores de revistas em quadrinhos dizem: "Fiz somente por dinheiro". Como os caras do rock também, quer dizer, no início do rock quando o Chuck Berry dá uma entrevista para a *Rolling Stone*, o cara pergunta pra ele: "Você tinha consciência de que você estava fazendo um negócio importante culturalmente ou você pensava mais no dinheiro?". Ele disse: "Se não fosse só por dinheiro eu não faria nada". E ele tem verdadeiras obras-primas, Chuck Berry. John Lennon fala, inclusive, "é o maior poeta do meu tempo, é apaixonado". Tudo isso aí é um negócio fascinante, mas ao mesmo tempo eu acompanho a coisa de Glauber com muito interesse, porque pra mim principalmente foi fundamental. Glauber e o Cinema Novo foram um negócio muito importante pra mim e até hoje é um negócio que tem uma importância muito grande. E essa coisa chegou a um ponto outro dia que eu estava pensando um negócio e estava passando *À Bout de souffle* no Opinião, e todo mundo foi ver de novo. E eu parei e disse assim: "Puxa, mas que coisa impressionante; com a lente do tempo eu agora vi com uma clareza tão grande que *Deus e o diabo* é um filme muito mais bacana que *À Bout de souffle*". Pra mim é um filme muito mais atual, muito mais importante e tem muito mais o que dizer com relação ao cinema do mundo. Glauber tem toda a razão num milhão de coisas que ele fala, porque realmente eu senti isso. Eu senti com uma clareza incrível. *Deus e o diabo* é um filme muito mais novo e mais forte, mais vivo hoje que *À Bout de souffle*.

Eu acho que entre a coisa de Glauber e a minha há milhões de parentescos. Começando na Bahia; eu acho que começa na Bahia, quer dizer, ele é de uma geração logo anterior à minha, somos quase da mesma geração, da mesma cidade. E tem aquele clima criativo da Bahia naquela época do reitor Edgard Santos, que era uma cidade onde se fazia arte, muita arte, se via muito teatro, e o Glauber dirigia a parte de cinema e literatura e artes do *Diário de Notícias*, e eu lia e achava ele genial. De uma certa forma, ele era um mito na Bahia. Eu cheguei em Salvador em 1960, eu vivi em Santo Amaro até 1959. Em Santo Amaro eu já conhecia o nome dele, o nome de Glauber, por alguma razão. Acho que foi por causa da Jogralesca, que foi um certo escândalo e eu cheguei a saber. Santo Amaro é muito perto de Salvador. Depois eu fui pra Salvador e em 1960 eu cheguei a conhecer Glauber, mas muito pouco. Quer dizer, não chegamos a nos conhecer, mas eu cheguei a vê-lo e a falar com ele alguma vez. Uma noite eu vi ele fazendo uma palestra sobre produção de cinema, porque estava havendo uma espécie de curso livre de cinema que durou poucos meses, e no final algumas pessoas faziam palestras sobre temas escolhidos pelo próprio cara. Glauber escolheu produção e fez uma palestra sobre produção de cinema. Foi muito bonita já a escolha do tema, eu achei fascinante, achei um negócio genial. E depois, quando *Deus e o diabo* pintou, pra mim foi um filme que teve uma importância muito grande. Eu me lembro que pouco tempo depois eu vi *Os fuzis*, que é um filme mais ou menos da mesma época, que foi feito pouco depois ou nesta mesma época mais ou menos. E me lembro que eu tinha sentido com *Deus e o diabo* uma identidade muito grande: o que acontecia na tela era como *se brotasse da minha mesma sensibilidade*. *Os fuzis* era um filme quase que irritante pra mim estilisticamente. Tudo o que eu via era como se não devesse ser assim de algum modo, eu não sei, falei até pro Ruy Guerra na época. Eu não conhecia ele, mas eu o encontrei na rua em São Paulo e falei assim: "Você é Ruy Guerra, não é?". Ele chegou e disse: "É". "Eu vi seu filme, não gostei, *Os fuzis*." Ele disse: "Não tem nada, não". Ele até falou comigo outro dia que se lembra desse lance que eu falei pra ele. Estou falando isso pra você sentir como há uma identidade de embalo, que eu estou atribuindo não só à vivência da Bahia como talvez a muitas outras coisas também; a uma coincidência de vontade de modificar as coisas, sei lá, vontade de conhecer mais e de desarmar o mundo todo pra poder olhar como é que é. E ver se é possível pensar em rearmar. Enfim, há uma coisa nesse sentido, um impulso inicial que deve possibilitar essa ligação com o trabalho dele, porque isso foi o caso de *Deus e o diabo*. Mas o *Terra em transe* foi mais decisivo pra mim, porque *Terra em transe* foi um filme que me pegou assim num momento em que eu estava, se posso dizer assim, adivinhando alguma coisa como aquilo. Eu queria alguma coisa, não sabia bem o que era. E estava ensaiando... Eu tinha feito uma música, "Paisagem útil", há uns seis meses quando *Terra em transe* saiu, e isso pra mim, eu me lembrando que já tinha feito essa música e os problemas que eu tinha, eu conversava com o Paulinho da Viola, que morava no Solar da Fossa defronte de mim, eu conversava sobre esses problemas com relação à música popular. Tinha uma porção de coisas que o pessoal de música popular não sacava e que o pessoal de cinema sacava, que o pessoal do Cinema Novo sacava e foi importante pra mim. E o *Terra em transe*, quando pintou, de uma certa forma deu a chave pra mim, e aconteceu o mesmo com o Zé Celso. O Zé Celso, quando montou *O Rei da Vela*, ele dedicou ao Glauber, por causa do *Terra em transe*, como se tivesse dado pra ele a chave do que ele estava querendo. Eu batalhei por *Terra em transe* porque foi um filme muito difícil. Quando ele foi exibido houve uma reação muito difícil, muito agressiva. Por parte principalmente das pessoas que tinham uma visão racionalista e voluntarista da ação das pessoas com relação à história. Pessoas que não tinham coragem no momento de encarar o irracional do mundo como fazendo parte, quer dizer, o quanto você é jogado em barras pesadas neste mundo, e o filme trazia quase que uma coisa assim trágica, da situação do sujeito no meio da coisa toda, porque está lá o poeta e que quer ter uma participação política. E isso não é o importante, o importante é que o filme fala sobre isso, mas o que acontece *é que Glauber fazendo um filme é ele que é a pessoa, o poeta que quer ter uma participação na sociedade*, quer influenciar, quer resolver os problemas da sociedade.

Quer enfim, de uma certa forma, salvar o mundo. O filme dele era o filme dessa pessoa, e o que aparecia eram imagens brutais desse mesmo mundo. Não que eu vá defender uma posição masoquista do artista, mas é como se, com aquelas imagens, o autor ali deixasse de ser passivo exatamente no momento em que ele reconhecia que as imagens eram violentas demais para ele, estavam além da palavra dele, além da opinião, do ato dele, então esse ato superava o ato de ver isso. O ato de poder, de topar aquelas imagens. Porque é diferente você fazer um filme selecionando as imagens que você faz. E *Terra em transe* é como se fosse um momento em que se permitia que as imagens explodissem por si mesmas, quer dizer, é uma coragem muito grande. Ele botou toda a coisa. Ele tinha um sujeito com fantasias do Teatro Municipal, eram assim uns grandes monstros do visual brasileiro. Depois de *Terra em transe* foi muito fácil todo mundo compreender que o programa do Chacrinha era muito bonito como representatividade do visual brasileiro. Antes desse filme era muito mais difícil. Então toda coisa que se chama "tropicalismo" em música, todo esse negócio, é muito vinculado a *Terra em transe*. E Glauber sabe disso. Outro dia ele falou numa entrevista na Europa de *Terra em transe*, e eu disse a ele, ao Glauber, já falei esse negócio. Porque no *Dragão da maldade*... por um acaso pra mim começou ali um pouco de dificuldade com o cinema de Glauber. Quer dizer, só é difícil por uma razão: *Terra em transe* tinha sido um encontro demasiadamente nítido entre o que eu estava sentindo e o que o filme expressava, enquanto que *O dragão da maldade* foi tão menos isso que no momento em que eu estava ficou meio ruço. Eu achei que ali chegou o momento que pintaram os problemas, sei lá, os problemas de industrializar ou não industrializar, que caráter tem a indústria, até que ponto será estatal, qual a relação disso com o mercado internacional. Enfim, os problemas reais todos, quando eu via *O dragão*, ficava pensando nisso. Afinal, o autor é autor... ficava com problemas; e também o meu momento era muito ruim. Eu revi esse filme em Londres anos depois e gostei bem mais do que tinha gostado. Se bem que eu gostei das mesmas coisas que tinha gostado no Brasil, mas com muito mais intensidade. Eu gosto muito do momento que toca "Volta por cima" [samba de Paulo Vanzolini] e que eles saem abraçados e que tem aquela coisa muito brasileira e que parece um sonho, parece um símbolo e de repente eles estão entre caminhões de gasolina e tem uma estrada muito real, há um, sei lá, um swing ali que é maravilhoso, e entra aquela música "Volta por cima". Eu acho que há um negócio ali. Mas, ao mesmo tempo, já não foi um filme com o qual eu me sentisse identificado. Não vi nem *O leão*, nem *Cabeças cortadas*, nem *Claro*; nunca vi esses filmes.[19] Agora, eu posso te dizer assim uma coisa mais ou menos sintética sobre o Cinema Novo:

é que, por exemplo, quando eu vi *O dragão da maldade* fiquei com um problema de "o Cinema Novo vai encarar uma de underground?". Quer dizer, vai ficar numa de underground, vai ficar marginalizado, ou vai encarar uma de saudavelmente industrializado? Entendeu? E pra mim ficou nessa contradição. Eu acho que os dois ramos saíram, mas eu acho que Glauber... Estou dizendo Glauber porque a gente está falando dele, é evidente que tem mil nuanças, mas pra falar de um modo sintético, acho que ele supera as contradições. Eu não vi os filmes novos dele, mas eu sinto na pessoa dele e nos negócios que ele tem escrito ultimamente que ele, de uma certa forma, põe a bola pra frente, supera a contradição nele. [...] E o Glauber me falou: "Esse negócio de cinema físico não me interessa, eu estou querendo fazer um cinema abstrato, quer dizer, um tratamento irracional". [...]

Eu estive com Glauber na Espanha, no final das filmagens do *Cabeças cortadas*, ele estava terminando, e o Francisco Rabal estava totalmente siderado pelo Glauber. A gente percebia que o Glauber era uma pessoa que tinha enfeitiçado os atores. Foi uma coisa fascinante, eu e Dedé ficamos comentando. E eram, veja, dois climas diferentes, quando ele falou do *Leão de sete cabeças*, ele falou em racionalidade. O que eu acho bonito é essa tensão entre racional e irracional. Eu tenho impressão que talvez essa seja a riqueza do cinema dele, [...] o que interessa é o negócio mesmo, você vai ver o filme, vê o filme e vê o que acontece. Você pode não ser atingido pelo filme de um determinado modo na hora, mas aquele filme com relação a outros filmes ou a outros tempos ou a outras coisas pode se revelar um fato importante. Como, por exemplo, *Deus e o diabo* pra mim foi tremendamente importante quando vi, hoje em dia voltou a ser importante de um modo como eu não pensava, quer dizer, mundialmente importante pro cinema, senti isso pela primeira vez com uma clareza muito grande. Eu senti *Deus e o diabo* exatamente como Glauber diz quando ele fala sobre o Godard, por exemplo. O Godard é um negócio assim anarcodireitoide, nostálgico, está entendendo? Eu olho para *Deus e o diabo* e olho para *À Bout de souffle* e eu acho que ele tem razão. Então é preciso ver os filmes. Agora, eu tenho a impressão de que esses filmes, tudo o que ele faz, toda a força dessa coisa deve vir muito dessa tensão entre esses dois movimentos nele, dessa coisa irracional com a necessidade de racionalizar, e eu entendo isso muito bem porque tenho também isso, sabe? Eu tenho também porque, por um lado, tenho um amor pelo irracional por causa de uma necessidade de ter coragem de enfrentar o desconhecido. Eu sinto isso na coisa de Glauber. E de, enfim, olhar as coisas, de topar com o barato do mundo como é que é. Mas, ao mesmo tempo, eu tenho horror ao obscurantismo. Talvez até Glauber pudesse dizer... Porque ele tem muitas convicções políticas, ele tem um modo de pensar político que eu não tenho. Eu não acompanho, por exemplo, a política mundial, não tenho hábito. Quando eu estava na faculdade, não gostava de política, nunca entrei em nenhum partido, em nenhum grupo político. Pra mim é muito difícil. Porque o trabalho da sensibilidade em mim toma conta, eu não posso, seria mentiroso, entendeu? Eu ter um tom político, entendeu? Não que eu ache que ele faça política. Eu acho que ele faz cinema, mas ele é uma pessoa que tem preocupações políticas muito constantes, acompanha política, pensa política, fala em política. Então eu acho que uma pessoa assim como ele poderá dizer que isso que eu estou dizendo, politicamente, é uma coisa puramente liberal. Eu tenho horror ao obscurantismo, mas o que eu posso fazer? Eu tenho horror. Então, por isso, eu acho que se deve ter coragem de olhar o desconhecido, de enfrentar o irracional e o inexplicável, embora tenha medo. Mas eu tenho horror, ojeriza ao obscurantismo, a uma tendência de tornar o mundo ilegível e irresolvível. Se o mundo é legível ou ilegível a gente tem que descobrir. Agora, essa tendência de querer criar um ambiente obscuro, eu tenho ojeriza a isso. Deve ser a minha formação liberal de filho de funcionário público de cidade do interior, enfim, sei lá, católica. Eu tenho necessidade da razão, do iluminismo, tenho necessidade de que se acredite no conhecimento.

Eu também tenho uma paixão pela razão, irracional. Eu tenho uma paixão irracional pela razão também, como ele. Talvez a força, a beleza da coisa dele continue nascendo sempre dessa tensão entre essas duas tendências, mas porque talvez ele pense que, se ele se entregasse de todo a um irracionalismo ilegível... Como de mim também não penso isso, procuro ter coragem, eu acho que dá medo, acho que realmente dá medo. Eu gostaria de descobrir até que ponto você deixa de encarar o irracional por medo e até que ponto você está realmente lutando contra forças que querem obscurecer a vida do homem sobre a Terra. Talvez seja um enigma mesmo. Mas talvez seja um claro enigma, não sei, pra um poeta não concreto e desses pichados pelos apaixonados do concretismo. [...]

Eu acho que a arte não tem nenhuma participação nas soluções políticas. Pelo contrário, eu acho que a arte é um dos modos da sociedade se expressar através de seus indivíduos. E isso entra no caldo da transação toda de espírito, política, classe, raça, história, enfim, entra em tudo. [...]

Eu acho que o Glauber tem uma coisa, ele é muito pretensioso, muito ambicioso, e eu fico admirado porque sou também, mas sinto que não tenho a mesma capacidade de me entregar assim a ambições. Até procuro ter, quero chegar a ter, porque tenho um lado meio cético. No fundo, eu sou um místico menos apaixonado, no fundo eu sou um pouco mais cético, sou menos messiânico. Eu não sei se tenho uma mensagem, você entende? Eu não sei. Pra mim é uma questão de estar fazendo uma coisa que me atrai. Me atrai fazer arte, eu quero encantar as pessoas. Realmente, meu objetivo inicial é fazer as coisas que as pessoas achem bonitas, realmente, eu não posso negar. Isso primeiro de tudo. Por exemplo, uma pessoa canta. Então você diz assim, o que é que ela canta? O que é que essa pessoa canta? O que ela diz ao povo? Que é que ela está fazendo? Pra onde essa pessoa está levando o povo com o canto dela? Isso é uma pergunta muito importante. No entanto, a pessoa que canta, quando tinha três anos de idade, cantava e não sabia as estatísticas. Estava já atraída pelo prazer de cantar, pela vontade de agradar cantando... esse estado primeiro do artista, que é o fazer aquilo, isso é primordial... é antes da mensagem, já é o modo de uma criança se colocar com relação aos seus familiares e ao uso que faz do que já vem geneticamente. O uso que ele é levado a fazer, o local onde se encontrava; isso cresce até a relação dele com o povo, com o país, na medida do que ele saiba, do que ele não saiba a respeito do povo, do país. Você vê o Roberto Carlos quando cantou "Quero que vá tudo pro inferno", que o país inteiro entrou no astral daquela música e cantou a música e houve uma força muito grande com relação àquilo, era um menino totalmente ingênuo; ele estava a fim de cantar, o Roberto não sabia; se fosse perguntar a ele quantas pessoas no Brasil morrem de fome, quantas pessoas vivem no perímetro urbano, não sei o quê, ele não sabe, eu também não sei muito. [...] É difícil você precisar o resultado em termos políticos daquilo que você faz. Agora, eu não acho que tentar fazer isso, ter a ambição de fazer isso seja negativo, pelo contrário, também tenho ela, não tenho na mesma dose que o Glauber tem e com a mesma paixão e a mesma ingenuidade, se é que posso dizer assim [...], eu tenho um pouco de cético, se você me pede pra olhar junto de Glauber eu me sinto um tanto cético. Pode parecer o contrário, pode parecer que eu sou místico e que Glauber é materialista, mas eu, como personalidade, comparativamente, sou um tanto cético.

Então eu não tenho a mesma dose de ambição, de controlar o resultado, as consequências do meu trabalho. Porque eu tenho um pouco de ceticismo quanto a isso; embora eu tenha a vontade, é uma tensão que há em mim. Eu tenho a vontade, sou um pouco cético quanto a isso. Eu também não vou parar de fazer, porque gosto muito de fazer. Antes de tudo eu gosto de cantar, então não vou parar de cantar porque ainda não descobri se cantando estou ajudando a CIA ou a KGB. E se eu for pensar tudo isso, CIA ou KGB, e eu não quero CIA nem KGB, entendeu? E eu não quero dizer, aí não entro em política. Se Glauber ouvir essas palavras minhas, vai dizer: é um liberal, direitoide, filho de funcionário público católico. É o que eu sou, talvez, politicamente, mas ninguém é politicamente só, Deus é grande. E Ele também, politicamente, é todo cheio de contradições. Porque isso aí é sobre o negócio do papel da metáfora, eu acho que Glauber é uma pessoa metafórica, que ele tem um estilo metafórico, um modo metafórico de pensar, eu até me identifico muito com ele nisso, sou até um adepto.

Eu tenho a impressão de que tanto eu quanto o Glauber temos uma coisa em comum, e talvez o Brasil seja um país meio especializado nisso de não encaminhar muito bem as pessoas pra suas vocações, a não ser por caminhos muito diversos. E a ideia da vocação fica um negócio confuso, se eu posso dizer assim. Ele não tinha uma vocação para cineasta, assim na medida em que havia uma coisa que se chamava cinema para a qual você tinha que ter vocação. Mas pelo fato dele ser brasileiro, teve uma hora que ele terminou fazendo cinema. A inspiração tradicional dele talvez fosse mais pra literatura. Eu acho que o mesmo se deu comigo com música. Eu não tenho uma vocação pra música como reconheço em outros colegas meus. Por isso mesmo, depois de muito tempo a gente vê que a vocação da gente era essa mesma, mas espiritual, quase como que um destino, quer dizer, a gente tinha que não saber fazer bem aquilo pra fazer o melhor daquilo naquele lugar que era o Brasil. Num determinado lance, o melhor aqui não é de valor absoluto não, é o melhor possível pra um determinado lance. Pra chegar a ser Glauber Rocha e os filmes dele, tinha que ser por esse caminho também, pra chegar a ser Caetano Veloso e as músicas de Caetano Veloso, tinha que ser por esse caminho. Eu sinto um pouco isso. Eu tenho a impressão de que a coisa dele era literária, e ele foi pro cinema porque queria mais, e o cinema parece ser a coisa atual. Ele não era o cara do cinema, não tem aquele swing, não faz um filme tão bem quanto o Rogério Sganzerla, não faz tão bem quanto o Joaquim Pedro no sentido tradicional de se fazer cinema. É sujo, é desafinado. [...]

"NO MEU FILME AS PESSOAS TÊM VONTADE DE DIZER MUITA COISA"

ENTREVISTA A MATINAS SUZUKI JR. E ARTO LINDSAY.
"CAETANO VELOSO FALA" (TÍTULO ORIGINAL), *FOLHA DE S.PAULO*, 22/11/1986

**POR QUE VOCÊ DISSE QUE ESTÁ APREENSIVO
COM A ESTREIA DO FILME HOJE?**

Porque eu ainda não passei o filme para muita gente, e agora vai
passar num lugar enorme. Tem horas que eu fico ansioso, muito
excitado. Eu acho que fico com medo, envergonhado. Tem horas
que eu fico orgulhoso.

**ISTO TERIA ALGUMA COISA RELACIONADA COM O FATO
DE QUE VOCÊ VAI ESTAR COMO AUTOR E ESPECTADOR
AO MESMO TEMPO? NOS SHOWS, POR EXEMPLO, VOCÊ
NÃO É ESPECTADOR DA PRÓPRIA MÚSICA.**

Tem muito a ver com isso, porque vou ficar ali sentado, assistindo,
e completamente incapaz de modificar alguma coisa. No show,
por exemplo, eu viro o rosto, qualquer reação que venha da plateia,
o movimento de minha cara é transformado. No filme não tem
mais jeito, o filme está pronto ali. Eu tenho que ficar quieto
olhando o filme do jeito que ele é.

**VOCÊ UTILIZA A CITAÇÃO DE MUITOS TEXTOS — DE FILOSOFIA,
DE LITERATURA — NO FILME. COMO VOCÊ FEZ A SELEÇÃO
DOS TEXTOS?**

Foi muito rápido. Quando eu pensei em fazer o filme com gente
falando imaginei também que pudesse ter muita coisa de literatura.
Então as primeiras coisas que me vieram à cabeça eu anotei e
terminei por fazer exatamente como eu tinha anotado. Depois
escrevi os textos que queria escrever e até o final da feitura do filme

eu não mudei de ideia, embora não soubesse exatamente o quê ligava todas aquelas coisas. Este filme é bem assim, porque você pode vê-lo e dizer "ué, mas isto não é um filme; que interesse ele tem, que graça tem você botar pessoas falando isto ou aquilo?". Esta é a fragilidade deste filme. No entanto, sem saber direito por quê, eu sempre senti orgânico o corpo do filme, desde as anotações para roteiro, que nunca escrevi como roteiro, eu senti que aquilo tinha uma organicidade. E depois, com o filme pronto, achei que isto ficou confirmado. Na hora de montar, por exemplo, o Mair Tavares entendeu logo. Uma coisa que liga o filme é o fato de serem pessoas falando. O título criou o filme na verdade e justifica o filme ao mesmo tempo.

VOCÊ PENSOU PRIMEIRO NOS TEXTOS OU NAS PESSOAS PARA LEREM ESSES TEXTOS?

Eu os pensei juntos. Eu pensava em alguém dizendo alguma coisa. Tinha textos que eu queria que aparecessem no filme e logo pensava na pessoa para dizê-los. As coisas que eu escrevi também já escrevi pensando em fulano ou em beltrano.
Tem coisas que cheguei a pensar e não fiz. Tem um caso bem típico. Eu imaginava o Adão Pinheiro, um artista plástico pernambucano, dizendo aquela galáxia do circuladô de fulô do Haroldo de Campos, na rua, com os instrumentos que o próprio Adão faz. Violas de cabaças, umas coisas feito Smetak, mas mais rudimentar, mais popular. Ele é uma figura linda, com dois metros de altura, tem uma voz bonita e é pernambucano.
Mas acabei não fazendo porque pensei nisto tardiamente, quando já estava no meio da feitura do filme. Mas já pensei assim: o Adão lendo o texto do Haroldo. Eu imaginei ele sentado na calçada, como um imigrante nordestino desempregado ou um *esmoleur* dizendo o texto das galáxias, dizendo "circuladô de fulô, que no fim eu reverto…". Eu tinha vontade de botar aquilo inteirinho porque isto é uma coisa que é a cara do filme. Esta cena, que não existe, é exemplar do critério que usei para a escolha de textos e atores.

VOCÊ GOSTA MUITO DE GODARD. QUAL A INFLUÊNCIA DA DISCURSIVIDADE DE SEUS FILMES EM *O CINEMA FALADO*?
Tem muita coisa que vejo que faz muita diferença entre
o que eu vejo nos filmes de Godard e o que eu fiz no meu filme.
E justamente a possibilidade de redução do meu filme ao que
está explicitado nos discursos que foram filmados. Os filmes
do Godard não podem ser reduzidos a isto. São filmes mais
artísticos. Ele usa trechos de literatura, filosofia, ciência e política,
mas os textos dos filmes dele se justapõem ou contrapõem
de tal modo que acabam se anulando para que uma coisa que
é meramente cinematográfica, quase que abstrata, de beleza
autônoma, apareça. No meu filme, não. Ele é um pouco como
você assistir um programa de televisão, como a Marta Suplicy
explicando o que é um orgasmo. Mas ao mesmo tempo eu
acho que há uma orquestração no meu filme, que dá uma
inteireza, arredonda um pouco como um objeto quase artístico.
Embora justificando por uma coisa do Godard, acho que ele
é até meio antigodardiano.

Meu filme tem muito a ver com os filmes da Belair, com os
filmes de Rogério Sganzerla e Julinho Bressane, pelo modo como
foi feito e também por ser brasileiro. Tem mais a ver com os filmes
dele do que com os de Glauber, embora se pareça com ele
na pretensão de se fazer filmes reflexivos.

ARTO LINDSAY: NOS FILMES DE GODARD, OS TEXTOS LITERÁRIOS SÃO CITAÇÕES, E COMO VOCÊ FALOU, PERDEM SEU VALOR INTRÍNSECO. MAS ELE CITA A MÚSICA, CITA PAISAGEM TAMBÉM. NO SEU FILME, PARECE QUE VOCÊ ESTÁ PESQUISANDO A RELAÇÃO ENTRE O TEXTO E A PESSOA. SEU FILME É MAIS INTERESSADO NO TEXTO.
Eu faço referência à paisagem também, um canto de parede,
uma sala, uma praia, enfim... tem uma boa ilustração do que
o Arto acabou de dizer. O filme tem um longo texto de Thomas
Mann, dito em alemão por um amigo meu baiano, com aspecto
evidentemente brasileiro, o Paulo César de Souza. Pois ele diz
um texto que me interessa em si, e eu quero que ele interesse ao

espetáculo enquanto texto, que mesmo que fosse dito por uma pessoa diferente interessaria de qualquer maneira. Mas o Paulo, moreno como ele é, dizendo o texto na praia, já fica uma coisa instigante entre o texto, a língua em que o texto está sendo dito, a figura que está dizendo e a paisagem na qual ele está dizendo.

Eu escolhi este texto de Thomas Mann porque ele é uma contraposição entre o casamento e a homossexualidade como as duas soluções radicalmente antagônicas na questão do sexo para o homem civilizado e que, você lendo ali, parece ter sido escrito hoje por pessoas que estão pensando nesta questão de comportamento sexual, com uma profundidade, uma firmeza, uma grandeza que me impressionam muito.

Tem outra coisa também. Eu gostei muito do *Grande sertão: veredas*, na televisão.[20] E televisão é um assunto que volta muito no filme, às vezes explicitamente, às vezes não. E até no próprio fato do filme ser assim meio como entrevistas, de talk show. Eu adoraria o fato deste filme chamar-se, em inglês, "Talkies", como se chama o cinema falado em inglês. E existem os "Silent Movies", né? "Talkies" é muito melhor.

Mas como eu estava dizendo, uma das coisas fortes do filme é o Hamilton Vaz Pereira dizendo trechos do *Grande sertão*. Eu já li o romance duas vezes e muitas vezes trechos esparsos. E o Hamilton é um sujeito que faz um teatro que me interessa muito, um teatro que eu sinto como o mais vivo que se fez no Brasil nos últimos anos. Além de ter uma sensibilidade especial para isto, ele é uma pessoa nada rural. Então eu quis contrapor a isto uma interpretação letrada do *Grande sertão*, e não folclórica, nem com sotaque etc. E ele fez um negócio que me desbundou, que toda vez que eu revejo, fico impactado, tenho a impressão de que é o que eu mais gosto do filme. E ele fez aquilo de primeira.

RODAR TUDO DE PRIMEIRA FOI UMA INTENÇÃO ESTÉTICA OU UMA NECESSIDADE DE CONTER OS CUSTOS DA PRODUÇÃO?

A produção não tinha dinheiro para fazer de outro jeito, eu não tinha filme para ficar repetindo. Mas de antemão já fazia parte da minha intenção estética, porque eu sou um ardoroso fã da produção de Julinho Bressane e Rogério Sganzerla, sobretudo de 1969/1970. *Stranger than Paradise*, de Jim Jarmusch, é um filme bonito à beça. Agora, o meu filme tem uma atitude oposta àquela, porque é uma atitude minimalista, e no meu filme as pessoas têm muita vontade de dizer muita coisa, eu tenho muita vontade de dizer muita coisa. Além de tudo há muita sensualidade, muito desejo, muita excitação. O *Stranger than Paradise* é minimalizado, é justamente o oposto. Meu filme também tem muitas cores. Seria um filme de muitas cores se fosse um preto e branco.

EM TORNO DE *O CINEMA FALADO*

ENTREVISTA A GENETON MORAES NETO, "CAETANO, O FURIOSO"
(TÍTULO ORIGINAL), *O GLOBO*, 04/12/1986

AS PATRULHAS IDEOLÓGICAS FORAM SUBSTITUÍDAS PELAS PATRULHAS ESTÉTICAS?

Há um pouco de patrulhas estéticas. As reações através dos anos
têm sido tão frequentes! Digo que há um pouco de patrulhas
estéticas porque, agora, há enganos esteticistas em que se pensam
coisas assim: se eu pusesse Hamilton Vaz Pereira recitando
um trecho do *Grande sertão: veredas* com a câmera mais parada
e o plano mais aberto, com a parede toda branca e ele de camisa
preta, tudo em preto e branco, algo parecido com o filme da
Laurie Anderson — com umas coisas assim de "vanguarda" —,
uma porção de gente ia pensar que seria bonito, porque
pessoas assim ficam, coitadinhas, tendo de se paginar de acordo
com o que pensam que é a vanguarda de Nova Iorque e
Londres. Coitadas: elas pensam que aquilo é o céu das coisas.
É este o problema.

O CINEMA BRASILEIRO PASSOU UM BOM TEMPO SEM PROVOCAR POLÊMICAS. ISSO É UM SINAL DE MEDIOCRIDADE?

A ausência de polêmica não é, necessariamente, um sinal
de mediocridade. Eu preferiria, até, no caso deste filme, que
não houvesse tanta polêmica, porque a polêmica nasceu
justamente de um certo atraso de um grande número de pessoas
não só em relação ao que se passa no cinema, mas também em
relação ao que se passa com a gente no Brasil e, ainda, em relação
ao que significa eu ser o que sou como músico popular e ter feito
o filme que fiz — e não outro.

Há muito provincianismo, muita ignorância, muita pobreza, muita preguiça mental. É esta a razão da polêmica. Então, o fato de ter havido polêmica não me parece salutar. O que me parece salutar é que — já que existe tanto atraso — o filme tenha sido capaz de provocar polêmica. Nós estaríamos em melhor situação se não necessitássemos dessa polêmica atrasada, que não tem nada a ver com o filme em si. É uma polêmica antiquada, anterior a tudo que foi feito.

O TRONO DE DETONADOR DE POLÊMICAS, VAGO DESDE A MORTE DE GLAUBER ROCHA, ENCONTROU UM OCUPANTE?

Sou um detonador de polêmicas de outra natureza, diferente de Glauber Rocha. Não tenho compromisso com o cinema como Glauber tinha. Nem com a música eu tenho o compromisso que Glauber tinha com o cinema. Faço de uma maneira mais despojada. Mas a polêmica é algo que tem me acompanhado um bocado nesses anos todos, a maioria das vezes contra a minha vontade. Algumas vezes eu provoquei, porque queria, desejava e achava necessário. Mas, na maioria das vezes, é apenas uma questão de atraso das pessoas que estão aí para ver alguma coisa e ouvir uma música. Já encontrei reações de cineastas antes de eu sonhar em fazer esse filme. Já sofri agressão na área do jornalismo. Paulo Francis uma vez foi desonesto comigo na *Folha de S.Paulo*. Ele até se retratou, mais ou menos. Décio Pignatari foi desonesto comigo, teve um problema esquisito comigo há algum tempo. São pessoas elevadas. Não sei por que acontece comigo.

Em cada ocasião, sei mais ou menos por quê, mas não é minha intenção. A polêmica agora eu sei por que surgiu: é atraso da moçada que reclamou. É atraso do ambiente. É atraso em relação à situação de eu ser um sujeito famoso e apresentar um filme. Ninguém ficou relax. As pessoas ficaram pensando assim: "Que atitude devo tomar? Eu não me deixarei impressionar! Não me deixarei influenciar pela ideia de que ele é famoso!".

Sou famoso. Ninguém pode fazer nada quanto a este fato. Não posso fazer nada. Sou famoso, e pronto. A pessoa vai lá e vê o filme. Um bocado de gente fará assim: há pessoas que têm o relaxamento e a autenticidade para chegar e simplesmente ver o filme. O show *Uns* foi exatamente assim. Hoje, quando se ouve falar de alguma música do disco *Uns*, ninguém vai nem discutir. Mas a estreia do show *Uns* no Canecão foi assim: as pessoas reagiram também. Não quero nem falar do *Araçá azul*. Lá em Santo Amaro, na Bahia, quando eu estava filmando, meus amigos diziam: "Já sei o que vem por aí: *Araçá azul — o filme...*". Depois, Arnaldo Jabor disse, com carinho, que o filme se parecia com o disco *Araçá azul*. Adorei, porque as pessoas de Santo Amaro já tinham dito. Adoro o disco *Araçá azul*, mas gosto mais do filme. Pelo seguinte: o *Araçá azul* é um disco que parece uma trilha sonora de um curta-metragem amador. E o filme *O cinema falado* já é um longa-metragem amador. É melhor, portanto. Mais bonito.

E, depois, que ideia é essa de amador e profissional? Parece que todo mundo tem de viver num sindicalismo imbecil, um corporativismo! Você tem de ser cineasta! Quem é que diz quem deve ser cineasta? É tão difícil julgar... A musicalidade de uma pessoa você pode testar, na medida em que você ainda acha que a música tonal é que é a música. Senão, nem assim. Mas há mil cinemas.

TER MEDO DO CAETANO VELOSO CINEASTA É SINAL DE BURRICE?
Ter medo e se entregar ao medo é sinal de burrice. Você não viu o filme e vai logo falando não, de antemão, somente porque acha que não tenho o direito de fazer e quer me proibir de falar porque teme que eu tome o espaço alheio, porque sou famoso. *A hora da estrela* é comovente. Gostei tanto porque sou um sujeito de temperamento compassivo. Aquilo me comove. Chorei no cinema. Marcélia Cartaxo é absolutamente maravilhosa.

SUZANA AMARAL, A DIRETORA, DIZ QUE VOCÊ É UM "URUBU DA VANGUARDA", PORQUE QUER RESSUSCITAR UMA ESTÉTICA CINEMATOGRÁFICA MORTA E ENTERRADA HÁ PELO MENOS DEZ ANOS. DÁ RAIVA?

Dá. A declaração dela é de uma agressividade terrível contra mim. Ela me chamou de "urubu da vanguarda", falou de cadáveres e usou palavras fortes assim, mas sem razão, porque ela, uma senhora de família que dirigiu um filme ingênuo e inspirado como *A hora da estrela*, não pode estar usando palavras violentas contra mim. Aquilo me deixa mal. Fiquei com raiva e um pouco deprimido, até. É desagradável. Não gostaria nunca que aquilo tivesse acontecido. É um atraso de vida.

VOCÊ COMPRA A BRIGA COM ARTHUR OMAR (REALIZADOR DE *TRISTE TRÓPICO*, UM DOS CULT MOVIES DO CINEMA UNDERGROUND CARIOCA DOS ANOS 70), O CINEASTA UNDERGROUND QUE DISSE QUE O SEU FILME É UMA PORCARIA, É VANGUARDA DE AMADOR E É UMA MISTIFICAÇÃO?
Não conhecia Arthur Omar. É um bom lançamento dele para mim. O meu filme eu já tinha visto cinco vezes e gostado um bocado. Agora aprendi o nome de Arthur Omar. Conheço cineastas tanto undergrounds como caretas. Conheço undergrounds que viraram caretas e caretas que ficaram meio undergrounds. Conheço todos, mas não me lembro de ter visto nenhum filme de Arthur Omar. É uma falha de minha formação. Não quero ser irônico, mas não conhecia e não tenho raiva.

JEAN-LUC GODARD JÁ ERA?
É o cineasta mais interessante que existe no mundo ainda. *Je Vous Salue, Marie* é deslumbrante. Dizem que *Passion* também. Outro dele, o *Sauve Qui Peut (la Vie)*, lançado no Brasil em 1980 com o título de *Salve-se quem puder*, é maravilhoso. Você acha que vou preferir o quê, no lugar de Godard? Aquilo é lindo porque tem frescor, inspiração, soltura, leveza, profundidade e vida. O filme *Detetive* é meio chato, menos interessante. No meu *O cinema falado* incluí uma cena em que Dedé Veloso diz que este filme de Godard é chato. Há outros cineastas que fazem coisas que Godard não faria e adoro, como Stanley Kubrick, Akira Kurosawa, Fellini.

Mas Godard tem algo que eles não têm: uma soltura, uma leveza, uma coisa louca. Fui rever agora o *Weekend*. Godard humilha todo mundo! Não posso falar mal dele só porque alguns dizem que ele já morreu. Ora, as pessoas têm mania de viver em décadas. Não vivo em décadas, vivo a vida. Décadas? Não sou uma folhinha de calendário. Sou uma pessoa.

Associo meu filme a Godard. Só não associo mais por modéstia e por reconhecer nele uma grandeza, um pioneirismo, uma inspiração e um savoir-faire com os quais não posso nem de longe tentar competir. Meu filme é um voo doméstico, uma coisa que funciona no Brasil. É para mexer com a gente.

"*SUPEROUTRO* ATUA NO CERNE DO CINEMA"

ENTREVISTA A DAVID FRANÇA MENDES, REVISTA *TABU*, N. 44, JANEIRO DE 1990

CAETANO: Fiquei um dia só no FestRio [1989], em Fortaleza, deu pra ver apenas *Sermões* e o vídeo do Godard [*História(s) do Cinema 1A: Todas as histórias*], que é deslumbrante. Tem tudo que sempre houve nos filmes de Godard: história do cinema. Só que dessa vez é o tema explícito. Ele sempre fez referências à história do cinema, com aquela capacidade de criar batimentos entre imagens, fazer uma imagem comentar a outra. Esse vídeo é basicamente isso, mas com um apuro na curtição das imagens, aquelas fusões de preto e branco para colorido. Nunca vi tão lindo! E eu fiquei particularmente emocionado com o final da primeira parte, quando ele apresenta uma imagem de *Alemanha ano zero*, Rossellini, onde se vê um menino se manifestando, a palavra "Europa" e o rosto da Giulietta Masina. É como se ela estivesse olhando o suicídio do menino, e a palavra "Europa" ecoando o título de *Europa 51*, mas a imagem era de *Alemanha ano zero*.

VOCÊ FALOU, EM FORTALEZA, DE UM FILME CHAMADO *SUPEROUTRO*.
O *Superoutro* [Edgard Navarro, 1989] é um filme rico, forte, extremamente estimulante. Além disso, eu tenho uma ligação afetiva muito grande com aquelas imagens da Cidade da Bahia, que é vista de ângulos insuspeitados. Não tem uma imagem pobre naquele filme. É o *Meteorango Kid* [André Luiz Oliveira, 1969] dos anos 1980. Um filme bem baiano, com essa capacidade de ser muito sensual dos baianos, que apareceu também no tropicalismo em música popular e eu sinto uma identificação por esse lado.

O próprio Navarro, diretor do *Superoutro*, me disse que gosta muito de *O cinema falado*, para imensa alegria e orgulho meus, porque o meu filme é muito mais modesto que o dele. O *Superoutro* atua no cerne do cinema: um pedaço de outdoor que se transforma numa outra mensagem, de uma maneira que revela muito o panorama urbano de uma cidade brasileira de porte médio, mas que é também uma cidade muito marcante e marcada, como é Salvador. Aquelas imagens debaixo da ponte, onde tem umas mendigas, com aquelas insinuações sexuais... Pensei que aquilo fosse documental, fiquei em dúvida, parece que você sonhou aquilo. É difícil acreditar que aquilo foi encenado no Brasil. Os filmes brasileiros são muito mal encenados. Em geral a coisa não convence. A encenação, tanto "realista" quanto "onírica" ou "poética", termina não chegando lá, na maioria dos casos. Por isso eu presto homenagem a *Memórias do cárcere*, que tem momentos de excelente encenação... Eu estou lembrando das injustiças que eu cometi na lista dos filmes da década. Com John Huston, por exemplo: não coloquei *Prizzi's Honor*. Como não ter *Prizzi's Honor*? E *The Dead*! Eu fui duplamente injusto com Huston. E também com o cinema brasileiro, com dois filmes antagônicos nas escolhas estéticas, *Sermões* e *Memórias do cárcere*.

Eu gostei muito de trabalhar nos filmes de Julio Bressane porque as filmagens dele são muito rápidas. Ele é muito doce e as filmagens são muito rápidas. E eu sou fã de Julinho desde *Matou a família e foi ao cinema*, um dos melhores filmes que eu vi na vida. Quem me disse uma das coisas mais corretas sobre o Julinho foi a Regina Casé. Ela nunca tinha visto *Matou a família*, mas ouvia falar, até o dia em que vimos juntos o filme e no final ela disse: "Caetano, eu sempre achei que o Julinho era muito intolerante com o cinema brasileiro, mas depois que eu vi esse filme, e pensar que ele fez esse filme em 1969 e tem que aturar esses filmes feitos no Brasil depois disso, ele não é intolerante, ele é muito tolerante! Ele é demasiado benevolente!". Eu não poderia dizer melhor, é exatamente o que eu acho do Julinho. O cinema dele tem esse tom, o tom de quem está realmente nessa posição. Um sujeito que é corajoso ao manter essa posição de contramão do cinema brasileiro que tenta se tornar uma indústria de diversão mediana, razoavelmente respeitada, enfim, de tentar ser tudo que a Rede Globo conseguiu ser em muito menos tempo. Uma imagem de Julinho nunca é uma coisa meramente primitiva, quando parece ser. Ou meramente cerebral, quando parece ser. É difícil captar o lugar do autor Julinho.

CAETANO: Eu não fiz música para *O cinema falado*. Nem canção, nem trilha. Utilizei músicas as mais diversas, de John Cage a Emilinha Borba, de Smetak a Varèse. Mas não compus músicas. E acho, sim, que o filme parece com minhas canções, sobretudo com "Ele me deu um beijo na boca". Parece com essa linha de canções faladas, como "O estrangeiro". Mas pelo tema, mais com "Ele me deu um beijo na boca". "O estrangeiro" tem o Brasil como tema, uma visão do Brasil através da imagem da baía de Guanabara. Isso não é muito o centro de *O cinema falado*, embora o Brasil esteja lá também. O filme é uma conversa mais ou menos sem começo nem fim, pedaço de uma longa conversa sobre dimensão existencial, filosofia, sexo, sociedade moderna. Antes de o filme ser apresentado eu tinha escrito algo assim como um release curto em que eu dizia que *O cinema falado* não é um filme propriamente, mas "um ensaio de ensaios de filmes possíveis para mim e para outros".

O cinema falado foi feito muito rapidamente. Eu escrevi tudo de uma vez. Filmei exatamente o que escrevi e montei exatamente o que filmei. Não joguei nada fora. Poderia até ter jogado, para deixar o filme um pouco mais "redondo". Mas eu não quis fazer isso. Preferi ser mesmo menos "redondo". O Arnaldo Jabor me disse que o filme parecia o *Araçá azul*. Legal. Mas acho que nem parece tanto. *Araçá azul* era mais amador que o filme, que é mais caprichado um pouco. Quando eu fiz *Araçá azul* eu não sabia trabalhar no estúdio daquela maneira e no filme eu tive a ajuda de Dodô Brandão, de Bruninho Wainer, e sobretudo da destreza de Pedrinho Farkas, que fez belas imagens apesar do filme ter sido feito sem repetição de planos, num tempo recorde (21 dias, tirando os feriados ficam uns dezessete), com viagem a Salvador, e sem dinheiro. Eu avisei a todo mundo: não tem grana, não pode filmar três, quatro vezes, é uma vez só, a menos que a pessoa tenha errado mesmo, que não tenha jeito nenhum. E raras coisas precisaram ser repetidas. Tenho orgulho da cena em que Hamilton Vaz Pereira diz um longo trecho de *Grande sertão: veredas*, que foi feito de uma única vez.

Mas o meu filme não é muito difícil. Não é como um filme do Julinho, em que muitas coisas sérias a respeito do cinema estão em jogo em cada plano. O meu filme é meio um programa de TV. Podia ser o programa do Jô Soares. Se a Regina conta aquele negócio do Fidel no programa é a mesma coisa que no filme, eu já vi entrevistas no Jô Soares que eram tão engraçadas quanto aquilo. *O cinema falado* foi influenciado, na estrutura, por *Três tristes tigres*, do Cabrera Infante, que é um romance que não é romance, são coisas escritas, falações. Foi uma das minhas aspirações, esse livro que é oral, são monólogos justapostos, que dão o panorama de alguma coisa. Porque, ao mesmo tempo, todas aquelas coisas no filme estão interligadas. Coisas que se falam aqui e vão ser respondidas lá adiante. Não é uma mera colocação de trechos de programas de TV.

Eu ia desbragadamente ao cinema, quando morava na Bahia. Via dois ou três filmes num dia. Hoje vou ao cinema menos do que desejo, mas mesmo assim vou com certa frequência. E assisto cinema em vídeo. Revejo filmes de que gosto em vídeo. Gosto de ter os filmes de que eu gosto, não alugo em locadora. Tenho *Noites de Cabíria* (roubado de alguém, mas um dia vou devolver, prometo), o melhor filme de Fellini, para mim um dos melhores filmes do mundo. Tenho *La strada*, *Limite*, *Vidas secas*, *O Bandido da Luz Vermelha*... *Sansão e Dalila*, de onde tirei um diálogo inteiro de *O cinema falado*, aquele diálogo em que a Dedé e o Felipe falam em português com legendas em inglês e ao fundo o tema de *Sansão e Dalila* cantado por Emilinha Borba. Gosto daquilo, acho que lembra aqueles filmes de Bressane, de Sganzerla, com a Maria Gladys... Tenho *Rocco e seus irmãos*! Me esforcei anos! Anos! Ficava nessa agonia para ter o filme, é um dos que mais adoro. Ah, claro, tenho *Je Vous Salue, Marie*, que já vi mais de mil vezes. Acho muito

bonito *Prénom Carmen*, mas me entusiasmou menos que o *Marie*.
Mas também é ótimo. Aquela música em que você vê o quarteto
de cordas tocando Beethoven, a trilha do filme executada
à frente do espectador. O final é lindo, o cara dizendo "*cela s'appelle
l'aurore*", o título de um filme de Buñuel. Tão bonita aquela manhã.
Godard é o rei do fecho de ouro. Quem pode esquecer o final de
One Plus One, uma bandeira negra e outra vermelha subindo em
grua junto com as câmeras, e os atores correndo e os assistentes,
uma cena de filmagem com uma bandeira negra e uma vermelha
atadas às gruas. Aquilo vem numa velocidade tão bonita que
acelera o teu coração. Tenho vontade de fazer outros filmes para
tentar alcançar isso que é lindo no cinema: essa fluência poética das
imagens, que dizem muito, que têm muito a ver com pensamento.
Você vê muito isso em Godard, muito em Orson Welles. E muito
pouco em Pasolini. Pasolini não sabia filmar direito, não sabia
trocar de lente. Meu filme deve muito mais ao Pasolini e à sua
inépcia que à destreza deslumbrante de um Godard ou de um
Welles, que são como o cantar do Djavan, como Ella Fitzgerald
improvisando, um fluxo exuberante, coisas que você não encontra
facilmente em Buñuel e nunca em Pasolini.

CAETANO: Quando tinha uns dezenove anos, em Salvador, eu
escrevi um pouco sobre filmes. Sem ter um emprego fixo,
eu escrevia esporadicamente para o *Diário de Notícias*, para uma
espécie de Caderno B que era dirigido pelo Glauber, a quem fui
apresentado umas cinquenta vezes e ele nunca se lembrava de mim.
Apertava minha mão com uma mão mole. Quando Glauber veio
para o Rio, ele deixou aquele espaço para outras pessoas que
eu também conhecia e, como eu falava muito de cinema, pediram
que eu escrevesse uns artigos sobre filmes. Escrevi um sobre
Barravento, lembro que algumas imagens me impressionaram, e
eu gostei da montagem contrapondo os discursos do Pitanga às
imagens de candomblé, de praia, o nu e Luiza Maranhão rolando
pela duna do Abaeté. Então eu escrevi umas coisas meio tolas

talvez, dizia que a montagem era dialética. Lembro que escrevi também sobre *A grande feira*. E sobre *Hiroshima, mon amour*, que me deslumbrou, que adoro até hoje e que é outra fita que quero ter em casa.

E OS AMERICANOS?

Os ingleses e os americanos, por só conviverem com o cinema deles... Não sei, parece que falta uma perna no lance deles. Às vezes eu digo: "Eu não gosto de Woody Allen", mas não é que eu ache ruim. Até gosto, mas acho fraquinho. Os americanos ficam impressionados com aquele pouquinho de europeísmo. Nós no Brasil, especialmente a minha geração, crescemos vendo filmes italianos e franceses. E os americanos apenas conhecem um cinema sob vários aspectos muito primário e muito puritano. Eles não viveram, como nós vivemos, o cinema neorrealista, os franceses, coisas que fizeram parte da minha formação em Santo Amaro da Purificação. No *Cinema falado*, eu botei aquela conversa com um amigo meu de lá, que hoje é operário, falando de Fellini, de filmes que a gente via em Santo Amaro. Isso faz uma enorme diferença. Certos filmes que para nós são quase comerciais, em Nova Iorque passam em cinema alternativo. A cultura cinematográfica deles é monoglota e puritana. Até os anos 60 eles não tinham nem beijo de boca aberta. Eu não gosto daqueles beijos dos anos 50. Acho chatos aqueles beijos de Humphrey Bogart, aquilo é horrível. Eu me lembro que quando era menino não gostava de beijo na boca, achava cafona, detestava, achava que tinha outras coisas muito mais excitantes sexualmente que beijo na boca. Aquilo me parecia uma convenção do cinema americano, um ritual pop americano cafona que você tem que cumprir.

Mas você tem razão, os americanos são bem mais próximos de nós que os europeus. Quando eu vou à Europa me sinto com uma vontade louca de voltar, parece que estou longe demais. Nos Estados Unidos eu me sinto em casa. Não tenha dúvida, eles podem captar o nosso modo de ser urbanos de uma forma que os europeus não podem nem imaginar. Os americanos sabem muito bem o que é isso. Eles também são urbanos do Novo Mundo. Bem-sucedidos, mas do Novo Mundo. Os europeus não entendem direito nem o que são os Estados Unidos. No meu filme tem uma frase sobre *Paris, Texas* que me deu muito orgulho de ser vaiada naquela sessão do FestRio: "*Paris, Texas* parece com as fotografias de negros africanos tiradas por Leni Riefenstahl". A plateia vaiou muito. Todo mundo gosta de Wim Wenders e acha *Paris, Texas* uma maravilha. Eu acho bonito também, mas é um dramalhão. São imagens bonitas, mas congeladas. E a gente chega a se interessar pelo dramalhão até a hora do sermão do puteiro. Aí não tem quem aguente. O olhar dos europeus sobre os Estados Unidos é um olhar muito complicado. Um olhar que precisa transformar tudo em formações legíveis.

Falei tudo aquilo dos americanos, mas eu adoro o cinema americano. Naquele período heroico da *Cahiers du Cinéma* e do Cine Paissandu, eu só defendia o cinema americano. Até hoje. *E.T.* é maravilhoso. *Contatos imediatos* também. E tem o outro lado dos americanos, o underground. Nos anos 60, eles fizeram uma experiência radical com aqueles filmes do Andy Warhol. Eu revi há pouco *Heat*. Lembro de ter visto em Londres na época *Trash*, *Flesh*, *Lonesome Cowboys* e *Chelsea Girls*. Eram filmes incríveis naquilo em que eles se propunham ser radicais. E eles levaram o anti-hollywoodianismo às últimas consequências. Montagem não narrativa. Planos mais longos do que um americano jamais permitiria. Só os próprios americanos poderiam ir ao extremo oposto daquela maneira. E de uma maneira tão cativante, apresentando imagens irresistíveis sob certos aspectos. Não só Joe Dallesandro era lindo, um homem lindo, você não quer tirar o olho dele, como os filmes apresentavam um mundo alternativo ao mundo oficial que sempre se vê nos filmes. E isso era uma compensação para toda a ausência de sexo explícito, do nu, das intimidades da vida "não limpa" que Hollywood sempre rejeitou. Para que a gente tenha hoje um filme deslumbrante como *Rumble Fish* [Francis Ford Coppola, 1983] foi necessário o defloramento dos filmes de Warhol.

FALANDO EM SEXO, DEFLORAMENTO E NOVIDADE, NÃO HÁ COMO NÃO LEMBRAR DE PEDRO ALMODÓVAR.

Almodóvar, como cinema, como inspiração, capacidade, tudo, é muito mais interessante que qualquer dos alemães do novo cinema alemão. Mais que tudo que aconteceu do final dos anos 70 até hoje. *A lei do desejo* é o filme mais lindo dos novos diretores atuais. O mais imaginativo. Ele recuperou o beijo na boca. Em *Matador* e *A lei do desejo* tem beijos e cenas de ataque sexual como nunca vi no cinema. Porque ou você tem, normalmente, aqueles beijos de boca fechada, simbólicos, de antes dos anos 60, ou tem uma melação confusa, supostamente liberada, pós-60. Ou ainda um afastamento oblíquo e irônico de tudo isso que você pode encontrar na magnificência da arte em Godard e um pouco em outros autores. Mas uma visão de frente do que seja a captação do ato sexual, do beijo, do abraço sexual, nunca houve como em Almodóvar. Nunca! O calor sensual das imagens dele. O modo dos atores se comportarem diante da câmera com relação a amor e sexo é inédito para mim. Isso faz dele uma pessoa superior. Ele é cheio de graça, tudo ele olha com um olhar vívido. E aquilo acontece e entra num ritmo de filmes muito imaginativos. Ele pode se reaproximar da trama e do drama como só um espanhol com aquele tom poderia chegar. Essa capacidade de fazer drama sem ser uma paródia do drama. Não é paródia nem tampouco uma tentativa de restaurar o drama, como em *Paris, Texas*, que é o velho dramalhão moralista transformado em folhinha hiper-realista. Quando você vê *A lei do desejo*, aquilo é um drama que parece necessário. Que parece se referir a emoções que a gente realmente conhece. As coisas como se dão das relações interindividuais no MUNDO DE HOJE! Não como em *Sexo, mentiras e videotape*, um filme muito bonito, bem-feito, moderno mas que me parece meio desarrazoado: como é que num mundo em que uma pessoa pode ter uma vida sexual através de videotapes você ainda venha trazer aquela salvação por uma honestidade pequeno-burguesa? As duas coisas são anacrônicas. Não são contemporâneas. E as coisas nos filmes de Almodóvar são contemporâneas. São dramas que você pode vivenciar com uma intensidade muito grande, sendo contemporâneo! Não com saudade do drama. Não com respeito pela vontade de restaurar o drama. Não! São dramas possíveis neste mundo de valores desgarrados. No entanto, com a força de desejo, com o drama podendo acontecer talvez com mais intensidade do que ele jamais pôde acontecer.

LISTA DOS MELHORES FILMES DA DÉCADA DE 1980
(PARA A *TABU*):

Je Vous Salue, Marie, de Jean-Luc Godard
E.T., de Steven Spielberg
A lei do desejo, de Pedro Almodóvar
E la nave va, de Federico Fellini
Superoutro, de Edgard Navarro
Passagem para a Índia, de David Lean
Veludo azul, de David Lynch
O raio verde, de Éric Rohmer
Kagemusha, de Akira Kurosawa
O iluminado, de Stanley Kubrick
Down by Law, de Jim Jarmusch
Ginger e Fred, de Federico Fellini
Vitor ou Vitória?, de Blake Edwards

"REJEIÇÃO AO CINEMA BRASILEIRO É UM SINTOMA DE MÁ SAÚDE DO BRASIL"

ENTREVISTA A DAVID FRANÇA MENDES.
REVISTA *BANCO NACIONAL DE CINEMA*, TV MANCHETE, MARÇO DE 1994.
FRAGMENTOS EXTRAÍDOS DE UM VIDEOTAPE

QUAL A POSSIBILIDADE DE FAZER OUTRO FILME?

Olha, eu sempre tive vontade de fazer filme, mas dá muito trabalho.
Quando me veio à cabeça a ideia de fazer *O cinema falado* me
pareceu uma coisa tão fácil, e de fato foi, que eu decidi fazer rápido.
Eu pensei em primeiro lugar por causa do título, eu vi o filme do
Rogério Sganzerla, *Nem tudo é verdade*, em que aparecia a voz da
Aracy de Almeida cantando "o cinema falado é o grande culpado..."
com as imagens do filme. Aí eu pensei: "O cinema falado".
Poxa, podia fazer um filme com as pessoas falando, e pensei na hora,
rápido, em botar esse título. E tudo assim com trechos de literatura
que eu gosto. Pensei em botar o negócio do *Grande sertão*. Quando
eu contava o que era as pessoas se apavoravam.

E eu que tenho essa vocação para fazer filmes digeríveis,
facilmente, se eu tivesse, como eu disse mais cedo, produção
para fazer muitos filmes, eu ia fazer filmes agradáveis para
as pessoas assistirem. Mas, naturalmente, com muito pouco
dinheiro, não dá para fazer um filme simples, entendeu? Dá para
fazer um filme fácil de fazer, mas difícil de assistir. Quer dizer,
eu fiz uns exercícios de cenas, de filme, de uso de ator,
de relação entre câmera e ator, um negócio muito simples.
E fiz um contraponto da dança. O que eu mais gosto é o meu
irmão sambando. Ali tem a relação do samba de roda com a bossa
nova, do samba de roda direto para o João Gilberto.

Isso tem uma intenção assim de observação sobre a música,
sobre o samba, sobre João Gilberto, e a imagem dele dançando.
Ele samba maravilhosamente bem. E a casa da gente lá em

Santo Amaro, como aparece a varanda, e a música "Águas de março". Pra ser sincero, eu chorei na hora em que estava filmando, meu olho encheu d'água. Achei lindo.

O QUE VOCÊ PENSA DE GODARD?

Eu adoro Godard. Eu acho Godard um artista verdadeiro. Um grande artista. E o cinema deveria sempre estar agradecido à presença de grandes artistas no seu meio. Mas não é isso que sempre acontece. Acontece também muita reação. Tem um tipo de reação que não me interessa. Eu, naturalmente, teria muitas coisas a dizer sobre o que me pareceria frágil no acontecimento Godard dentro do cinema. Aos meus olhos. Mas não tenho nem tempo de fazer isso, porque tem tanta burrice querendo se afirmar diante de uma negação da dificuldade que traz ter havido esse acontecimento. As pessoas tentam negar, querem falar: "Não, Godard me interessou nos anos 60...". Mentira. Se tivesse interessado mesmo o cara não estava assim. "Mas agora eu estou mais maduro..." Não está. É tudo aquilo que eu acho uma burrice. Querem fingir que passou aquele tempo. Não existe isso, você não pode dizer assim "é, Stendhal foi muito bom no século XIX, Beethoven foi muito bom no século XVIII, mas já passou...". Não sei como é isso, não entendo o que quer dizer isso. Isso não quer dizer nada. Isso não quer dizer literalmente nada.

Porque a pessoa não abre a boca para dizer isso de Chaplin, ou de Bergman, ou de Hitchcock, entendeu? É sempre Godard. Por quê? É porque não querem enfrentar, não engoliram ainda, não é que já passou. Ainda não engoliram. É muito diferente. Tiveram que fazer um esforço para fingir que engoliram quando era moda. E agora: "Ah, relaxei, não preciso mais fingir que gosto de Godard".

O QUE VOCÊ GOSTA EM GODARD?

Godard? A inventividade, a inspiração e a competência. O show de bola, o não deixar cair a peteca. Ele tem aquela qualidade de encenação que Buñuel não tinha, que o Pasolini jamais chegou perto. O cinema brasileiro é muito falso em geral. A aproximação

dele com o cinema americano foi imensamente corajosa, porque
ele realmente chega lá. Ele passa além daquilo. Ele põe ali a
capacidade de cortar e de encenar de uma maneira fluida e firme,
crível e transcendente ao mesmo tempo. Como quem diz assim:
"É isso que eu gosto do cinema americano. Sei fazer. Mas quero
mais". Você vê isso o tempo todo no cinema dele. Pô, isso aí
é o cinema podendo ser profundo a respeito de si mesmo.

Je Vous Salue, Marie com aquela coisa luminosa, porque as
presenças das coisas da natureza são realmente civilizadas pelo
modo como é fotografado. O som é único. O sol, quando aparece,
não é que foi um sol que você poderia filmar. É aquele! Tudo o
que aparece. Aparece um jovem com um pedaço de pau na água.
O filme da mulher dele [Anne-Marie Miéville], que ele acoplou,
é bonitinho, mas atrapalha. Com a primeira imagem do filme
de Godard, tudo se transforma. Aquele primeiro é chatinho.
Da mulher dele. Mas quando começa *Je Vous Salue, Marie*,
com aquela coisa que se joga numa água, que treme, aquilo você
sente assim: puxa, parece vivo, parece que você está vendo algo
realmente divino.

Eu acho que essa rejeição ao cinema brasileiro é um sintoma de
má saúde do Brasil e por isso que eu me senti levado a propor
ao Gil que fizéssemos a canção "Cinema Novo". Eu acho que não
é admissível que você queira botar o cinema brasileiro como
a prova de que nós não somos um povo que funciona ou que sabe
fazer as coisas, ou que pode dar certo. Ou que nós não somos um
povo que deu certo em absolutamente nada.

O que quer dizer isso? Que as outras áreas de ação no
Brasil são superiores ao cinema necessariamente todo o tempo?
Que a imprensa brasileira é melhor do que o cinema brasileiro
necessariamente? Até corrupto? Tudo se imputava ao cinema
brasileiro. Por quê? O que quer dizer isso? Os pintores brasileiros
são excelentes pessoas e extraordinários artistas plásticos
reconhecidos em todo o mundo, os mais importantes da história

das artes visuais? E só o cinema brasileiro é que é uma vergonha para o Brasil? A literatura brasileira é a melhor do mundo? A imprensa brasileira é absolutamente excelente sob todos os pontos de vista? Por que o cinema é o saco de pancada? Por outra via, você deve pensar o seguinte: o que significa, num país como o Brasil, com as suas dimensões, com o tamanho do seu parque industrial, com as suas ambições e as suas frustrações, o que significa esboçar-se uma indústria cinematográfica?

O que significa para o próprio mercado mundial do cinema? O que significa para a presença dos grandes pesos econômicos do cinema internacional, notadamente do cinema norte-americano aqui dentro, uma possível vitalização industrial do cinema no Brasil? Eu acho que não há como você não botar isto como um peso a ser considerado. Eu acho que é por esse caminho que você deve pensar os esforços que foram feitos no sentido de criar um cinema no Brasil, não julgar ideologicamente. O que não é bom é a inautenticidade dessas posições, o deslumbramento dessa novidade, dessa liberdade de ser imbecil, que apareceu de uns anos para cá. A pessoa se sente orgulhosa de dizer "eu sou imbecil, não gosto de *Terra em transe*". Qual a beleza que há de a pessoa ir para um lugar de se sentir orgulhoso de dizer que não gosta de *Terra em transe*? Por quê? Eu não entendo. E aí todo mundo no jornal: "Fulano teve coragem, beltrano foi maravilhoso". Maravilhoso por quê? Não vejo isso. É preciso muito critério para alguém ter coragem de falar um negócio e ser importante. Para realmente significar coragem é preciso que apresente algo na argumentação ou no produto do seu trabalho que enfrente aquilo.

TEMPOS DE UMA BAHIA EFERVESCENTE

ENTREVISTA A LEÃO SERVA,
JORNAL DA TARDE, 17/08/1995

**COMO ERA O NOME DO REITOR QUE DINAMIZOU A CULTURA
DE SALVADOR NA VIRADA DOS ANOS 50 PARA OS 60?**
Edgard Santos. Acho que no governo Jânio Quadros ele saiu.
Ele foi um homem extraordinário. Para a minha vida, foi definitivo.
Tinha a escola de música que está lá até hoje, mas, naquela altura,
era dirigida pelo Koellreutter. Eu ia toda semana aos concertos
da reitoria, eles faziam concertos sinfônicos ou o que fosse,
de Beethoven a Gershwin, de Brahms a John Cage.

Tinha escola de teatro, de música, a primeira escola de dança
moderna no Brasil. Yanka Rudzka ensinava dança, uma dançarina
polonesa muito boa. Ele convidou as pessoas-chave, ele e o
governador Juracy Magalhães, que convidou a Lina Bo Bardi.
E ele, por sua vez, convidou Martim Gonçalves para dirigir a
escola de teatro, João Augusto Azevedo. Quando eu cheguei
a Salvador, em 1960, isso estava no auge.

**VOCÊ CRUZAVA COM GLAUBER ALI OU O CONHECEU
PELOS FILMES?**
Cruzei com o Glauber em muitos desses lugares, mas não fiz
amizade com ele. Lembro de ter visto uma palestra dele, antes
da exibição de *Umberto D.,* no Clube de Cinema da Bahia,
que era onde hoje é a rampa de acesso à plateia do Teatro Castro
Alves. O teatro tinha se incendiado, era um buraco negro.
Então, a Lina fez, no foyer, que é imenso, o Museu de Arte
Moderna da Bahia. A rampa era o Clube de Cinema, dirigido
por Walter da Silveira, e ela fez o cineminha do Clube, lindo,

com um design ligado ao artesanato popular do sertão da Bahia.
No buracão do teatro, onde é o palco, ela fez palco e plateia para
a montagem de Brecht, *A ópera dos três tostões* — "de três vinténs"
é dito aqui no Sul, lá chamavam de "três tostões", porque "três
vinténs", na Bahia, quer dizer "cabaço". Dizem: "Ela perdeu os três
vinténs". Então, a *A ópera dos três tostões* e o *Calígula* de Camus foram
montados nesse buraco, com música ao vivo tocada por músicos
da orquestra da universidade, da escola de música do Koellreutter.

NO BURACO, COMO UM TEATRO AO AR LIVRE?
Não. O buraco não era ao ar livre, era uma parede queimada, um
buraco negro mesmo. Ela fez um anfiteatro de madeira ali dentro,
sobre o palco queimado. Era muito bonito, lindo. O Antonio
Risério escreveu um livro agora, que se chama *Avant-garde na
Bahia*, justamente tratando desse período em que o reitor Edgard
Santos chamou figuras da vanguarda artística. Koellreutter até hoje
ainda é uma discussão dentro do panorama da música erudita no
Brasil. Martim Gonçalves e João Augusto Azevedo eram pessoas
de vanguarda do teatro. Yanka Rudzka, dança de vanguarda.
Isso é fundamental para se entender tanto eu, o Gil e a Bethânia,
quanto o Glauber, talvez até mais o Glauber e eu do que os outros.

FORMALMENTE, VOCÊ ESTUDAVA NA UNIVERSIDADE
FEDERAL DA BAHIA?
Estudava filosofia na própria universidade. Mas o curso não tinha
ninguém da vanguarda da filosofia. O reitor realmente se concentrou
nas artes, nas ciências. Ele fez uma intervenção firme na área
de geologia, por causa da Petrobras e desse negócio da Bahia de
exploração do solo, de minério. Mas a ênfase era sobre as escolas
de arte. A escola de teatro era uma coisa maravilhosa. O Pitanga
era ator da escola de teatro e fez o *Barravento* com o Glauber.

A SUA LIGAÇÃO COM O CINEMA NASCE JÁ DE INFÂNCIA
OU É DESSA ÉPOCA?
De infância, de Santo Amaro.

QUAL FOI O PRIMEIRO FILME QUE VOCÊ LEMBRA DE TER VISTO?
Não sei. Em Santo Amaro, eu via filmes desde que me entendo
por gente. Acho que ia todo dia ao cinema. Teve até três
cinemas lá. Hoje não tem nenhum. Mas, no período em que
tinha dois, cada um deles passava por dois dias um filme.
Então você via um num cinema e, no outro dia, o do outro.
Então, eu ia toda noite ao cinema.

**A TV E O VIDEOCASSETE MATARAM UM POUCO ISSO,
PROVAVELMENTE.**
A televisão contribuiu muito para que não haja nenhum cinema
em Santo Amaro. Faz muita falta. Naquela época também
apresentava maior variedade, tinha filmes italianos, franceses
e mexicanos num número tão grande quanto filmes americanos.
A minha geração deu sorte. Eu me lembro de minhas primas
mais velhas, o pessoal mais velho de minha casa, todos
sempre se referiam a filmes americanos dos anos 40 e início
dos anos 50. Mas no meio dos anos 50, quando eu já estava
crescendo, já tinha tantos filmes italianos, franceses e mexicanos
quanto os americanos. Até os anos 60 foi assim. Hoje só tem
filme americano.

ESSA ABERTURA OCORREU GRAÇAS À NOUVELLE VAGUE, NÃO?
Foi antes. Foi o neorrealismo.

**QUANDO VOCÊ CHEGOU A SALVADOR SERIA NATURAL SUPOR
QUE ESCREVESSE UMA COLUNA DE MÚSICA, MAS A COLUNA
ERA SOBRE CINEMA. VOCÊ JÁ ERA UMA PESSOA CONHECIDA
EM SALVADOR COMO UMA REFERÊNCIA EM CINEMA?**
Eu não era conhecido. Escrevi muitos artigos para o jornal
de Santo Amaro, mas para Salvador escrevi alguns poucos.
Acontece que eu não tinha a menor ideia de que ia me
profissionalizar como músico e tinha vontade de fazer cinema.

CURIOSO ISSO.
Eu pintava e queria fazer filmes. Agora, tocava piano, cantava,

depois comprei um violão. Com tudo isso, a figura que mais me interessava e me impressionava era João Gilberto. Eu queria fazer outra coisa, mas achava a grande figura do panorama cultural brasileiro o João Gilberto.

Ele foi fundamental para me dar uma unidade da ideia de modernidade. Mas esses orientadores das escolas de arte, da universidade e do Museu de Arte Moderna da Bahia foram determinantes na minha formação, porque eu ouvi João Gilberto quando estava em Santo Amaro e aquilo me deu uma ideia geral. Quando cheguei a Salvador, encontrei muita informação didaticamente apresentada por essas escolas. Não que eu fosse aluno, estivesse inscrito em nenhum curso, nunca estive, nem de música, nem de teatro, nem de nada. Na verdade, fiz um curso de férias de dança, com Yanka Rudzka, um mês ou quinze dias, e com Rolf Gelewski e também com Klauss Vianna.

QUE BARATO. ELE TAMBÉM ESTEVE POR LÁ?
Ele morava em Salvador, anos. Foi meu professor nesse curso de férias.

AINDA NO COMEÇO DOS ANOS 80, VIANNA ERA UM MITO. EM SÃO PAULO, VÁRIAS PESSOAS QUE FAZIAM DANÇA DE UMA MANEIRA MAIS FORMAL, QUANDO QUERIAM UMA COISA MAIS LIVRE, TINHAM DE PASSAR POR KLAUSS VIANNA.
Pois é. Ele era professor da universidade na Bahia. Foi o único curso que eu fiz um pouquinho. Mas as exposições e os espetáculos foram fortissimamente influentes na minha formação. E também para o Glauber. Agora, o Glauber, sim, já era uma pessoa conhecidíssima em Salvador, antes de dirigir qualquer filme.

COMO CRÍTICO?
Como crítico, agitador cultural, como uma figura que era considerada por todos como gênio. Já no curso secundário, ele tinha dirigido as Jogralescas com a irmã, a Anecy, e Paulo Gil Soares, que também é cineasta e dirige televisão hoje. Eles tinham um grupo chamado Jogralescas, que interpretava poesia moderna

brasileira, mais ou menos como os Jograis, mas não era sempre uma poesia declamada oralmente, também individualmente e meio teatralizada. Eu não cheguei a ver, dizem que era muito interessante. Ele já era conhecido entre os estudantes, quando era adolescente, essa história até chegou à imprensa como uma coisa bonita que ele dirigia no Central. Depois disso, ele começou a escrever crítica de cinema, um curta que se chamava *O pátio*, que foi muito discutido e impressionou muito.

FOI RECUPERADO HÁ POUCO TEMPO.
Pois é. Eu nunca vi *O pátio*.

EU RELACIONEI, SÓ DE MEMÓRIA, UMAS SEIS MÚSICAS SUAS QUE TÊM REFERÊNCIA EXPLÍCITA A CINEMA E ME PERGUNTO SE "CLARICE" NÃO É TAMBÉM UMA MÚSICA CINEMATOGRÁFICA.
"Clarice" eu fiz sobre um texto de Capinan, que ele já me deu inteiro. Tem alguns cortes na composição, mas aquilo era mais ou menos frequente naquela época daquelas canções de festival, uma parte lenta e depois uma parte rápida.

PORQUE TEM "NA MATINÊ DO CINEMA OLYMPIA".
Tem o Cinema Olympia, tem o *Cinema transcendental*.

DEPOIS TEM A REFERÊNCIA AO ELECTRIC CINEMA, NO *TRANSA*.
Na "Trilhos urbanos" tem cinema também. *Cinema transcendental*. Que mais?

MAS DEPOIS VOCÊ SE REFERE A GIULIETTA MASINA. SÃO ESSAS QUATRO REFERÊNCIAS EXPLÍCITAS. EU PERGUNTO COMO É A INFLUÊNCIA DO CINEMA EM SUA CRIAÇÃO POÉTICA OU MUSICAL.
Indiretamente, muitíssima. Em primeiro lugar, desde sempre o gosto pelo cinema e a vontade de fazer cinema e o hábito de ver muitos filmes, falar sobre eles e discutir o assunto, levavam-me a, em tudo que fizesse, botar alguma coisa desse gosto e desse conhecimento. Então, nas canções também

eu acho que tem alguma coisa do cinema, em todas as canções que eu fiz. Tem uma música que eu fiz chamada "Clever Boys Samba", que não foi gravada.

É DESSA ÉPOCA ANTIGA?
É, fala em Brigitte, Belmondo, em Alain Delon. É curioso porque em "Alegria, alegria", anos depois, tem Brigitte Bardot e Claudia Cardinale.

MUITOS CRÍTICOS FALAM DOS CORTES CINEMATOGRÁFICOS NA MÚSICA "ALEGRIA, ALEGRIA".
O Augusto de Campos já falava no *Balanço da Bossa* que o Décio Pignatari tinha chamado a atenção para a diferença entre "Domingo no parque" e "Alegria, alegria". A música de Gil era mais eisensteiniana, com cortes assim: "O sorvete é morango, olha a rosa, a rosa e o sorvete". E que "Alegria, alegria" parecia Godard. Eu acho muito certo, porque Godard foi uma influência muito profunda em mim. Mas foi definitivo para que aparecesse o tropicalismo eu ter visto *Terra em transe* e ter me impressionado da maneira que me impressionei.

SE VOCÊ FALASSE ASSIM "DAS DUAS, UMA", É O *TERRA EM TRANSE* OU *O REI DA VELA*?
Se eu tivesse de escolher, sem dúvida nenhuma diria *Terra em transe*, por diversas razões. A primeira delas é que a visão de *Terra em transe* antecedeu ao tropicalismo. Quando vi *O Rei da Vela*, meu disco já estava feito, já tinha feito "Tropicália", "Alegria, alegria", "Superbacana", já estava tudo pronto. Eu apenas vi ali uma confirmação do que esteticamente me interessava.

Uma outra razão é que no próprio *Rei da Vela*, no programa, o Zé Celso credita também a *Terra em transe* do Glauber, assim como a Chacrinha. Nós também creditávamos muito a Chacrinha. É curioso que nós nos referíamos a Glauber e a Chacrinha, e o Zé Celso, também.

MAS VOCÊ ERA AMIGO DO ZÉ CELSO NA ÉPOCA?
Não. Eu não o conhecia. Tinha visto duas montagens do Oficina,
mas que nada tinham a ver com isso. Tinha visto os *Pequenos
burgueses* e achei maravilhoso, mas, comparado com o Arena,
era um teatro mais tradicional. Mas eu achava mais sensível
também. É curioso.

Mas *O Rei da Vela* foi uma virada do Zé Celso, como
o tropicalismo para nós, e foi ao mesmo tempo e teve alguns
dos mesmos estímulos, sobretudo Glauber e Chacrinha.

**E O QUE EM *TERRA EM TRANSE* DESPERTA O EMBRIÃO
DO TROPICALISMO?**
São várias coisas. *Terra em transe* tinha uma liberdade em
relação aos cânones políticos que já interessava, mexia
com assuntos de política do Brasil de uma maneira livre dos
preconceitos habituais da época. Por outro lado, tinha uma
quase alegoria do Brasil, delirante mas a um tempo muito
grotesca, e internamente muito afirmativa de um Brasil de grande
destino místico. Há uma coragem de exibir o horror que é a
vida brasileira e, ao mesmo tempo, uma imagem sebastianista
subjacente. É impossível que não se perceba que o tropicalismo
todo tem a ver com essas coisas.

**PELO MENOS PELA REFERÊNCIA AO FERNANDO PESSOA
HÁ UMA COISA EXPLÍCITA DE SEBASTIANISMO NAQUELA LEITURA
QUE VOCÊ FAZIA DO POEMA "D. SEBASTIÃO"?**
No "É proibido proibir" fiz uma coisa explícita. Mas isso
é uma coisa gozada porque está no cinema de Glauber, terminou
estando presente na formação de todo o Cinema Novo,
mas nunca foi uma coisa explicitada porque o Glauber não
desejava jogar essa ideia às feras.

QUAL FOI SUA MAIOR EMOÇÃO CINEMATOGRÁFICA?
Houve muitas em diversos momentos da minha vida, mas a que
repercutiu mais foi a visão de *La strada*. Eu tinha quinze anos,
tinha morado um ano no Rio, estava de volta a Santo Amaro e vi

La strada num domingo de manhã. Não sabia nem o que ia ver.
Fui ver como tinha ido ver tantos filmes italianos. Passei o resto
do dia chorando, não comi, minha mãe ficou preocupada.

**OS FILMES ITALIANOS DE ALGUMA FORMA SÃO
A SUA INFLUÊNCIA MAIS FORTE.**
Eu gosto muito de filme italiano.

**HOJE AS PESSOAS DÃO MAIS VALOR INTELECTUAL
A CERTOS FILMES AMERICANOS QUE SÃO SUCESSOS COMERCIAIS.
NA ÉPOCA VOCÊ FAZIA UMA CRÍTICA FORTE AO CINEMA
AMERICANO COMO COMERCIAL.**
Hoje eu faria a mesma coisa, sabia? Nesse momento, eu faria
com razão a mesma coisa. Você vê que nas letras tropicalistas
as estrelas são europeias, é um pop de estrelas europeias, não
tem Marilyn Monroe, nem Elvis Presley, nem Clark Gable,
nem Grace Kelly. Tem Brigitte Bardot, Claudia Cardinale, Belmondo,
Alain Delon, é tudo europeu. Mas uma vez deflagrado o tropicalismo,
eu justamente estava começando a recuperar o gosto pelos filmes
americanos, aqueles que eu vi quando cresci e na adolescência comecei
a aprender a desprezar por um exercício intelectual e uma pretensão
intelectual também que, aliás, acho muito saudável que exista, senão
você não se liberta, você não nega o que tem na sua frente, vira esse
pastel de hoje em dia. Todo mundo vê aqueles filmes americanos, uma
porção de carros batendo, e todo mundo vendo somente isso. É como
essas baladas americanas que tocam de noite no rádio, não tem quem
aguente mais. Então acho bacana quando há uma pretensão. Mesmo
que pareça inautêntica, por um período é saudável, é bom.

**É BOM DESAFINAR UM CORO. MAS QUANDO VOCÊ DESCOBRE
O RESPEITO PELO FILME AMERICANO?**
Foram os franceses que deram essa importância estética
ao cinema comercial americano e criaram mitos de grandes autores.
A ideia de que todos esses personagens do cinema americano
como Howard Hawks e mesmo Hitchcock fossem autores é uma
coisa mais ou menos fictícia alimentada pelos franceses, mas uma

coisa muito boa. O Godard escreve um artigo enorme, como se estivesse falando de um livro de Balzac, sobre um filme de Douglas Sirk, e Douglas Sirk é o novelão das oito, mas é maravilhoso.

QUANDO VOCÊ DE ALGUMA FORMA ELOGIOU ESSA CULTURA MAIS VOLTADA PARA O COMÉRCIO, TAMBÉM O CORO NO BRASIL ESTAVA ANTIAMERICANO, NÃO É? HAVIA UMA PROVOCAÇÃO SUA?
Tinha um lado de provocação. O próprio Cinema Novo era cheio de diretores europeizados e que não tinham dado a devida importância ao cinema americano, mas já estavam dando. Eles eram muito por dentro. É claro que *Terra em transe* tem muita coisa que não condiz com o que nós viemos a fazer depois ou com o que nós desejávamos. Tem alguma coisa ali que é demasiadamente Villa-Lobos e muito pouco Oswald de Andrade, o que de certa forma nos afasta relativamente de Glauber. Por isso que ter visto *O Rei da Vela* foi tão importante para mim, porque foi ali que eu encontrei Oswald. Oswald não era ensinado nas escolas. Eu estudei literatura brasileira, falava-se em Mário mas em Oswald, nada. Depois, quando vi *O Rei da Vela*, fui direto no Oswald. O Glauber, uma vez, conversando comigo em Londres, falou: "Eu não me ligo muito em Oswald de Andrade. É bacana, é maravilhoso, mas não me ligo muito". De uma certa forma ele tinha Oswald demais em si mesmo para citá-lo.

E GLAUBER ERA MUITO MAIS SEBASTIANISTA.
Messiânico. Uma outra coisa que também me parece é que o Glauber queria experimentar, como Villa-Lobos, uma exportação real, uma conquista de prestígio internacional efetivo, e não uma ideia desmedida de uma produção de poesia de exportação indiferente às malícias da atualidade, como era o caso da ideia de poesia de exportação do Oswald.

O Glauber, de uma certa forma, perseguia uma afirmação nesses termos que o Villa-Lobos conseguiu. Além das outras identificações a que eu me referi, um resquício de subjetivismo romântico, uma ideia de patriotismo nacionalista.

EM CAMPOS SEMELHANTES TAMBÉM, PORQUE MÚSICA E CINEMA TÊM UMA FACILIDADE MAIOR DE CONTATO.
A música mais, mas o cinema tem uma capacidade de se comunicar sem depender totalmente da música. Se fosse assim, eu acho que o Guimarães Rosa teria um lugar na literatura moderna mundial, se a língua portuguesa fosse conhecida.

LOCALIZE *O ARCHOTE*. ERA UM JORNAL DE SUA TURMA?
Não, de gente mais velha. Poucas pessoas mais jovens estavam envolvidas. Eu já estava em Salvador e ia para Santo Amaro, passava as férias e às vezes ia no meio do ano porque é muito perto. Eu fui para Salvador em 1960 e nesse ano eles me pediram para escrever para *O Archote*. Todas as vezes na minha vida em que escrevi para algum jornal escrevi sem conhecer a redação do jornal. Nunca entrei numa redação de jornal. Aquilo ali eu mandava para o *Archote* porque alguém me pediu, acho que foi o professor Édio, que me ensinava história no Teodoro Sampaio. Teodoro Sampaio era santamarense.

VOCÊ ESCREVEU SOBRE CINEMA TAMBÉM PARA O *DIÁRIO DE NOTÍCIAS*?
O Glauber dirigia o caderno cultural.

FOI NA MESMA ÉPOCA DO *ARCHOTE*?
Um pouquinho depois, em 1962, 1963. Eu escrevi a crítica de *Barravento* no *Diário de Notícias*. Escrevi uma crítica de *A grande feira*, um outro filme brasileiro. Para esses jornais grandes eu escrevi sobre filmes brasileiros. Escrevi sobre *Hiroshima, meu amor* para uma revista pequena chamada *Afirmação*, dirigida por Hélio Rocha, baiano, professor de sociologia, muito querido sobretudo das esquerdas católicas em Salvador, mas que tinha sido um grande orador integralista que antes tinha convertido José Celso Martinez ao integralismo. Isso não tem a ver com o cinema, mas é engraçado.

**FAZ CINQUENTA ANOS DA BOMBA AGORA E NA ÉPOCA
EM QUE VOCÊ ESCREVEU FAZIA QUINZE, DEZESSEIS
ANOS MAIS OU MENOS.**

Foi na véspera do meu aniversário, dia 6 de agosto. Eu ia fazer três anos, foi na véspera do dia em que ia fazer três anos. Eu ouvi falar, tinha essa história de Hiroshima, mas aquilo foi ficando longe. Nós crescemos, na minha geração, sob uma ilusão mantida tacitamente de que o Brasil estava fora disso, protegido. Todo mundo de esquerda e as pessoas falavam do Nordeste, da seca, da distribuição de renda e das reformas de base. Quando se falava em bomba atômica ou algo assim, logo era chamado de alienado, porque o Brasil não tinha nada a ver com isso.

***HIROSHIMA, MEU AMOR* FOI UM GRANDE IMPACTO PARA VOCÊ?**

Foi. Esse filme foi uma maravilha. Eu adorei, adoro até hoje.

O SEU ARTIGO PARA *O ARCHOTE* É MUITO APAIXONADO.

Gosto até hoje desse filme. Foi mais um choque formal de cinema do que um choque de informações sobre a bomba em Hiroshima, para mim e para todo mundo que eu conhecia: Duda Machado, Alvinho Guimarães, com quem eu andava nessa época. O Duda Machado era com quem eu mais conversava sobre filmes bons. Eu só andava com ele e ele era extremamente inteligente, muito mais culto do que eu, embora mais jovem. Foi o Duda quem me chamou para Godard, porque eu adorava Fellini. Adorei *Hiroshima, meu amor*, achava o filme francês mais bacana que tinha aparecido. Adorava Visconti, *Rocco e seus irmãos* foi um dos filmes que mais me impressionaram na vida. E Antonioni eu achava relativamente ridículo, mas ao mesmo tempo muito interessante, com coisas lindas.

**VOCÊ É DURO COM ELE NUM DOS ARTIGOS, QUANDO
O COMPARA COM FELLINI.**

Eu gosto mais do Fellini. A visão de Antonioni do que seja cinema é personalíssima, aquilo é ele, é uma coisa muito dele. Ele não é retórico como Fellini e seu filme não tenta dizer algo que não pode. Esse texto eu acho muito impressionante porque

parece uma crítica de cinema moderna americana, parece Pauline
Kael. "Ele não é retórico como Fellini e seu filme não tenta dizer
algo que não pode", é como a Pauline Kael gosta de escrever.
Até aí está totalmente moderno. Aí vem: "Apenas olha o homem".
Aí já sou eu com dezoito anos em Santo Amaro. Eu era um profeta
de Pauline Kael em Santo Amaro.

EM 1960.

O mundo tornou-se uma comunidade urbana internacional com
valores universais e muita gente não se deu conta disso, nem em
Nova Iorque, nem em Paris, nem no Rio, nem em Santo Amaro.
Mas algumas pessoas se deram conta disso em Nova Iorque,
em Paris, em Amsterdã, no Rio e em Santo Amaro. Eu sou uma
dessas pessoas. Eu vejo que é isso: você está falando do que pode ser
falado por todo mundo numa realidade compartilhada, numa visão
no seu essencial compartilhada. Isso modifica o modo de se ver
a ideia tanto de áreas dominantes cultural ou civilizacionalmente,
quanto de centro e periferia, quanto de metrópole e província.
Essas coisas também mudaram. Esses metropolitanos pretensiosos
que supõem defender as conquistas das urbanidades modernas
contra um suposto ruralismo provinciano, arcaico e pré-moderno,
se esquecem que uma das características fundamentais dessas
urbanidades é justamente o seu caráter de universalidade, de coisas
que podem ser ideias e visões que podem ser compartilhadas
no seu essencial por pessoas capazes em qualquer lugar que seja.
Esse algo fundamental é justamente a universalidade.

**VOCÊ ESTÁ FALANDO DO MUNDO DAS IDEIAS, E NO MUNDO
DOS CORPOS HÁ A MESMA IDEIA. POR EXEMPLO, OS AMERICANOS
QUERENDO BARRAR A ENTRADA DO COSMOPOLITISMO NA FIGURA
DOS IMIGRANTES NOS ESTADOS UNIDOS.**
Na Europa também. A reação aos imigrantes é real. Mas o modo
como eles são enfrentados no pensamento muitas vezes é legítimo.
A Europa não pode ao mesmo tempo se vangloriar de ter descoberto
verdades universais e tentar defender-se contra a universalização
dessas ideias por causa de nacionalismos ou de racismo mesmo,

da suposição de que a contribuição da raça branca é superior. Mas isso já é um problema mais político. O que eu estava falando era a questão do provinciano, que tem mais a ver com a minha experiência e como escrevia essas críticas quando era menino em Santo Amaro e em Salvador, com dezoito, dezenove anos, e pude escrever uma frase de Pauline Kael. Aqui eu acho que teve consequências nocivas esse estilo de crítica americano, que é muito interessante, pode ser aproveitado saudavelmente, mas as consequências têm sido lastimáveis. Quando tínhamos Alex Viany, Walter da Silveira, sobretudo o crítico paulista Paulo Emílio Sales Gomes, eram pessoas que iam para o cinema, e que gostavam de cinema, interessadas em tratar com respeito e fazer exigências profundas com relação aos filmes, pouco importando se chegassem à conclusão de que em cada caso foi o diretor responsável principal ou se a responsabilidade foi dividida entre escritor, diretor e fotógrafo. Enfim, tinha uma seriedade, uma exigência diante do cinema que hoje você não encontra na crítica. A crítica tornou-se uma espécie de orientação do consumidor. A Pauline Kael escreve uma crítica que é conversa de gente chique em Nova Iorque sobre filmes. Isso é interessante, fica chique na revista *New Yorker*. Mas, sinceramente, você abrir o jornal hoje no Brasil para ler as pessoas dizendo "tal filme não vale a pena ver", parece que todo mundo vê o filme junto, é uma conversinha. Entendeu? A pessoa não tem coragem de achar que pode exigir do filme o que pode.

POUCOS GRANDES INTELECTUAIS FAZEM HOJE TRATADOS DE CINEMA NO MUNDO. AGORA, NO BRASIL, MUITO POUCOS VÃO COM SERIEDADE E DEVOÇÃO AOS FILMES.

A Pauline Kael ama o cinema e tem uma visão muito americana daquilo, ela é muito prática, muito sincera com relação a isso que é divertimento. Ao mesmo tempo, ela lê Balzac e ouve chamber, enfim, refere-se a essas coisas de uma maneira elegante quando está falando dos filmes. Às vezes ela fala: "Isso aqui é como Balzac, como Dostoiévski". Aí vem um nomão, mas isso no meio de uma conversa assim: "As pessoas choram, mas outras se levantam". Parece que é uma conversa inconsequente, embora ela demonstre cultura. A própria desmistificação que ela fez do *Cidadão Kane*, de Orson Welles, em prol de um cinema mais descontraído, já é um encaminhamento para isso: o medo do filme pretensioso e da crítica pretensiosa no bom sentido.

E É UM POUCO ISSO QUE ACONTECIA COM VOCÊ. AOS DEZOITO ANOS, ERA DE ALGUMA FORMA PRETENSIOSO VOCÊ FALAR PARA AS PESSOAS: "VEJAM ISSO".

São filmes de alto nível cultural, são uma visão profunda sobre as relações sociais no mundo de hoje. Enfim, alguma coisa que não se tinha vergonha de dizer, nem de fazer os filmes pensando nisso. Hoje em dia, um filme como *Pulp Fiction* [Quentin Tarantino] é um filme excelente, muito bonito, tem uma cinematograficidade muito grande, uma espontaneidade, uma viveza, uma graça incontestáveis, mas é um filme desse credo: "Estamos aqui, o papo é baixo e é isso. Fora disso vai ser pretensão ridícula". Eu não acho.

O QUE VOCÊ VIU RECENTEMENTE QUE SERIA UM CINEMA QUE VOCÊ ADMIRA?

Eu não tenho dúvida de que isso está nos momentos bons do *Hélas pour Moi*, de Godard. Mas está, intensamente, em *Je Vous Salue, Marie*, um filme que já está com alguns anos de idade. Mas é novo na história do cinema. Eu acho que tem graça, viveza, interesse, originalidade, tudo isso que há em *Pulp Fiction*, em Almodóvar. Almodóvar supõe mais pensamento, embora nada disso eu compararia com o que vejo no Godard. Antes disso e permanecendo depois disso, eu fui um grande fã do cinema americano e nunca deixei de ser. Sobretudo gostava dos musicais e de muitos outros filmes de trama policial, até alguns de caubói. Acho o cinema americano uma coisa maravilhosa.

Mesmo no período em que eu escrevia essas coisas, eu tinha dezoito anos mas tinha lúcida consciência de que era uma batalha no sentido de frisar um aspecto oposto ao dominante. Embora visse os filmes europeus na mesma quantidade que os americanos, percebia-se a maior facilidade de comunicação dos filmes americanos e a maior comercialidade deles. Eu não perdi de vista que existe um padrão de feitura americano que é responsável pela grandeza e pela limitação do cinema americano. Há uma capacidade numa direção da utilização do cinema, realizada às últimas consequências pelos americanos, que não fica em sugestões e mera potencialidade. É uma realização que faz com que o cinema americano possa de fato ser cinema. Todas as tentativas de criar essa coisa "o cinema" redundaram em Hollywood.

NAQUELA ÉPOCA, VOCÊ ERA MUITO CRÍTICO COM ISSO. HOUVE UM MOMENTO EM QUE VOCÊ ERA MENOS CRÍTICO.
Passei a ser um apologista.

AGORA ESTÁ CRÍTICO DE NOVO.
De novo crítico.

O QUE TEM NO BRASIL, ESSA ABERTURA TE ASSUSTA UM POUCO?
É no mundo inteiro a presença do cinema americano. Eu vou à Europa todo ano e todo mundo sente isso, é perceptível, é asfixiante e é entediante. Eu não gosto de ir para o cinema ver carro batendo, não gosto de ver aquela infantilidade supostamente bem-feita.

São os truques para enganar a velocidade do olho, a velocidade da emoção, da compreensão. Enfim, é um domínio do conhecimento, da capacidade de atenção do espectador médio, que está ali levada à sua excelência e que também mostra a chatura da medianidade, qualquer que ela seja.

AGORA, VOCÊ ELOGIOU MUITO O *E.T.* [STEVEN SPIELBERG].
Eu ia chegar nisso. Acho um filme deslumbrante, um lindo filme, é a obra-prima de tudo isso, é o coroamento dessa afirmação do cinema americano como essa capacidade de magia, como infantilidade realizada como experiência quase transcendental pelo espectador sensível. Não falo dos imbecis que ficam só dizendo besteira, falo assim: eu e Akira Kurosawa, gente que vai ver *E.T.* e chora, acha o máximo.

E KUROSAWA HOJE SÓ EXISTE PARA O CINEMA PORQUE GENTE COMO SPIELBERG E GEORGE LUCAS FINANCIAM OS FILMES DELE.
Ou seja, o cinema existe e se move. Não é também essa fatalidade de Hollywood e dos carros batendo e júri. E depois nunca foram bons de sexo no cinema americano, é muito chato. Antigamente eram aqueles beijos de boca fechada, que hoje em dia querem dizer que era ótimo. Não era ótimo, são horríveis. É um emblema engraçado, primário, infantil. É como desenhar um homem com duas bolinhas e uns tracinhos para fazer os braços e as pernas. É diferente dos filmes italianos e franceses da mesma época, em que você sente o cheiro da pessoa.

TALVEZ POR CAUSA DA CENSURA QUE HAVIA.
Uma censura introjetada pela sociedade americana. Aquilo é ruim, é chato. Agora que liberou, eles não sabem fazer. Eles querem fazer como os franceses. É claro que toda arte tem de ter estilizações; às vezes, revistos como uma garrafa de Coca-Cola ou uma lata de sopa Campbell's, aqueles beijos são lindos. Você vê que aquilo é uma manifestação do inconsciente, uma expressão artística às vezes muito superior aos filmes franceses ou italianos.

Mas, por outro lado, você também fica puto de ter de ficar submisso àqueles beijos de boca fechada, àquela falta de conhecimento das coisas. Quando liberou, eles não acertaram a mão também. As cenas de sexo daquele filme que tem esse homem, o filho de Kirk Douglas, é uma das coisas mais abjetas que a humanidade já viu, é uma coisa repelente. Eu prefiro ter uma perereca na minha boca do que aquele homem andando na minha sala. Michael Douglas, o fim. Por exemplo, filmes como *Nove semanas e meia* é um dos piores que já vi em toda a minha vida. Aquele outro que tem a Sharon Stone.

EM QUE ELA ABRE AS PERNAS DURANTE UM INTERROGATÓRIO POLICIAL.
Cruza a perna e aparece a xota, ok, um segundinho. Mas eles não deviam namorar, ela não devia conhecer aquele homem, não devia

transar na chuva com aquele homem. É horrível. É *Instinto selvagem*, terrível. Não é um filme ruim como *Nove semanas e meia*, porque este é malfeito, amadorístico, mal iluminado, mal fotografado, mal dirigido, os atores são péssimos, são feios, representam mal, são repelentes, mal filmados, e o diretor não sabe fazer filme. Aquilo ali é de um amadorismo, o pior filme brasileiro é melhor tecnicamente do que *Nove semanas e meia*. E *Eu te amo*, o mau filme de Jabor, do qual ele foi decalcado, roubado, copiado, é mil vezes melhor artisticamente. É o pior filme de Jabor, mas é mil vezes melhor que *Nove semanas e meia*.

VOCÊ VIU *BANANAS IS MY BUSINESS* [HELENA SOLBERG]?
Vi, ontem à noite. Gostei.

**QUANDO VOCÊ ERA PEQUENO, CARMEN MIRANDA
ERA ESSA POTÊNCIA NOS ESTADOS UNIDOS?**
Quando eu era criança, ela era casada com David Sebastian, e era deprimida, decadente, tinha caído de moda, mas ainda todo mundo se lembrava dela, era um orgulho do Brasil. Mas, ao mesmo tempo, era uma figura um tanto ridícula, que era vista assim com um certo dissabor, com uma pitada de constrangimento. Minha mãe falava que ela era tão engraçadinha no princípio, aqui no Brasil, antes de viajar, e também fez uns filmes americanos em que estava boa. Mas depois, coitada, estava horrível, diz que fazia shows e televisão nos Estados Unidos, que a gente não via aqui. Não tinha televisão na Bahia nesse tempo. Depois ela veio para cá, ficou um tempo, voltou para lá, morreu e houve um enterro imenso, que foi uma comoção, todo mundo chorando. Eu era criança. *Bananas Is My Business* é bom, tem umas coisas maravilhosas. Muita coisa faz falta, não entrevistou o Dorival Caymmi, mas muita coisa é uma surpresa maravilhosa. Synval Silva, sendo filmado cantando e falando, vale o filme.

NO SET DE *FALE COM ELA*, DE PEDRO ALMODÓVAR.

A ÚLTIMA CEIA COM ALMODÓVAR

ENTREVISTA A ANDRÉS RODRÍGUEZ.
"LA ÚLTIMA CENA DE ALMODÓVAR Y CAETANO VELOSO" (TÍTULO ORIGINAL).
ROLLING STONE, N. 10, MADRI, AGOSTO DE 2000

CAETANO: Você sabia que no Brasil você é um escritor de sucesso?

ALMODÓVAR: (*risos*) Você se refere a *Fogo nas entranhas*, um livro de histórias eróticas que foi publicado na Espanha há doze anos e que aqui está fora de catálogo. Aqui foi publicado e ilustrado por Mariscal. É a história de um espião chinês, Chu Ming Ho, com várias amantes, que para se vingar delas cria um absorvente envenenado que as torna todas loucas e ninfomaníacas.

CAETANO: É fantástico. Uma arma feminista que faz mal aos homens.

ALMODÓVAR: Bem, faz mal aos homens porque os mata de tanto foder. Lembro que em algum momento fiquei tentado a incluí-lo [o livro] num roteiro, mas ele era muito brutal. Suponho que me ocorreu escrevê-lo em meio aos excessos dos anos 1980, mas logo a praga da aids tomou conta de tudo e eu descartei filmá-lo. Se fosse filmá-lo, imagine o momento em que entram uns saltos e umas pernas de uma mulher... é como se entrasse o perigo. E os brasileiros, que são loucos, agora o traduziram numa edição muito pequena, muito bonita, mas graciosa.

CAETANO: Sim, isso é muito gracioso.

ALMODÓVAR: É mesmo. Li o meu livro em português, porque se pode entender perfeitamente, e é muito engraçado que ele esteja entre os mais vendidos. Dado o sucesso no Brasil, talvez devêssemos publicar... mas não sei se aqui os leitores se inteirariam, porque no seu país, sim, eles sabem o que o protagonista chinês buscava nas entranhas.

CAETANO: Uma moça, que é namorada de um amigo de Moreno, trabalha numa editora que teve a ideia de editá-lo no Brasil.

ALMODÓVAR: No Brasil, eles só precisam de um pretexto para o lúdico, e imagino que tenham entendido meu livro dessa maneira.

CAETANO: Minha mulher, Paula, diz que às vezes Pedro é muito moralista e que estar no Brasil o interessa, o diverte, mas ao mesmo tempo o transtorna porque ele gostaria de controlar o país. O Brasil compete com seus filmes. Lá, a realidade entra em competição com sua ficção, pois há uma sensação de amoralidade constante. Pedro sempre repete que seus filmes nascem de uma moral muito estreita...

ALMODÓVAR: Claro que meus filmes são morais! Não são maniqueístas, não correspondem ao sentido moral tradicional, mas ao da minha própria moral.
Mas é verdade que o Brasil me confunde, porque nas relações pessoais, e certamente também nas sexuais, há uma naturalidade e uma promiscuidade que me surpreendem positivamente. Suponho que tenha a ver com a África, que os faz valorizar os corpos de uma maneira diferente, que os faz valorizar a fidelidade de uma maneira diferente. E aí fica claro que a nós não nos resta nada o que fazer.

CAETANO: Daí o sucesso de seu livro entre nós. Você deveria reeditá-lo na Espanha, porque aqui me sinto como em nenhum outro lugar da Europa. Nem mesmo em Portugal.

ALMODÓVAR: Nem na Itália?

CAETANO: A Itália é maravilhosa, é belíssima. Todos

os italianos são meninos muito bonitos. Mas por trás de sua atitude há sempre uma intenção oculta. Na Itália, sinto-me preso ao passado. Na Espanha me sinto em casa e isso só acontece comigo no Brasil e em Nova Iorque. Em Málaga, outra noite, depois do show, as meninas nas ruas davam a sensação de serem livres. Na Itália, de tão maquiadas parece que andam por cima da realidade...

ALMODÓVAR: Lembro que a primeira vez que fui ao Brasil viajei para apresentar *O matador* (1986). Ninguém me conhecia. Ninguém me deu atenção...

CAETANO: Os brasileiros se apaixonaram por você com *A lei do desejo* (1987), mas você não veio apresentá-lo. Eu o vi em Paris. Foi o primeiro filme de Pedro que vi, e foi muito curioso porque é muito diferente ver um filme de Almodóvar em Paris, em Nova Iorque ou no Rio.

ALMODÓVAR: A geografia do cinema é desconcertante.

CAETANO: Muda tudo, porque em Paris o filme é sério, mas em Nova Iorque é como se fosse tudo uma comédia maluca. Eu queria rir alto em Paris, mas lá eles não o consideravam uma comédia. Porém, em Nova Iorque eles não param de rir porque são muito infantis.

ALMODÓVAR: Por isso me preocupo tanto com a dublagem. Gasto muito tempo com isso, e acima de tudo, sofro muito, porque é impossível sintetizar. As legendas me doem porque te obrigam a aprovar uma versão inferior. E isso está me levando cada vez mais a usar uma linguagem mais acadêmica para que seja mais fácil. Mas é que há coisas que não podem ser traduzidas! Bem, você vai me dizer "Mas a dublagem é pior". Na Itália e na Alemanha dublam tudo porque são muito preguiçosos e não querem ler as legendas. Às vezes me deparo com traduções completamente diferentes... Refiro-me à Itália, porque em alemão quero ver quem diabos pega os erros.

CAETANO: Então você está preparando um filme... para o mundo?

ALMODÓVAR: Estou escrevendo intensamente, mas ainda navego num mar de dúvidas. É o terceiro mistério de Fátima. Roteiros que navegam em um mar de champanhe. (*Almodóvar acaba de banhar sua sobremesa com um pouco dessa bebida. Caetano não bebe. Nem café.*) Eu tenho três. E decidi que não tenho escolha a não ser escrever os três inteiros para decidir qual deles filmar. Curiosamente, Penélope está nos três, em três papéis completamente diferentes, e é a única atriz que coincide. Num filme, ela dividiria o elenco com Antonio [Banderas]. Certamente gostaria de trabalhar com os dois, porque eles se conhecem e sei que voariam faíscas. Já terminei o primeiro, mas são três ideias muito difíceis. Dois são ideias minhas e o terceiro é uma adaptação de um livro francês cujo original, permitam-me não citá-lo, é muito ruim…

CAETANO: Falou-se de *Paperboy*, o romance de Pete Dexter?

ALMODÓVAR: Sim, mas esse já descartei. É um dos que terminei de escrever e tornei a história completamente minha. O que acontece é que me falta paixão para ir filmá-lo na América, e isso porque o estúdio tem se portado muito bem. Então vou tentar, já que o roteiro está pronto, fazer um pacote para outra pessoa dirigir. Tenho escrito outro, vou terminá-lo essa semana, e deste, sim, eu gosto. Tem uma estrutura de encruzilhada. São poucos os personagens, mas os tempos se cruzam, e sobretudo as mulheres. Não quero dizer em que estado elas estão, mas é um filme extremamente romântico, e tristíssimo.

CAETANO: E o terceiro?

ALMODÓVAR: O terceiro é baseado em um romance francês dos anos 80 cujo título não vou dizer, e é o mais complicado de todos. E Antonio estaria nesse. Mas é um romance pesadíssimo. Pesado, pesado, pesado. A ideia é brilhante, o que acontece é que não gosto de como o romance é escrito e por isso tenho que reinventá-lo. É muito mais complicado escrever roteiros a partir de romances já escritos do que com argumentos originais. E acho que filmarei um desses dois últimos porque o das mulheres é uma comédia ao estilo de *O que eu fiz para merecer isso?* (1984). São mulheres sobreviventes com muitíssimas dificuldades econômicas e que se viram como podem. Tenho que descobrir qual é o pior bairro de Madri, mas que não haja drogas, porque com tudo o que essas meninas já vivem seria muito pesado... Esse seria o mais fácil e o mais comercial. E, claro, aquele que escreveria mais rápido. É quase como uma comédia musical, mas é o que eu menos quero filmar. Tenho que me decidir. Um eu acho muito triste, o outro muito meu, e o terceiro é o que vou começar a escrever, o francês.

CAETANO: Você recebe muitas pressões?

ALMODÓVAR: Me mandam roteiros. As propostas se tornam pressões apenas quando você aceita dinheiro adiantado.

CAETANO: Te fazem sugestões para o elenco?

ALMODÓVAR: Muitas vezes são roteiros já pensados com atores em mente. Um que me ofereceram era para Brad Pitt, que não sei se será feito ou não. Eles me mandam, gostariam que fossem filmados, mas como não disse "sim" a nenhum deles não há precedente. Gostaria de filmar em outro idioma, em outro lugar, em outra cultura. Mas depende da história e do idioma.

CAETANO: Filme em português.

ALMODÓVAR: Em português eu vi o filme de uma amiga, muito amiga [refere-se a Penélope Cruz], rodado no Brasil, mas que me pareceu muito fraco.

CAETANO: Ela se hospedou em minha casa enquanto filmava *Sabor da paixão* (2000), mas não coincidi com ela.

ALMODÓVAR: Você sabe que Penélope está obcecada com os gatos dela e com sua versão de "Cucurrucucú Paloma". É

> como uma canção de ninar para um cabaré, porque tem toda a ternura de uma canção de ninar, mas também uma tristeza muito trágica que impressiona.

CAETANO: Você viu *Espírito selvagem* (2000)?

ALMODÓVAR: Eu vi um pedaço. Fui vê-lo com o diretor, Billy Bob Thorton, que me levou aos estúdios, e fico impressionado em ver como eles são legais e abertos com o material. Eu, o material que filmo, não deixo nem os atores verem e nunca convido ninguém até que o filme esteja terminado. Outra coisa que me surpreende muitíssimo é como eles mostram os copiões, ou seja, o material que eles filmam a cada dia, e que eles dão aos atores em vídeo. Lembro de uma vez em que eu estava na casa do Antonio, era de noite e a Melanie [Griffith] chegou com os copiões, e aí todos nós opinávamos: Antonio, eu e até um primo do Antonio, de Málaga, que estava de passagem.

CAETANO: O que você faz com os descartes, com as sobras de filme?

ALMODÓVAR: Eu jogo fora. Os laboratórios jogam fora o positivo. Mas você deve saber. Você dirigiu um filme.

CAETANO: É verdade. O filme é de 1986, acho. Mas minha vocação é anterior. De 1955 ou 1965. Cansei de esperar. Amo o cinema, mas sua técnica me desespera. Os atores esperam, os produtores esperam, o público espera. Às vezes por anos. Esse é um dos privilégios de Pedro, ele tem El Deseo, sua equipe, sua produtora...

ALMODÓVAR: Mesmo assim, temos que esperar. Veja Alejandro Amenábar, autor de *Abre los ojos* (1997)...

CAETANO: *Eyes Wide Shut* (1999)...

ALMODÓVAR: Não, esse é de Kubrick. Falo de um diretor espanhol de enorme paciência, que está prestes a filmar com Nicole Kidman, com sua produção e com os caprichos do casal Cruise [*Os outros*, 2001]. É um fenômeno muito especial, porque um diretor espanhol nunca filmou com uma estrela americana. Estou muito curioso para ver como o filme vai ficar, porque ele vai ser feito aqui na Espanha, e em inglês. Vamos ver até que ponto ele terá controle sobre as filmagens, e, se não tiver, vou perguntar a ele como foi. Mas, olha, já está tudo contratado, tudo alugado, todas as casas... tudo. E aí vem Kidman e diz que está cansada, chega um mês depois e tudo se atrasa um mês. É o tipo de coisa que ela nunca faria com um estúdio americano e com outro diretor. Isso já indica uma atitude abusiva, de estrela, que me dá arrepios. Agora, acho que Alejandro sabe o que fazer. O que ele tem que fazer é aguentar e insistir, ir adiante e rodar o filme... mesmo que no final a estrangule.

CAETANO: Esse é um problema que também afeta os músicos. Mas há uma diferença. Se precisar, um músico pode se defender apenas com seu violão. No cinema, tudo depende do dinheiro, da produção, que por sua vez condiciona as ideias do diretor, que por sua vez está condicionado pelo compromisso de repetir o sucesso anterior. Fellini lutava contra isso. Quando, já muito velho, lhe perguntaram qual era o seu filme colorido favorito, Fellini respondeu: "Não gosto da cor, só gosto de preto e branco", mas nunca voltou a filmar em preto e branco. É incrível. Acho que ele falava disso mais como uma reclamação do que como uma declaração de princípios.

ALMODÓVAR: Filmar em preto e branco foi uma entre as tantas coisas às quais ele renunciou. É uma pena que Fellini, como um dos grandes gênios deste século, e já não sei se ainda estamos no século XX ou no XXI, não tenha estreado seus últimos filmes na Espanha porque eles tinham problemas reais de distribuição. Eles só chegavam a um público de arte, mas eram caríssimos, por Fellini já ser uma estrela.

CAETANO:	Estamos muito americanizados. Você é uma resistência latina. Uma avis rara. Escrevi isso num e-mail para você.
ALMODÓVAR:	Quem dera, teria me encorajado tanto...
CAETANO:	Talvez você tenha pensado "isso é muita pretensão" e finja que não recebeu.
ALMODÓVAR:	E você... quais são seus planos?
CAETANO:	Quero voltar ao Brasil para entrar no estúdio de gravação. Sinto falta desde que produzi João Gilberto.
ALMODÓVAR:	Quantos anos ele tem?
CAETANO:	Sessenta e nove.
ALMODÓVAR:	Achava que ele fosse mais velho. O álbum dele é maravilhoso, mas é muito curto. E o que você vai gravar?
CAETANO:	Tenho um plano de fazer um disco com músicas anglo-americanas, como fiz com *Fina estampa*.
ALMODÓVAR:	Não, Caetano, não!... As canções sul-americanas me interessam muito mais. Prefiro elas a toda aquela coisa de Cole Porter, country ou funk.
CAETANO:	Ainda me restam muitas canções brasileiras, e músicas novas que assim que chegar ao Rio quero começar a gravar, com novas sonoridades, mas primeiro tenho que descansar. Antes de sair do Brasil, eu já queria gravar. Estou impaciente.
ALMODÓVAR:	Sim, mas agora você chegará ao estúdio muito mais maduro.
CAETANO:	Se afinal eu vier a gravar o disco de canções anglo-americanas, o repertório será bem pessoal, por um lado vai ter muita brasilidade, mas não faltará gente que cante bem, levando em conta que os americanos são os melhores cantores do mundo. Realmente, são canções que ninguém deveria nem sequer pensar em regravar, mas tenho algumas ideias que gostaria de experimentar.
ALMODÓVAR:	Que músicas você escolheria?

CAETANO:	Coisas muito diferentes. Não seria um repertório estadunidense, mas anglo-americano, e isso inclui também Trinidad e Tobago, Jamaica, Canadá...
ALMODÓVAR:	Isso, isso, Leonard Cohen...
CAETANO:	E eu tenho um segredo... (*Caetano procura a orelha de Almodóvar. É a flor do seu segredo. Mas Almodóvar não se contém e deixa escapar o furo.*)
ALMODÓVAR:	Olha, nunca me teria ocorrido. Conheço muito bem a discografia de Paul Anka, a fase inicial, quando ele ainda não estava tão bronzeado, não os discos posteriores...

Caetano resguarda a sua voz. Ele teve problemas com os hotéis em Barcelona. Passou a noite viajando de ônibus de Málaga para compartilhar uma viagem com os músicos que o acompanham. Entre eles, Jaques Morelenbaum, produtor e arranjador de seus últimos discos e diretor dos shows. Está cansado.

ALMODÓVAR:	Santa Teresa percorria tudo isso andando, e por isso ela é uma santa.

Caetano bebe um refrigerante sem gelo e não prova o vinho. Almodóvar não o deixa brindar com Coca-Cola, talvez porque, como Coppola, El Deseo já tem uma bodega.

ALMODÓVAR:	A *bodega* é uma iniciativa de meu irmão Agustín, que é químico. Mas vem de tradição familiar. Tínhamos uma *bodega*, primeiro comprávamos vinho de La Mancha, depois fazíamos em casa, primeiro pisando e depois com todo o maquinário, mas eram máquinas todas muito antigas. Lembro muito do cheiro de enxofre. E meu irmão, quando tinha cinco ou seis anos, ajudava, entrava no porão, acendia as luzes. Ele gostava muito mais do que eu. Eu olhava de longe como se fosse uma pintura, parecia outra

realidade, ver um montão de homens com as calças arregaçadas, pisando, metidos lá dentro. É que quando eu era pequeno me atrevia menos a adentrar no mundo dos homens do que no das mulheres. O mundo dos homens me intimidava mais.

CAETANO: Era uma questão olfativa.

ALMODÓVAR: O cheiro era ótimo, muito gostoso, porque quando somos crianças todos os cheiros fortes, do cheiro de cola ao de qualquer outra coisa, são como parte de um jogo, um jogo que é real, mas acho que todos já sentimos cheiro de cola e todas essas coisas, e também o cheiro da uva quando está fermentando, não sei por quê, é muito especial, deve ser o enxofre.

CAETANO: Você já está igual a Coppola…

ALMODÓVAR: Bem, note que depois de muitíssimo tempo, agora ele conseguiu um dos vinhos mais chiques que há nos Estados Unidos, e um dos mais caros, caríssimo. Ele também é um cara que gosta de cozinhar sua própria comida. Eu o visitei no set várias vezes, numa delas ele estava filmando *Drácula* e me disse para ir vê-lo. Quando cheguei, em vez de me apresentar aos atores ou mostrar os cenários, ele me mostrou o trailer que havia sido fabricado pra ele. Era meio que de metal, e por dentro estava cheio de telas de onde se podia ver tudo o que estava acontecendo no set e assim ele não precisava sair de lá. Mas o mais importante era uma cozinha repleta de vegetais, onde ele cozinhava diariamente a sua própria massa. E isso que era uma filmagem externa.

CAETANO: Eu estive com ele no Brasil, ele estava lá com um rapaz que queria fazer um filme brasileiro. Topamos um com o outro na Bahia e ele me disse uma coisa muito interessante, que parece óbvia mas que nunca é dita, que se você está em Paris pode comer comida francesa, vietnamita, chinesa ou brasileira. O mesmo acontece em todos os lugares, em Los Angeles,

| | Nova Iorque, Londres, mas na Itália você só pode comer comida italiana. Na Itália só existem restaurantes italianos. |
| ALMODÓVAR: | Nunca tinha pensado nisso. |

As sobremesas derretem no jardim. Almodóvar há muito terminou seu sorvete banhado em champanhe e está apaixonado pela tortinha de Caetano. Enquanto Veloso fala, Almodóvar come sua sobremesa. Caetano protesta com picardia.

ALMODÓVAR:	Humm… que delícia. Eu faço como o escravo que prova para impedir que seu amo seja envenenado.
CAETANO:	No Brasil, se você come do meu prato antes que eu o prove, existe uma superstição que diz que nunca seremos amantes.
ALMODÓVAR:	E por quê?
CAETANO:	A sabedoria da superstição.
ALMODÓVAR:	Para mim é um costume muito antigo, ancestral, do criado com o amo. E como eu te admiro muito, tenho feito o papel do ser inferior que prova, antes de ti, tudo o que vais comer.

Diante de um momento único de sedução gastronômica, entre uma trufa e outra, o universo feminino surge, musicado ou em película, como o denominador comum de ambos.

| CAETANO: | Pedro é louco por suas mulheres porque elas não choram da mesma forma que os homens. |
| ALMODÓVAR: | É verdade. Elas são muito mais arriscadas, mais surpreendentes… Mas também fiz muitos filmes só com homens. O meu "feminismo" vem mais da observação, de quando estava entre os homens na *bodega*, com o meu pai, ou com as minhas irmãs no pátio, aprendendo a costurar. |

CAETANO: Mas as atrizes reclamam que não há papéis, e você sabe disso porque as mais velhas te perseguem.

ALMODÓVAR: As atrizes reclamam porque depois dos 35 anos só encontram papéis no teatro. Creio que não há papéis femininos porque os filmes são feitos para um público juvenil ou infantil. E estamos acostumados a vê-las como a companheira do herói ou a mãe da criança.

CAETANO: Há algo em Pedro que me lembra um escritor brasileiro chamado Oswald de Andrade, um modernista dos anos 1920, que dizia: "Só as mulheres sabem conversar". E ele era completamente heterossexual e homofóbico.

ALMODÓVAR: Em *Tudo sobre minha mãe*, a personagem de Antonia San Juan, Agrado, diz: "Uma mulher é tanto mais autêntica quanto mais se parece com o que sonhou para si mesma". A Agrado, isso lhe cai bem, mas a mim me parece o primeiro sinal da loucura. Engana-se quem identifica cada frase dos meus personagens com a minha pessoa. Olha, em *Carne trêmula* eu me identifico completamente com a possessão quase psicótica de Pepe Sancho. E, infelizmente, por mais plumas que eu tenha, é assim, macho daquele jeito, que me sinto. Eu conheci gente como Agrado. Vamos lá, Agrado era uma travesti de Paris que não dizia não a nada.

CAETANO: Ela também ia de Chanel?

ALMODÓVAR: Que nada! Ia com o que podia. Era uma servente.

CAETANO: Há psiquiatras e psicanalistas conservadores que dizem que o travestismo é a mesma psicopatologia que ser Napoleão.

ALMODÓVAR: Bem, isso porque eles não foram a nenhum acampamento de soldados, ao menos aos espanhóis, porque travestir-se é a coisa mais comum entre a soldadesca.

CAETANO: É verdade, desde o cinema americano dos anos 1940.

	Não sou conservador, nem psiquiatra, por isso penso como você.
ALMODÓVAR:	É muito grave que um profissional da alma humana diga isso. É um crime.
CAETANO:	A minha identificação feminina é a minha voz. Eu canto como minha mãe, aprendi a cantar com ela e quando canto — tenho uma música que diz "minha mãe é minha voz" — sinto que ela está comigo. Tudo sobre Minha Mãe.
ALMODÓVAR:	Eu tinha uma voz doce como a sua. Uma "voz branca", como diziam os salesianos. É verdade, tenho muita vergonha e por isso nunca a coloquei em um filme. Lembro-me de quando entrei na escola. Tinha nove anos, com minha maletinha de madeira com meu nome escrito, todos em fila na frente de um pianista. O mais importante para os padres, no primeiro dia, era saber quem seria a estrela do curso. Então eles nos disseram que desse um passo à frente quem quisesse cantar. Ninguém se mexeu. Vínhamos de nossas cidadezinhas acovardados, timidíssimos. As vozes foram testadas uma a uma. As pessoas eram muito desajeitadas, cantavam uma escala ou outra. Quando eles vieram até mim eu cantei várias delas, e aí o padre falou: "Milagre, você vai ser o solista!". Felizmente não me castraram.
CAETANO:	Almodóvar, o *castrato*.
ALMODÓVAR:	Três anos depois, minha voz mudou e eu desmoronei. O teatro me salvou, depois o pop, depois o punk e depois o pós-punk.
CAETANO:	Saudades punk...
ALMODÓVAR:	Mas meu cinema não é anticlerical, como o de Buñuel. Ponho as freiras porque elas se drogam, não porque são freiras.
CAETANO:	Em *Fogo nas entranhas* aparece uma freira que rejeita o dinheiro do chinês, Chu Ming Ho.
ALMODÓVAR:	No Brasil há padres cantores.

CAETANO: É um fenômeno muito reacionário. Eu vi num telejornal. Algo assim como aeróbica celestial. Muito louco. O padre no palco dançando.

ALMODÓVAR: Como em *Blues Brothers*...

[...]

ALMODÓVAR: Você vai cantar "Terra" amanhã?

CAETANO: Claro...

ALMODÓVAR: É verdade que você a escreveu quando estava na cadeia?

CAETANO: Sim, foi quando minha primeira mulher me mostrou na prisão as primeiras fotografias do planeta tiradas do espaço. Aconteceu durante a ditadura militar brasileira. Era uma coisa terrível estar preso por minhas ideias, numa cela tão pequena, e ver a Terra... Escrevi a canção anos depois, quando vi *Star Wars*. Não gostei muito do filme, mas sim da ideia de todos aqueles personagens que nem sequer visitavam o planeta azul.

O garçom aparece e oferece um café. Não conhecem Caetano, mas Almodóvar é mais demandado que Zidane.

ALMODÓVAR: Não me ofereça estimulantes para depois porque não posso. Ou seja, nem café, nem cocaína.

CAETANO: Um pouco de doce.

ALMODÓVAR: Eu me encho com todos os doces que me oferecerem.

CAETANO: Adoro o chocolate espanhol.

ALMODÓVAR: Meu irmão faz um que é uma delícia. E eu estou viciado.

CAETANO: Supõe-se que o chocolate é um substituto do sexo.

ALMODÓVAR: Prefiro sexo.

CAETANO: Eu também.

OUTRAS PALAVRAS

EXTRAÍDO DE ENTREVISTA A CARLOS ADRIANO E BERNARDO VOROBOW.
REVISTA *CULT*, N. 49, AGOSTO DE 2001

QUERÍAMOS PARTIR DE JOÃO GILBERTO E CHEGAR A JOÃO CABRAL,
QUE PARECEM TER SIDO REFERÊNCIAS CENTRAIS PARA VOCÊ
NUM DADO MOMENTO, CITANDO UM TRECHO DO TEXTO "DE MÚSICA
POPULAR E POESIA", DO ANTONIO MEDINA RODRIGUES: "O CANTO
A PALO SECO SERIA UMA ESPÉCIE DE *ARKHÉ* DE TODO CANTO,
FILOSOFIA VOCAL OU EXPERIÊNCIA DO CANTO ANTES DO PRÓPRIO
CANTO. COM MUITA DISTÂNCIA, A VOZ DE JOÃO GILBERTO FAZ ALGO
PARECIDO, MAS O FAZ MAIS POR SUA SEMELHANÇA NATURAL
COM UMA DAS VERTENTES DA POESIA DE JOÃO CABRAL DE MELO
NETO, DADA A MANEIRA COM QUE TANTO O POETA QUANTO
O CANTOR PARECEM MASTIGAR E REMASTIGAR AS MESMAS PALAVRAS,
LEVANDO-AS A UMA LISURA ESPECTRAL, A UMA QUASE NEBLINA
GEOMÉTRICA. AMBOS ESTÃO NA CORRENTE QUE BUSCA IDEIAS PURAS,
UM DEPURAMENTO DO CONCRETO QUE, NO FIM E AO CABO, ACABA
DANDO UM CERTO PITAGORISMO ESTÉTICO".

Eu tenho impressão de que esses dois artistas podem ter me atraído,
em grande parte, por características semelhantes a essas escritas
pelo Medina. Mas o fato é que são dois artistas que me interessaram
muito. E nós não falamos mesmo de João Cabral de Melo Neto,
que é o mais importante, porque foi no âmbito da poesia; por um
momento ele representou para mim uma verdadeira monomania. Ele
pareceu centralizar tudo e resolver todos os problemas. Houve um
momento em que ele me pareceu ser o maior poeta vivo do mundo.
João Gilberto adora poesia. No texto "João Gilberto e os jovens
baianos" [*Balanço da Bossa*], Augusto conta seu encontro com João
em 1968 em Nova Jérsei. Ele relata a conversa com João, que falou:

"Para mim, é Caetano e Drummond". E aí o Augusto disse: "O Caetano fala que, para ele, é João e João" (*risos*). Porque, para mim, era João Cabral e João Gilberto. Nessa época, quando Augusto me conheceu, em 1967, eu dizia isso todo o tempo: para mim, o negócio era João Gilberto e João Cabral.

Mas mais do que procurei — ao fazer *O cinema falado* — não apresentar sotaques godardianos no ritmo ou na feitura ou no que quer que fosse, eu procurava — na minha lírica (*risos*) e nas minhas letras de música — fugir o mais que pudesse dos cabralismos. Eu me lembro de que, quando ainda estava no secundário em Salvador, no final do curso clássico, eu fazia uns negócios de brincadeira, escrevendo — imitava a Clarice Lispector, imitava o Guimarães Rosa e imitava o João Cabral. Certa vez, eu fui ver umas meninas lutarem capoeira com aqueles velhos capoeiristas da Bahia. Eram amigas minhas, que estavam na escola de dança e entraram na escola de capoeira. Achei aquilo maravilhoso: elas jogando com os caras e depois entre si. Eu descrevi a cena primeiro como se fosse o Guimarães Rosa, depois como se fosse a Clarice Lispector e depois como se fosse um poema do Cabral, com aquelas rimas toantes, aquele ritmo que é uma métrica às vezes um pouco quebrada, mas uma métrica de versos de oito sílabas, sem as cesuras nos lugares confortáveis, que o Cabral procurava na educação dele pela pedra... Se bem que na "Educação pela pedra" já não são versos de oito sílabas, e sim versos mais longos. Eu fiz um negócio assim, imitando. Mas eu perdi isso, eu fiz só para brincar e mostrar a elas. Então, nas minhas letras de música, eu procurava não me deixar, de forma nenhuma, parecer com aquilo nem por nada, nem na forma nem nas ideias.

No *Cinema falado* tem um pastiche... Isso eu disse ao João Cabral e ele ficou impassível, olhando para mim, com os olhos duros, como quem diz "não vou lhe perguntar nada sobre isso, não quero nem saber". Eu falei para ele: "João, eu fiz um filme, e no filme eu escrevi um falso poema, um pastiche de poema seu sobre você, sobre a sua poesia". No início do filme, na hora que alguém assovia "O cinema falado" ["Não tem tradução", de Noel Rosa], aparece o Luiz Zerbini, sentado, na festa, e diz: "João Cabral de

Melo Neto/ tentando limpar a poesia/ de toda rosa/ toda merda/ e fazendo-a ainda mais ridícula/ mas, não poetizar o poema/ sim, mas e quanto a poetizá-lo?/ seu fado de magia e música o acossa de todos os lados". É metacrítico, é Cabral e é uma coisa que põe em dúvida a decisão do Cabral, e de uma certa forma critica a crítica que ele faz... Mas é besteira, porque isso também já está incluído na poesia dele — uma resposta crítica à própria crítica a ele feita. É que o meu é feito de fora, o meu é pastiche, como disse a ele.

Ele era muito firme, muito engraçado, um homem fascinante. Eu o vi numa das cenas que eu tenho na cabeça como uma das mais deslumbrantes desse mundo, e tão parecida com os poemas dele! Foi em Dacar, quando ele era embaixador. Eu e Gil estávamos saindo de sua casa, que tinha um jardim grande com um gramado bonito. Estávamos conversando, e ele muito afável, atencioso, simpático, direto. Então ele mostrou dois grous-coroados. Aquela ave alta, e ele baixinho. E João disse assim: "É, são muito bonitos. Um é macho e a outra é fêmea. Mas são absolutamente iguais. Sabe como a gente sabe qual é o macho e qual é a fêmea? Se você se aproximar, o macho ataca, e a fêmea não ataca. Ou é ao contrário, não sei... Talvez seja a fêmea que ataca e o macho não ataca. Mas é assim que se descobre qual dos dois é o macho e qual dos dois é a fêmea". Então ele disse: "Vocês querem ver?". E andou diretamente para o gramado, reto assim. E um dos grous atacou, e o outro saiu timidamente de perto dele. Ele parecia um toureiro, porque ficou 100% concentrado nos movimentos do grou e se aproximava até o máximo de risco e logo voltava. E o grou desarmava, e ele de novo, umas três vezes. Parecia a cena de uma tourada... Estranho, o pássaro quase da altura dele. E daí ele voltou, reto, como quem não tivesse feito nada. E continuou a conversa: "Viu? É assim. Ou é o macho ou é a fêmea, é um dos dois. Mas é assim que se sabe". E mudou de assunto e falou de outras coisas (*risos*).

NA CANÇÃO "LÍNGUA", VOCÊ DIZ, MEIO CITANDO A PROVOCAÇÃO DE NIETZSCHE E A REAÇÃO DE PROUST: "A POESIA ESTÁ PARA A PROSA/ ASSIM COMO O AMOR ESTÁ PARA A AMIZADE/ E QUEM HÁ DE NEGAR QUE ESTA LHE É SUPERIOR". FALE UM POUCO DESSA COMPOSIÇÃO.

Acabo de retomar essa canção no meu novo show. Gosto muito dela. Acho que é a primeira a falar em rap no Brasil. É do início dos anos 80. Essa ideia da superioridade da prosa sobre a poesia está no Fernando Pessoa do *Livro do desassossego* (onde também se lê "minha pátria é a língua portuguesa"), mas aqui ela toma um sentido mais irônico ainda do que o fato de lá ela estar sendo defendida por um superpoeta: comparada à superioridade da amizade sobre o amor (uma opinião de Nietzsche que enoja Proust), a superioridade da prosa sobre a poesia se mostra inquietantemente duvidosa. Proust não fala por si só quando comenta Nietzsche nesse particular: ele fala por todos nós e por como vivemos. "A poesia", diz Pessoa, "tem algo de infantil e feminino." Assim também o amor, podemos dizer. Mas a confiabilidade sóbria e viril da prosa e da amizade sobre a intensificação de tudo gerada pelo amor e pela poesia não representa uma superioridade real. No filme *O cinema falado* escrevi para que um ator dissesse (eu mesmo disse): "A superioridade da prosa sobre a poesia é da mesma natureza da superioridade que ostentam dois velhos inteligentes que veem uma grande bailarina dançar", ou algo assim.

"Língua" nasceu da vontade de usar os procedimentos do rap como veículo. Eu planejava então explorar um novo filão de textos declamados sobre base rítmica (mas uma base inventada por mim e meus amigos músicos, não uma reprodução do que faziam os americanos): seria um modo de ter mais liberdade para a poesia na música. E o tema de gostar de falar apareceu logo, o que me levou a celebrar a língua portuguesa, sugerindo reflexões sobre ela. Gosto muito de que sejamos América portuguesa e não espanhola, holandesa, francesa ou inglesa. É uma desvantagem que tomo como uma bênção. Seja como for, eu não explorei o filão (sempre penso em fazer algo assim e nunca faço: termino apresentando uma tentativa que serve de exemplo ou sugestão e abandono o assunto, voltando-me para outro, ou voltando a outros já visitados). Só vim retomar as formas do rap anos depois, em "Haiti".

O QUE VOCÊ ACHA DA FILOSOFIA DE DELEUZE E DOS ESCRITOS DELE SOBRE CINEMA?

Deleuze é muito simpático. Li, com muito interesse, o primeiro livro dele sobre cinema. Adoro logo aquelas respostas a Bergson, em defesa do cinema: é o momento mais filosófico do livro. Mas me impressiona a vasta erudição cinematográfica que ele exibe. Adoro a observação sobre *Sansão e Dalila*. A ideia de que o cinema francês do passado era impressionista (com os cinzas predominando no preto e branco), assim como o alemão (de altos contrastes) era expressionista, traduz uma visão que a gente já tinha vagamente e já considerava vagamente simplista. Não sei o que seria "a filosofia de Deleuze". Li um livro de Roberto Machado em que ele tenta sistematizar um pouco o pensamento belo, generoso e escorregadio de Deleuze. Li *O anti-Édipo* com certa irritação. O(s) livro(s) sobre Nietzsche é (são) espetacular(es). *Proust e os signos* também é deslumbrantemente rico. *O que é a filosofia?* me excitou e me fez rir: tem muitas tiradas fascinantes e a ideia do filósofo-surfista assenta muito bem nele. Ele não estabelece de antemão que sentido os termos terão ao longo do texto. Dizer que a filosofia é criação de conceitos, dando à palavra "criação" a aura que a cerca quando falamos de arte, é bonito, mas é pouco mais do que isso. E as observações sobre a ciência soam um tanto absurdas.

O CINEMA FALADO É FORTEMENTE IMPREGNADO DE LITERATURA(S), POR MEIO DE LEITURAS, CITAÇÕES ETC. COMO FOI O PROCESSO DA ESCRITURA DO ROTEIRO DO FILME? A ESTRUTURAÇÃO DAS SEQUÊNCIAS, DOS BLOCOS, VOCÊ DECIDIU NA MONTAGEM OU NO ROTEIRO?
No roteiro. Eu escrevi o roteiro, filmei o roteiro e montei o roteiro ipsis litteris. Inclusive o que eu achei que não ficou bem, eu deixei no filme do jeito que estava no roteiro. A ordem também. Eu até, às vezes, quando vejo hoje e gosto, fico com pena dos espectadores que não são eu e que não têm que suportar isso. Fico com pena de — para facilitar a fruição do filme para eles — eu não ter tido a vontade, quando fiz, de — na montagem — mudar e fazer do filme algo mais atraente desde o início. Digo, "mais facilmente atraente". Mas sabe que eu não me arrependo disso, eu sinto na hora um pouco de pena de não ter feito, mas de fato não me arrependo. Porque fazer isso seria me aproximar um pouquinho do godardianismo que eu procurei evitar e que está radicalmente evitado no filme.

Nesse sentido, o filme é muito rigoroso e exigente contra concessão de qualquer natureza. E eu mantive assim.

EM MUITOS FILMES DO CHAMADO CINEMA DE AUTOR, O PERSONAGEM DO ESCRITOR É FUNDAMENTAL PARA O CINEASTA COLOCAR SUAS QUESTÕES (ANTONIONI, GODARD, RESNAIS, GLAUBER). COMO VOCÊ VÊ ESSA APROPRIAÇÃO DA FIGURA DO ESCRITOR PELO CINEMA MODERNO?

Eu acho simplesmente natural, num momento em que tentaram enfatizar o papel do diretor do filme como um autor, que o escritor aparecesse com frequência como protagonista dos filmes. Eu acho que é bem coerente com o espírito daquela época e o que se queria fazer com o cinema daquele período. Hoje a gente vê uma batalha dos roteiristas norte-americanos, já chegando mesmo ao nível da greve, para que eles venham a ser reconhecidos mais como autores do que eram até então e para que se relativize mais o papel autoral do diretor. Isso é uma coisa bem de Hollywood, é um problema de Hollywood. Mas o fato de ter chegado a esse extremo em Hollywood é curioso. Eu acho que eles têm razão de pleitear o que pleiteiam porque sobretudo o cinema de Hollywood, tradicionalmente, via o diretor como um contratado de posição privilegiada dentro de uma produção. Há uma produção de um filme e a posição do diretor é a do sujeito que vai dirigir os trabalhos de feitura daquele filme. Dirigir os trabalhos, o que não quer dizer que aquele filme seja uma obra dele. Mas com a influência da nouvelle vague francesa até os americanos passaram a adotar... "a Steven Spielberg film"... Os roteiristas de Hollywood estão pleiteando proibir esse "um filme de" e o nome do diretor. Mas já houve muitos escritores, em geral americanos, entre eles Gore Vidal, que levantaram a voz para dizer isso. Eu tenho a impressão de que Gore Vidal é um dos mais notáveis a tê-lo feito. Os escritores americanos denunciam essa falácia de que o diretor é o autor do filme; mas justamente por serem americanos, onde em Hollywood a frequência maior é a de que o diretor seja um contratado e que poderia ser qualquer outro.

A EUROPA TEM FORTE TRADIÇÃO DA IDEIA DE AUTOR-ARTISTA, DESDE A VANGUARDA DOS ANOS 20. MAS NÃO PODEMOS ESQUECER DE QUE NO INÍCIO DOS ANOS 40, ANTES DO NEORREALISMO (QUE PODE SER VISTO COMO UM AVANÇO AUTORAL EM RELAÇÃO AO ESTILO HOLLYWOODIANO), QUEM RETOMOU A NOÇÃO DE CINEMA PESSOAL (NUM ÂMBITO POÉTICO E EXPERIMENTAL) FOI A MAYA DEREN, NOS ESTADOS UNIDOS...

Eu ia dar o exemplo da Maya Deren como sendo uma espécie de contraexemplo, porque ela é americana e é uma das mais radicais experimentalistas do cinema. Eu fiquei muito impressionado com os filmes dela. Mas o neorrealismo não tem muitas dessas características dos filmes de vanguarda. O neorrealismo terminou sendo uma vanguarda de uma outra natureza...

MAIS EM RELAÇÃO AOS TERMOS DA INDÚSTRIA (MODOS DE PRODUÇÃO, SAIR DOS ESTÚDIOS)...

Em relação à indústria, uma coisa mais despojada, produção pobre, atores não profissionais, a locação nas ruas. Mas o esquema narrativo, o sentimentalismo, uma série de coisas do cinema de Hollywood... Vi os filmes da Maya Deren por acaso, num canal de televisão a cabo nos Estados Unidos, fiquei impressionado e fui comprar numa loja de Nova Iorque uma série de filmes dela. É curioso, muita coisa me lembrou o cinema de Julinho Bressane: a coisa de filmar o chão, as escadas, os espelhos, sobretudo o negócio da câmera subir escadas. Aquilo me lembrou o Julinho e quando você falou agora do neorrealismo como um fato importante na modernização do cinema (o que sem dúvida é) e você frisou o fato de a Maya Deren ser anterior ao neorrealismo, eu me lembrei do Julinho Bressane dizendo assim: "O neorrealismo italiano é a mesma coisa que essa poesia de mimeógrafo que se faz no Brasil (isso nos anos 80, 70). É a poesia que nem as outras poesias... não inova na linguagem. Mas é feita num papel pobre, o cara distribui no Baixo Leblon, nos bares da Gávea, mas não muda a linguagem da poesia, ninguém mexe nas estruturas formais". E eu achei curioso porque a Maya Deren mexia nisso e o neorrealismo não. Embora eu seja um fã confesso do neorrealismo.

MAYA DEREN (QUE NASCEU NA UCRÂNIA, COMO CLARICE LISPECTOR,
E SE FIXOU NA AMÉRICA EM 1922) DETONOU A VANGUARDA
QUE SURGIU NOS ESTADOS UNIDOS, ENTRE OS ANOS 50 E 70, NUMA
AMPLA GAMA QUE VAI DO *TRANCE FILM* AO *STRUCTURAL FILM*...
Mas o cinema underground dos anos 60, da turma de Andy
Warhol, não tem esse caráter formalista, é um caráter mais beat.
Embora haja coisas muito radicais, feitas pelo próprio Warhol,
como *Sleep*, oito horas só o cara dormindo, eu nunca vi, mas só
de ouvir falar você já sabe que... *Chelsea Girls* tem três telas,
passando três coisas diferentes.

NO GÊNERO ESTRUTURAL, HÁ MICHAEL SNOW E HOLLIS FRAMPTON,
QUE TRABALHARAM DE MODO RADICAL A ESCRITURA DO CINEMA
(INCLUSIVE FILMANDO PALAVRAS), E NUM OUTRO POLO HÁ O STAN
BRAKHAGE, TAMBÉM DE RADICAL ESCRITURA, QUE FEZ POESIA VISUAL
NO CINEMA, PINTANDO NA PELÍCULA E INSPIRADO EM ESCRITORES
AMERICANOS, COMO GERTRUDE STEIN E JAMES JOYCE...
Essas coisas a gente não conhece. Eu não conheço esses filmes
que você está falando, isso é uma coisa para especialista, para
pesquisador. Em geral, são mais ligados a Nova Iorque do que
à Califórnia, não é? Todo o cinema independente americano,
como *Shadows*, de John Cassavetes, e *Um homem tem três metros
de altura*, de Martin Ritt, são filmes de Nova Iorque. É de onde
vem o Woody Allen, o negócio de ele ser anti-Hollywood
e ser de Nova Iorque. Ele fez um filme chamado *Interiores*,
que era como se fosse um seguimento daquela onda de *Shadows*.
Eu não gosto do filme, mas ele conquistou uma liberdade enorme.

JÁ FALARAM QUE GODARD FAZ UM CINEMA FILOSÓFICO
E LITERÁRIO. *O CINEMA FALADO* É "UM FILME DE ENSAIOS
DE ENSAIOS". VOCÊ QUERIA SER CINEASTA, MAS DISSE QUE
ESTE SEU PRIMEIRO FILME SERIA MAIS UM "EXPERIMENTO"
QUE SERVIRIA PARA OUTROS FILMES, MAIS NARRATIVOS
QUE ESTE, MAS TALVEZ NÃO TÃO CONVENCIONAIS COMO
A NORMA. VOCÊ ACHA QUE O CINEMA É UM BOM VEÍCULO
PARA A DIGRESSÃO DE IDEIAS? O CINEMA PODE SER POESIA?

Os filmes de Godard são em geral mais narrativos do que
O cinema falado. Lembro do Paulo Francis sempre repetindo
que não sei que escritora americana (acho que foi Mary McCarthy)
tinha dito ser o cinema incapaz de pensamento (Deleuze acha
exatamente o contrário). O cinema pode estimular, inibir, expressar,
embotar, criar pensamentos. A música e a pintura também podem
tudo isso. O cinema é muito capaz de poesia. Pasolini vivia falando
num cinema de poesia, mas Godard é um cineasta mais poeta
do que Pasolini. Eu próprio, que tenho um desgosto dos enredos,
tenderia a fazer um cinema mais próximo da poesia. Os clipes
de poemas no meu filme são um namoro do cinema com a poesia
dos poetas. Mas há sequências de Godard, cortes de Eisenstein,
cenas de Chaplin, planos de Antonioni, ritmos de Bergman que
são densa poesia produzida pela imagem em movimento.

QUANDO ANTONIONI COLOCA O ESCRITOR NO FILME, COMO
EM *A NOITE*, VOCÊ PENSA QUE ISSO SERIA UMA TENTATIVA
DE LEGITIMAR O CINEMA NUM PLANO INTELECTUAL E ARTÍSTICO
MAIS AMBICIOSO? POIS, COMO VOCÊ FALOU, O CINEMA TEVE
UM CERTO COMEÇO VINCULADO À DIVERSÃO...
Muitas vezes penso. Mas Hollywood também fez filmes sobre
escritores, com personagens escritores. Mas não é o aspecto
mais estimulante desses filmes para mim. Eu acho mais agradável
pensar que seja natural que a figura do escritor apareça no
momento em que o diretor de cinema estava sendo posto no lugar
do autor do filme. Eu acho natural, mas tem um lado um pouco
kitsch, de legitimação, por meio do uso do personagem escritor
como protagonista, que sempre me parece evidente. Há algo como
se fosse uma tentativa de fazer um cinema mais sério, e no fim
das contas não fica tão sério assim, não o suficiente para subverter
esse modo de expressão da essência do cinema que tem sido
predominante. Muitas coisas sempre me pareceram assim bastante
confusas nesse sentido, porque às vezes o diretor põe o personagem
como um escritor, ou como alguém que está tentando ser escritor...
La notte ou mesmo *I vitelloni*, onde o garoto quer deixar a cidade
do interior e pensa em escrever, e aí vai para Roma sozinho...

Mas a própria escolha dos atores para esses papéis... Como em *Terra em transe*... A cara de galã de todos os atores de todos esses filmes era um desmentido gritante dessa ambição. Mas, ao mesmo tempo, dá uma certa aura de ingenuidade, que dá um encanto... A gente fica enternecido pelo cineasta, de ver que o sujeito é cineasta, porque ele está ali querendo ser totalmente diferente de Hollywood, mas ele pega e bota um cara bonito e idealizado, como Jardel Filho, Mastroianni, Delon. De certa forma, eu sempre senti uma espécie de contradição. Quando eu vi *Deus e o diabo na terra do sol*, a primeira vez, em Salvador, eu pensei: "Pô, é impressionante, mas ao mesmo tempo o Geraldo Del Rey é tão bonito, tem tanta cara de galã de cinema". Ele não é um pau de arara, não é um camponês nordestino, anônimo, oprimido, ele é antes de tudo um galã de cinema, e a gente fica encantado com ele como galã de cinema. Eu acho saudável, acho que é bonito, que é certo, porque aquilo é uma intuição afirmativa da criação de uma mitologia nacional na área do audiovisual. Aquilo já é uma premonição de toda a carreira da TV Globo, todos os estrelatos e os galãs da TV Globo se esgotam logo na cara do Geraldo Del Rey, na primeira imagem de *Deus e o diabo na terra do sol*. Isso é marca do gênio do Glauber. Mas não posso deixar de dizer que, na época que eu vi, eu senti que havia uma espécie de contradição nisso. E no caso dos protagonistas escritores, isso se repete em quase todos os filmes que a gente conhece, que apelaram para essa estratégia de colocar o escritor como personagem central do filme. Tem uma coisa que, para mim, de repente, resolve tudo e trata isso no tom que me pareceu perfeitamente condizente com a realidade disso e afirmou a poesia do cinema: é o tom assumido por Godard, que é um cineasta que eu idolatro, como estilo e talento. E sem jogar fora esse problema da ansiedade de legitimação, mas tratando de uma maneira boa. Combinando coisas que ele faz no cinema com coisas que ele dizia em entrevistas, ele termina trazendo uma ideia sobre isso que me deixava bem, e ao mesmo tempo deixa a gente vivo diante da produção de imagens cinematográficas como uma coisa viva.

GODARD SEMPRE DISSE QUE NÃO VIA DIFERENÇA ENTRE FILMAR E ESCREVER, QUE AO FAZER CRÍTICA DE CINEMA JÁ ERA UMA FORMA DE FAZER FILME, E QUE UM FILME ERA A MELHOR CRÍTICA DE UM OUTRO FILME...

Por exemplo, em *Pierrot le Fou*, ele põe o Belmondo escrevendo, e aparece em superclose a caneta no papel, como um diário daquela fuga para o sul da França, que lembra um pouco o filme de Bergman, *Mônica e o desejo*. Só os dois, naquele lugar paradisíaco, aquele cara desgarrado, à margem da sociedade, ele está fora da lei e está ali com ela, aquele lance entre eles e o papagaio e umas ondas do mar e ele escrevendo, escrevendo. Isso dá uma ideia mais forte da presença e da sensação do autor.

Eu acho essas soluções mais interessantes do que a mera escolha do personagem do escritor como protagonista. Mas acho que há grandes filmes que têm justamente o escritor como protagonista. Esses a que nós nos referimos são grandes filmes. E como vocês sabem, *Terra em transe* foi para mim um filme de formação, um filme importante para a minha vida, diretamente, com consequências palpáveis. Quando começa *Pierrot le Fou* com duas moças jogando tênis e uma luz interessante, entra uma voz que fala sobre Velázquez. Mais ou menos na mesma altura, Godard deu uma entrevista dizendo: "Eu quero entrar no mundo das letras com a luz de Velázquez". Para mim, a combinação daquelas imagens com essa declaração é algo que está além dessas tentativas de legitimação e dessas coisas de que nós acabamos de falar. Você vê realmente que ele sentiu a onda e soube dar uma resposta à altura. O movimento que ele fez dentro dele termina dando uma resposta poética que de fato resolve, ainda que provisoriamente, mas satisfatoriamente, o assunto. "Eu quero entrar no mundo das letras com a luz de Velázquez!" O cineasta que fala assim e faz algo que tem a ver com isso em seus filmes e você sente que isso está acontecendo de uma certa forma — é uma beleza.

CAETANO CINEVIVENDO[21]

ENTREVISTA A SÍLVIO OSIAS. CORREIO DAS ARTES,
SUPLEMENTO LITERÁRIO DO JORNAL *A UNIÃO*. JOÃO PESSOA.
SETEMBRO DE 2009

**VOCÊ COSTUMA FALAR DOS FILMES DE FELLINI QUE VIU NA
ADOLESCÊNCIA, AINDA EM SANTO AMARO. *A ESTRADA DA VIDA*,
SOBRETUDO. MAS E ANTES? QUE LEMBRANÇAS VOCÊ TEM
DOS PRIMEIROS CONTATOS COM O CINEMA? FILMES DE TARZAN.
SERIADOS? O QUE VOCÊ VIU NA INFÂNCIA?**

A tela enorme do Cine Santo Amaro: seriados, Tarzan, sim; mas
também filmes onde moças falavam de tratamento psicoterápico
(era Ann Blyth, para ser mais preciso, que dizia que ia ao psicólogo
falar sobre seus problemas); foram elas que me deram a ideia da
psicanálise; desde então sonhei com um médico que só me ouvisse
a descrição das angústias e me ajudasse. Jerry Lewis (que eu
achava super sem graça), *Branca de Neve* (deslumbrante até hoje),
chanchadas da Atlântida (*Carnaval no fogo* primeiro — mas há
memória obscura de *Esse mundo é um pandeiro* — logo *Aviso aos
navegantes*), policiais chatos de capa de chuva, Françoise Arnoul
com o peito de fora, Silvana Mangano em *Arroz amargo*, o *Baião
de Anna*, falta total de sintonia com meus colegas do ginásio que
amavam os caubóis e vaiavam a moça que "só atrapalha" (eu me
interessava pelo que acontecia com as moças, não me identificava
com aqueles brutos a cavalo e odiava os interiores cobertos de lamê
escuro, abajures sombrios e aquelas botas e botinas incômodas; pior
do que tudo, as armas de fogo), além dos exteriores ermos (aprendi
depois que as cidades americanas são, na maioria, assim mesmo;
na época, eu pensava que era uma limitação da produção; não dava
para fazer uma cidade como as cidades são de fato — isto é: como
Santo Amaro —, então eles punham uma casa aqui e outra

a quilômetros de distância, sem nada no caminho exceto céu seco e uns mesmos picos de rocha quase cilíndricos). No entanto, mesmo esses filmes desconfortáveis me fascinavam e me mantinham sentado e calado até o fim: ver imagens grandes se movendo — pessoas, carros e animais correndo na pradaria, a mão de alguém, a luz da brasa do cigarro, a luz do sol — quase sempre em preto e branco, mas às vezes miraculosamente em cores — era um êxtase. Tudo isso era fruído, sem os incômodos dos faroestes, nos filmes de capa e espada e/ou de pirata. Errol Flynn era um herói sem defeito. Lembro muito da cara de Patricia Medina. Também os filmes de "Oriente": *O ladrão de Bagdá*, essas coisas. Turhan Bey e John Derek. Achávamos Sabu parecido com minha mãe. Um filme marco de minha formação (não apenas de cinéfilo): *Sansão e Dalila*. Eu tinha oito anos. Vi em Salvador, numa viagem para visitar minhas irmãs mais velhas que estudavam lá. No Cine Roma, na Cidade Baixa. Victor Mature me influenciou para sempre. Desenvolvi um controle do movimento das sobrancelhas que marcou meu caráter — e que ensinei a Bethânia. Talvez esse tenha sido o primeiro personagem ostensivamente masculino com que me identifiquei. Achei (e acho) Hedy Lamarr lindíssima, mas eu era Sansão. Na roda-gigante do bairro de Roma, eu fantasiava que era Sansão e que vencia o exército dos filisteus com uma caveira de burro. Até hoje (apesar de achar a piada de Groucho contra o filme de DeMille uma obra-prima — "recuso-me a ver um filme em que os peitos do mocinho são maiores do que os da mocinha" — e de achar tanto Victor quanto Hedy dois canastrões risíveis) acho *Sansão e Dalila* um grande filme, um deslumbramento com aqueles panos transparentes e aqueles diálogos sensacionais (que "cinedrama" fantástico!).

VOCÊ PARECE TER SIDO MUITO PRECOCE NA PERCEPÇÃO DA MÚSICA. AOS QUATRO ANOS, POR EXEMPLO, VOCÊ SUGERIU O NOME DA SUA IRMÃ, MARIA BETHÂNIA, POR CAUSA DA MÚSICA DE CAPIBA QUE NELSON GONÇALVES CANTAVA. E O CINEMA? EM QUE MOMENTO O CINEMA DEIXOU DE SER APENAS A DIVERSÃO DO MENINO QUE IA ÀS MATINÊS DE SANTO AMARO?

É mais difícil imaginar-se fazendo um filme do que uma canção. Aos oito, *Sansão e Dalila* de DeMille já era essa passagem. Mas a visão de *As grandes manobras* me deu uma lição de forma que todas as agressões feitas a René Clair pelo grupo da nouvelle vague não abalaram. Revi faz um ano e achei igualmente perfeito. Quisera Truffaut... Agora, virada, virada mesmo, foi aos quinze, com *La strada*. Não era lição de forma. Ou não só. Era principalmente o filme como experiência de vida. Foi momentoso: chorei o dia todo, não quis comer, minha mãe ficou preocupada. Havia a cara de Giulietta Masina e a presença de Anthony Quinn. A figura de Richard Basehart e a música de Nino Rota. Aquele jeito de filme italiano que, mesmo dublado e fora de sincronismo, parece trazer pessoas reais em momentos reais da vida para sua vida, pela exibição de suas imagens ampliadas e luminosas (aquela mulher que come macarrão na porta da casa, num casamento, e que demonstra necessidade sexual!...). E, nesse mundo rente à terra, a fantasmagoria de Gelsomina e do Matto. Masina na porta da cadeia esperando Zampanò é documental e é sonho. Mas hoje eu gosto mais de *Noites de Cabíria*: Giulietta ali é, talvez pela única vez, uma atriz de verdade — e, de repente, das grandes. Não posso negar, no entanto, que, quando vi *La strada*, eu já pensava no cinema como algo a que eu queria dar minha contribuição pessoal: minha cabeça já esboçava crítica e realização.

TENHO A IMPRESSÃO DE QUE VOCÊ PERTENCE AO GRUPO DOS ESPECTADORES QUE TÊM VÍNCULOS MAIORES COM O CINEMA EUROPEU DO QUE COM O AMERICANO. MAS SEI DA SUA PAIXÃO TAMBÉM PELA PRODUÇÃO DOS ESTADOS UNIDOS. QUE PAPEL O CINEMA AMERICANO DESEMPENHOU NA SUA FORMAÇÃO? E, NUM BREVE RETROSPECTO, O QUE A GENTE PODERIA DESTACAR NA DÉCADA DE 50? FORD, HITCHCOCK, WILDER, KAZAN, O JOVEM KUBRICK? O QUE MAIS O IMPRESSIONA NO PERÍODO?

O DeMille crucial (e anterior aos europeísmos) já contrabalança sua suposição. Depois, além de piratas e espadachins — e moças com problemas amorosos —, houve os musicais. Nada pode ser mais

maravilhoso do que ter catorze, dezesseis anos e entrar no
Cine Subaé (esse era novo e tinha Cinemascope!) para assistir
A roda da fortuna, *Um americano em Paris* ou *Cantando na chuva*.
Como eu amei Cyd Charisse! E Leslie Caron e Audrey
Hepburn! Como eu amei Gene Kelly (antes de Astaire, pois
este, embora adorável e sempre impecável, parecia um velho
sem músculos; sua superioridade, nascida da finura, vim a amar
inteiramente um pouco mais tarde; tive de aprender a saber quão
bom e bonito era; foi como passar a gostar de cerveja ou, bem depois,
de queijo francês). Não posso negar que sentia a firmeza
da pegada americana: eles criaram um naturalismo de convenção,
mas, dentro dele, não davam bola fora. É humilhante a confiança
que os enquadramentos e os movimentos dos atores dentro
do quadro transmitem nos filmes americanos. Entendo por que
em Hollywood todos ficaram loucos ao ver *Ladrões de bicicleta* e
Roma, cidade aberta (não apenas Ingrid Bergman pediu Rossellini
em casamento sem conhecê-lo e casou-se com ele — mas até
no *The Player*, de Altman, o filme de De Sica ainda ecoa como a
resistência do frescor e da verdade contra o esquema industrial —
embora tudo fosse dublado e um tanto sentimental demais).
Bergman conta que ele começou estudando as regras de roteiro
dos filmes de Hollywood para dominá-las. Depois desrespeitou-as
todas, mas elas não deixaram de ser, para ele, a base da construção
de estruturas fílmicas. Augusto de Campos me disse que um
amigo dele repetia que "cinema" é uma abreviatura de "cinema
americano". Mas é verdade que, da minha adolescência em diante,
militei pelo cinema europeu. E somei a isso o cinema japonês
(Kurosawa principalmente). Íamos, meus amigos e eu — notadamente
Chico Motta, Antônio Manteiga e Dazinho —, ao cinema para
deliberadamente rir de dramalhões de Douglas Sirk, como *Imitação
da vida*. Os espectadores adultos reagiam a esse pequeno bando de
punks que gargalhavam quando Lana Turner fazia um gesto generoso
para com sua empregada negra. Os cenários e as cores
eram uma prefiguração da estética das novelas da Globo (cujos
autores de fato frequentemente se inspiram em dramas americanos
dos anos 40 e 50). E nosso grupo rebelde já lutava contra isso.

O cabelo morto de tão tingido de Lana Turner (ou Doris Day —
essa grande cantora que parecia um homem quando se movia e
contracenava com Rock Hudson, que era supergay mas parecia muito
mais macho do que Tony Curtis em qualquer situação), esse cabelo
parado como um capacete de sisal contrastava com a espontaneidade
das caras lavadas de Sophia Loren ou Anna Magnani, Silvana
Mangano ou mesmo Gina Lollobrigida. E logo chegaria Brigitte
Bardot. Tínhamos Françoise Arnoul e Martine Carol. Mas Bardot
transcendeu. Assim, conhecíamos as vulnerabilidades críticas
de Hollywood, embora não deixássemos de sentir sua superioridade
no atacado. Não posso deixar de frisar que, apesar de Jean Renoir
ter sido cultuado pela turma da nouvelle vague em detrimento
de René Clair, seus filmes muitas vezes me parecem precários.
Muito sinceros e desarmados, humanamente atentos a seus
personagens, eles parecem erráticos na trama e desestruturados nos
enquadramentos — apesar do treinamento visual que a convivência
com o pai lhe proporcionou, o fato é que muitos dos seus filmes
têm um quê de amadorismo que não contribui apenas para eles
irem aonde *Casablanca* ou *All about Eve* não vão: esse tom também
concorre para criar desinteresse. Considerando isso tudo, devo dizer
que Hitchcock sempre me chegou bem. Eram simplesmente filmes
hollywoodianos muito bons. *Strangers on a Train* é incrivelmente
bom. *North by Northwest* é um espetáculo. E *Janela indiscreta.*
Ladrão de casaca! E tudo o mais. Vi esses filmes como espectador
não avisado pelos franceses. Mas Hitchcock era uma marca famosa
mesmo antes disso. Depois deles (e do livro excepcional de Truffaut)
vi *Shadow of a Doubt* e fiquei maravilhado. Assim também muitos
filmes dele, americanos e britânicos — a maioria na BBC, em Londres
(onde, revendo o *Imitação da vida*, de Sirk, descobri seus grandes
encantos) —, Godard tinha elogiado esse diretor e, de fato, *A Time
to Love and a Time to Die* é um grande filme; e, em matéria de novela
da Globo feita com precisão, densidade e elegância, *Palavras ao
vento* é obra-prima). Mas, em Santo Amaro, *East of Eden,* de Kazan,
foi, para mim, algo mais importante, profundo e duradouro do
que os Hitchcocks que vi lá e amei. Jo Van Fleet como a mãe
cafetina, o pai obsessivo bíblico, o arquétipo Caim e Abel/Jacó e

Esaú e, principalmente, as presenças de James Dean e Julie Harris
me arrebataram. Embora Marlon Brando tenha sido muito mais
rico (como sempre) em *Sindicato de ladrões* do que Dean chegaria
a ser, Dean me apaixonou. *Sindicato de ladrões* é um grande filme.
Eva Marie Saint, Karl Malden, Marlon com os pombos na cobertura
aberta do prédio de tijolos — tudo isso é inesquecível. James Dean
me encantou também em *Juventude transviada* — e o nome
de Nicholas Ray tem de entrar na lista. Kubrick para mim nasceu
no Clube de Cinema de Salvador: vi *Glória feita de sangue* e aprendi
o nome desse que seria sempre um dos meus diretores favoritos.
John Ford virou um nome para mim depois de *Rastros de ódio*.

COSTUMO DIZER A UM AMIGO, CRÍTICO DE CINEMA AQUI
DE JOÃO PESSOA, QUE HOLLYWOOD FAZ MAL A ELE.
É UMA BRINCADEIRA PARA COMENTAR A DIFICULDADE QUE
MUITAS PESSOAS TÊM EM RELAÇÃO AOS FILMES EUROPEUS.
ACHAM QUE ELES SÃO CHATOS, SE INCOMODAM COM A
FALTA DE LINEARIDADE DA NARRATIVA. FALANDO SÉRIO:
VOCÊ ACHA QUE, DE UM MODO GERAL, OS FILMES AMERICANOS
DESEMPENHARAM ESTE PAPEL NEGATIVO NA FORMAÇÃO
DO NOSSO PÚBLICO?

Às vezes me exaspera o vício das sequências de perseguição de
automóveis na parte final dos filmes. Também me irrita a aprovação
prévia que mesmo coisas terrivelmente malfeitas recebem de um
público narcotizado. Mas fui também, na esteira do tropicalismo
e de Godard, um militante pró-Hollywood e anti filme europeu
cabeça. De modo que amo *Je Vous Salue, Marie* e *E.T.* — e posso
me envolver com filmes como *The Brown Bunny* (um dos melhores
filmes contemporâneos) ou *O céu de Suely*. Paradoxalmente, com a
morte dos grandes estúdios, Hollywood se tornou mais hegemônica
no mercado mundial do que nunca. A cerimônia do Oscar foi
multiplicada pela TV (que se supunha ter vindo para acabar com
o cinema); a indústria de celebridades hollywoodianas é mais
insidiosa do que quando tudo era um todo fechado. Meus filhos
de dezessete e doze anos têm dificuldade até em aceitar ouvir
francês ou italiano num filme. Mas também têm dificuldade para

aceitar filmes americanos de antes dos anos 80, se não 90. Eu acho todos os planos em preto e branco de *Elogio ao amor*, de Godard, deslumbrantes. É difícil mostrar algo assim a meus filhos menores (Moreno adoraria). Mas também é mais fácil fazer Tom assistir a *Je Vous Salue, Marie* do que a *Se meu apartamento falasse*: fiz a experiência e tem um aspecto crucial: *Marie* é colorido e moderno; *Apartamento* é velho e em preto e branco. Acho a sequência inicial de *3 macacos* sensacional; você não vê algo daquele nível em *Beleza americana*. Detesto *Matrix* com suas pretensões filosóficas e esse novo *Batman* barulhento e incompreensível. Prefiro os filmes comerciais brasileiros — e alguns argentinos: *O filho da noiva* tem umas piadas ótimas. Mas *La Ciénaga*, nada comercial, é muito melhor. Adoro *2 filhos de Francisco*, *Se eu fosse você*, *O casamento de Romeu e Julieta*, *Mulher invisível*, *Meu nome não é Johnny*. E também *Cidade de Deus*, *Tropa de elite*. *Carandiru* é desigual e um tanto chato. Tenho carinho especial por *Bendito fruto*. E admiro coisas mais "europeias", menos americanas, como *Cinema, aspirinas e urubus*. *Cidade baixa* tem os dois baianos e a moça num ambiente fortemente captado. Mas me aborrece a atitude naturalista de ostentar exibição da realidade "crua", "má", "degradada" — é um problema que vejo também em *Amarelo manga*, apesar do que tem de bonito. Em suma, gosto de Almodóvar (*A lei do desejo*, *Matador*, *Mulheres à beira* e *Fale com ela* são muito bonitos). Ele foi, por um longo tempo, o grande cara do cinema europeu — e se mantém europeu. *Besieged*, de Bertolucci, é muito bonito (para mim, o melhor filme dele). Filmes de Scorsese como *Gangues de Nova Iorque* e *A época da inocência* são ruins, falsos. Não dá para imitar Visconti.

VOCÊ TINHA CERCA DE DEZOITO ANOS QUANDO CONHECEU JOÃO GILBERTO E A BOSSA NOVA. O MESMO MOMENTO EM QUE OS JOVENS CINEASTAS FRANCESES SURGIRAM COM A NOUVELLE VAGUE. EU SEI MUITO BEM O QUE VOCÊ ENXERGOU EM JOÃO E QUE POSSIBILIDADES A MÚSICA DELE ABRIU EM SUA VIDA. HOUVE ALGO PARECIDO COM OS FILMES? MILTON NASCIMENTO, POR EXEMPLO, RESOLVEU COMPOR NO DIA EM QUE VIU *JULES ET JIM*. E VOCÊ? GODARD MUDOU A SUA VIDA?

Gostei de *Jules et Jim* mas não a ponto de mudar meu rumo. Godard, sim, foi influência definidora. O tropicalismo não existiria sem ele, sem meu amor pelo cinema dele. Anna Karina fazendo flashes de musical hollywoodiano em *Uma mulher é uma mulher* e depois ilustrando com sua cara cotidiana "Tu t'laisses aller", de Aznavour, foi lição para mim; eu não conhecia Andy Warhol; meu filtro pop veio com Godard, antes de vir dos Beatles.

EU SEI QUE VOCÊ PREFERE GODARD A TRUFFAUT. VOCÊ CONCORDA COM QUEM ACHA QUE A FILMOGRAFIA DE TRUFFAUT ACABOU DESMENTINDO O ESPÍRITO DA NOUVELLE VAGUE? E QUE GODARD, ESTE SIM, É QUE SE MANTEVE FIEL AO QUE ELES SUGERIAM ALI NA VIRADA DA DÉCADA DE 50 PARA A DE 60?
Godard é uma "nouvelle vague". Um inovador genial. *Les Quatre Cents Coups* é maravilhoso e livre — e dizem que *Tirez sur le Pianiste* é godardiano (Godard o homenageia em *Uma mulher é uma mulher*); *Jules et Jim* é ótimo, mas todos os outros filmes dele que eu vi achei fracos.

DE QUALQUER MANEIRA, SAINDO DOS FILMES PARA O EXERCÍCIO DA CRÍTICA E MISTURANDO AS DUAS COISAS, A GENTE NÃO PODE ESQUECER DA IMPRESCINDÍVEL CONVERSA DE TRUFFAUT COM HITCHCOCK, MAIS IMPORTANTE TALVEZ DO QUE ALGUNS DOS FILMES QUE REALIZOU. E, JÁ QUE FALEI EM HITCHCOCK, QUE É MEU CINEASTA PREFERIDO, EU TINHA A CURIOSIDADE DE SABER SE, EM ALGUM MOMENTO, VOCÊ FEZ PARTE DO GRUPO DOS QUE REAGIAM TÃO MAL A CADA NOVO FILME DO MESTRE DO SUSPENSE, MAS VOCÊ JÁ RESPONDEU QUE SEMPRE GOSTOU DELE, ANTES DA REVISÃO DA SUA OBRA PELOS EUROPEUS...
Sempre gostei, como já disse. Eu morava em Londres quando ele fez *Frenesi*. Fiquei maravilhado com a nobreza e beleza desse filme. O humor macabro da culinária da mulher do policial, o nu furtivo da moça no hotel, tudo ali traz de volta — com uma atualização juvenil — o grande Hitch, que estava um pouco abaixo do próprio nível em *Topázio* e mesmo em *Cortina rasgada* (de que eu gosto). Quanto ao livro de Truffaut, li em Londres e achei magnífico.

É uma conversa riquíssima: Hitch dá uns olés em Truffaut, que, no entanto, está sempre brilhantemente atento para características reveladoras do mestre. A gente aprende com aquele livro. Quero relê-lo.

QUANDO PENSO EM HITCHCOCK, LEMBRO SEMPRE DOS CINEASTAS QUE PRODUZEM INTENSAMENTE, UM FILME POR ANO, ÀS VEZES DOIS, FAZEM FILMES MUITO BONS, OUTROS NEM TANTO, MAS QUE ACABAM CONSTRUINDO UMA TRAJETÓRIA ADMIRÁVEL. TALVEZ A GENTE POSSA ENQUADRAR FORD NESTE PERFIL. QUEM MAIS? SPIELBERG E SCORSESE CABERIAM, SE VIERMOS PARA O CINEMA ATUAL? TAMBÉM HÁ NELES, MAIS EM SPIELBERG DO QUE EM SCORSESE, UMA GRANDE POPULARIDADE. COMO HAVIA EM HITCHCOCK E FORD...

Sim, Ford. *The Man Who Shot Liberty Valence*, *My Darling Clementine*, *As vinhas da ira*. Mas será que não devíamos falar em Billy Wilder? De *A mundana* a *Cupido não tem bandeira* (e depois), ele apresenta uma enfiada de maravilhas de tirar o fôlego. Quanto a esses mais novos, sim, Spielberg fez um nome e tem um corpo de trabalho. Mas, embora eu goste muito de *E.T.* e de *Contatos imediatos* (onde Truffaut atua), acho seus filmes em geral frios, com enquadramentos duros e pouco convincentes, com figurino parecendo novo e recém-lavado (e passado), e ridiculamente manipuladores. *A cor púrpura* não me provocou outro sentimento além de vergonha (Moreno, que era criança na época, ficou triste comigo porque eu disse isso: ele havia chorado vendo). Não gosto do filme que saiu de um projeto de Kubrick (*Inteligência artificial*) nem do filme sobre a Segunda Guerra nem de *Prenda-me se for capaz* — nem mesmo daquele antigo em que um caminhão persegue um automóvel. A ideia é bonita mas a feitura é de uma grande frieza. E o que dizer do *Aviador* de Scorsese? É terrível ver Leonardo DiCaprio parecendo um menino de oito anos fazendo Howard Hughes. E aquela moça fazendo Ava?!!!!! Tudo é ruim. Os diálogos não têm vida. Nem *wit*. Só se salvam as cenas de aviões, voos em grupo, parecendo o clipe (magnífico) que Mauro Lima fez para minha gravação com Mautner da música genial deste (meu clipe brasileiro favorito e um filme espetacular).

Mas há também filmes bons: *Taxi Driver*, *Raging Bull*, *After Hours*.
E o texto dele sobre Glauber é uma bela homenagem, embora
repita a escolha furada dos estrangeiros: *O dragão da maldade* —
um filme de que não consigo gostar muito.

CONFESSO QUE NÃO ENTENDI AS RESTRIÇÕES QUE VOCÊ FAZ A WOODY
ALLEN QUANDO TIVE CONTATO COM ELAS PELA PRIMEIRA VEZ. HOJE,
CONTINUO GOSTANDO BASTANTE DE ALGUNS FILMES DELE, MAS JÁ
NÃO TENHO A MESMA ADMIRAÇÃO QUE TINHA NO FINAL DOS ANOS 70.
COM VOCÊ PARECE QUE OCORREU O INVERSO...

Fizeram uma espécie de festival Woody Allen no Telecine Cult.
Vi por acaso: passavam os filmes nas horas em que vou me deitar.
Gostei de todos: dos que revi e dos que nunca tinha visto. Mas
sei que ter saído de casa para ir ao cinema era um pouco demais
para filmes tão estreitos. A TV é perfeito veículo para Allen.
O primeiro filme dele que vi foi *Boris Grushenko* e achei que parecia
um programa de TV meio malfeito. Depois ele melhorou a estrutura
dos roteiros e o uso da câmera. Passou a fazer filmes melhores.
Mas sempre muito antissixties, um tanto reacionário. Muito hétero,
muito reverente com os amantes de ópera que vivem no Upper
East Side, muito chegado a uma decoração creme por trás de roupas
bege. Careta até não poder. Gay, maconha, rock, Bob Dylan, tudo
isso é desprezado por ele. Eu entendo: vemos peças da Broadway
pós-rock (o pop pós-rock que se usa na Broadway) e pensamos em
quão geniais eram Porter, Gershwin e Rogers: essas baladas que se
ouvem nos espetáculos novos (dos 70 para cá) são chatérrimas —
o mesmo se dando com os desenhos animados em longa-metragem:
em *Branca de Neve*, quando os personagens param para cantar
é um alumbramento; em *Aladim* ou *Moisés, O Príncipe do Egito*,
é um bocejo: são uma mistura de campo com igreja, um negócio
que sempre parece que a Mariah Carey vai cantar, com dramaticidade
negra de igreja mas abastardada, sem a malícia e a urbanidade,
a inteligência de uma canção de Berlin ou Kern. Então é gostoso
que um cara velho seja sincero a esse respeito. E muitas das piadas
(*one-liners*) são excelentes. Mas sempre se revela uma visão estreita.
E o público que o adorava quando ele era uma novidade com filmes

ruins não gosta nem dos bons que às vezes ele faz. Meu filme favorito dele é *Bullets over Broadway*: é uma comédia de verdade, Dianne Wiest está genial (nada da chatice que ela apresenta quando faz personagens "sensatos" em filmes de outros diretores: ela é falsa, parece uma maluca fingindo que é sã), tem situações ótimas. E Allen tem a grande elegância de dar a seus filmes a duração que os filmes tinham quando ele era menino. Talvez isso contribua para seu relativo fracasso comercial nos EUA: o público exige *supersized movies*. Os produtores descobriram que o povo pensa que se um filme não dura mais de duas horas e quinze, ele não está sendo "bem servido". É como um restaurante vulgar — e como o ar condicionado dos cinemas: os idiotas pensam que quanto mais frio, melhor. Allen faz filmes do tamanho de filmes. E adoro Nova Iorque — e ele a conhece e sabe filmar a arquitetura da cidade. Além disso, ele é o grande herdeiro do cinema nova-iorquino, independente de Los Angeles. Ele não é nenhum Cassavetes, mas merece estar ligado à tradição que este iniciou. É um careta, um cineasta pequeno, mas é um cara legal, com frases brilhantes, com algumas cenas espetaculares como ator — e canta muito, muito bem na cena curta em que o faz, em *Everybody Says I Love You*. Considero uma conquista imensa ele ter o *final cut* dos seus filmes.

OUTRO DIA, VI SCORSESE FALANDO DE *O DRAGÃO DA MALDADE CONTRA O SANTO GUERREIRO*. SE NÃO ENTENDI MAL, ELE ASSOCIA O PERSONAGEM ANTÔNIO DAS MORTES AOS CAUBÓIS DE LEONE, O QUE SERIA UM EQUÍVOCO PORQUE ANTÔNIO DAS MORTES SURGIU EM *DEUS E O DIABO NA TERRA DO SOL*, QUANDO AINDA NÃO TÍNHAMOS OS WESTERNS DO ITALIANO. ACREDITO NO INVERSO: QUE LEONE SE INSPIROU EM GLAUBER. DE TODO MODO, ACHO QUE AQUELES WESTERNS DE LEONE SÃO INACEITÁVEIS PARA OS CULTORES DOS GRANDES WESTERNS AMERICANOS. NEM SCORSESE ME CONVENCE DO CONTRÁRIO...

Esse pessoal de língua inglesa não consegue nem ver *Deus e o diabo*: aquilo é inorgânico para eles, não chega ainda a ser alguma coisa. O falso "Dragão" agrada. Leone se inspirou em Glauber para fazer aqueles filmes chatos (só gosto de *Era uma vez na América*:

ali, até Morricone vai fundo na versão de "Amapola"). Mas, vendo *Inglourious Basterds*, esse fascinante filme novo de Tarantino, gosto de todos os trechos de Morricone escolhidos por ele. E também (muito!) de David Bowie (de quem nunca fui fã). Tarantino — e toda a formação do gosto do pessoal da geração dele — dá, com seu amor sincero, legitimidade estética à música de Morricone e às cenas de Leone.

DE VEZ EM QUANDO LEIO OS TEXTOS QUE VOCÊ ESCREVEU SOBRE CINEMA. VOCÊ EXERCEU A CRÍTICA E DEPOIS SE TORNOU UM ARTISTA. NÃO O CINEASTA QUE NUM MOMENTO DESEJOU SER, MAS UM COMPOSITOR POPULAR DE GRANDE PRESTÍGIO. VOCÊ CONTINUA MOVIDO POR UM ADMIRÁVEL ESPÍRITO CRÍTICO. COMO É QUE VOCÊ LIDA COM OS SEUS CRÍTICOS?

Sou um pouco chato porque entro em competição com eles. Corrijo o que eles escrevem, implico com desaprovações desavisadas. Mas gosto de brincar com isso. Nem sempre a reação nasce de uma raiva verdadeira. Na verdade, me considero muito mimado pela opinião geral. Embora veja sempre mais os equívocos de muitas aprovações — e me excite mais com quaisquer desaprovações.

VOCÊ DIRIGIU UM FILME, *O CINEMA FALADO*. O TIPO DE CINEMA COM O QUAL VOCÊ SONHAVA É O QUE TEMOS NO FILME QUE VOCÊ DIRIGIU?

Claro que há muito do que desejo fazer em *O cinema falado*. Mas não é o filme que sonhei. É um exercício experimental (para mim), no sentido de me testar para, então, fazer filmes narrativos, de ficção, de preferência sobre a cidade da Bahia — e muito poéticos.

SE FORMOS COMPARAR SEU FILME COM A SUA PRODUÇÃO MUSICAL, O QUE SERIA *O CINEMA FALADO*? O SEU *ARAÇÁ AZUL*?

É um tanto como *Araçá azul*. Mas é mais bem-feito. Embora menos relevante dentro da história do cinema no Brasil.

VOCÊ ME DISSE QUE COSTUMA MOSTRAR GRANDES FILMES AOS SEUS FILHOS ADOLESCENTES. EU GOSTO DA IDEIA DE APRESENTAR FILMES AOS ADOLESCENTES, DESEMPENHANDO UM PAPEL DE FORMADOR DO GOSTO PELO CINEMA. QUAL O RESULTADO PRÁTICO DESTA EXPERIÊNCIA? ELES GOSTAM DE ASSISTIR A UM FILME DE BILLY WILDER OU ISSO SE TORNA CADA VEZ MAIS DIFÍCIL NA RELAÇÃO QUE A GAROTADA DE HOJE TEM COM O CINEMA?

Zeca viu *Se meu apartamento falasse* (quase algemado) e me disse depois: "É perfeito". Mas não quis mostrar à namorada. Tom não conseguiu ir até o fim. *Quanto mais quente melhor* foi um pouco mais fácil. Vendo *Apartamento*, um amigo de Tom, da idade dele, perguntou assombrado com a perfeição: "Esse filme foi feito para parecer que era nessa época ou é antigo mesmo?". Ao ouvir que era antigo perdeu 60% do interesse. Mas o mais impressionante é que eles não acham Chaplin imediatamente palatável — nem mesmo muito engraçado. Parece lento, e distante, qualquer coisa remota. Tom criou uma cumplicidade comigo de imitar o andar de Carlitos — e de vez em quando lembra uma ou outra cena para comentar. Mas nunca quis rever os filmes. Nunca riu das gags, nada. Mostrei Buster Keaton: a tempestade que derruba casas inteiras e leva Keaton a fazer as maiores acrobacias tem algum impacto sobre eles. Mas acham chato esperar até isso acontecer. Riem muito com essas comédias modernas americanas, muito grossas (que eles acham grossas e de baixa qualidade mas que sentem próximas de si).

HOUVE UM TEMPO EM QUE FELLINI ERA POPULAR. AS PESSOAS LOTAVAM OS CINEMAS PARA VER *A DOCE VIDA*. EU LEMBRO QUE KUBRICK ENCHIA SALAS GRANDES, COM OITOCENTOS LUGARES, COM SEU ENIGMÁTICO *2001*. SERÁ QUE O PÚBLICO DE HOJE NÃO CONSEGUE MAIS SE INTERESSAR POR FILMES COMO ESTES? SERÁ QUE GLAUBER TINHA ALGUMA RAZÃO QUANDO DIZIA QUE AS IMAGENS DO CINEMA DO SÉCULO XX ACABARIAM POR NÃO RESISTIR AO SÉCULO XXI?

O velho crítico Georges Sadoul — que eu lia aos dezoito anos — dizia que o cinema é uma arte perecível, que suas obras entram em obsolescência com rapidez. Borges, escrevendo sobre *Cidadão*

Kane (texto que li mais recentemente, da improvável passagem de Borges pela crítica de cinema), diz que esse filme ("não inteligente, mas 'genial', no pior sentido dessa má palavra") deveria virar um "clássico" do cinema, como os filmes de Pudovkin, que ninguém aguenta ver mais, mas sobre os quais umas poucas pessoas dizem que são importantes. Antigamente eu era contra essa teoria: achava que *Outubro* seria sempre impressionantemente belo e que Chaplin faria rir e chorar a qualquer ser humano de qualquer época. Mas, com meus filhos, vejo que *Outubro* é tão atual quanto um texto medieval em sua forma primeira: pode interessar a especialistas, não mais. E é uma obra criada depois de *Em busca do tempo perdido* ou das telas de Cézanne, mesmo de grande parte da obra de Picasso. Não sei. Noto também que as canções de Porter ou de Kern podem soar mais atuais do que *O nascimento de uma nação* ou *O gabinete do dr. Caligari*. Bem, revi *Metrópolis* e achei da hora. Mas uma canção não é a primeira gravação dessa canção. Um filme depende totalmente do estado da tecnologia na época em que ele foi feito.

UMA CRÍTICA MUITO COMUM FEITA AOS FILMES BRASILEIROS É QUE ELES SÃO MALFEITOS. VOCÊ CONCORDA COM ISTO? EM QUE MEDIDA ISTO LHE PARECE UM PROBLEMA?

Essa ideia de que os filmes brasileiros são malfeitos já foi. Resta sempre a impressão de que filmes não americanos são malfeitos. Os brasileiros estão nessa categoria.

Mas hoje o espectador brasileiro médio exige de filmes brasileiros um alto nível de fatura, tendo o próprio cinema brasileiro como termo de comparação. Há dezenas de filmes americanos muito malfeitos e que o espectador engole sem crítica. Havia o hábito de encontrar defeitos em filmes brasileiros, de olhar fixamente para ver se quem faz o morto pisca o olho. Ninguém falava que Cacilda Becker em *Floradas na serra* era top em matéria de atuação cinematográfica na época.

Hoje fala-se em Fernanda Montenegro e Marília Pêra. Sobre Fernanda Torres ou Andrea Beltrão não precisa nem falar: as pessoas já não têm ansiedade em relação a atuações brasileiras na tela. Quanto à direção e apuro técnico, isso disparou em qualidade de maneira avassaladora. Quando veio a "retomada", toda uma geração de técnicos estava já a postos para recomeçar a trabalhar. O sentido de responsabilidade tinha crescido muito. O Cinema Novo provocou isso, embora tenha atrapalhado o caminho "argentino" da Vera Cruz e o caminho "ligação-direta" das chanchadas. Nos 70 houve várias investidas no sentido de realizarem-se filmes de boa qualidade técnica e de empatia com o público — todas por parte de pioneiros do Cinema Novo. E o número de grandes sucessos superou o atual (embora as pornochanchadas, muitas vezes muito ruins, tenham engrossado as contas — o que não é o caso atualmente). Hoje a pessoa comum vê *Tropa de elite*, *Cidade de Deus* ou *Jean Charles* (sem falar em *Eu, tu, eles* ou *Bicho de sete cabeças*) e já espera que tudo funcione fluentemente. E é o que acontece.

VOCÊ ACHA, ENTÃO, QUE O CINEMA QUE SE PRODUZIU NO BRASIL NOS ÚLTIMOS DEZ ANOS, OU UM POUCO MAIS, APONTA AFINAL PARA UM CAMINHO QUE SE BUSCAVA HÁ MUITO TEMPO?
Acho que muito do que se sonhava (e parecia inatingível) ganhou corpo. Luiz Carlos Maciel conta que, gaúcho, chegou à Bahia aos dezoito anos, ligado a um projeto de amadurecimento crítico que prepararia a elevação do nível do cinema brasileiro para dali a umas cinco décadas. Tendo entrado em contato com Glauber, ficou pasmo com o desembaraço com que este dizia que ia realizar filmes que superariam Eisenstein, que revolucionaria o cinema mundial. Maciel mudou-se para a Bahia. Glauber esboçou o que prometeu. E foi notado pelo grande mundo. Era uma usina de energia concentrada. O que ele fez é muitas vezes inarticulado, selvagem, mas representa a ambição instintiva do Brasil. Dele saiu tanto a Embrafilme quanto o cinema udigrúdi. Lembro de vê-lo querendo que *Xica da Silva* concorresse ao Oscar. Ele fez *Câncer* e *O dragão da maldade contra o santo guerreiro* quase ao mesmo tempo: um, trans-Sganzerla; o outro, para "inglês ver". Hoje, sucessos híbridos e densos como *Meu nome não é Johnny* são sintoma de que o caldo engrossou. A sucessão de recordes de bilheteria de filmes brasileiros — muitos de grande qualidade, alguns autorais e de aparência não comercial — nos põe em situação nova. Acho que um filme como *Saneamento básico*

denota desembaraço, inspiração, liberdade, inteligência desencanada. Êxitos como *2 filhos de Francisco* mostram quanto crescemos em nossa capacidade de nos vermos nas telas. Comédias espertas e eficazes provam que não temos mais medo de fazer bem-feito. Em *O cinema falado* eu já falo bastante disso tudo (e bem cedo): o quanto a TV Globo desinibiu atores e diretores, como estávamos na transição entre "o português não é uma língua adequada ao cinema" e as explosões que viriam com *Carandiru*, *Cidade de Deus*, *Os normais*. Falta criar um ambiente autossustentável, ultrapassar a impressão de que é um surto, um ciclo fadado a sumir como os outros. Eu sei que não é. Mas a imprensa... basta termos um número menor de blockbusters nacionais para que decretem a morte da "retomada". Penso mais como Lula nesse caso.

JOMARD MUNIZ DE BRITTO ME DISSE QUE VIU *DEUS E O DIABO* EM 1964 NO DIA EM QUE SAIU DA PRISÃO. ELE HAVIA SIDO PRESO NO RECIFE LOGO DEPOIS DO GOLPE. EU TENTO IMAGINAR O IMPACTO QUE O FILME TEVE NUM MOMENTO COMO AQUELE. QUAL A DIMENSÃO QUE O CINEMA NOVO TEM PARA VOCÊ TANTO TEMPO DEPOIS? VOCÊ CONTINUA ACHANDO QUE AQUELES FILMES, A DESPEITO DAS DIFICULDADES QUE ELES TINHAM DE DIALOGAR COM O PÚBLICO, FORAM DE FATO MUITO IMPORTANTES OU PERTENCEM APENAS À MEMÓRIA AFETIVA DE ALGUNS?

Foram importantes. Mostraram o tamanho da ambição. E muitos filmes parecem melhores hoje do que na época. Sobretudo os de Cacá Diegues. *Os herdeiros* me metia vergonha. Revi no Canal Brasil e achei muito encorpado e muito interessante. Mesmo *Joanna francesa*, que na época parecia ridículo, hoje, influenciado pelo que Cacá e o cinema brasileiro fizeram depois, o filme tem uma aparência nobre. Muitas sequências de Joaquim Pedro parecem deslumbrantes hoje. Todo o Leon Hirszman parece bem planejado e bem-acabado. Mas o mais importante é que a maluquice de Glauber (de que esses todos foram corolários) se provou uma intuição de ambição histórica com fundamento: quando vejo Lula na capa da *The Economist*, penso no que Glauber significou.

QUANDO VI *CORAÇÃO VAGABUNDO*, FIQUEI PARTICULARMENTE
EMOCIONADO COM AQUELA SEQUÊNCIA EM QUE VOCÊ FALA
DO CINEMA DE ANTONIONI, E ELE APARECE REVENDO AS IMAGENS
DE *PROFISSÃO: REPÓRTER*. VOCÊ COMPÔS UMA CANÇÃO
PARA ELE. VOCÊ FEZ UM DISCO DEDICADO AO CASAL FELLINI.
VOCÊ É APAIXONADO PELA MÚSICA DE NINO ROTA, TAMBÉM
PELO VISCONTI DE *ROCCO E SEUS IRMÃOS*. VAMOS TERMINAR
ESTA ENTREVISTA FALANDO UM POUCO DO QUE NÃO FOI DITO
AQUI SOBRE O CINEMA ITALIANO, QUE OCUPA UM LUGAR TÃO
ESPECIAL NO CORAÇÃO DOS CINÉFILOS?

Bernardo Bertolucci me disse que achava a língua italiana
inadequada para o cinema. Estávamos em Londres, na casa dele,
com sua mulher, a inglesa Clare. Ele dizia que o inglês é a língua
cinematográfica. Claro que lembrei dos tempos em que no Brasil se
dizia que a língua portuguesa não era compatível com o cinema. E
fiquei indignado. Disse a ele que para mim muitas vezes imagens se
tornavam deslumbrantes só porque as personagens falavam italiano.
Por muitos anos foi assim: bastava que se falasse italiano num filme
para que tudo nele — enquadramento, ritmo, atmosfera — ficasse
imantado. Ainda guardo a nostalgia do que eu sentia quando via
um filme italiano. Se se tratasse de um filme particularmente bom,
isso era como uma experiência sagrada. *Rocco*, mas também *Il
gattopardo*, *Bellissima* ou *Violência e paixão* (que é o verdadeiro *Morte
em Veneza*, de Visconti), são filmes sagrados para mim. Sem falar
em todo o Fellini. Principalmente *Cabíria*, *Amarcord*, *E la nave
va...* e *La strada*. Eu sabia diálogos de *La dolce vita* de cor. Ainda
sei alguns trechos. Meu parco italiano vem todo do cinema, não
da música. Tenho grande amor pelo sentido visual dos italianos.
Os diretores de fotografia eram divinos (vejo que ainda existem:
Gomorra é muito bonito). Há uma nobreza que nasce da arquitetura
e do urbanismo das cidades italianas e que comanda o olho dos
fotógrafos. Além da tradição pictórica. Curiosa é a relação disso
com a vulgaridade da cultura popular de massas — quadrinhos,
TV, fotonovela —, sobretudo no modo como isso se deu em Fellini.
Mas está em *Bellissima* e nos filmes de De Sica. O ar clássico dos
enquadramentos nunca fica em relação forçada com o fascínio pelo

cafona e pelo vulgar. Antonioni, um artista peculiar, era o mais ingenuamente afastado do mundo brega italiano. Acho *L'avventura* uma obra-prima. Também *Profissão: repórter*. E há sempre algo de grande beleza em *L'Eclisse*, *La notte* ou *Deserto rosso* (este último é uma apaixonante aberração) — e eu gosto muito de *Zabriskie Point*, mais do que de *Blow-up* — mas esses são filmes falados em inglês. Acho que até hoje eu me emocionaria vendo *Umberto D*. Nunca esquecerei filmes "menores", como *Amanhã será tarde demais* (em que De Sica participou dirigindo as crianças e tem a primeira aparição — deslumbrante — de Pier Angeli, adolescente) ou as comédias com Totò e, mais tarde (e mais sofisticadas), com Alberto Sordi (que está divino nos *I vitelloni* felliniano). Tenho saudade do cinema italiano. Fico um pouco irado com o esquecimento em que parece ter caído Fellini. Amo a "trilogia da vida" de Pasolini (*Decameron*, *Mil e uma noites* e *Contos de Canterbury* — este último um pouco menos). Pasolini tinha um gosto muito refinado para cores de pano, para roupas (ele escolhia figurinistas excepcionais e os dirigia com decisão) e captava com muita poesia as caras dos não atores que escolhia para protagonistas (e dublava sem cuidado). Mas filmes como *Teorema* me parecem muito malfeitos: o charme que a falta de noção de eixo dá a *Decameron* resulta meramente incômodo em *Teorema* — e a música de Morricone aí é péssima. *Édipo* tem a selvageria frutífera de Glauber. Mas *Teorema* parece demais com as pornochanchadas brasileiras dos anos 70. Claro que tem inteligência envolvida — e algumas cenas são bacanas —, mas a maior parte do tempo parece uma peça canhestra, com uma música presunçosa e feia. Gostei de um filme italiano, de que não lembro nome nem nada, em que pessoas mergulham no mar, alguém morre afogado, há uma criança, um adultério (no final, há uma tomada submarina com uma multidão nadando à flor d'água).

"O CINEMA FOI E É MODELO CONSCIENTE OU INCONSCIENTE DE MINHAS CANÇÕES"

ENTREVISTA A GUILHERME MAIA E GUILHERME SARMIENTO, EM 2013, REVISTA *CINE CACHOEIRA*, ANO III, N. 5, 04/05/2013

QUAL A IMPORTÂNCIA DA NARRATIVA EM SUA OBRA? VOCÊ, QUANDO CRIA, DESEJA CONTAR UMA HISTÓRIA?

Quase nunca desejo contar uma história. Mas o cinema foi e é modelo consciente ou inconsciente de minhas canções. "Alegria, alegria" é toda feita de montagem. Na verdade, as canções tropicalistas têm muito de montagem de cinema. "Enquanto Seu Lobo não vem", "Superbacana", "Tropicália", todas as canções dessa época têm a ver com cinema, sobretudo o cinema de Godard. Mas não só as minhas: "Domingo no parque", de Gil, é muito cinematográfica.

INÚMERAS VEZES VOCÊ MANIFESTOU SUA ADMIRAÇÃO POR GLAUBER ROCHA, MAS CONSIDERAMOS SUA APROXIMAÇÃO COM O CINEMA NOVO TÍMIDA. SENTIMOS QUE O MODO COMO PENSA O CINEMA APROXIMA-O MAIS DOS CINEASTAS CONHECIDOS COMO UDIGRÚDIS OU MARGINAIS, ESPECIALMENTE SGANZERLA E BRESSANE. GOSTARÍAMOS QUE FALASSE UM POUCO SOBRE ISTO.

Como já disse, era Godard. Sganzerla e Bressane, que desenvolveram seus estilos ao mesmo tempo que os tropicalistas da música, também tinham Godard como mestre. Mas não é verdade que minha aproximação com o Cinema Novo seja tímida. Sou o autor da letra de "Cinema Novo", samba em parceria com Gil, que levou Fernando Trueba a dizer que qualquer cinematografia do mundo deveria invejar a brasileira. Há Glauber em "Tropicália". E o *Araçá azul* nasceu da trilha de *São Bernardo*.

O JOÃO MÁXIMO DIZ QUE O CINEMA BRASILEIRO É EXCESSIVAMENTE CANCIONISTA E QUE MUITAS VEZES ESSA ESCOLHA SE DEVE MUITO MAIS A QUESTÕES DE NATUREZA COMERCIAL DO QUE DRAMATÚRGICA...

É um procedimento do cinema moderno no mundo todo. Hollywood usou canções especiais para filmes ("Laura", "As Time Goes by", "Johnny Guitar"...), mas o uso insistente de muitas canções num só filme é coisa que começa nos anos 1970 e só tem feito crescer. O cinema brasileiro, sendo o Brasil um país em que a canção popular é tão forte, não poderia ser exceção. Às vezes canções ajudam a vender o filme. Mas isso só se dá mesmo se a canção der força às cenas a que está colada.

VOCÊ JÁ TRABALHOU COM GRANDES NOMES DO CINEMA NACIONAL, COMO LEON HIRSZMAN, CACÁ DIEGUES, NEVILLE D'ALMEIDA, JORGE FURTADO, JULIO BRESSANE. COMO VÊ ESSA RELAÇÃO DIRETOR-COMPOSITOR NO CONTEXTO DA SUA PRÁTICA DE COMPOR PARA FILMES?

A mais interessante foi a trilha de *São Bernardo*, que fizemos de modo precário mas que resultou muito inspiradora. Como experiência de detalhar a trilha de um filme, minha colaboração com Cacá Diegues foi a mais rica. *Tieta do Agreste*, um filme que adoro, me levou a criar várias canções que, retrabalhadas, serviam de tema para cenas dramáticas. E *Orfeu*, filme de que gosto bastante menos, foi minha mais completa experiência como trilheiro de verdade. Mesmo assim, imaginei uma música quase de cartoon (ou de partitura russa a que Eisenstein às vezes submetia sua mise en scène e sua montagem, como em *Alexander Nevsky*) para as "bacantes" que matam Orfeu, que traz Eurídice nos braços no final do filme, mas Cacá desaprovou totalmente a experiência. Nesse filme, gosto das cenas de polícia invadindo o morro (está ali toda a gênese dos favela movies que vieram depois — sendo homenagem ao documentário de João Moreira Salles, que veio antes) e do Carnaval na avenida, mas não gosto da encenação do romance do casal central. Fiz temas bons para essas cenas, há algo que funciona e comove, mas não dá para fazer o drama do casal crescer. De todo modo, foi a trilha que mais compus.

Jaques Morelenbaum sendo, pacientemente e com uma humildade emocionante, apenas aquele que transcreve as ideias de temas, timbres e contrapontos que me vinham à cabeça.

COMO FOI O PROCESSO DE CONCEPÇÃO, CRIAÇÃO E EXECUÇÃO DA MÚSICA DO FILME *SÃO BERNARDO*?

Como já disse, foi o mais interessante. Embora a concepção geral da música do filme tenha estado muito mais sob minha responsabilidade em *Orfeu*, de Cacá, do que em *São Bernardo*. Foi assim: eu tinha chegado de Londres e Leon me disse que queria que eu fizesse a música para sua adaptação do romance de Graciliano Ramos. A primeira coisa que eu disse foi: ele não gostava de música — e Nelson Pereira dos Santos resolveu isso perfeitamente em *Vidas secas*, usando apenas o ranger das rodas de carro de boi como trilha. Leon respondeu que eu poderia fazer algo como os grunhidos que eu tinha feito na gravação londrina de "Asa branca". E me mostrou algumas cenas. O filme ainda não estava todo montado. Ele tinha um miniestúdio de quatro canais e eu ia improvisando sobre as cenas que eram projetadas. Fazia um take com uma voz e depois somava mais uma, duas ou três. Sempre revendo as imagens. Ficou bonito.

POR ALGUMAS DECLARAÇÕES SUAS À IMPRENSA, PERCEBE-SE SEU INTERESSE PELA PRODUÇÃO BRASILEIRA CONTEMPORÂNEA. QUE FILMES RECENTES BRASILEIROS ASSISTIU E DE QUE FORMA ELES TE MOBILIZARAM COMO ESPECTADOR?

Vejo menos filmes do que desejo. Gosto de *Filme de amor* e de *O casamento de Romeu e Julieta*. Acho *Cidade de Deus* cheio de figuras muito vivas, interpretações brilhantes e grande virtuosismo na direção. Tenho carinho especial por *Bendito fruto*. Idolatro *Houve uma vez dois verões* e *Saneamento básico*. *Eu receberia as piores notícias dos seus lindos lábios* me arrebatou. Sempre serei fã de *Superoutro*. Gosto de *Reis e ratos*. O filme recente que mais me impressionou foi *O som ao redor*. Mas devo estar deixando de mencionar alguns filmes importantes para mim porque simplesmente não me vieram à cabeça à medida que eu escrevia aqui.

**A MPB HÁ MUITO TEMPO SUPEROU ESTA OPOSIÇÃO RÍGIDA
ENTRE ARTE E INDÚSTRIA: TEMOS INÚMEROS ARTISTAS, COMO VOCÊ,
GILBERTO GIL, ZECA BALEIRO, MARIA GADÚ, ENFIM, VÁRIAS GERAÇÕES
DE COMPOSITORES PARA OS QUAIS A RELAÇÃO MÚSICA/MERCADO
NÃO NECESSARIAMENTE PRODUZ MEDIOCRIDADE. NO CINEMA
BRASILEIRO PARECE QUE ESTA RELAÇÃO AINDA É PROBLEMÁTICA...**
Acho que não penso do mesmo modo. O Cinema Novo era, no
começo, quase que exclusivamente feito de filmes sem apelo popular
e com grandes pretensões intelectuais, políticas e artísticas. Justo o
contrário das chanchadas que o precederam. A Vera Cruz não dera
os frutos que prometera. Mas, nos anos 1970, Cacá, Jabor e Neville
D'Almeida, além de Bruno Barreto, produziram sucessos enormes
de bilheteria sem deixar de manter a respeitabilidade do projeto
inicial do movimento. E temos *Central do Brasil*, *Cidade de Deus*,
Tropa de elite 1 e *2*. Mas é verdade que a canção popular tem uma
história mais consistente do que o cinema. Cinema é caro de fazer.

**JÁ FAZ MAIS DE DEZ ANOS QUE DIRIGIU *O CINEMA FALADO*.
AINDA TEM PROJETOS? DESISTIU DO CINEMA?**
Talvez. No fundo nunca sinto que desisti. Mas, na prática,
na idade em que estou, parece que é o que aconteceu.
Quando vejo Dustin Hoffman dirigir seu primeiro filme
aos setenta e tal, penso que impossível não há. Mas é fato
que não tenho muito talento para a música, mas tenho
mais vocação para a vida de músico.

**ALMODÓVAR COSTURA AS CANÇÕES COMO FIOS NARRATIVOS
NOS FILMES DELE, E VOCÊ PARTICIPA DE UMA DAS CENAS
MAIS BELAS DE *FALE COM ELA*, CANTANDO "CUCURRUCUCÚ PALOMA".
O QUE ACHA DA POÉTICA MUSICAL DO ALMODÓVAR?**
Adoro. Curiosamente tudo aquilo tem a ver com *O Bandido
da Luz Vermelha*. O uso dos boleros e das canções cantadas estava
já desenvolvido no primeiro Sganzerla. É sensacional também
a voz de Maysa sendo dublada por uma garotinha em "Ne Me
Quittes Pas", cena de *A lei do desejo*.

POR FIM, GOSTARÍAMOS QUE DESTACASSE A MÚSICA DE UM OU DE ALGUNS FILMES QUE CONSIDERA ESPECIALMENTE ENGENHOSA, ORIGINAL, COMOVENTE OU, SIMPLESMENTE, BELA.

Nino Rota em todo o Fellini — mas também em *Rocco e seus irmãos*, *O leopardo*, *O Poderoso Chefão*.

O BANDIDO DA LUZ VERMELHA

DEPOIMENTO A CLAUDIO LEAL E RODRIGO SOMBRA,
EM 2022

Quando vi *O Bandido da Luz Vermelha*, achei que o cinema no Brasil tinha dado um passo radical para além do que tinha sido conseguido pelo Cinema Novo. E, de fato, isso continuou ali esboçado. Mesmo quando a gente revê ou relembra, a gente sente que há um aspecto de ruptura, mas há um aspecto também de desenvolvimento de algo que poderia talvez chegar a acontecer. Tanto os participantes do Cinema Novo quanto Rogério Sganzerla tomaram o fato mais como uma ruptura, que resultou num distanciamento das pessoas, e numa hostilidade até entre eles e Rogério Sganzerla e Julinho Bressane, que a ele se uniu e que tinha começado mais perto do ambiente cinemanovista. Eu já conhecia Julio Bressane porque ele tinha feito o filme *Bethânia bem de perto* [de Bressane e Eduardo Escorel, 1966], e gostava muito dele, mas ele se identificou com o Rogério Sganzerla e ficaram muito unidos. O filme pra mim deveria ter sido aproveitado pelo Brasil como um todo, incluindo a turma do Cinema Novo. Mas eu tinha uma ideia talvez nascida da música. É curioso porque, sendo tropicalista, o nosso negócio resultou em algum nível de ruptura, mas eu nunca entendi as coisas assim, nem tratei as coisas como se fossem assim. E, de fato, na música, a tendência de reconhecimento da organicidade do desenvolvimento dessa linguagem da canção se dá com muito mais facilidade do que no cinema. E eu atribuo isso ao fato de que para fazer uma música você pode sentar com um violão, e até sem um violão, e fazer uma canção. E ela pode se tornar conhecida ou não, você pode mostrar a outras pessoas, pode não mostrar. Não dá trabalho. Mas fazer um filme… Naquela época, então… Hoje em dia se pode fazer no telefone. Mas naquela época você tinha que pensar em levantar dinheiro para poder fazer, e depois fazer em estágios diferentes o que ia resultar num filme. Às vezes durava alguns anos pra você pensar, conseguir, realizar. Então eu acho que isso dificulta a sensação compartilhada de desenvolvimento de uma linguagem por pessoas que fazem cinema. Pelo menos pelas que faziam cinema no Brasil nesse período. Porque levantar a produção aqui era fogo. É fogo. Mas é menos difícil hoje.

O Bandido da Luz Vermelha passava uma impressão de domínio da linguagem que, para qualquer espectador brasileiro, era como se fosse assim: "isto é um filme *mesmo*". É que nem um filme americano, ou japonês, ou francês: é um filme *mesmo*. O que não acontecia com os filmes do Cinema Novo. Isso talvez tenha causado também ciúme. Mas a questão é que Rogério e Julinho foram muito agressivos com o Cinema Novo. Rogério foi muito agressivo numa entrevista que deu com Helena Ignez, que tinha sido mulher de Glauber, foi namorada de Julinho e terminou sendo mulher de Rogério.[22] Então era fogo. Era difícil haver uma paz para conversar sobre esse desenvolvimento. E eu acho que Rogério recebeu um pouco a pancada de tudo isso que ele mesmo produziu, talvez principalmente com aquela entrevista pro *Pasquim*, muito agressiva ao Cinema Novo. Embora eu achasse que *O Bandido da Luz Vermelha* resolvia uma porrada de coisa que o Cinema Novo nunca tinha resolvido. E eu acho isso até hoje. Foi assim a impressão que me deu. E nas poucas vezes que o revi, mais recentemente, eu reconfirmei essa impressão.

O BANDIDO DA LUZ VERMELHA E TERRA EM TRANSE

Aquela cena de *Terra em transe* no Parque Lage, com uns sambistas e um cara como se fosse uma caricatura de figura da política dançando, e outros políticos que estavam metidos, aquilo ali beirava um negócio pop, tinha uma dimensão já pop. Agora, *O Bandido da Luz Vermelha* tinha muito mais. Tem paráfrase do Godard, morrer com o negócio no pescoço tem a ver com *Pierrot Le Fou*, e propositadamente. E tem um tom, um jeito, momentos que você vê que ele está fazendo como se fosse filme americano. O que me parece incrível é que é muito destro na feitura, o que não é o caso dos filmes do Cinema Novo. E, curiosamente, não é o caso dos filmes que Rogério fez a seguir. Eu acho que ele recebeu a pancada dessa ruptura. Rogério fez muitas coisas lindas depois, trechos de alguma coisa dos outros filmes, mas aquela inteireza de *O Bandido da Luz Vermelha* eu acho que ele não reencontrou. O Julinho, não, o Julinho eu acho que se desenvolveu.

MARCO POLO, UM ARGUMENTO

DEPOIMENTO A CLAUDIO LEAL E RODRIGO SOMBRA,
EM 2022

Marco Polo era um cara de Salvador, um menino que devia ter uns dezoito anos quando a gente voltou de Londres. Um dia eu estava com Dedé e umas pessoas amigas na praia e ele passou pela gente com siris e caranguejos pendurados. E a gente disse: "Esses siris são bacanas", e ele falou: "É siri-boceta". Ele era lindo. Um preto bonito, com um jeito bacana. Ele achou graça, ficou conversando um pouquinho com a gente. Depois voltou e disse: "Se vocês quiserem passear de barco, eu tenho um barco que fica ali e a gente pode dar uma volta". Aí uns dias depois a gente deu uma volta com ele. A gente nem sabia o nome dele nem nada, mas era encostado ali na areia mesmo, no canto direito do Porto da Barra. Demos uma volta. Era muito bonito, porque ele levou a gente até perto do Mercado Modelo.

Então, na volta, ele ainda mergulhou, trouxe uma estrela-do--mar. E disse assim: "Eu venho aqui, subo, aí se eu quiser ir no Pelourinho, salto aqui e vou no elevador. Vou a qualquer lugar de Salvador, aos bairros da Cidade Baixa. Eu vou ao Bonfim, se quiser. Vou à Ribeira". E eu fiquei pensando: "Puxa, esse cara usa Salvador como se fosse Veneza". Porque ele vai a todos os lugares de barco. Se quiser, sai da Bahia, vai pra Piatã, Itapuã. A qualquer bairro de Salvador ele ia. Inclusive o centro, porque era só saltar ali. O mar fica juntinho do Elevador Lacerda, era só saltar, tomar o elevador e ir pra parte da Cidade Alta. Então aquilo me impressionou e eu pensei: "Esse cara usa a cidade como se fosse Veneza".

Quando a gente chegou na praia, perguntei a ele: "Vem cá, como é seu nome?". Ele disse: "Marco Polo". Eu fiquei impressionado. Eu não acreditei. Afinal, era porque o pai dele tinha muitos filhos e botava sempre nomes de figuras grandes em alguma área. E isso sempre ficou na minha mente. Fiquei sempre amigo dele. Depois ele abriu uma banca de vender coco.

Uma altura, já aqui no Rio, tempos depois, fiquei com vontade de fazer um filme em que Salvador aparecesse sempre a partir do mar, como acontecia com o Marco Polo de Salvador. Pensei num personagem que ia se chamar Marco Polo e que teria essa mesma situação do Marco Polo verdadeiro de ter uma casa que fica na pedra do lado direito do Porto da Barra. Pensei em fazer um personagem que tivesse aquele barco. E ele pegava às vezes umas meninas argentinas, umas meninas de São Paulo, que davam bola pra ele. Ele era bonito. Remava ali, levava umas meninas pra passear, convidava pessoas para passear.

Esse era o personagem do filme que eu imaginei. Comecei a escrever um roteiro em que Salvador era vista desse ângulo, do mar. Ver Salvador o tempo todo dali do mar é um negócio mágico. Mesmo uma coisa que eu deplorava muito, que era a avenida Sete de Setembro, na parte do Corredor da Vitória. Eu tinha pena de terem derrubado as casas e construído prédios altos ali. No entanto, olhando do mar umas vezes, achei que os prédios altos ficavam até bonitos.

Cheguei a escrever até um ponto considerável. Pensei em filmar esse personagem que conhecia a Bahia vivendo-a a partir do mar e usando o próprio barco como uma condução quase única de sua vida para qualquer lugar da cidade. E ele tinha encontrado uma namorada que fazia parte da banda Didá e morava lá pro Santo Antônio, lá pro centro histórico. Pra vê-la, ele encostava o barco na rampa do Mercado Modelo, subia o Elevador Lacerda e a encontrava. No caminho entre uma coisa e outra, ali numa parte da baía de Todos os Santos, havia um lugar que tinha sido parte do cais do porto, um armazém, que tinha virado o local dos ensaios de Ivete Sangalo. Era fechado pra rua, mas a quarta parede não havia, de fato, porque é aberto pro mar. Ivete ensaiava ali. Ela ensaiou uns três verões ali. E isso estava no roteiro, tinha ensaio da Ivete. Ivete cantaria com a gente vendo do mar. Porque uma vez eu vi do mar, a gente num barco nosso. Nós paramos e vimos um ensaio de Ivete. Haveria essa cena.

Marco Polo tinha uma camaradagem com o menino que tocava percussão na Ivete. Eu tinha transformado o menino que tocava a percussão num menino que tocava teclado. E esse menino que tocava teclado era gay, e ele tinha paquerado muito Marco Polo, porque Marco Polo era bonito. Então, Marco Polo ia ver a namorada no centro e, às vezes, parava ali e falava com o menino do teclado. E a gente via o ensaio de Ivete. Eu ia botar Ivete mesmo. O tecladista tinha um negócio de manter uma paquera, dizia coisas elogiosas, de brincadeira, mas já sabendo que não rolava, que o Marco Polo não queria transar com ele, mas ele próprio tinha um namorado, estava começando a ter um namorado na Pituba.

Marco Polo descobriu uma coisa que poderia ter acontecido com o Marco Polo verdadeiro. Porque o Marco Polo verdadeiro era filho de um homem que teve inúmeros filhos, com várias mulheres. E então, no filme, depois de já apaixonado, com uma história com essa menina, havia uma dúvida de que talvez ela fosse irmã dele. Tinha esse gancho melodramático. E havia um negócio de Marco Polo ir até a Pituba com o tecladista, que continuava dizendo coisas a ele, brincando, mas para levá-lo até a Pituba e ele ver o outro menino que ele namorava. E ficou nesse pé. Havia essas possibilidades. Ivete. O menino do teclado que paquerava Marco Polo. Marco Polo, que tirava isso de letra. Um namorado que o menino tinha arranjado. A namorada do Marco Polo, que havia o risco de ser irmã dele — e isso ia ter que ser descoberto pela mãe dela, que é de onde vem a dúvida, a possibilidade.

Mas eu não terminei de fazer. Era tudo pra filmar Salvador com alguma história acontecendo, mas Salvador vivida da perspectiva do mar, que era um caso realmente extraordinário do Marco Polo verdadeiro. Bom, Marco Polo era preto. No filme, eu quis botar o Marco Polo não tão preto. Moreno, mulato baiano. E o tecladista, preto, bonito também, e que tinha um namorado branco na Pituba, que eram aqueles meninos da Pituba. E tudo era pelo mar. O tecladista ia com Marco Polo pelo mar de curtição, porque o namoro dele estava começando difícil, não estava estabelecido. E haveria dificuldade por parte do menino, que já estava namorando um pouco com o tecladista, mas que teria problema com a família. Enfim, era tudo meio drama comum para poder filmar Salvador toda do ponto de vista do mar. Sabe que depois foi feito um filme, que é um filme que não tem muito prestígio nem nada, mas de que eu gosto imensamente por ter Salvador vista do mar assim. *Trampolim do Forte* [de João Rodrigo Mattos, 2010]. Adoro porque tem umas cenas no Porto da Barra que eu acho extraordinárias. Os diálogos, algumas meninas, as pessoas. E os meninos se jogam do trampolim do forte do Porto da Barra. Aquilo é muito bonito. Ele filmou o que eu vi que era bonito: vistos do mar a determinada hora, os prédios da avenida Sete, na parte do Corredor da Vitória, aquilo ganha uma beleza filmado. Eu tinha pensado nisso. Era filme. Queria ser cinema sobre Salvador.

FRAGMENTOS

Melhores músicas:
Nino Rotta - "A estrada da Vida".
Charles Chaplin - "Tempos Modernos".
Victor Young - "A volta ao Mundo em
d

1960

Caetano

CADERNETA DE CINÉFILO. SALVADOR, 1960.

Abril —

1 - As aventuras de Gulliver - IIII - suspenso.

- O velho e o Mar - IIII - Spencer Tracy.

- Os 10 Mandamentos - IIII - Charlton Heston.
  Cecil B. de Mille.

7 - Um certo sorriso - III - Cristine Carère.
  Jean Negulesco.

20 - As pernas de Dolores - IIII - (desconhecidos)
  x

20 - Cavalgada de Charlie Chaplin - ❋ ❋
  Chaplin.

21 - Salomão e a Rainha de Sabá - III - L. Lollobrigida.
  King Vidor.

24 - Testemunha de Acusação - IIIII - M. Dietrich.
  Billy Wilder.

26 - Intriga Internacional - IIIII - Cary Grant.
  Hitchcock.

28 - O conto do Samurai - IIIII - Toshiro Mifune.

29 - A Fortaleza Escondida - IIIII - Toshiro Mifune.
  Akira Kurosawa.

Maio —

1 - Três (gas) brotos alucinantes - III - Japão.

6 - Matemática Of Amor 10 - III - Suzana Freyre.
  Hugo Christensen.

A HORA DOS FORNOS (1968)

Eu vi agora um filme, em Paris, sobre a Argentina, que dura quatro horas, e durante essas quatro horas eu fiquei interessado nele. Pelo acúmulo de informações que eu adquiria através dele. Chama-se *La hora de los hornos* (Octavio Getino e Fernando Solanas) [...]. Mas, como eu disse, o filme me interessou durante as quatro horas, pela carga de informações que tinha sobre a Argentina. Eu sou brasileiro, vizinho da Argentina e não sabia de muita coisa que vi. Vi nesse filme coisas fundamentais da cultura argentina, da formação de Buenos Aires, das províncias, da situação econômica atual da vida das classes trabalhadoras, de tudo, em todos os níveis.

Entrevista a Odete Lara, "Caetano", *O Pasquim*, 16 a 22/10/1969

CACÁ DIEGUES

TIETA (1996)

Entre outras virtudes, *Tieta* tem uma dicção já amadurecida do cinema brasileiro. Você não faz um esforço brutal como foi o do Cinema Novo, iniciado heroicamente por Glauber Rocha nos anos 60, sem que depois veja frutos. *Tieta* é a prova contrária. E o roteiro, os diálogos são fundamentais. "Serviu?", diz Sônia Braga, quando dá o uniforme da Seleção Brasileira ao sobrinho. "Deu", diz ele. "Deu direitinho." Tem essas graças.

As virtudes de *Tieta* não são glauberianas.

Eu acho o nível das atuações altíssimo, em termos mundiais. A Marília Pêra, nesse filme, tem um momento em que a plateia fica em silêncio, aquele silêncio típico de quase medo, como se fosse uma atriz no palco.

Entrevista a Sérgio Dávila, "Caetano e Ubaldo falam de
Tieta, Glauber, cinema", *Folha de S.Paulo*, 29/08/1996

Para *Tieta*, compus apaixonadamente as canções mais bonitas que já fiz para cinema. Adorei esse filme desde o roteiro e dos primeiros copiões. Não fiquei satisfeito com a mixagem da trilha e lamentei que Cacá tivesse de reduzi-lo para uma hora e quarenta: ele era incrível com quase três horas, mas acho um grande filme assim mesmo. A canção "A luz de Tieta" não era a minha preferida, embora eu adore o refrão. É uma boa música de Carnaval, mereceu fazer sucesso e é minha única música que chega perto do que se canta no novo

Carnaval baiano. A canção de *Lisbela* não é minha. É um velho hit que o João Falcão (que fez a trilha do filme) me pediu para regravar ["Você não me ensinou a te esquecer", de Fernando Mendes, Celso Castro e José Wilson]. Não vejo nada assim em *Ó paí, ó*. A canção--título pegou na Bahia. Tocou no rádio e o pessoal cantava o refrão no Carnaval. Pode ser que atravesse outros Carnavais.

Entrevista a Beatriz Coelho Silva, "Caetano Veloso fala sobre a trilha de *Ó paí, ó*", *Estado de S.Paulo*, 29/03/2007

ORFEU (1999)

Sobre o *Orfeu do Carnaval*, feito por Marcel Camus, existe um texto meu elaborado, embora não muito completo, no meu livro *Verdade tropical*. Eu conto a história desse filme na minha formação. A reação que tive na época, que foi, como a da maioria dos brasileiros, negativa, porque eu era um adolescente. As plateias brasileiras não gostaram do filme. O filme agradou aos estrangeiros, mas não aos brasileiros.

Agora, eu conto no livro, e aqui posso adiantar um pouco mais essa explicação, que, desde o tropicalismo, a relação interna com esse filme mudou muito. Porque um dos temas do tropicalismo justamente era tentar reproduzir ironicamente, mas procurando participar do entendimento dos motivos, a visão dos estrangeiros sobre o Brasil. Então esse filme é o paradigma da visão dos estrangeiros sobre o Brasil. Não só em si, como o resultado dele é a prova disso.

A reação que nós brasileiros tivemos contra esse filme na época revela a nossa brasilidade. O filme era frustrante do ponto de vista do que a gente esperava de um filme. Enquanto para os estrangeiros foi o contrário, foi a revelação do Brasil por meio do cinema. E sobretudo por causa da música.

Porque aquilo também era o lançamento mundial da bossa nova. Naquilo revelava-se a paisagem do Rio, numa idealização de uma população homogeneamente negra, numa favela, e com tratamento musical da bossa nova.

O *Orfeu* é um filme novo de Cacá Diegues no estágio em que ele se encontra. O Cacá de uma certa forma terminou encarnando o Cinema Novo. Isso não é pouca coisa. Por causa do temperamento mais diplomático, equilibrado, razoável, cheio de bom senso dele, terminou tendo que responder sozinho por tudo que o Cinema Novo foi, suas conquistas e frustrações.

E o fato é que a geração dele começou a fazer cinema sem saber fazer cinema. É uma gente que tinha muita ambição sociológica, muito amor pelo cinema, mas eles foram se tornando fazedores de filmes à medida que foram fazendo filmes.

Em *Veja esta canção*, Cacá demonstrou também que hoje há uma geração de técnicos que fazem os filmes andarem sozinhos. Ele tem grandes filmes, mas em nenhum deles o nível de fatura era assim desenvolvido e desembaraçado como em *Veja esta canção*. E se viu grandemente confirmado em *Tieta*, que para mim é um dos grandes filmes brasileiros.

Eu tenho muitas razões para ser apaixonado por *Tieta*; é um dos meus filmes favoritos. Para mim, *Tieta* é um grande passo; não só do Cacá como encarnação, como avatar do Cinema Novo, mas também um grande passo do cinema brasileiro como um todo.

E *Orfeu* é um filme que já foi feito depois desse passo. *Orfeu*, antes de tudo, é uma confirmação do mito de Orfeu ligado ao Brasil, desta vez feita por um brasileiro. E o filme é produzido com uma competência arrasadora.

Entrevista a Jorge Mautner, "Filme confirma mito,
diz Caetano Veloso", *Folha de S.Paulo*, 23/04/1999

Eu não ia cantar nada. No filme eu só canto um pedacinho de "Os cinco bailes da história do Rio", que é o samba-enredo que eu mais gosto. É de Silas de Oliveira e Dona Ivone Lara, que foi do desfile da Império Serrano em 1965... e que eu vi, na avenida Presidente Vargas. Então eu sou apaixonado por esse samba e quis cantar um pedacinho no filme. E cantei e gravei, mas tudo feito pra ser cantado pelo Toni Garrido no filme. Ele faz o personagem do filme e canta muito bem. Essa música "Sou você", que eu fiz, a gravação dele ficou linda, ele canta muito bem esse negócio aí.

Eu não tava muito animado pra fazer o *Orfeu*. Eu tinha feito *Tieta* com muito entusiasmo e com muita entrega, porque me apaixonei pelo projeto de *Tieta*. Eu adorei o roteiro, acho os diálogos maravilhosos, achei o filme espetacular, as imagens, a direção de arte e tudo mais, eu gostei de tudo. E aí fiz assim, num embalo danado. Então, quando *Tieta* já estava pronto e saiu e tal, o Cacá veio com essa conversa de *Orfeu* e eu não queria, não. Porque, primeiro, eu não queria entrar num outro projeto — de fazer uma outra trilha, e com o Cacá. Mas, sobretudo, eu não queria fazer *Orfeu*... porque *Orfeu* é tudo isso que você está vendo aí. As músicas de Tom Jobim e Vinicius de Moraes, da peça, as de Tom Jobim e Vinicius de Moraes para o filme e as duas de Luiz Bonfá e Antônio Maria para o filme, que são obras-primas também. Então eu achava que não se devia mexer no que havia de música ligada a esse projeto, que começou com a peça de Vinicius de Moraes e que não acaba nunca, né, que é de trazer o mito de Orfeu para os morros do Rio de Janeiro. E deve ter algo realmente de essencial nisso, porque, embora o filme, que foi feito pelos franceses nos anos 50, seja um abacaxi de caroço, é um filme que os estrangeiros adoram e descobrem ali alguma coisa mágica sobre um país maravilhoso. Deve haver. A intuição de Vinicius foi em alguma coisa essencial, e talvez esse filme do Cacá revele mais do que nunca o que há de essencial nessa intuição. Porque é um filme muito bom, eu já vi o filme — não totalmente pronto e sonorizado, como está em Los Angeles, mas vi pronto e com os diálogos e as canções. Só não com as músicas orquestrais.

O Glauber não tinha interesse por esse filme, não. Eu nunca vi ele falar sobre esse filme, mas talvez ele tivesse ideias a respeito. Eu pessoalmente acho esse filme francês interessantíssimo para se entender o mistério do Brasil e cada vez mais eu me interesso por ele. Na época do tropicalismo, nós voltamos a pensar nele e depois também. No meu livro eu menciono essa história, conto como eu reagi na época e digo como eu reajo e vinha reagindo nos últimos anos ao filme e ao fato de as pessoas fora do Brasil se interessarem pelo filme. Mas, tendo trabalhado com o Cacá na feitura desta nova versão, eu voltei a ver o filme e cada vez eu tenho mais ternura pelo filme e pelos erros daquele filme e pela mera existência, porque ele diz respeito a muitas coisas do Brasil que ainda não são superadas por nós mesmos. Ou seja, a inserção do Brasil como uma imagem na mente das pessoas que não são brasileiras — ou seja, o Brasil no mundo; e uma outra coisa, que é a presença do negro na cultura brasileira em vários níveis. Isso é um tema do filme e é um problema enfrentado pelo Vinicius, quando bolou fazer a peça com atores negros e trazendo o "Orfeu" para o morro e fazer todo com elenco de negros. Porque havia o esboço do Teatro Experimental do Negro e essa ideia do Vinicius de Moraes está no embrião do movimento negro brasileiro. Entendeu? É muito interessante isso.

Entrevista a Marcelo Fróes e Marcos Petrillo, "*IM* entrevista Caetano Veloso", *International Magazine*, n. 55, 1999

CENTRAL DO BRASIL (1998)

Gostei muito. Eu vi agora em São Paulo. Achei um filme de um nível alto o tempo todo, fiquei emocionado. O menino é maravilhoso, a Fernanda [Montenegro] é extraordinária. O filme tem um equilíbrio no que ele propõe e no qual se mantém até o fim. Ele não desmunheca. Agora, tem alguma coisa no filme que me afasta um pouco dele. Eu acho que ali a gente vê um Brasil muito homogêneo, muito homogeneamente pobre, analfabeto e arcaico. Tudo isso fica supergrifado e enfatizado na direção de arte, na escolha dos enquadramentos, nas roupas, nos lugares. Parece que não há vasos comunicantes entre aquele mundo arcaico, analfabeto e pobre e os outros aspectos do Brasil e isto me deixa um pouco distante do filme. É como se o filme fosse feito dos aspectos mais naturalistas do Cinema Novo e do CPC da UNE.

E o filme é importante até por me desagradar em relação a isto. Mas o que eu quero dizer é que mesmo naquela época as teses dos filmes apresentavam uma imagem de um Brasil mais complexo em relação a estas coisas. E ali a impressão que me dá é que parece uma idealização negativa, um país estaticamente organizado como pobre, arcaico e analfabeto. Agora, vou lhe dizer uma coisa, eu acho *Tieta* um filme melhor, mais profundo. De todos os filmes dos últimos anos, *Tieta* é que bateu mais forte para mim. Acho linda a direção de arte que está entre *O Mágico de Oz* e *Roma, cidade aberta*. A interpretação de Marília Pêra me deixou dilacerado de emoção. E depois a utilização daquele universo fantasista de Jorge Amado, aquele populismo de conto de fadas de Jorge Amado, tudo isso faz deste filme algo esteticamente rico.

Entrevista a Ernesto Soto, "Caetano abre o livro", *Jornal do Brasil*, 14/05/1998

Não gosto daquela visão de um Brasil pobre, arcaico, homogêneo. Para mim, isso é evitar as complexidades do Brasil. Mas o filme é maior que isso, é bem-feito, tudo funciona... E Fernanda é uma das coisas mais elevadas e profundas do Brasil.

Essa estranheza que me causa o filme não é um defeito, é uma peculiaridade que talvez diga respeito ao diretor, à distância dele do Brasil, por ser muito rico e ter sido educado fora do Brasil. Nasci numa cidade pobre da Bahia, depois morei em Guadalupe, então jamais poderia ver o mundo como o Waltinho [Salles]. É impossível. Da minha perspectiva, quando olho para o filme, falta tanto... Essa perspectiva dele para mim é o feijão com arroz.

Entrevista a Cláudio Henrique e Guilherme Barros,
"Ano sim, ano sim", revista *Época*, 13/12/2010

CINEFILIA E CRÍTICA DE CINEMA

Eu tive alguns pequenos projetos concretos nessa época em que eu escrevia críticas sobre cinema. Mas eu já fazia música, e depois me profissionalizei como músico, cantor e compositor e nunca mais planejei nada concreto pra fazer em cinema. Eu tenho ideias esparsas, imagens que me vêm à cabeça, certos movimentos de uma pessoa em campo.

Eu ia muito. Depois eu passei um tempo indo muito menos, porque eu estava trabalhando muito e não tinha tempo. Mas agora eu tenho ido bastante.

Em Londres eu ia muito.

O que eu vi não me entusiasmou muito, não. Mas, de qualquer maneira, tem uma coisa que me dá vontade de fazer cinema, a despeito do que quer que aconteça dentro dos filmes, que é o próprio fato das imagens serem fotografadas e projetadas em movimento. Eu acho gostoso, tenho vontade de utilizar isso.

Entrevista a Tarso de Castro, Luiz Carlos Maciel, Silvio Lamenha,
Danuza Leão e Zuenir Ventura, "Caetano", *O Pasquim*, 11 a 17/02/1971

Ia toda noite ao cinema em Santo Amaro, toda noite mesmo... e como Bethânia falou no *Bondinho*, a gente fazia dramas, assim, teatro em casa. Mas quando fui para Salvador, comecei a me interessar mais por cinema, quer dizer, não é que "ainda mais", é que eu comecei a me interessar por cinema de maneira crítica, comecei a ler crítica e a ler alguma coisa de teoria do cinema, esse negócio todo. E colecionava, inclusive, todos os artigos de Glauber que, nessa época, escrevia crítica e dirigia a página artística do caderno literário do *Diário de Notícias*. E eu colecionava e adorava todo o negócio dele. Por essa mesma época, Salvador estava uma cidade muito efervescente culturalmente. Tinha o Glauber fazendo essa onda de cinema de uma maneira muito viva e também muito violenta; tinha a escola de teatro que estava numa época muito forte, muito criativa, fiquei impressionado também. Então meu interesse pela especialização num campo de arte se tornou cada vez mais confuso. Eu não tinha a menor ideia do que eu queria fazer. Gostava de tudo, me sentia capaz de fazer cada uma daquelas coisas, tinha vontade de fazer todas, e não sabia direito qual ia fazer. Fiquei pensando mais em cinema porque em cinema... na verdade, eu posso curtir todas, entendeu? Não que o cinema seja uma síntese de todas as artes, mas uma pessoa que faz cinema pode eventualmente curtir todas as artes, se quiser. Literatura, música, teatro, pintura. E isso me deixou bastante inclinado a me meter no negócio de cinema, e eu só andava com o pessoal de cinema, ficava fascinado com aquela vitalidade com que o Glauber vinha arrasando com tudo, já com uma pinta, eu sentia ali uma vida incrível, eu sentia que ali ia dar um negócio! E realmente deu, né? Como todo mundo viu. Mas não só eu sentia isso na Bahia. O Glauber não tinha feito ainda filme nenhum e, só através de artigos e da maneira de se comportar na cidade, ele se tornou uma pessoa mítica, já. De certa forma, era um mito para nossa geração em Salvador. Víamos nele uma força qualquer, inclusive havia ódios contra ele, polêmicas a respeito dele, havia quem tivesse raiva dele, porque a presença dele era muito forte. Isso tô falando pra dar uma ideia do ambiente que eu peguei quando me mudei pra Salvador.

Entrevista a Hamilton Almeida, "Caretano", revista *Bondinho*, n. 38, 31/03 a 13/04/1972

Puxa! Eu era garoto quando escrevi esses textos que o Genebaldo Correia ressuscitou agora para o público. Genebaldo era meu colega de sala e dirigia esse jornal *O Archote* em Santo Amaro, porque é de Santo Amaro. Então, ele cedeu a alguém do *Globo*, aí o Leão [Serva] leu no *Globo* e resolveu fazer esse negócio que a gente está fazendo aqui, com a exibição dos filmes e um comentário sobre os textos. [...]

Mas tudo que eu escrevi nessa época, essa força numa tendência para uma política de autor, essa chamada da atenção do público santamarense para a importância do diretor, para que não fosse muito tolo o público da minha cidade, que só soubesse o nome de Elizabeth Taylor, de Kim Novak e de Tony Curtis, eu queria que soubesse o nome dos diretores, que pensasse nos filmes como obras de autores.

Isso tudo é uma coisa que não apenas foi posta em discussão no período imediatamente pré-tropicalista e no tropicalismo, e que voltou agora como uma necessidade minha, como também é uma discussão que não para. Pelo seguinte: o cinema é uma questão de suporte. O fato de que o cinema atraiu como uma curiosidade de circo ou como uma curiosidade de técnica é absolutamente presente no cinema ainda hoje.

Eu estava em Nova Iorque e fui a um lugar que tem uma tela que ocupa um espaço de cinco andares de um prédio, e você ainda bota uns óculos grossos com um aparelho que você regula para ver aquilo em três dimensões. Naturalmente, eles passam uma exibição daquilo como o Lumière passou uma exibição do trem chegando, para mostrar como aquilo funcionava.

"Duas horas de cinema falado", *Jornal da Tarde*, 02/09/1995.
Transcrição de debate de Caetano Veloso com Leão Serva, Celso Favaretto
e Julio Bressane, São Paulo, 28/08/1995

Havia uma certa consciência de algum tipo de superioridade do cinema europeu sobre o cinema americano dentro da minha casa (minhas irmãs mais velhas e os amigos delas, que estudavam em Salvador), sobretudo o italiano, por causa do neorrealismo. Tinha um prestígio intelectual que punha aquilo acima do cinema comercial americano. Mas a gente adorava igualmente, e talvez mais, com mais facilidade, os filmes coloridos. Eu gostava dos musicais e dos filmes de piratas. De filme de ação eu gostava mais de pirata, era mais fantasia. Achava mais bonito do que caubói. Eu não gostava de caubói quando era menino. Eu não era masculino assim pra gostar de filme de caubói, aquele ambiente árido, o cara com revólver, aquele negócio chato.

Entrevista a Pedro Bial, programa *Rolo Extra*, Canal Brasil, 2003

Mas tinha uma presença comercial [em Santo Amaro], o cinema mexicano. Os filmes até com a Libertad Lamarque, tem música que eu falo em Libertad Lamarque. Música ["A Little More Blue"] que eu gravei em Londres, mas a censura aqui cortou, porque pensaram que eu tava falando em Lamarca. Tem uns negócios... Naquele disco, o primeiro disco de Londres.

Entrevista a Leonardo Lichote, "Caetano Veloso e Thiago Amud: o Brasil como futuro do presente", *Acorde Editorial*, 10/12/2021

CINEMA AMERICANO

Continuo na península Ibérica. Trouxe três vídeos de Victor Erice, um diretor espanhol muito bom. E já vi uma vez, e vou rever, *Vale Abraão*, o último filme do português Manoel de Oliveira. Estou pouco americanizado no cinema. Mas, como viajei muito de avião, vi filmes americanos por acaso nos voos. Me interessaram um pouco, como *A época da inocência*, do Scorsese. É ok, mas anteontem fui rever *O leopardo*, e não dá para comparar. Vi *Filadélfia* e não gostei. Só reforça o que os americanos já têm de sobra: a mania pelos direitos e os tribunais. E não dá nenhuma gota de colher de chá ao sentimento homossexual. Que parece que tem que ser vivido no gueto homossexual e não com uma dimensão humana para ser conhecido por todos. É o que falta lá, e não aqui no Brasil. Nós somos mais difusamente homossexuais do que os americanos admitem ser.

Entrevista a Antônio Carlos Miguel, "Tropicália, um imenso Portugal",
O Globo, 28/08/1994

Houve um momento em que parti para o posicionamento quase oposto. Passei a me interessar muito por cinema norte-americano. Mas, agora, estou voltando aos europeus, pois não aguento mais ver carro batendo e filme de tribunal. Não há produção americana que não tenha uma perseguição de carro. Pode ser *O bebê não sei o quê*, e tem uma perseguição de carro, com batidas espalhafatosas. Pode ser filme de dinossauro, e lá vem a perseguição automobilística. E tem aquele "engana olho" no qual os americanos são mestres. Para o espectador médio, tudo que eles fazem funciona. Fico cansado disso tudo. Por isso, ando mais interessado em cinema italiano, francês e brasileiro, claro.

Entrevista a Maria do Rosário Caetano, "Caetano Veloso atravessa um momento iluminado", *Jornal de Brasília*, 23/08/1995

SOBRE A IRRITAÇÃO COM O CINEMA COMERCIAL AMERICANO NOS ANOS 1960 E 1990

Nesses textos que saíram no *Archote*, essa irritação era um pouco exagerada. Como eu estava escrevendo para os leitores de Santo Amaro, queria frisar uma diferença de cinema europeu em relação ao cinema mais digerível que vinha dos Estados Unidos. Mas a posição crítica dominante naquela época era assim. A crítica influenciada pela crítica francesa, pela crítica italiana, a crítica europeia em geral, no Brasil era influenciada pela virada propiciada pela nouvelle vague, que é uma virada pop, uma virada de considerar filmes comerciais como esteticamente interessantes, o que é parecido com o que o Andy Warhol considera uma lata de sopa Campbell's, interessante esteticamente, ou a cara de Marilyn Monroe.

Essa coisa veio depois, mas àquela altura o ambiente crítico em relação ao cinema era pró-europeu e antiamericano. Então eu não era nenhuma exceção. Eu frisava essa posição porque estava escrevendo para Santo Amaro e queria ser quase autoritário, um pouco didático demais, tinha vontade de orientar o público de Santo Amaro para uma atenção bem especificada. Eu tinha amigos em Santo Amaro que compartilhavam comigo opiniões semelhantes. Mas o público em geral precisava ouvir aquilo de forma veemente.

Depois, por meio do meu trabalho em música popular me tornei um artista pop, nesse mesmo sentido em que Godard e Andy Warhol são, passei muitos anos dizendo que preferia os filmes de 007 aos filmes de Truffaut, e não era mentira. Mas hoje acho mais atraente aquela posição do que a posição pró-americana, embora eu já tenha incorporado o que foi adquirido como ampliação da sensibilidade no período pop. Mas hoje, como há tanto filme americano no mundo inteiro, parece que não se vê mais quase nada que não seja filme americano e a crítica não tem mais coragem de exigir do cinema coisas sérias, eu prefiro minhas críticas de dezoito anos de idade do que a minha posição pop do final dos anos 60.

"Duas horas de cinema falado", *Jornal da Tarde*, 02/09/1995.
Transcrição de debate de Caetano Veloso com Leão Serva,
Celso Favaretto e Julio Bressane, 28/08/1995

CINEMA BRASILEIRO

CINEMA MARGINAL

O filme que mais me comoveu daquela época foi *Matou a família e foi ao cinema*, do Julinho. O alternativo que mais me impressionou foi *Hitler III° Mundo*, de José Agrippino de Paula, cineasta de São Paulo. É o mais incrível daqueles tempos, embora goste ainda de *Meteorango Kid: O herói intergalático*, de André Luiz Oliveira. É evidente que por trás de tudo isso havia Glauber, que fez acontecer tanto o underground quanto a Embrafilme.

Entrevista a Diana Aragão, "Caetano vai filmar", *Jornal do Brasil*, 09/04/1986

RETOMADA

São frutos do esforço do Cinema Novo, em grande parte, né? O Brasil quis fazer cinema antes, mas o Cinema Novo trouxe uma ambição muito mais abrangente e que atrapalhou muito o que vinha se tentando fazer em termos de produção convencional, mas trouxe também uma coisa que não se teria se não tivesse vindo aquilo. E foi muito longe na ambição inventiva e formal, na ambição também de dar conta de um entendimento da realidade brasileira. Então isso é de grande valia e o que a gente está vendo agora é o resultado desses esforços, muitas vezes realizados por alguns dos fundadores do próprio movimento — como é o caso de Cacá Diegues, mas não só, também de Walter Lima Jr. Walter Salles é um garoto que já parte desse chão, onde essas coisas se plantaram.

Entrevista a Marcelo Fróes e Marcos Petrillo,
"*IM* entrevista Caetano Veloso", *International Magazine*, n. 55, 1999

O cinema brasileiro ainda não se beneficiou da nossa música popular como poderia. O prestígio que conquistou no exterior (no período heroico do Cinema Novo de Glauber ou momento atual de *Central do Brasil* e *Cidade de Deus*) foi de outra natureza. Antigamente, eu achava que isso era apenas um sintoma da nossa incompetência cósmica. Hoje, vendo que cinema e música têm levadas muito diferentes, acho até que é um bom sinal.

Entrevista a Beatriz Coelho Silva, "Caetano Veloso
fala sobre a trilha de *Ó paí, ó*", *Estado de S.Paulo*,
29/03/2007

CINEMA ITALIANO

A Itália é um sentimento que sempre esteve presente na minha vida, desde criança. Lembro que minha irmã mais velha sempre falava de filmes italianos, principalmente de *Ladrões de bicicleta*. Eu, então, já vi todos esses filmes, vi muitos até obsessivamente nos três cinemas de Santo Amaro. Hoje não tem nenhum. Posso dizer que aprendi o pouco de italiano que conheço no cinema, ouvindo os diálogos dos filmes de Fellini, De Sica e seus companheiros. Posso dizer que me ensinaram italiano Pinelli, Flaiano, Zavattini e todos os roteiristas desses filmes inesquecíveis. Meu diretor favorito ainda é Federico Fellini, que foi muito importante na minha história pessoal. Aos quinze anos, quando vi *La strada*, chorei e fiquei um tempo sem comer. *Noites de Cabíria* é uma das coisas mais belas que já vi. A única grande dor é que nunca pude encontrar Fellini e Giulietta Masina. Quando escrevi a música "Giulietta Masina", em Bari, para o Festival Time Zones, aconteceu de eu cantar no Auditório Nino Rota. Um sinal do destino. E, enquanto eu dormia no hotel, minha esposa Paulinha atendeu o telefone. A voz de uma mulher em nome de Masina pediu uma cópia do meu disco com a música dedicada a ela. Mandei uma amiga entregar o disco na casa dela, mas, depois, silêncio. Talvez ela não tenha gostado, quem sabe. Também havia sido banida da rádio brasileira porque falava do meretrício de Cabíria. Talvez Giulietta não gostasse.

Entrevista a Giacomo Pellicciotti, "La prima notte
in Italia chiuso in cella", *La Repubblica*, Roma, 15/07/1995

CINEMA FRANCÊS

Em Santo Amaro tinha dois cinemas e cada filme passava dois dias, porque aí você podia ir em um e no outro. Eu ia em todos, era louco por cinema e os filmes franceses apresentavam cenas assim de cara beijando a mulher na cama e o peito da mulher aparecendo. Todos os meninos do ginásio falavam: "Tem filme francês!". Os meninos achavam meio chato, mas adoravam algumas partes e ficavam esperando aparecer um peito, uma mulher nua. E as mulheres ali demonstravam tesão. Entendeu? E prazer! Porque a gente não sabia, como as meninas nunca falavam, e as mães da gente e irmãs tinham que ser respeitadas, as mulheres eram criadas para... E o assunto sexo não entrava. Entendeu?

Nos filmes franceses eu via essa revelação da sexualidade das mulheres. Eu ficava fascinado: então quer dizer que as mulheres têm também... ficava misterioso, mas depois eu via que era uma repressão cultural e comecei a ficar meio feminista assim, achando que as mulheres deveriam ter mais liberdade de se expressar no mundo, de ser, e achava triste que elas não tivessem essa abertura. E aí tinha uns primos meus que moravam em Salvador que eram pessoas mais velhas e liam muitos livros, eram uma família meio intelectual, então eu ouvi falar. Tinha uma prima minha que falou dos existencialistas, então isso tinha ficado uma coisa pop, Sartre e Simone de Beauvoir, e caíram nas minhas mãos *Memórias de uma moça bem-comportada* e *O segundo sexo*.

Eu ficava pensando: "Será que a mulher sente também?". Me perguntava se ela tinha orgasmo. Pelos filmes franceses parecia que sim (*risos*), e depois eu li na Simone de Beauvoir. E, finalmente, em

Salvador, eu tive contato com uma menina que era muito linda; ela que tomou a iniciativa e me chamou para ir ao cinema, eu pensei que era para ver um filme... o filme não importava muito, e foi uma descoberta maravilhosa. Depois fomos para a praia.

Entrevista a Mariano Horenstein, "Caetano Veloso, o homem que sonhou com a psicanálise", marianohorenstein.com, 06/11/2018

CORES

Tiro o chapéu para Belchior, apesar das ironias e das sutis agressões em relação à nossa carreira, ao nosso estilo e à nossa história. Quando digo "nossa", incluo também Gilberto Gil e, quiçá, demais tropicalistas. Aliás, tirei o chapéu, na época, pela qualidade do que Belchior fazia e por perceber que ele estava diante de algo que, de fato, só veio a acontecer depois: um vamos voltar aos anos 50, os filmes em preto e branco eram melhores; namorar com a menina no cinema e depois sair para tomar um milk-shake era mais legal que essa confusão de hoje que ninguém entende o que é. Eu, pessoalmente, não acho que seja assim. Wim Wenders, o cineasta alemão, declarou: "A realidade é colorida. Mas o preto e branco é mais realista". De fato, o preto e branco é mais realista no sentido de uma atitude literária e estética em relação ao mundo, à literatura e às artes. É uma expressão debaixo da qual se esconde tantas vezes uma tendência para a mediocridade e uma vontade de que realmente o mundo pudesse se resumir ao preto e branco. Há um verdadeiro amor pelo preto e branco, do qual definitivamente não participo. É uma beleza ver um filme como *Rocco e seus irmãos* em preto e branco. Mas há charmes e charmes. Chego a Nova Iorque, vou a um hotel, quero sintonizar a MTV para ver a música e os clipes. São tantos clipes em preto e branco que não sei para que a TV é colorida! Torna-se uma coisa ridícula. Para fingir que são chiques, todos os grupos fazem clipes em preto e branco. O pior exemplo de todos é um filme chamado *Zelig*, de Woody Allen. É como fazer uma moldura de gesso, pintar de dourado e raspar para fingir que é velha, nobre e de ótima qualidade. É tão feio! Já em *Asas do desejo*, de Wim Wenders, ficou bonito o preto e branco.

[...] Belchior dizia que "um antigo compositor baiano tinha dito que tudo é divino, tudo é maravilhoso". Mas ele, Belchior, descobriu que nada é divino, nada é maravilhoso. Ora, as cores são realmente essa manifestação do maravilhoso que aquele que quer se chamar de realista teme. Por isso, Wim Wenders disse que "a realidade é colorida, mas preto e branco é mais realista". Wenders, que é limitado, supõe que há, portanto, uma certa superioridade do preto e branco sobre o colorido. Só vi três filmes dele. Gostei de *Asas do desejo*. *Paris, Texas* é divertido, mas hilário. *Hammett* é péssimo. Mas ele é do ramo, sem dúvida. Se bem que, comparado com Godard, é de 17ª categoria. Basta ver em *Je Vous Salue, Marie*, de Godard, a cena em que o menino aparece com a cabeça em primeiro plano, enquanto o professor, ao fundo, fora de foco, discute a possibilidade de a vida ter sido trazida à Terra por outros caminhos que não os que a ciência já decidiu que são os certos e indiscutíveis. Se o filme não fosse colorido e se a gente não visse que aqueles cabelos lindos, tipo punk, são laranja cor de fogo, 80% do significado da cena teria caído. O professor diz: "Se você se pergunta como é um extraterrestre, olhe-se no espelho", ele diz com certa ironia. Mas o fato de a cabeça do menino ser cor de fogo dá um sentido maravilhoso àquilo — e à grandeza do que é dito. Nada poderia acontecer sem a cor. Porque a cor tem o adensamento do que é perpetuamente milagroso: o fato de as coisas serem. Já o preto e branco é como se estivéssemos falando das coisas.

Nesse sentido, na verdade, essa onda de filme preto e branco não foi nem Woody Allen que começou, com *Manhattan*, mas Peter Bogdanovich — que Walter Lima Júnior chama de Peter Carbonovich —, com o filme que, apropriadamente, se chamava *A última sessão de cinema*, para parecer com os antigos filmes preto e branco americanos. A toda hora ouço dizerem que "os anos 40 e 50 eram melhores". Paulo Francis gosta de dizer assim: "Quando havia sensualidade…". Mas que sensualidade existe naqueles beijos de boca fechada, horrorosos? E aquele careta com aquela mulher de cabelo parado… Aquilo é horrível! Mas *All about Eve* [Joseph L. Mankiewicz, 1950] é um dos filmes mais lindos que já houve, assim como *Quanto mais quente melhor* [Billy Wilder, 1959]. Mas já o tão badalado *Casablanca*

[Michael Curtiz, 1942] é um filme chato e meio careta. É realista, nesse sentido, apesar de superfantasiado. É um filme meio desalinhavado. Não acho essa Coca-Cola toda, não.

Entrevista a Geneton Moraes Neto, "Caetas, o estrangeiro",
Jornal do Brasil, 03/06/1989

FADOS (2007)

Vejo seus filmes desde *Cría cuervos* (1976). Já vi muitos filmes dele [Carlos Saura] e todas aquelas séries ligadas ao flamenco, começando por *Bodas de sangue* (1981), de que gostei muito. Já vi *Bodas de sangue*, *Carmen* (1983), embora o que mais gosto seja o *Flamenco* (1995), que considero uma obra-prima e que já vi várias vezes. Um dia recebi um e-mail com um convite para participar de um filme que o Saura estava fazendo sobre o fado [para cantar "Estranha forma de vida"]. Fiquei feliz por ele estar a fazer um filme sobre o fado, porque esse assunto é totalmente meu. [...] Gosto de fado desde criança, por isso é uma coisa muito minha. Em Santo Amaro, na escola, quando eu tinha doze ou treze anos, cantava fado imitando o sotaque português. E considero Amália Rodrigues uma das maiores cantoras que já existiu. Então é algo muito meu. E é a língua portuguesa, que é uma das matérias do Brasil.

Entrevista a Carlos Galilea, Madri, fevereiro de 2007, em *Caetano Veloso: Conversaciones con Carlos Galilea*, Barcelona: Blume, 2022

FILMES EM 2016

Gostei muito de *Cemitério do esplendor*, do diretor tailandês Apichatpong Weerasethakul. E *Boi Neon*, de Gabriel Mascaro. E *Aquarius*, de Kleber Mendonça Filho. E *A grande aposta*, de Adam McKay. E *Que horas ela volta?*, de Anna Muylaert. E *Boa sorte*, de Carolina Jabor. E *Casa grande*, de Fellipe Gamarano Barbosa.

Entrevista a Marcelo Perrone, "Caetano Veloso: 'Gostei de ficar surpreso com minhas próprias canções'", *GaúchaZH*, 09/12/2016

FRANCO ZEFFIRELLI

Era, creio, 1971 e eu estava vivendo o exílio em Londres. Eu já tinha feito um disco em inglês e *Transa* estava prestes a sair quando o chefe da gravadora Paramount, também produtora cinematográfica, decidiu que eu tinha que ser o são Francisco do filme de Zeffirelli, o que nunca aconteceu. Então fomos todos para Roma ver Zeffirelli. Chegamos no final da tarde ao Excelsior na Via Veneto. Estávamos na Itália há apenas algumas horas e a polícia pediu nossos documentos, mas nossos passaportes tinham ficado no Excelsior. Os policiais riram, não acreditaram e nos botaram direto na cadeia. Eles nos libertaram às seis da manhã, pela intervenção providencial de um amigo, líder estudantil.

> Entrevista a Giacomo Pellicciotti, "La prima notte
> in Italia chiuso in cella", *La Repubblica*, Roma, 15/07/1995

FRIDA (2002)

Elliot Goldenthal e Julie Taymor, o compositor e a diretora, e Lila Downs foram ao Rio para gravá-la [a canção "Burn It Blue", de Goldenthal e Taymor]. A princípio não quis fazer porque a música parecia muito dramática e exigia uma interpretação muito enfática, o que não é meu estilo. Eles insistiram dizendo que queriam que eu cantasse justamente para dar um certo distanciamento cool, para que não fosse tão óbvia.

SOBRE A APRESENTAÇÃO DA CANÇÃO NA CERIMÔNIA DO OSCAR, EM MARÇO DE 2003

Eu não estava muito nervoso. Foram tantos ensaios e era algo tão distante de mim, que quando chegou a hora eu fiquei tranquilo. Mas nesse tipo de situação eu fico nervoso. Quando tenho que cantar em um show que não é meu, interpretar uma canção entre outras, sinto que não deveria estar ali. Eu sempre tenho aquela sensação de não ser um músico de verdade e sinto uma grande insegurança [...] Gostei muito do lugar em que me colocaram porque tinha ao meu redor a Rita Moreno e o George Chakiris, que fizeram *West Side Story*, Joel Grey, de *Cabaret*, Shirley Jones... Adorei a solenidade do Oscar. E sempre tive uma relação muito negativa com Los Angeles. Tudo ali me parece irreal. Nenhum bairro parece bairro, a cidade não parece cidade, as ruas não parecem ruas. Nunca vejo nada ali que pareça real. Tudo parece feito para um filme ou uma série de televisão. Tudo está longe. Tudo parece falso. Até a grama, as árvores. Mas na cerimônia tive pela primeira vez a impressão de estar vivendo algo real em Los Angeles. O glamour é verdadeiro e essas pessoas estão ali fazendo o que fazem porque sabem fazer e gostam de fazer. Senti um profundo respeito por aquelas pessoas e até por aquela cidade, que nunca havia sentido antes. Conversei com muitas pessoas de cinema. E alguns falaram comigo. Por exemplo, Joel Grey, que me deixou muito feliz porque não só me disse que gostou do meu número e gosta do meu trabalho, mas também que *Omaggio a Federico e Giulietta* era um de seus discos favoritos. E Richard Gere, que ficou feliz em me ver e se lembrou de mim porque viu meu primeiro show em Nova Iorque. Naquele dia conversamos por alguns minutos. Ele lembrou e perguntou se eu lembrava. Fiquei impressionado com a cerimônia. Talvez pela situação especial que se viveu devido à invasão do Iraque e que não sabíamos se as pessoas iriam referir-se ao assunto. Parece que a direção da cerimônia pediu aos apresentadores que não a mencionassem. Mas Gael García Bernal, que me apresentou, foi o primeiro a quebrar o protocolo. Senti muito orgulho, primeiro por ele ter me apresentado, depois por ter dito "meu queridíssimo" e, finalmente, por ter sido o primeiro a falar da guerra. E também é indiscutível o que disse Barbra Streisand. Que o fato de Michael Moore, em um momento como aquele, poder dizer as coisas que ele disse e no tom que ele disse, e ter a liberdade de fazê-lo, isso é um tesouro. Um tesouro que não podemos deixar destruir nem pelo antiamericanismo nem pelo grupo de Bush.

Entrevista a Carlos Galilea, Madri, abril de 2003,
em *Caetano Veloso: Conversaciones con Carlos Galilea*, Barcelona: Blume, 2022

GLAUBER ROCHA

SOBRE AS DECLARAÇÕES POLÍTICAS DE GLAUBER EM 1977, NO GOVERNO ERNESTO GEISEL

Não entendo de política, não seria capaz de dizer se ele está certo ou errado, porque não sei, não tenho vocação para política, não penso politicamente e não tenho informação. Não estou capacitado a discutir os assuntos que Glauber coloca no nível em que ele os põe, porque o grau de conhecimento que ele tem daquilo é um milhão de vezes superior ao meu. Mas acho caretice as pessoas dizerem que ele está louco. Não é só voto de confiança nele: é porque vejo no que ele faz uma vontade de superar o que é mais ou menos transformado em hábito de pensamento. Ele fura isso e é preciso furar. Acho bonito, não sei se certo ou errado. Outro dia li o Jaguar, no *Pasquim*, arrasando o Glauber, imagine. Claro que mil vezes o Glauber. Ele está dizendo alguma coisa sobre a realidade atual. As pessoas, tanto na imprensa como na área de música, cinema ou teatro, têm sempre uma tendência a dizer que o Brasil é um país onde a gente não pode falar. Parece que elas teriam o que dizer, mas eu acho que não teriam. Uma coisa assim: "antigamente a gente podia falar, hoje não pode". Mas sabe o que queriam falar? A mesma coisa que falavam antigamente. Ninguém está dizendo outra coisa. Então do Glauber, que está, eu já gosto, em princípio já me interessa. Dizer que ele está louco é falta de coragem para dialogar com ele. Não estou qualificado para falar publicamente o que acho ou não. Glauber fala de nome de pessoas que nem sei quem são. Outro dia me falaram de um deputado e eu perguntei: "Quem é? Não sei, não leio jornais". Glauber poderá dizer que Caetano não tem direito de não ler jornal. Talvez eu esteja errado, mas até hoje não criei o hábito de ler jornal. Não o tinha e não o tenho. Um dia talvez eu possa vir a saber os nomes dos deputados, saber quem é Arena, quem é MDB, o vice-presidente dos Estados Unidos, a linha da URSS, a linha da China. Não sei de nada, entendeu? Não sei, não posso discutir. Há muitos anos não leio poesia. Eu lia atabalhoadamente poesia brasileira. Para dizer a verdade, não compro livro, não escolho o que ler, propriamente. Os livros me caem nas mãos, todos os que tenho me foram dados. Não leio essas coisas de sociologia, economia. Lia um pouquinho de filosofia, li Sartre, fiz dois anos de Faculdade de Filosofia na Bahia, o curso era uma porcaria. De qualquer jeito, sou elite, fiz faculdade, mas sou um ignorante. Sempre li mal e confusamente. Ouço música, gosto muito. Se você me perguntar quem me influencia mais, digo: é Jorge Ben, atualmente o maior poeta brasileiro. Venho pensando nisso há alguns anos, é o maior poeta do Brasil, de todos! É surpreendente, inacreditável.

Entrevista a Danusia Barbara, "Não sei de nada, entendeu?",
Jornal do Brasil, 02/07/1977

Tenho uma história engraçada dele. Outro dia, ele me telefonou dizendo que eu precisava escrever alguma coisa contra uma música que o Tom e o Chico tinham feito para uma novela da Globo, "Vai levando". Deixei ele falar. Depois fui até a casa dele e disse: "Lembra daquela música que você pediu para que eu escrevesse alguma coisa contra? Ela não é do Tom e do Chico, é minha e do Chico". E o Glauber, com todo aquele seu jeito de "baiana", disse que eu não tinha entendido direito, que era maravilhosa, e que tinha dito aquilo só para me instigar a escrever (*risos*). Porque Glauber sempre acha que eu devo tomar uma atitude de, sei lá, discutir todos esses problemas e tal, de crítica [...] Ele quer que eu fique bravo e responda tudo. Como ele faz (*risos*). Mas eu não tenho a mesma paciência. Tenho paciência pra muitas outras coisas, mas, assim, no momento, pra realmente debater, discutir, não dá.

Entrevista a Jary Cardoso e Maria José Arrojo, "Caetano na dança",
Jornal do Brasil, 02/10/1977

Li num jornal português uma biografia toda errada da minha vida. Dizia que eu era um contestador, um opositor. Eu nunca fui isso. Eu nem gosto de política. Eu não sei pensar politicamente. Eu só tenho sonhos, ideias. Para mim, por exemplo, o prefeito de Curitiba é o melhor político do Brasil, mas só porque eu acho Curitiba a melhor cidade do Brasil atualmente. Sei lá, há coisas políticas que me impressionaram, como o presidente Geisel. O Glauber Rocha fazia muita fé nele e o Glauber foi muito importante para a minha cabeça. A morte dele foi traumática para mim e para todo o Brasil.

Entrevista a Juarez Bahia, "Caetano Veloso revela-se a Portugal", *Jornal do Brasil*, 22/09/1981

Nelson Pereira dos Santos, por exemplo, é maravilhoso. É um nome que faz você lembrar de coisas lindas. *Vidas secas* é todo certo, você revê e está tudo ali. Agora, foi Glauber Rocha quem deu todo esse pique para o cinema no Brasil. Eu conheci o Glauber na Bahia, mas minha relação com ele nunca se definiu. Fui apresentado a ele mais ou menos umas trinta vezes, e ele sempre estendia aquela mão mole. Depois, esboçamos uma amizade que nunca foi fácil, mas era muito engraçada. Ele ficou hospedado em minha casa em Londres, viajamos juntos pela Inglaterra, participamos de um festival de rock, conversamos muito e tivemos alguns desentendimentos meramente intelectuais por causa de opiniões sobre cinema e cineastas, e as relações entre eles.

Entrevista a José Fernandes, "Caetano: luzes, câmera e vontade de filmar", *O Globo*, 01/02/1986

Ele não tinha talento para fazer um cinema narrativo. O negócio dele era outro. Era menos do que isso, mas era também muito mais do que isso.

O cinema se afirmou popularmente como uma arte narrativa. Naturalmente, o cinema todo não é narrativo nem deve ser, mas o Cinema Novo basicamente é de narrativa enigmática. Porque o cinema que foi sugerido sobretudo pelo jeito do Glauber é um cinema mais de poesia do que de prosa. [...] Naturalmente, há trechos de boa narrativa no cinema brasileiro, mas o forte não foi esse, do Cinema Novo para cá foi justamente o contrário.

Entrevista a Sérgio Dávila, "Músico e escritor falam sobre 'ismos'",
Folha de S.Paulo, 29/08/1996

Glauber inventou o cinema brasileiro.

Entrevista coletiva em Salvador, "Unhão, na Bahia, vira Rimini, na Itália",
Marcelo Rubens Paiva, *Folha de S.Paulo*, 20/09/1999

DEUS E O DIABO NA TERRA DO SOL (1964)

Você gosta do filme *Deus e o diabo na terra do sol*, não porque seja mais bem-feito que *Casablanca* ou *Cidadão Kane*, mas porque é um filme cheio de sugestões e com algo que não se vê em outros filmes, com uma grande liberdade em experimentar algumas coisas no cinema do Brasil. É claro que Glauber recebeu elogios, até um muito longo de Scorsese, que, quando foi homenageado pela *Cahiers du Cinéma*, em um número todo dedicado a ele, escreveu apenas um artigo e era sobre Glauber. Há também um filme de Godard, *Vento do Leste*, no qual Glauber aparece em uma bifurcação de estrada. Bonita a cena, meio alegórica. Então o Glauber mereceu de grandes figuras do cinema internacional o reconhecimento, tal como o João Gilberto recebeu de Miles Davis e de muitos outros. Porém, os aspectos que interessaram aos colegas de João incluíam a excelência técnica, e os aspectos que interessaram aos colegas de Glauber, evidentemente, se resumiam mais ao espírito da coisa do que à capacidade de feitura.

Entrevista a Francisco Bosco e Fernanda Paola, "Caetano Veloso
é verbo e adjetivo", revista *Cult*, ano 9, n. 105, agosto de 2006

O início do filme, com imagens muito precisas de um homem acenando com o chapéu, é tão puro e tão forte. Aquilo nos enche de uma estranha esperança. É realmente incrível. É uma experiência visual única. As imagens são tão poderosas que elas até mesmo brigam com as ideias. Às vezes, as ideias de Glauber parecem ser claras, mas as imagens que ele olhou e fotografou falam mais alto e de uma maneira diferente. Ele parece desconcertar a si mesmo. [...] É definitivamente um filme poético. É um cinema de poesia, ao contrário da maior parte dos filmes, que são filmes de prosa.

Entrevista a Peter Sellars, "Revolutions Per Minute",
Telluride News, 01/09/2011

TERRA EM TRANSE (1967)

Toda aquela coisa de tropicália se formulou dentro de mim no dia em que eu vi *Terra em transe*. Isso eu já tenho dito, mas não me lembro de ter lido. E também o cinema de Godard me despertou um interesse muito grande, me influenciou muito, mais do que Bob Dylan, mais do que os Beatles. Eu fui mais influenciado por Glauber e por Godard do que por Bob Dylan e os Beatles. E ainda mais pelos Beatles do que por Bob Dylan.

[...] *Terra em transe* foi um detalhe muito importante num momento determinado da minha vida. Foi fundamental, numa época que com relação à música brasileira eu estava predisposto a encontrar uma coisa que dissesse o que aquele filme dizia, como aquele filme dizia, pra fazer um negócio arrebentar dentro de mim. Então, foi um momento o meu encontro com aquele filme, o filme foi como um catalisador de uma série de coisas que estavam no ar pra mim, que me angustiavam, que eu não sentia a maneira de fazer sair, e ele sentia a maneira de fazer sair, e ele me deu a chave, tá entendendo? Foi mais uma questão de solução geral para a minha criação do que influência pela forma. Eu quero dizer o seguinte: não é que o filme me ensinou estilisticamente, é que o filme me revelou, me iluminou, enquanto o Godard foi ensinamento estilístico, um gosto de ver, um estilo que você aprende a transar com ele. E daí isso ficou pra mim marcado no meu gosto estético e veio a participar do meu processo de criação, entendeu?

Entrevista a Hamilton Almeida, "Caretano",
revista *Bondinho*, n. 38, 31/03 a 13/04/1972

Esse filme [*Terra em transe*] me impressionou, sobretudo, por conta desse tom que a gente vê nessas cenas. Eu me lembro que o filme me pareceu nitidamente irregular, no entanto ele era tão sugestivo e tão rico de momentos deflagradores que para mim ganhou um valor imediato quando vi logo, por momentos de impacto que ele tinha, dando uma visão e um sentimento do Brasil que, afinal de contas, nós viemos a utilizar em tudo que veio a ser chamado de tropicalismo. O início do filme, aqueles tambores, aquelas imagens na praia com Clóvis Bornay de fantasia do [Baile do] Municipal e umas bandeiras e... Essa coisa me impressionou demais; e foi o germe do tropicalismo.

Especial Caetano Veloso, 50 anos, TV Manchete,
agosto de 1992

A obsessão em encontrar uma identidade nacional evidentemente é sintoma de uma insegurança do país. O Brasil tem todas as razões históricas para se sentir inseguro. O que falo não pode nem se contrapor à fala de um historiador — um sujeito que se dedica a estudar e a levantar dados. Eu, compositor de música popular, tinha, pessoalmente, na época do tropicalismo, uma atitude de enfrentar e ao mesmo tempo "desconstruir", como se diz hoje em dia, a questão da identidade nacional. Nós fizemos um grande escândalo antinacionalista, demonstramos ostensivo desprezo pela ideia de busca de raízes da autenticidade nacional. O primeiro apelido do tropicalismo foi "som universal". O nome "tropicalismo" veio depois.

Gil gostava da expressão "som universal". Também gostava de "pop". Eu não gostava tanto de que se chamasse tropicalismo porque achava que era um rótulo que ia prender a gente nos trópicos. Era o que não queríamos. Gostávamos do desrespeito a um estilo nacional-popular que era buscado então. A gente queria desrespeitar esse negócio. O filme *Terra em transe* tem um desespero em relação à identidade brasileira. Há uma grande agressividade em relação a esse tema. Vivia-se, ali, o auge da obsessão com a identidade nacional. Isso fez a questão da busca de identidade entrar em crise — ou em transe. Isso me interessou muito logo que vi o filme. Talvez a música popular propicie uma maior irresponsabilidade do que o cinema e a literatura. Fizemos coisas que eram um desrespeito à própria busca da identidade, embora tivessem a ambição de resolver o problema da identidade nacional. Era como se a gente quisesse passar por cima do tema, como se a gente dissesse: "eu considero que, com o desespero da busca de identidade, a vontade louca de imitar os americanos, a falta de segurança, a incapacidade de organizar uma sociedade respeitável, com tudo, acho que já tenho identidade suficiente. Já estou falando diretamente para o mundo", como se dizia no Recife numa famosa emissão radiofônica: "Pernambuco falando para o mundo".

Entrevista a Geneton Moraes Neto, "Caetano Joaquim Veloso Nabuco",
revista *Continente*, n. 1, janeiro de 2001

CABEZAS CORTADAS (1970)

Lembro de tudo, nunca vou esquecer, porque estive exilado em Londres entre 1969 e 1972. Recebi uma carta do Glauber Rocha. Ele estava em Barcelona dirigindo seu filme *Cabezas cortadas*, que foi meio frustrante, mas muito interessante e louco. Ele queria me ver e discutir coisas de política e cultura brasileira, e me mandou uma carta para vir. Voei para lá com a Dedé, minha esposa na época, e ficamos uns sete dias. Me apresentou, já que conversávamos sobre Macondo, a Gabriel García Márquez, que morava lá, e fomos jantar. Eu me apaixonei por Barcelona, e pensei que aquilo era a Espanha, vi tudo pela perspectiva daquela primeira vez. Fiquei maravilhado com o flamenco na Plaza Real, as pessoas na rua, Gaudí, tudo o que eu não sabia.

E me apresentaram também a outros escritores latino-americanos do boom. O produtor do filme do Glauber era Pere Fages, a quem adoro. Ele me indicou vários livros. Foi por ele, por causa dessa viagem, que conheci e li Borges e Cortázar e García Márquez. Li todos e me apaixonei por Borges. O máximo.

Entrevista a Arturo Lezcano, "Caetano Veloso:
'Hice planes para salir de la música, pero aún no lo he conseguido'",
Jot Down Magazine, Barcelona, abril de 2018

INGMAR BERGMAN E MICK JAGGER

Tropicalismo é coisa de fenômeno de massa. E o que eu falei, a gente é artista de diversão para público como os cineastas são também. Tanto faz Bergman como Mick Jagger. Agora, eu prefiro Mick Jagger a Bergman. Eu prefiro um show dos Rolling Stones. Intelectualmente, filosoficamente, artisticamente, pra mim é mais profundo do que um filme de Bergman. Eu sei, eu entendo muito bem aquilo de Bergman e vejo um show dos Rolling Stones. Eu digo: eu prefiro um show dos Rolling Stones.

Entrevista a Walmor Chagas, Sérgio Cabral e Geraldinho Carneiro, programa *Bar Academia*, TV Manchete, 24/11/1983

JEAN-LUC GODARD

VIVER A VIDA (1962)

É um dos mais brilhantes experimentos do cinema. É uma verdadeira obra de arte (comparável) a qualquer outra na literatura, na poesia, na pintura, no teatro ou na música. [...] Quando você a vê [a personagem interpretada por Anna Karina] morrendo no final, é uma experiência completa, total, única, como cada morte realmente é. É forte porque não é enfatizado. Ela vai só ao cinema, e vê *A paixão de Joana d'Arc*, de Dreyer. A justaposição das imagens de Dreyer e o rosto de Anna Karina chorando no cinema... é tão sutil. Cada elemento parece necessário.

Entrevista a Peter Sellars, "Revolutions Per Minute",
Telluride News, 01/09/2011

Quando ele apareceu, eu estava com a cabeça no pop, na mesma direção dele. Godard é fundador da ideia tropicalista em mim. Ele está para o cinema como o disco *Sgt. Pepper's* para a música pop.

Entrevista a Cléber Eduardo e Luís Antônio Giron,
"Unidos pelos filmes", revista *Época*, 22/09/2005

O que se chamou tropicalismo não existiria se Duda Machado não me tivesse dito que *Acossado* era melhor e mais importante do que

Hiroshima, meu amor. Fui ver o filme de Godard e ali, na Bahia, no largo Dois de Julho (data da verdadeira independência do Brasil), percebi a perspectiva pop. Só vim a ver Warhol, Lichtenstein et cetera na Bienal de São Paulo, já com "Alegria, alegria" e "Tropicália" compostas. Anos depois, quando vi, em Paris, *A lei do desejo*, antecipei a observação da crítica Pauline Kael — "Almodóvar é Godard com uma nova cara, feliz". Projetei *Uma mulher é uma mulher* na sala da minha casa para Pedro e ele não acreditou que a Kael tivesse escrito o que eu contava. Briguei, aos berros, com o presidente da República, com o rei Roberto e com o ministro Celso Furtado pela nojenta censura ao *Ave Maria* godardiano e fui apoiado por Fernanda Montenegro. Sempre creditei a *Terra em transe* a inspiração tropicalista. Mas eu não veria no filme de Glauber o que vi se Godard não me tivesse munido das suas lentes.

Entrevista a Claudio Leal, "Não existiria tropicália se não fosse
Jean-Luc Godard, afirma Caetano Veloso", *Folha de S.Paulo*, 13/09/2022

JORGE FURTADO

Eu acho *Ilha das Flores* extraordinário. Curiosamente, vi o filme na casa dele, em Porto Alegre [em 1991]. Por alguma razão, entramos em contato e ele me chamou para ver na casa dele. Eu vi e achei demais. *Ilha das Flores* é uma coisa deslumbrante. E adoro a destreza dele na escrita dos diálogos dos filmes. Aquela comédia das praias feias do sul, *Houve uma vez dois verões*, é um filme maravilhoso. Tem a ver com as comédias americanas que passam de tarde na TV Globo, que passavam antigamente. E tem aquela graça de comentar as praias do Rio Grande do Sul. E o jeito de tudo, aquele negócio do menino com o pescoço paralisado. É maravilhoso. Jorge Furtado é uma figura incrível no cinema brasileiro, porque ele escreve divinamente bem *para cinema*, com aquele gosto específico do ritmo de diálogos em cinema. E ele tem um ritmo vividíssimo. Eu achei esse filme que o Caio Blat dirigiu agora, que tem roteiro dele e do Guel [Arraes], *O debate*, muito bom. Achei muitíssimo bom. Inclusive porque saiu bem dirigido. Tudo aquilo rápido [*estala os dedos*], sabe? Tem gente que quer desprezar justamente por isso. Mas eu gosto de filme que joga a montagem assim com o tipo de diálogo esperto como Jorge e Guel escrevem. Eu tenho a impressão de que tem muitas ideias ali que são a cara de Guel, que são coisas mesmo de Guel. Mas eu tenho impressão de que essa esperteza na escrita final se deve mais a Jorge Furtado. E, de todo modo, é um troço bonito. É rico.

Entrevista a Claudio Leal e Rodrigo Sombra, 20/09/2022

JULIO BRESSANE

TABU (1982)

Sou mau ator, poderia ser excelente, porque tenho consciência do que é atuar, mas sou um canastrão, não atuo direito.

> Entrevista a Cleusa Maria, "Cores, nomes: Caetano Veloso num momento de generosidade", *Jornal do Brasil*, 24/03/1982

Acho que ficou bom. Minha figura ficou bonita com as roupas dos anos 30. Mas o que gostei mais foi da convivência com José Lewgoy, que viveu João do Rio, e com Colé, que interpretou Oswald de Andrade. Eles são fantásticos. Acho que disse meus textos de uma maneira meio absurda, mas o diretor disse que dei um ritmo musical às falas [...] Os ambientes experimentais me atraem. Estou sempre aberto a uma nova linguagem, como é o caso do cinema de Julinho. Pretendo continuar assim. Pode ser que venha a ser um velho fechado, mas acho difícil porque eu me identifico mais com o "subproduto do romantismo", como diz o Merquior, do que com essa modernidade tecnocrata que a própria cara dele evoca. Não pretendo deixar que os miolos duros da tecnocracia vençam os miolos moles do sub-romantismo.

> Entrevista a Isa Cambará, "Caetaneando as cores e nomes", *Folha de S.Paulo*, 25/03/1982

Eu sou um canastrão mesmo, porque não tenho nem o lado do ator instintivo, ignorante da técnica, nem sou um ator técnico mesmo, que representa. Sou uma pessoa que podia ser ator mas não é, não pratica, então é um horror. Mas o Julinho gostou muito e eu acabei o filme realmente amigo dele. Depois, eu faço o Lamartine Babo, foi por isso que aceitei. Lamartine era genial e, aliás, era um grande compositor comercial. O filme é a cabeça do Julinho, não tem roteiro nem nada, são esquetes.

Entrevista a Ana Maria Bahiana, "Os muitos nomes e as cores várias de quem não tem nada a ocultar", *O Globo*, 28/03/1982

O MANDARIM (1995)

Uma participação pequena, mas honrosa. E fiz um papel dificílimo. Interpretei Caetano Veloso. Sou mau ator, quando represento. Já quando estou no palco, se canto "Mano a mano", assumo minha teatralidade para valer. Aí, sou bom.

Entrevista a Maria do Rosário Caetano, "Caetano Veloso atravessa um momento iluminado", *Jornal de Brasília*, 23/08/1995

LEONARDO FAVIO

ANICETO (2008)

É um filme incrível deste homem que é único na história do cinema. Ele é um argentino, um criador meio ingênuo, meio experimental. Ele também é músico. Fez canções muito sentimentais que foram muito populares, mas não muito respeitadas na Argentina. Alguns de seus filmes têm um aspecto kitsch. Mesmo o mais kitsch de seus filmes não é subjugado ou oprimido por sua ingenuidade. Nesse caso, ele fez um filme bem radical, só com dança. É um remake de um grande sucesso, seu segundo filme, com a mesma história e personagens. Mas em vez dos diálogos e do realismo, agora é tudo dançado, dançado pra valer. As imagens são poderosas, e ele [Favio] é tão livre. É por isso que é tão impressionante, porque seu gosto é inteiramente seu. É o único filme que escolhi do século XXI. Ele é original.

Entrevista a Peter Sellars, "Revolutions Per Minute",
Telluride News, 01/09/2011

MICHELANGELO ANTONIONI

Adorei *L'avventura* quando o filme saiu. Depois reagi ao esnobismo dos meus amigos e conhecidos que, nos anos 60, queriam desmerecer Fellini e para isso exaltavam Antonioni. Reencontrei muito da beleza de *L'avventura* em *A noite* e *O eclipse*. Não estive entre os mais entusiásticos fãs de *Blow-up*. Mas defendi *Zabriskie Point* dos que queriam negá-lo totalmente. Depois vi (tardiamente) *O deserto vermelho* e, finalmente, *Passageiro: profissão repórter*, de que gostei tanto quanto de *L'avventura*. Eu já tinha feito uma canção chamada "Giulietta Masina" e, por causa de minha notória admiração por Fellini, um show para a fundação que leva seu nome. Mas Federico e Giulietta morreram sem que eu pudesse chegar a conhecê-los. Antonioni veio ao Brasil e eu, cinéfilo e cineasta excêntrico, fui o único convidado para os dois jantares que dois cineastas divergentes (Cacá Diegues e Julio Bressane) lhe ofereceram. O velho e eu gostamos um do outro desde o primeiro jantar. Ele riu ao me rever no segundo. Antonioni não fala há anos, sequela de um derrame (Fellini morreu depois de um), mas se comunica com grande vivacidade. É um homem adorável e um artista original e verdadeiro. Fiz essa canção em italiano, uma língua que não "domino", para, com pouquíssimas palavras, reproduzir o clima que as imagens de Antonioni despertam em mim. Mesmo os italianos acham que as palavras estão justas.

Caetano Veloso, *Sobre as letras*, org. de Eucanaã Ferraz, São Paulo: Companhia das Letras, 2003

Quanto a Antonioni: tenho com o cinema italiano uma dívida imensa — que venho pagando pouco a pouco. Eu gostava dos musicais americanos, mas tinha uma grande paixão pelos filmes neorrealistas italianos e pelos desdobramentos do neorrealismo. Fiz uma música sobre Giulietta Masina, o que me levou a ser convidado para fazer um espetáculo em homenagem a ela e a Federico Fellini — que, gravado, terminou saindo em disco.

Depois de ter visto todos os filmes de Antonioni, tive um contato com ele. A admiração às vezes assombra. Tive um contato pessoal com Antonioni, graças a meus dois amigos e cineastas brasileiros Julio Bressane e Cacá Diegues. Um não se dá com o outro, mas ambos adoram Antonioni. Os dois convidaram-no para jantar. Antonioni aceitou os dois convites. Todos dois me convidaram também. Antonioni, então, riu muito, porque eu estava nos dois grupos, totalmente diferentes. Antonioni não fala, depois do derrame que sofreu, mas se comunica através da mulher. Quando fui a Roma, tive a surpresa de vê-lo na plateia do meu show *Fina estampa*. Nem vi que ele estava na plateia, mas, quando acabou o show, eles vieram ao camarim para falar comigo. Antonioni tinha ficado muito bem impressionado. Quando fiz em Roma o show que saiu do disco *Prenda minha*, ele estava na plateia novamente. Voltamos a conversar. Curiosamente, ele não fala desde que sofreu o derrame, há oito anos, mas se comunica — muito — através da mulher, dá opiniões através de gestos. É muito bem-humorado. Gostou muito do show. Já devo tanto a essa gente, já devo tanto a esse homem. Tento ir pagando pouco a pouco minha dívida com o cinema italiano — que, agora, acaba de crescer com o filme de Bertolucci, *Assédio*. Nunca fui fã de Bertolucci, mas *Assédio* é uma obra-prima. Eu digo: meu Deus, continua crescendo o meu débito com os cineastas italianos. Fiz, então, uma música que se chama "Michelangelo Antonioni". Fiz a letra em italiano, uma língua que mal falo. Organizei os poucos versos para ficar tudo direito e mandei para Antonioni, para que ele me dissesse se tinha aprovação. Fiquei muito feliz ao receber uma resposta dizendo que ele e a mulher tinham aprovado com entusiasmo. Gostaram da canção.

Entrevista a Geneton Moraes Neto, "Caetano Joaquim Veloso Nabuco",
revista *Continente*, n. 1, janeiro de 2001

Não pude realizar o sonho de conhecer Fellini, mas tive muito contato com Antonioni no final de sua vida, e foi maravilhoso. Não falava, mas era muito eloquente. Enrica, sua mulher, uma pessoa muito comunicativa, tinha uma sintonia impressionante com ele. Ela falava por ele, e ele dirigia, refinava a sintonia, com um olhar ou com um gesto. Era uma coisa muito bonita. Para quem fez aquele cinema, acabar sendo um homem silencioso, e ainda assim igualmente comunicativo, é muito significativo. Parece um de seus filmes.

Entrevista a Carlos Galilea, "Criou-se uma imagem positiva do Brasil totalmente exagerada", *El País*, Madri, 21/05/2014

MOLEQUES DE RUA (1963)

Começou quando eu fiz a música para a trilha de um curta-metragem de Álvaro Guimarães chamado *Moleques de rua*, feito em Salvador em 1963 — sobre os meninos de rua da Bahia. Ele se perdeu, eu suponho, porque os filmes se perdem, mas é muito interessante porque é um filme feito com as crianças da Bahia naquela época. E feito meio documental, meio ficção, e a música é composta por mim e cantada por Bethânia, sem letra. É violão e a voz de Bethânia, é muito bonito. É uma espécie de lamento, que voltava. Eu não me lembro mais, eu falei com Alvinho e ele também não sabe que fim levou. Ele está em Salvador, mas o filme não se sabe, talvez se tenha perdido. Mas, de repente, alguma pessoa encontra uma lata num lugar. Vamos esperar, né? Há pessoas nesse mundo que encontram latas as mais incríveis. Não é verdade?

Entrevista a Marcelo Fróes e Marcos Petrillo, "*IM* entrevista Caetano Veloso",
International Magazine, n. 55, 1999

"O AMOR" (1981)

Ela foi composta por mim sobre um poema de Maiakóvski traduzido por Nei Costa Santos para uma montagem de *O percevejo*. O diretor pediu para Guel Arraes, que ainda era inédito em cinema, fazer dois curtas-metragens pra inserir na peça. E a música era de um desses filmes. Então, ela é de cinema. É inacreditável, mas é.

Entrevista a Luiz Fernando Vianna, "Cinema reúne Milton e Caetano em série de shows", *Folha de S.Paulo*, 08/09/2005

O CINEMA FALADO (1986)

As pessoas que trabalharam comigo contribuíram para que o filme fosse como é e eu gosto muito dele. Quero destacar três nomes: Mair Tavares, o montador, Pedro Farkas, o fotógrafo, e Jorge Saldanha, que fez o som. *O cinema falado* é um filme de ensaios, não tem história — nunca escrevi roteiro, só textos para as pessoas falarem. Terminei realizando 90% do que tinha imaginado. É a ideia de pessoas falando que atravessa e une o filme todo, e em geral os personagens não têm nome. Não compus nenhuma canção para a trilha sonora, mas tem muita gente cantando músicas existentes, desde "Bancarrota blues", de Edu Lobo e Chico Buarque, "Sansão e Dalila" com Emilinha Borba, a um trecho da ópera *Manon Lescaut*, de Puccini. Basicamente não gosto muito de ópera, não sei em que lugar botar aquilo na minha cabeça. Não sei se é kitsch demais, se é música, mas fui ver *Aida*. Como não conheço ópera, pedi a uma amiga, Alícia Coriolano, para me mostrar algumas coisas e escolhi o que precisava. Ouvi muito Maria Callas e trechos que são realmente bonitos pelo lado do canto. Aí, não é mais kitsch.

"O cinema falado", *Jornal do Brasil*, 02/08/1986

É, eu estava interessado em dirigir um filme, o que é um puta trabalho, muda a minha vida. Eu sou um homem da noite. O músico trabalha à noite. Quando fiz o filme, estava de pé todos os dias às sete da manhã. Não era só um esforço físico e um pique diferente, como também um assunto, um trabalho totalmente diferente, de outra natureza e que me estava interessando muito. O filme retoma as pontes daquele crítico de cinema da Bahia, sim, porque eu sempre gosto de falar em cinema. Vejo filmes, e me interesso por isso, e mantenho uma coisa que tem a ver com o fato de eu ter sido crítico de cinema durante um pequeno período... mas nunca entrei numa redação de jornal. Eu escrevia colaborações para o *Diário de Notícias*, de Salvador, e para outras publicações da cidade. Era apaixonado por cinema e escrevia sobre cinema e queria fazer filmes. Nesse filme fala-se muito sobre cinema e sobre filmes; é mais gente falando. O filme tem letra e não tem música (*risos*). Ao fazer o filme confirmei a minha suspeita de como a preguiça me atrapalha. Fiz o filme em 21 dias, montei em duas semanas e mixei em dois dias. E um longa-metragem, de uma hora e cinquenta minutos.

Entrevista a Ana Maria Bahiana, revista *Bizz*,
n. 16, novembro de 1986

O que acontece com os críticos é, de certo modo, o mesmo que aconteceu com a cultura brasileira, incapaz de metabolizar o movimento concreto até hoje. A capacidade de "pensar" o assunto vem cheia de uma tensão prévia. Não é minha culpa.

Diria até que *O cinema falado* é maximalista, na medida em que contém mais informações do que eu mesmo tenho. Ele ultrapassa essas informações e as próprias lacunas da informação. Se resultou mais complexo do que eu o imaginava, é simplesmente porque não tenho o domínio de realizar algo simples, o que, sem dúvida, é muito mais difícil.

O filme é dividido em quatro partes — Literatura, Música, Cinema e Pintura. Todas essas partes têm referências explícitas, que, no caso particular do cinema, podem ser enumeradas de Julinho Bressane — que eu adoro — a Godard, Fellini, Glauber Rocha, Wim Wenders e outros autores. Se misturo tudo e todos é porque desejava que as imagens resultassem de uma espécie de documento, registrando o que as pessoas têm a dizer.

Essa coisa de ficar à margem não me agrada. Parei com o disco *Araçá azul*, porque gosto de mexer com a coisa popular. E, depois, acho um pouco chato, nunca faço nada experimental que preste.

Assim como os concretistas, os minimalistas acrescentam mais à arte do que os supostos manifestos humanistas que têm levado a atitudes extremamente repressivas. Não creio que as propostas radicais desses movimentos demonstrem alguma tendência ao fascismo, como defendem alguns ensaístas. O humanismo marxista, por outro lado, chegou a momentos de crueldade como nunca se viu na história.

"Filme de Caetano lota o Metrópole", *Folha de S.Paulo*, 07/12/1986

Godard entra na base, mas não diretamente no filme.

Você já leu *Ulisses* de James Joyce? Não é chato? Mas é genial, não? Quando pensei o filme, pensei: vai ser chato. Mas não resultou chato. O que cria um outro problema. Eu planejei o filme para ser mesmo o que as pessoas acham que seja chato.

É um filme racionalista, reflexivo. Não é um filme caótico. É cheio de reflexões. Eu não faria esse filme nos anos 60. Eu teria vergonha de fazer um filme com tanta racionalidade nos anos 60. Os anos 60 tiveram um acúmulo de rebeliões. As pessoas quiseram mudar o mundo, mudar o modo de comer, de fazer amor, alterar as relações afetivas, o casamento, tudo. Queriam ser anticonvencionais. Depois se retraíram. Isso foi preciso. Mas isso não é uma característica só dos anos 60. Os anos 20 não são chamados até hoje como os anos loucos? Mas eu não penso em termos de décadas. E também não sou convencional.

Entrevista a Aramis Millarch, "Chato, pretensioso, mas é inteligente!",
O Estado do Paraná, 22/03/1987

O cinema falado é o *Araçá azul* no cinema.

"Orgulho pelo recorde de devoluções", *O Globo*, 02/06/1987

Eu inventei muito na hora como seria a imagem. Eu não fiz roteiro de decupagem. Eu escrevi os textos, escolhi os textos, traduzi os textos, organizei os textos. Eu fiz uma decupagem minuciosa da sequência de Dedé e Felipe. A sequência sobre cinema. Aquilo eu planejei tudo no papel. Passei pra ele [Pedro Farkas] tudo planejado. Teve uma coisa engraçada. Eu fiz tudo isso, porém eu sou muito desorganizado e perdi os papéis onde eu tinha isso anotado. Mas eu tinha ensaiado com Dedé e Felipe Murray e eles tinham decorado os textos. E Felipe Murray tem uma memória inacreditável. Eu ensaiei decupando, prevendo como eu iria usar a câmera e anotei tudo, eu tinha essa decupagem toda escrita. E eles conheciam. Eu perdi esses papéis. Aí o Felipe Murray na hora disse: "Eu lembro tudo". Lembrava tudo o que eu tinha falado com eles. Aí eu fui rememorando a decupagem. Fizemos todinho decupado. E é bonito. A sequência é elegantíssima, parece uma sequência de diálogo amoroso e eles só falam crítica de cinema. Esse filme é realmente de ensaio. Eu estava me exercitando. É um filme experimental. Como é uma série de ensaios nos dois sentidos... É pessoalmente experimental, eu estava experimentando pra ver se conseguiria fazer filmes. Eu vi que conseguia. Aí eu falei: "Eu vou fazer filmes vários". Mas depois das entrevistas daquelas mulheres na *Folha* e do cara da *Folha* que escreveu. Não deixaram o crítico de cinema escrever. O crítico de cinema gostava. Leon Cakoff queria escrever bem e o cara, que era o editor-chefe da Ilustrada, falou: "Não, eu quero escrever". Chamava Marco Túlio não sei o quê. Escreveu agressivissimamente, xingando, coisas do tipo "Dedé aparece mais porque manda mais". Um desrespeito total.

Entrevista a Pedro Bial, programa *Rolo extra*,
Canal Brasil, 2003

OTHON BASTOS

Othon Bastos chega aos noventa! Figura essencial em minha formação. E na formação do Brasil contemporâneo. Três tempos: o filme (e a cara no cartaz de) *Deus e o diabo na terra do sol*, de Glauber Rocha; o filme *São Bernardo*, de Leon Hirszman; o filme *Sermões*, de Julio Bressane. E figura básica do grupo Teatro dos Novos, na Bahia de minha juventude. Além de presença crucial na televisão. Saudação solene e amorosa ao grandíssimo Othon.

Post no Twitter e no Instagram, 23/05/2023

Ó PAÍ, Ó (1999)

A Monique [Gardenberg] falou comigo sobre músicas para o filme desde cedo, pois eu tinha escrito quatro canções para a adaptação que pensei em dirigir nos anos 90. Mas as fitas se perderam e eu não lembrava das músicas. Só "Canto do mundo", que Lázaro canta no filme, foi salva. Monique trabalhou com o violonista Luiz Brasil até quando sua agenda permitiu. Na finalização, quando Davi Moraes e Betão Aguiar passaram a cuidar da trilha, Paulinha (Lavigne) me pediu para voltar a participar. Daí nasceu a canção nova, em parceria com Davi, e as conversas com Davi e Betão sobre o tratamento da música de todo o filme.

Trabalhei num roteiro para cinema com o Hermano Vianna e o Sérgio Mekler e a Monique me ajudou na primeira decupagem para plano de filmagens. Mas desisti da produção. Cinema tem muitas dificuldades nessa área de produção e eu amarelei.

Sou louco por musicais. *Ó paí, ó* nasceu de uma peça que é em grande parte um musical, o que livra o filme da estreiteza do realismo e deixa claro de cara que se trata de uma fantasia. Por isso é que você admite simplificações inaceitáveis num filme realista. Frequentemente isso significa um atalho para chegar a conteúdos mais profundos sem perder tempo pedindo licença. Para mim, no caso desse filme, foi sobretudo uma felicidade trabalhar com esse material tão rico e tão injustiçado que é a música de Carnaval da cidade de Salvador. Tenho o sonho de um dia fazer uma antologia desse tipo.

Entrevista a Beatriz Coelho Silva, "Caetano Veloso fala sobre a trilha de *Ó paí, ó*", *Estado de S.Paulo*, 29/03/2007

PEDRO ALMODÓVAR

Estava na Bahia passando o verão com a gente. E em Salvador, em 31 de dezembro, há uma brincadeira muito popular entre os garotos que jogam futebol: se vestem de mulher com roupas velhas que pegam de suas irmãs ou de suas mães. Passamos com o carro ao lado de um campo no qual os jogadores usavam vestidos. E Pedro olhava aquilo e não acreditava: "Vocês inventaram", dizia. Como se tivéssemos preparado aquilo intencionalmente para ele. Eu brincava dizendo que parecia que ele estava com ciúmes do Brasil, das coisas que acontecem lá. Isso me lembra uma vez que Polanski esteve na Bahia com Jack Nicholson nos anos 70. Foi à minha casa e, logo depois de entrar e me cumprimentar, acabou a energia no bairro, e as lâmpadas pareciam brasas no escuro. E Polanski perguntou: "Vocês prepararam isso para mim?".

Entrevista a Carlos Galilea, "Criou-se uma imagem positiva do Brasil totalmente exagerada", *El País*, Madri, 21/05/2014

O Chema Prado, que dirigia a Cinemateca de Madri, era amigo do Pedro e ficamos amigos. Foi em minha casa que Pedro ouviu minha versão de "Cucurrucucú Paloma" em *Fina estampa*, a versão com violoncelo de Jaques Morelenbaum, e a incluiu em *La flor de mi secreto*. Mas finalmente ele teve que tirá-la, porque Wong Kar-Wai também tinha posto a música em seu filme *Happy Together*, sem permissão ou autorização de qualquer tipo (*risos*). Aí ele consertou, sem problema, ele mandou algumas pessoas até mim na minha viagem a Tóquio, com várias garotas asiáticas com algumas flores e desculpas. E aí o Pedro trocou "Cucurrucucú" por "Tonada de luna llena", que era a que aparecia no filme.

Depois de alguns anos ele me escreveu convidando para o set [de *Fale com ela*], e fui, sem demora, com Jaques, Pedro Sá e Jorge Helder. E gravamos ["Cucurrucucú Paloma"]. Primeiro gravamos sem gente, para o caso de não correr bem na cena, mas acabou ficando melhor ao vivo na filmagem, e este foi o que entrou. O interessante é que agora a música foi colocada em *Moonlight*, que ganhou o Oscar, em uma cena altamente emocionante.

O Neville D'Almeida, que era da segunda geração do Cinema Novo, morou em Londres na mesma época que eu, e me disse: "Vocês, tropicalistas, gravaram 'Coração materno' e 'Tres carabelas', e outras músicas latino-americanas... mas quero ver você ter coragem de cantar 'Cucurrucucú'. 'Cambalache', tudo bem, mas eu quero ver você tocar isso". E ficou nisso. Acabou o exílio, voltei para a Bahia, depois para o Rio, mil discos, uma vida inteira, e me pedem para fazer um disco cantado em espanhol. Com outros cantores, como Chico Buarque ou Roberto Carlos, o que eles faziam era traduzir suas canções, mas eu não queria, queria cantar aquelas canções hispano-americanas que ouvia no rádio quando criança. Eles gostaram e eu fiz *Fina estampa*, que é um disco que gosto muito, e é bem autobiográfico. Gravei tudo e gostei do resultado; repertório amplo, muito bom, feliz. Até que vou a uma festa e reencontro, tantos anos depois, com Neville D'Almeida. E ele vem até mim com o dedo apontado: "Covarde!". "Como, covarde?" "Você não gravou 'Cucurrucucú Paloma'." E é verdade, não estava no disco. "É que eu não lembrava!" Então coloquei no álbum ao vivo no ano seguinte. Pedi ao Jaques que me fizesse alguns arranjos minimalistas com uma orquestra de câmara e fizemos. E foi aí que o Pedro ouviu e colocou em *La flor de mi secreto*, até que apareceu o Wong Kar-Wai e tudo o que falamos.

Entrevista a Arturo Lezcano, "Caetano Veloso:
'Hice planes para salir de la música, pero aún no lo he conseguido'",
Jot Down Magazine, Barcelona, abril de 2018

PORTO DAS CAIXAS (1962)

Tinha quinze anos quando vi *A estrada da vida*, do Fellini, com aquela música, o rosto da Giulietta Masina, as estradas vazias. Chorei um dia inteiro. Minha mãe até ficou preocupada. E amo a trilha de *Rocco e seus irmãos*, de Luchino Visconti. Mas a música mais bonita de cinema é a de Tom Jobim para *Porto das Caixas*, de Paulo César Saraceni.

Entrevista a Cléber Eduardo e Luís Antônio Giron,
"Unidos pelos filmes", revista *Época*, 22/09/2005

PROJETOS INACABADOS

CARMEN MIRANDA (UM ROTEIRO)

Seria um musical, com várias canções que eu iria compor, atualizando a história para os anos 70. A Gal seria realmente uma cantora daquela época, talvez chamada Carmen, e que lançaria uma música de um jovem compositor do Recôncavo Baiano, homossexual, como era Assis Valente. [...]

Gostaria de citar, por exemplo, a maravilhosa cena de *Rio Zona Norte*, de Nelson Pereira dos Santos, em que o compositor interpretado por Grande Otelo mostra sua música para Ângela Maria.

A cena final seria o compositor chorando na praça Castro Alves, no meio do Carnaval, enquanto o avião passa levando a cantora para os Estados Unidos. Depois, ele tentaria se matar se atirando de vários monumentos brasileiros, como o Corcovado, o Pão de Açúcar, as Cataratas do Iguaçu.

> Entrevista a Hugo Sukman, "Carmen por Caetano",
> *Folha de S.Paulo*, 03/08/1995

SAMBA

Tem um [projeto] que abandonei mas que adoraria fazer, um filme sobre samba inspirado no *Flamenco* de Saura. Quando estreou e eu vi, pensei sobre isso. Dona Ivone Lara era então uma das pessoas que sambava da forma mais bonita que se pode imaginar, fazia uns movimentos, uns giros, incríveis, de uma originalidade enorme.

Entrevista a Carlos Galilea, abril de 2017, em *Caetano Veloso: Conversaciones con Carlos Galilea*, Barcelona: Blume, 2022

Sim. É algo que fica recalcado. O desejo ainda pulsa e vai pulsar até o fim. Quando sento na Cubana, no alto do Elevador Lacerda, quando vejo moças como Priscila Santiago nas ruas da Bahia, quando penso no encontro com Marco Polo na minha volta de Londres — principalmente quando me lembro de imagens de filmes que vi nas telas de tantos cinemas —, tenho nostalgia de uma vida dedicada ao cinema.

Entrevista a Claudio Leal e Rodrigo Sombra, "Eu organizo o movimento", *Folha de S.Paulo*, 09/04/2017

RENÉ CLAIR

AS GRANDES MANOBRAS (1955)

É um filme que amo muito. É um filme que amava quando era adolescente. Quando o vi na adolescência, fiquei tão impressionado. Ele corresponde à ideia de perfeição. E quando eu era um homem maduro na década de 1990, eu o assisti novamente e fiquei surpreso ao ver minhas impressões adolescentes confirmadas. É uma comédia, uma comédia triste, mas leve e muito respeitosa com os personagens. E o ritmo, a maneira como as pessoas se movem e dizem suas falas: tudo parece uma dança. Tudo é tão fluido. Eu era apaixonado por aquilo tudo. Nunca mais ouvi ninguém dizer que esse filme era importante, interessante ou emocionante. Mas mantive a imagem que tinha dele. É realmente uma obra-prima, uma obra-prima muito discreta, quase modesta. [...] É uma crítica muito sutil de todas as possibilidades burguesas de virtude e felicidade. É uma obra de arte muito delicada, filtrada por sensibilidades artísticas. Naturalmente refinada, é uma obra que faz com que a arte do cinema mereça respeito e atenção.

Entrevista a Peter Sellars, "Revolutions Per Minute",
Telluride News, 01/09/2011

SÃO BERNARDO (1972)

Este filme não precisa de música. Quase nada é necessário, apenas um pouquinho de som, sem ser um fundo musical. Porém quero explorar o seu ritmo, que não me parece folclórico, mas de ficção científica.

> "*São Bernardo* quer ir a Cannes, mas o INC é quem decidirá",
> *O Globo*, 28/02/1972

É tudo tão enxuto, tão seco, que talvez não fosse necessário fazer uma trilha. Bastam alguns sons, um negócio muito simples que fale sobre os personagens principais, sobre seu amor condenado.

> "Atenção: Caetano está criando", Henrique Coutinho,
> *Jornal do Brasil*, 02/03/1972

STANLEY KUBRICK

Achei *Barry Lyndon* uma finíssima obra-prima de ironia. Achei um filme lindo, com um ritmo único, uma profunda reflexão (sem reflexão) sobre a contingência da vida humana. Há uma dimensão metafísica no olhar que acompanha a gratuidade do destino daquele homem, mas ela não é explicitada. Apenas o humor quase amargo da narração falada em contraponto rítmico com as ações que você vê. Te põe neutro e à distância de tudo aquilo de um modo inquietante.

Entrevista a Júlio Barroso, "A fala do bicho: entrevista",
Jornal de Música, Arca Editora Gráfica, 1977

"TERRA" (1978)

O Moreno já tinha nascido e fui com meu amigo, o escritor Zé Agrippino, e Dedé, minha esposa, ver *Star Wars* no cinema. Quando saí, já queria fazer música sobre a Terra, porque os personagens eram típicos seres humanos terrestres, terráqueos, e pensei: essa gente já viveu na Terra alguma vez, pode ter saudade da Terra. Pareceu-me que se os personagens, sendo de origem terrestre, vivessem longe daqui, em outros planetas, certamente sentiriam amor pela Terra. Por isso escrevi na música "quem jamais te esqueceria". Era um tema de amor ao planeta. Esse estímulo do filme me levou ao que vi na prisão do Rio de Janeiro em 1968: as primeiras fotos da Terra tiradas por astronautas do espaço. Então comecei a música lá, por causa das fotos que vi na prisão.

Entrevista a Arturo Lezcano, "Caetano Veloso:
'Hice planes para salir de la música, pero aún no lo he conseguido'",
Jot Down Magazine, Barcelona, abril de 2018

TRILHAS DE FILMES

Esse negócio de música em cinema é uma das coisas mais antigas em mim, porque quando era pequeno eu gostava de fingir que estava fazendo música pra filme. Com um canudinho de papel [*faz um círculo com a mão e encosta-o num dos olhos, como se filmasse com uma câmera*], eu ficava em Santo Amaro fazendo os planos que escolhia e assoviando a música que inventava na hora, que achava que era o fundo musical daquele filme. Então, eram filmes assim que só eu mesmo vi. Eu sempre gostei muito de cinema, e depois tive vontade de fazer cinema. Mas, ainda em Santo Amaro, quando eu era adolescente, eu vi *La strada*, de Fellini, e fiquei muito impressionado. E fiquei fã, e até hoje sou, das músicas de Nino Rota nos filmes de Fellini. Porque aquela coisa de parecer que você está se lembrando de uma música, a relação da imagem com a música me dava uma emoção muito estranha, então eu comecei a fazer também, a ficar pela rua tentando imitar aquele tipo de som nostálgico, em Santo Amaro. Olhando as esquinas, escolhendo as pessoas que estavam passando, as coisas que eu já sabia de Santo Amaro, e assoviando.

Agora, depois, eu comecei a fazer música quase que por causa de cinema. Quase. Por um triz, porque, na verdade, foi por causa de teatro. Mas foi a mesma pessoa que logo em seguida fez um filme, curta-metragem, e me pediu para eu botar música. Foi um filme chamado *Moleques de rua*, e foi Álvaro Guimarães, um amigo meu de Salvador. Ele era diretor de teatro. Ele primeiro montou uma peça de teatro e me pediu para fazer a música da peça, e daí eu disse: "Mas como fazer música?". E por isso que eu comecei a fazer música. Na verdade, eu pintava, desenhava, escrevia e queria fazer cinema. Música não era propriamente... Não estava nos meus planos eu me profissionalizar como músico. E por causa desse cara, que é um amigo meu, que dirige teatro e dirigiu um filme, e me pediu para fazer música para as duas coisas, é que eu comecei a fazer música. Porque, logo depois que eu fiz a música pra peça de teatro dele, fiz pra um filme que ele dirigiu com os meninos em Salvador. E nesse filme eu cantei. No fundo musical eu cantava, já era uma coisa de voz em cima de imagem. Assovio e voz em cima de imagem, e um pouco de violão.

Mas isso foi em 1963. Depois disso eu fiz a música de um filme do Paulo Gil Soares. Alguns anos depois, já em 67 — 66, 67. Um filme chamado *Proezas de Satanás na Vila de Leva-e-Traz*. Nesse filme, especificamente, eu fiz e cantei canções com letras do próprio Paulo Gil e eu musiquei e tal, e transei a música com o Bruno [Ferreira], que hoje é maestro, e que é um grande músico. Ele transou tocar e fazer alguma coisa de voz comigo. Enfim, a coisa foi mais ou menos assim. Mas era mais estritamente canção, não era tanto assim coisa de fundo musical, de música de filme, que é um lado que eu curto muito. Eu estava falando dos filmes de Fellini, mas [curto] também todo o negócio do cinema americano. Quer dizer, os filmes do Hitchcock, por exemplo, eu acho linda aquela coisa da música que vem às vezes num momento de ação e, depois, tem horas que não tem, que fica em silêncio e que dá uma força... Toda essa relação do ritmo da imagem com o som eu acho desbundante em cinema. Agora, essa coisa como trabalho pra mim que chegou a ser uma coisa assim de me satisfazer e, mais do que isso, de me encantar, foi quando eu trabalhei na música para o filme do Leon Hirszman, *São Bernardo*. Ele tinha feito o filme, estava montado, com diálogos, e me pediu que eu pusesse a música. Porque era uma coisa nordestina e ele tinha ouvido minha gravação de "Asa branca", que eu tinha feito em Londres, e ele achou bacana. E achou que talvez por ali a gente descobrisse alguma coisa. Então eu falei para ele assim: "Olha, é sabido que o Graciliano Ramos não gostava de música". Então, ele disse: "Pois é, é uma coisa assim seca, não é? Mas você pode descobrir". E eu cheguei e disse assim: "Pois é, eu achei que o Nelson Pereira dos Santos, em *Vidas secas*, encontrou uma solução ideal para o som, para música". Porque aquele filme é bem perfeito, né? *Vidas secas*. Bem completo em si mesmo. E a música, no caso, também é perfeitamente bem sacada, que ele usou o som do carro de boi, que parece um violino desafinado, mas é o som do carro de boi que faz a música do filme — que não é música musical, como o Graciliano tem fama de ter odiado a vida toda. Então a coisa ficava bem completa. Pensei assim, puxa, eu podia partir mais ou menos do negócio da "Asa branca", daquela coisa nordestina de gemedeira, e incrementar. Porque, no fundo, o som do carro de boi é uma gemedeira também, então incrementar uma gemedeira, mas, pra esse filme, com minha voz. Então eu fiz superpondo as vozes. Gravei às vezes duas, às vezes três, às vezes uma, às vezes quatro vozes, superpondo. Mas assistindo o filme passar e improvisando, improvisando mesmo. Eu ia vendo e ia cantando, e foi ficando uma coisa tão linda que eu acho até uma das coisas de música mais bonitas que já fiz.

E, atualmente, eu estou com transa de música e cinema de novo por duas razões. Uma delas é por causa do filme dos Doces Bárbaros, que não é um caso onde eu tenha feito música pra filme, mas onde tenham feito filme sobre minha música. Quer dizer, um trabalho meu e com outros colegas de música que se tornou filme — que ficou uma coisa muito bonita, como filme e como documentação de trabalho de música. E, ao mesmo tempo, eu estou fazendo a música pro filme *A dama do lotação*, do Neville D'Almeida. Por enquanto, eu fiz apenas a canção-tema e já gravei. A canção chama-se "Pecado original". Foi feita tendo visto o filme montado. Foi feita exatamente por causa do filme, com música e letra e tudo que eu fiz por causa do filme. É bem mesmo o clima da coisa do filme como ficou filtrado pela minha cabeça. Mas também eu vou fazer alguma coisa de música, de fundo musical, de música de filme para o filme, não só a canção, mas também alguma incrementação assim de fundo musical.

Entrevista ao Serviço de Rádio e Televisão
da Embrafilme, 1977

Olha, nos anos 60 eu fiz a trilha sonora de *Proezas de Satanás na Vila de Leva-e-Traz*, de Paulo Gil Soares. Era um longa-metragem, depois fiz alguma coisa em *Viramundo*, de Geraldo Sarno, mas esse é um documentário, eu suponho. Gil fez mais nesse filme, mas eu fiz algumas coisas. Eu também fiz uma aparição em *Os herdeiros*, de Cacá Diegues, e fiz o primeiro filme de Haroldo Marinho Barbosa, que se chama *Dom Quixote*, como ator — eu e Renata Sorrah, somos só os dois. E fiz a música de *São Bernardo* e de *A dama do lotação*, além de dois temas para *Dedé Mamata*. Para *O Quatrilho* fiz um tema e metade do outro, enquanto o Jaquinho [Morelenbaum] fez os desenvolvimentos pra trilha. *São Bernardo*, eu fiz a trilha toda, *Proezas de Satanás* eu fiz a trilha toda. *A dama do lotação* eu fiz a trilha toda. *Índia*, que é um filme que eu adoro, com a Glorinha Pires e Nuno Leal Maia, eu fiz o tema e os desenvolvimentos com a ajuda de Perinho Albuquerque. Eu fiz os desenvolvimentos pra orquestra. [...] Em *Índia* nós temos "Luz do sol", que é um puta tema. As gravadoras não têm interesse, não quiseram lançar nunca. Agora, quando eu fiz os temas de *O Quatrilho*, aí a Natasha lançou; e quando eu fiz toda a trilha de *Tieta*, como eu tinha feito em *São Bernardo* — só que neste eu não tinha usado orquestra. Em *Índia* eu usei orquestra e disse a Perinho o que eu queria, mas com Jaquinho eu trabalho de uma maneira muito mais detalhada. Eu realmente faço as variações todas, sugiro a instrumentação, faço as modulações na cena, faço a volta dos outros temas — como é que eles entram. Eu realmente faço a trilha toda e o Jaquinho escreve e orquestra e rege e arranja, mas a partir da minha detalhada orientação. Então, no caso de *Tieta* e de *Orfeu*, realmente são duas trilhas em que eu trabalhei a orquestração junto com o Jaquinho e a partir de minhas ideias. Eu fico em casa, faço com a boca e canto com o violão, gravando num gravador. Depois eu me reúno com ele e digo: "Aqui vai assim, aqui eu quero que entrem os violinos e saia daqui um órgão, fazendo assim... entendeu?". Ele também às vezes dá sugestões de orquestração e, às vezes, eu digo pra ele: "Eu quero assim" e ele faz o negócio ficar lindo, mas dentro de um caminho que eu lhe dou.

Entrevista a Marcelo Fróes e Marcos Petrillo, "*IM* entrevista
Caetano Veloso", *International Magazine*, n. 55, 1999

VIDEOCLIPES E JEAN COCTEAU

Num momento de mau humor e depressão em Portugal, eu falo que os videoclipes me pareceram diluição de *O sangue de um poeta*. E *O sangue de um poeta* é justamente o filme de Jean Cocteau que, se você vir hoje, você vai ter que pensar muito sobre uma coisa ultra-atual como são os videoclipes. E vai ter que pensar de uma maneira mais crítica na ideia da vulgarização das conquistas do modernismo em geral. Eu gostaria era de ter visto uma crítica que, em vez de enumerar as citações que viu nas canções de meu disco, se referisse apenas a esta, que é a citação a Jean Cocteau como autor do filme *O sangue de um poeta*. Isso excita a cabeça da gente com relação a essa enxurrada de imagens que a gente vê aí nos videoclipes.[23]

Entrevista a Béu Machado, "E Caetano falou",
A Tarde, 09/03/1988

VINCENT GALLO

Gostei muito de *Um filme falado*, do Manoel de Oliveira, mas do que mais gostei foi de *The Brown Bunny*, do Vincent Gallo. É uma coisa linda, entra som, sai som, uma corrida de motocicleta em silêncio, godardiano.

Entrevista a Cléber Eduardo e Luís Antônio Giron, "Unidos pelos filmes",
revista *Época*, 22/09/2005

AGRADECIMENTOS

À produtora Paula Lavigne, pelo apoio a este livro.

Aos editores Alice Sant'Anna e Matheus Souza, essenciais para a estruturação desta antologia, pelo diálogo crítico sempre estimulante. À preparação de Márcia Copola. A Alceu Chiesorin Nunes, Ariadne Martins, Bianca Arruda, Bruna Frasson, Bruna Tenório, Cê Oliveira, Celso Koyama, Erica Fujito, Lilia Zambon, Lucila Lombardi, Mariana Figueiredo, Mariana Metidieri, Marina Munhoz, Max Santos, Paulo Santana, Rafaela Santos, Rebeca Cunha, Tomoe Moroizumi e toda a equipe da Companhia das Letras.

A Genebaldo Correia, pelo acesso à coleção do jornal *O Archote*.

A Marlon Marcos e Laís Lima pela ajuda com a consulta de arquivos em Santo Amaro (BA).

Pela liberação das entrevistas: à ensaísta e diretora Raquel Gerber; aos jornalistas Matinas Suzuki Jr., Leão Serva, Sílvio Osias e Andrés Rodríguez Sánchez; ao escritor, roteirista e diretor David França Mendes; ao músico Arto Lindsay; ao crítico e cineasta Carlos Adriano; aos professores Guilherme Maia e Guilherme Sarmiento; às famílias do curador de cinema Bernardo Vorobow (1946-2009) e do jornalista Geneton Moraes Neto (1956-2016). Pela liberação dos stills de *O cinema falado*, à fotógrafa Maritza Caneca.

A Ali Kamel, Antonella Rita Roscilli, Bruna Polimeni, Cacá Diegues, Caio Mariano, Carlos Giannazi, Caroline Leal Portela, Cézar Mendes, Cicero Bathomarco, Clara Passi de Moraes, Cyro de Mattos, Dedé Veloso, Eliano Jorge, Emanoel Araújo (in memoriam), Érico Melo, Eucanaã Ferraz, Evangelina Maffei, Fabio Velloso, família de Hélio Rocha (in memoriam), Fernando Barros, Florisvaldo

Mattos, Geraldo Portela, Gilberto Gil, Guto Ruocco, Ismail Xavier, Ivan Cardoso, Jom Tob Azulay, Jorge Bodanzky, Jorge Furtado, Jorge Velloso, José Miguel Wisnik, José Walter Lima, Julio Bressane, Julio Gomes, Kátia da Silveira (família de Walter da Silveira), Lucas Murari, Luciano Figueiredo, Lucila Pato, Luís Henrique Leal, Luiz Nogueira, Mabel Velloso, Maria Chiaretti, Maria do Socorro Silva Carvalho, Maria Lúcia Rangel, Maria Mutti, Mateus Araujo Silva, Maurício Pato, Nadja Vladi, Neville D'Almeida, Olívia Soares, Orlando Senna, Otavio Marques da Costa, Paquito, Paulo César de Souza, Pedro Almodóvar, Raimundo Artur, Regina Casé, Renata Magalhães, Roberto Pinho, Rodrigo Lima, Rodrigo Velloso, Rubens Carsoni, Sérgio Augusto, Sophie Charlotte, Teresa Souza, Vilmar Ledesma.

Aos arquivos consultados: ABI (Associação Brasileira de Imprensa), Biblioteca Central do Estado da Bahia, Biblioteca da ECA/USP, Biblioteca Nacional, Centro Referencial de Documentação de Santo Amaro, Cinemateca Brasileira, Cinemateca do MAM-Rio e Instituto Geográfico e Histórico da Bahia.

NOTAS

1. O texto não integra esta antologia. O exemplar da revista não foi localizado em nenhum arquivo público ou privado da Bahia, do Rio de Janeiro ou de São Paulo.

2. Walter da Silveira, *O eterno e o efêmero*, Salvador: Oiti Editora, 2006, v. 3, p. 355.

3. Trecho inédito de uma entrevista de Glauber Rocha ao jornalista Paolo Marconi, da revista *Veja*, em 1977.

4. Glauber Rocha, *Revolução do Cinema Novo*, São Paulo: Cosac Naify, 2004, p. 237.

5. Rogério Sganzerla, "Cinema fora da lei", em *O Bandido da Luz Vermelha: Argumento e roteiro de Rogério Sganzerla*, São Paulo: Imprensa Oficial, 2008, p. 15.

6. Caetano Veloso, "Orgulho pelo recorde de devoluções", *O Globo*, Rio de Janeiro, 02/06/1987.

7. O livro *Walter Lima Júnior: Viver cinema* (Rio de Janeiro: Casa da Palavra, 2002), de Carlos Alberto Mattos, detalha o desenvolvimento do argumento de Caetano e o roteiro esboçado por Walter Lima Jr. O filme ganhou o título provisório *Salve o prazer*, em referência a um verso da canção "Alegria", de Assis Valente e Durval Maia. Por sugestão de Walter, Caetano seria incorporado como ator e a canção "Alegria, Alegria" entraria na trilha. Houve divergências sobre a estrutura do filme e a necessidade de um roteiro mais completo. Segundo Mattos, algumas das ideias seriam absorvidas por Walter em *A Lira do Delírio* (1978).

8. Gilberto Gil, *Todas as letras*, São Paulo: Companhia das Letras, 2022, p. 217.

9. Retirado de *Letras*, de Caetano Veloso, org. de Eucanaã Ferraz (São Paulo: Companhia das Letras, 2022).

10. *Jovens desencaminhadas* (*Ôinaru ai no kanata ni*, 1960), do diretor japonês Tetsuo Ôno. Notas em jornais da época sugerem que *Banzuin, o destemido* seja o título brasileiro de *Oedo gonin otoko* (1951), de Daisuke Itô. Além da Bahia, ambos os filmes constavam em festivais de filmes japoneses no Rio de Janeiro, no mesmo período.

11. Trilogia dirigida pelo japonês Masaki Kobayashi, entre 1959 e 1961.

12. *Querelle*, (1982), de Rainer Werner Fassbinder.

13. O autor se refere ao começo de um romance inacabado da década de 1980. Citado de memória em "A voz da Lua", esse fragmento aparece no texto "Saindo do centro", publicado na coletânea *O mundo não é chato*, São Paulo: Companhia das Letras, 2005, p. 332.

14. O autor comentava a reportagem de Waldomiro Júnior, do jornal *O Globo*, em 08/01/1995, sobre suas críticas de juventude no jornal *O Archote*, de Santo Amaro.

15. Hal Francis, personagem de Alec Baldwin em *Blue Jasmine*.

16. O autor se refere ao caso de Rafael Braga Vieira, detido numa manifestação no centro do Rio de Janeiro em 20 de junho de 2013 com duas garrafas de plástico, um desinfetante e uma água sanitária. Segundo a polícia, os frascos se assemelhavam a um coquetel molotov. O episódio resultou na detenção de Rafael sob a alegação de posse de artefato explosivo.

17. Esta dissertação também foi apresentada na Universidade de Toulouse, na França, no colóquio internacional Production et Affirmation de l'Identité [Produção e afirmação da identidade], em 1979, e publicada por Éditions Privat na coleção Sciences de l'homme.

18. O tema da entrevista, centrado no movimento do Cinema Novo, era o conceito de "cinema de autor" e a construção de um cinema nacional-popular no Brasil dos anos 1950, 1960 e 1970. Isso colocava a questão da relação do indivíduo com o coletivo e o surgimento de novas linguagens nas artes.

19. Caetano assistiu a *Cabeças cortadas* em 1979, na estreia brasileira do filme, no Rio de Janeiro; *Claro* em 2019; *O leão de sete cabeças* em 2020; e *O pátio* em 2023, em sessões caseiras.

20. A minissérie *Grande sertão: veredas* foi exibida pela tv Globo de 18 de novembro a 20 de dezembro de 1985.

21. Título sugerido ao jornalista Sílvio Osias pelo cineasta e escritor pernambucano Jomard Muniz de Britto.

22. Refere-se à entrevista "Helena — a mulher de todos — e seu homem. *O Pasquim* entrevista Rogério Sganzerla e Helena Ignez". *O Pasquim*, n. 33, de 05 a 11/02/1970.

23. A citação ao filme *O sangue de um poeta*, de Jean Cocteau, aparece na canção "Noite de hotel", do disco *Caetano* (1987).

CRÉDITOS DAS IMAGENS

Todos os esforços foram feitos para reconhecer os direitos autorais
das imagens. A editora agradece qualquer informação relativa
à autoria, titularidade e/ou outros dados, se comprometendo a incluí-los
em edições futuras.

p. 1: Reprodução de Laís Lima
p. 13: Acervo Carlos Diegues
pp. 34-5 e 106: Maritza Caneca
p. 72: Acervo da família Schindler
p. 78: Acervo Kátia da Silveira
p. 90: Revista *Fatos e Fotos*, Rio de Janeiro, n. 553, setembro de 1971
p. 98: Ruth Toledo
p. 100: Zuma Press/ Easypix Brasil
p. 116: The Moviestore Collection/ Easypix Brasil
p. 124: Óscar Ramos/ Reprodução de Luciano Figueiredo
p. 168: Bruna Polimeni
p. 192: Victor Jucá/ CinemaScópio
p. 242: Acervo Tempo Glauber
p. 292: Miguel Bracho/ El Deseo D.A. S.L.U.
pp. 350-1: Reprodução de Rodrigo Sombra

ÍNDICE ONOMÁSTICO

Números de páginas em *itálico* referem-se a imagens

2 filhos de Francisco (filme), 324, 333

8½ (filme), 117, 119-20

À Bout de souffle (filme), 243, 247; *ver também Acossado* (filme)

Abismo de um sonho (filme), 75, 118

Abraços partidos (filme), 181

Abreu, Tuzé de, 28

Acossado (filme), 21, 46, 159, 225, 390

"Adeus batucada" (canção), 112

Adorno, Theodor, 157

Adriano, Carlos, 126, 141

Affleck, Ben, 201-2

Afirmação (revista), 20, 31, 42, 61, 284

After Hours (filme), 327

Afundem o Bismarck (filme), 63

"Águas de março" (canção), 272

Aguiar, Betão, 406

Aida (ópera), 401

Aimée, Anouk, 119-20

Aladim (filme de animação), 327

Albuquerque, Perinho, 152, 419

"Alegria" (canção), 425n

"Alegria, alegria" (canção), 16, 23, 225, 280, 336, 391, 425n

Alemanha ano zero (filme), 262

Alexander Nevsky (filme), 337

All about Eve (filme), 322, 374

Allen, Woody, 31-2, 161, 171, 207, 211, 267, 314, 327, 373-4

Almeida, Aracy de, 105, 230, 271

Almeida, Jerônimo (pseudônimo de José Gorender), 20, 58

Almodóvar, Agustín, 301

Almodóvar, Pedro, 15, 27, 32, 37, 154, 159, 180-1, 204-5, 222, 224, 269, 288, 292, 293-306, 324, 339, 391, 407-8

Alô, alô, Carnaval! (filme), 143

Alô, amigos (filme de animação), 164

Altman, Robert, 321

Alves, Ataulfo, 178

Alves, Francisco, 235

Alvinho *ver* Guimarães, Álvaro

Amado, Jorge, 359

Amanhã será tarde demais (filme), 335

Amantes passageiros (filme), 204

"Amapola" (canção), 329

Amaral, Suzana, 259

Amarcord (filme), 119-20, 128, 140, 208, 235, 237, 334

Amarelo manga (filme), 324

Amenábar, Alejandro, 298

americano em Paris, Um (filme), 321

Amico, Gianni, 169

"Amor" (Andrade), 121

Amorim, Pedro, 178

Amour (filme), 203

Anaya, Elena, 181

Anderson, Laurie, 257

Andrade, Carlos Drummond de, 308

Andrade, Joaquim Pedro de, 24, 251, 333

Andrade, Oswald de, 113, 121, 165, 283, 304, 393

Ângela Maria, 109, 219, 410

Angeli, Pier, 335

Aniceto (filme), 179, 395

anjo branco, O (filme), 60
anjo exterminador, O (filme), 172
Anjos do arrabalde (filme), 141
Anka, Paul, 301
Ankito, 42, 52
Annie Hall (filme), 161, 207
anti-Édipo, O (Deleuze), 311
Antonioni, Michelangelo, 25, 30-1, 81, 117, 123, 125, 140, 149, 236, 285, 312, 315, 334-5, 396-8
Aquarius (filme), 377
Aquele que deve morrer (filme), 63
Araçá azul (álbum), 29, 151-2, 259, 264, 329, 336, 402-3
Aragão, Tereza, 207
Araújo, Emanoel, 162
Araújo, Guilherme, 97, 108, 169
Archote, O (jornal), 19-21, 31, 42, 52, 54, 56-8, 60, 64, 66, 74, 76, 79, 82, 123, 284-5, 362, 366, 426n
Argo (filme), 201-2
Armandinho, 169
Armstrong, Louis, 162
Arnoul, Françoise, 318, 322
Arns, d. Paulo Evaristo, 101
Arraes, Guel, 28, 184, 392, 400
Arroz amargo (filme), 318
artista, O (filme), 187
árvore da vida, A (filme), 174-5
"As Time Goes by" (canção), 337
"Asa branca" (canção), 148, 338
Asas do desejo (filme), 373-4
Assédio (filme), 37, 220, 397
Assis, Machado de, 126
Astaire, Fred, 321
Ata-me! (filme), 181
Athayde, Austregésilo de, 101
Atlântida (companhia cinematográfica), 143, 318
Autant-Lara, Claude, 19
auto da Compadecida, O (filme), 141
Avant-garde na Bahia (Risério), 276
Avatar (filme), 32, 155-6
"Ave Maria" (canção de Calheiros), 140, 236
"Ave Sarney" (Francis), 101

Avenida Brasil (filme), 196
aventura, A (filme), 31, 81, 335, 396
aventuras de Juan Quin Quin, As (filme), 88
aventuras de Pi, As (filme), 189-90
aviador, O (filme), 326
Aviso aos navegantes (filme), 318
Azevedo, João Augusto, 275-6
Aznavour, Charles, 325
Azul é a cor mais quente (filme), 210
Azulay, Jom Tob, 27, 93

Babo, Lamartine, 126, 143, 394
Baby Consuelo, 87
Bahia de todos os sambas (show), 169
Bahia de Todos os Santos (filme), 18
Baião de Anna (filme), 318
Balanço da bossa e outras bossas (Campos), 280, 307
Ball, Lucille, 121
Balzac, Honoré de, 283, 287
Bananas Is My Business (filme), 291
"Bancarrota blues" (canção), 401
Banda Black Rio, 177
Bande à Part (filme), 158
Bandeirantes, Os (filme), 181
Banderas, Antonio, 180-1, 222, 296, 298
Bandido da Luz Vermelha, O (filme), 24, 31, 39, 126, 141, 158, 188, 265, 339, 341-3, 425n
Bando da Lua, 113
Bando de Teatro Olodum, 30
Banzuin (filme), 55, 425n
Barão Vermelho, 144-5
Barbosa, Fellipe Gamarano, 377
Barbosa, Haroldo Marinho, 15, 419
Bardi, Lina Bo, 19, 275
Bardot, Brigitte, 17, 49, 280, 282, 322
Barravento (filme), 21, 43, 77, 83-5, 141, 266, 276, 284
Barreto, Bruno, 339
Barreto, Fábio, 28, 140
Barreto, Luiz Carlos, 137
Barros, Fernando, 22
Barroso, Ary, 39
Barry Lyndon (filme), 414

Basehart, Richard, 320
Bastardos inglórios (filme), 185, 187, 203
Bastos, Cristovão, 177-8
Bastos, Othon, 18, 405
Batatinha, 169
Batman (filme), 324
Bausch, Pina, 173, 237
Bazin, André, 20
Beatles, The, 95, 173, 207-8, 225, 231, 325, 385
Beauvoir, Simone de, 371
Becker, Cacilda, 331
Beethoven, Ludwig van, 176, 266, 272, 275
Belchior, 373-4
Beleza americana (filme), 324
Belle Époque (filme), 159, 172
Bellissima (filme), 334
Belmondo, Jean-Paul, 17, 280, 282, 317
belo Antônio, O (filme), 31, 75
Beltrão, Andrea, 331
bem-amado, O (filme), 28
Bem-vindo ao deserto do real (Žižek), 156
Bendito fruto (filme), 324, 338
Bergman, Ingmar, 32, 67, 94, 149, 210, 225, 272, 315, 317, 321, 389
Bergman, Ingrid, 17, 321
Bergson, Henri, 311
Berkley, Busby, 112
Berlin, Irving, 121, 236
Bernardet, Jean-Claude, 19
Berry, Chuck, 243
Bertolucci, Bernardo, 37-8, 213, 220, 324, 334, 397
Besieged (filme), 324; *ver também Assédio* (filme)
Bethânia bem de perto (filme), 341
Bethânia, Maria, 17, 22, 42, 89, 92-3, 113, 125, 276, 319, 399
Bey, Turhan, 319
Bicho de sete cabeças (filme), 332
bidone, Il (filme), 235
Biutiful (filme), 161-2
Blanchett, Cate, 207-8
Blat, Caio, 392
Blow-up (filme), 335, 396

Blue Jasmine (filme), 207, 426n
Blues Brothers, The (filme), 306
Blyth, Ann, 318
Boa sorte (filme), 377
boas-vidas, Os (filme), 17, 52, 118, 140, 315, 335
Boca de Ouro (Rodrigues), 22
Bodas de sangue (filme), 376
Bogart, Humphrey, 267
Bogdanovich, Peter, 374
Boi Neon (filme), 216, 218, 377
Bolognini, Mauro, 31, 75
Bonassi, Fernando, 144
Borba, Emilinha, 148, 264-5, 401
Borges, Jorge Luis, 330-1, 388
Boris Grushenko (filme), 327
Bornay, Clóvis, 386
Bosco, Francisco, 174, 384
Bowie, David, 95, 329
Braga Neto, 73, 77
Braga, Sônia, 354
Brahms, Johannes, 275
Brakhage, Stan, 314
Branca de Neve (filme de animação), 318, 327
Brandão, Rodolfo, 28, 107, 264
Brando, Marlon, 202, 220, 323
Brant, Fernando, 206
Brasil ano 2000 (filme), 24, 40
Brasil, Luiz, 406
Brasseur, Pierre, 63, 76
Brecht, Bertolt, 22, 276
Bressane, Julio, 15-6, 24-5, 28, 30, 39, 88, 95, 124, 125-6, 143, 148-51, 158, 179, 224-5, 254, 256, 263, 265, 313, 336-7, 341-2, 363, 368, 393, 396-7, 402, 405
Britto, Jomard Muniz de, 333, 426n
Brokeback Mountain (filme), 190
Brown Bunny, The (filme), 44, 170, 198, 323, 421
Brown, Carlinhos, 132, 188, 195
Buarque, Chico, 143, 382, 401, 408
Bullets over Broadway (filme), 328
Buñuel, Luis, 19, 25, 39, 94, 172, 210, 266, 272, 305
Burlamaqui, Paula, 184

431

"Burn It Blue" (canção), 379
Bush, George W., 380
Bye Bye Brasil (filme), 143, 224
Byrne, David, 111, 129, 131

Cabaret (filme), 379
Cabeças cortadas (filme), 246-7, 387, 426n
Cabral de Melo Neto, João, 29, 307-9
Cabrera Infante, Guillermo, 265
Cacaso, 30
Cage, John, 148, 264, 275
Cahiers du Cinéma (revista), 21, 39, 43, 210, 268, 384
"Cajuína" (canção), 234
Cakoff, Leon, 404
Calheiros, Augusto, 140, 236
Calígula (Camus), 276
Callas, Maria, 147, 401
Calligaris, Contardo, 174-5
"Cambalache" (canção), 408
Cameron, James, 32, 155-6
Campello, Celly, 230
Campos, Augusto de, 30, 114, 151, 232, 280, 321
Campos, Eduardo, 194
Campos, Haroldo de, 30, 114, 126, 253
Camus, Albert, 276
Camus, Marcel, 130, 132, 136, 276, 355
"Canção de Dalila", 148
Câncer (filme), 332
Canô, Dona, 19, 41, 191, 282, 291, 305, 319-20, 409
Cantando na chuva (filme), 187, 321
Capiba, 319
Capinan, José Carlos, 24, 229, 232, 279
Carandiru (filme), 324, 333
Cardinale, Claudia, 17, 280, 282
Cardoso, Ivan, 24
Carey, Mariah, 327
Carmen (filme), 376
Carmen Miranda (projeto de roteiro), 410
Carnaval no fogo (filme), 318
Carne trêmula (filme), 211, 304
Carné, Marcel, 19
Carol, Martine, 322
Caron, Leslie, 321

Cartaxo, Marcélia, 259
Carvalho, Walter, 27, 144
Casa grande (filme), 377
Casablanca (filme), 322, 374-5, 384
Casa-grande & senzala (Freyre), 134
casamento de Romeu e Julieta, O (filme), 324, 338
Casé, Regina, 107-8, 121, 147, 196, 199, 263
Cassavetes, John, 314
Castro, Celso, 355
Castro, Fidel, 107, 147, 265
Castro, Ruy, 158, 173, 207
Cavalcanti, Alberto, 19
Cavalcanti, Nina, 108
Cavalcanti, Péricles, 108
Caymmi, Dorival, 108, 169, 214, 230, 291
Caymmi, Nana, 169
Cazarré, Juliano, 216-7
Cazuza, 144-5, 167
Cazuza: O tempo não para (filme), 27, 143-4
Celestino, Vicente, 235
Cemitério do esplendor (filme), 377
Central do Brasil (filme), 339, 359, 369
céu de Suely, O (filme), 323
Cézanne, Paul, 331
Chacrinha (Abelardo Barbosa), 28, 246, 280-1
Chacun Son Cinéma (filme), 175
Chakiris, George, 379
Chaplin, Charles, 16, 26, 63, 118, 122, 272, 315, 330-1
Charisse, Cyd, 17, 321
Chávez, Hugo, 157
Chega de saudade (álbum), 159
"Chega de saudade" (canção), 22, 140, 234
Chelsea Girls (filme), 268, 314
"Chica Chica bom chic" (canção), 109
chien andalou, Un (filme), 28, 96
"Chora tua tristeza" (canção), 236
Cicero, Antonio, 95, 107, 152
Cidadão Kane (filme), 288, 330-1, 384
Cidade ameaçada (filme), 69
Cidade baixa (filme), 324

Cidade das mulheres (filme), 120

Cidade de Deus (filme), 324, 332-3, 338-9, 369

Ciénaga, La (filme), 324

"cinco bailes da história do Rio, Os" (canção), 356

Cine Art, 17

Cine Glauber Rocha (BA), 218, 222

Cine Guarany (BA), 18

Cine Imperator (RJ), 42

Cine Liceu (BA), 18-9,

Cine Metrópole (SP), 29

Cine Paissandu (RJ), 125, 159, 268

Cine Roma (BA), 41, 319

Cine Santo Amaro (BA), 40, 43, 318

Cine São Francisco (BA), 41

Cine Teatro Subaé (BA), 1, 26, 41-2, 127, 321

Cine Tupy (BA), 213

Cinema, aspirinas e urubus (filme), 324

"Cinema e público" (coluna jornalística), 19

cinema falado, O (filme-ensaio), 15, 29-31, 38, 105, 106, 107-8, 146-53, 172, 210, 214, 254, 257, 259-60, 263-5, 267, 271, 308, 310-1, 314-5, 329, 333, 339, 401-3

Cinema Livre (jornal), 96

Cinema Novo, 16, 21-2, 24, 39, 43, 83, 126, 137, 150, 219, 224, 241, 245-6, 273, 281, 283, 332-3, 336, 339, 341-3, 354, 356, 359, 368-9, 383, 408, 425*n*

"Cinema Novo" (canção), 16, 45-6, 273, 336

"Cinema Olympia" (canção), 16, 279

Cinema transcendental (álbum), 16, 279

Cinemascope, 18, 41, 321

Cinzas no paraíso (filme), 174

Circuladô (álbum), 233

Citizen Kane (filme), 96; *ver também Cidadão Kane* (filme)

Clair, René, 19, 21, 43-4, 52, 75, 77, 89, 94, 178-9, 320, 322

"Clarice" (canção), 279

Claro (filme), 246

Clément, René, 75

"Clever Boys Samba" (canção), 16, 280

Clooney, George, 178

Clouzot, Henri-Georges, 19

Clube de Cinema da Bahia, 18-9, 77, 275, 323

Cocteau, Jean, 420, 426*n*

Cohl, Émile, 18

Cohn-Bendit, Daniel, 169

"Coimbra" (canção), 140, 235

Colé, 393

Collor, Fernando, 16

Colombo, Cristóvão, 190

"Come prima" (canção), 236

"Come tu mi vuoi" (canção), 234

conformista, O (filme), 220

Contatos imediatos do terceiro grau (filme), 268, 326

Contos de Canterbury (filme), 335

Copacabana mon amour (filme), 24

Coppola, Francis Ford, 268, 301-2

Coppola, Sofia, 170

cor púrpura, A (filme), 326

"Coração materno" (canção), 235-7, 408

Coração vagabundo (filme), 334

Corea, Chick, 111

Coriolano, Alícia, 401

Coronel e o lobisomem, O (filme), 28

corpo que cai, Um (filme), 63, 187

Corrêa, José Celso Martinez (Zé Celso), 110, 245, 280-1, 284

Correia, Genebaldo, 19, 31, 362

Cortina rasgada (filme), 325

Costa, Adroaldo Ribeiro, 231

Costa, Gal, 22, 38, 92, 113, 169, 230, 410

Crawford, Joan, 229

Cría cuervos (filme), 376

Crime e castigo (Dostoiévski), 208

Crimes and Misdemeanors (filme), 208

Cristo *ver* Jesus Cristo

"Crônica e leitor" (Veloso), 20

Cruise, Tom, 298

Cruz, Penélope, 222, 297

Cruzeiro, O (revista), 86

"Cuanto le gusta" (canção), 109

"Cucurrucucú Paloma" (canção), 27, 297-8, 339, 407-8

433

cummings, e. e., 102
Cupido não tem bandeira (filme), 326
Curtis, Tony, 322, 363
Curtiz, Michael, 374-5

"D. Sebastião" (Pessoa), 281
D'Almeida, Neville, 28, 223, 337, 339, 408, 418
Dadi, 108
Dahl, Gustavo, 101
Dallesandro, Joe, 268
"Dama das camélias" (canção), 237
Dama de Ferro, A (filme), 186
dama do lotação, A (filme), 28, 418-9
Damon, Matt, 202
Dancin' Days (telenovela), 96
Daniel Filho, 144
Dassin, Jules, 63
Davis, Bette, 17
Davis, Miles, 111, 384
Day, Doris, 162, 322
Day-Lewis, Daniel, 202
Dazinho (amigo de Caetano), 38, 43, 108, 321
"De conversa" (canção), 152
De crápula a herói (filme), 31, 81
"De música popular e poesia" (Rodrigues), 307
De Sica, Vittorio, 49, 52, 321, 334-5, 370
Dead, The (filme), 263
Dean, James, 65, 323
debate, O (filme), 392
Decameron (filme), 335
Dedé Mamata (filme), 28, 419
Defendendo causas perdidas (Žižek), 156
Del Rey, Geraldo, 18, 73, 77, 316
Deleuze, Gilles, 310-1, 315
delicadeza que vem desses sons, A (álbum), 178
Delluc, Louis, 19
Delly, M., 54
Delon, Alain, 17, 280, 282, 316
DeMille, Cecil B., 39, 148, 319-20
demiurgo, O (filme), 24
demônio das onze horas, O (filme), 223
Derek, John, 319

Deren, Maya, 25, 313-4
deserto vermelho, O (filme), 396
Destemido (filme), 55
Detetive (filme), 260
Deus e o diabo na terra do sol (filme), 22, 95, 143, 179, 241, 244, 247, 316, 328, 333, 384, 405
Dexter, Pete, 296
Diário de Notícias (jornal), 18, 20-1, 31, 71, 85, 244, 266, 284, 362, 402
Diários Associados, 20
Díaz, Simón, 27
DiCaprio, Leonardo, 203, 326
Dicionário de cine (Trueba), 159
Diegues, Cacá, 15-6, 24, 28, 88, 130-1, 133, 136, 143, 224, 333, 337-8, 354, 356-7, 368, 396-7, 419
Disney (estúdio), 32
Disney, Walt, 164
"Disseram que eu voltei americanizada" (canção), 112
"Divino maravilhoso" (canção), 24, *168*, 169
DJ Dolores, 194
Django (filme), 203
Djavan, 111, 266
doce vida, A (filme), 31, 53, 80, 123, 330
Doces Bárbaros (álbum), 93, 97
Doces Bárbaros, Os (filme), 27, 92-3, 418
Dodô e Osmar, 169
Dois córregos (filme), 28
dolce vita, La (filme), 53, 117, 120, 122, 128, 213, 234, 236-7, 334; *ver também doce vida, A* (filme)
Dom Quixote (curta), 15, 419
"Domingo no parque" (canção), 280, 336
"Don't Look Back" (Perrone), 132
Dona Flor e seus dois maridos (filme), 137
Donen, Stanley, 187
Dor e glória (filme), 222
Dostoiévski, Fiódor, 287
Douglas, Kirk, 290
Douglas, Michael, 290
Down by Law (filme), 270
Downs, Lila, 379
Dr. Fantástico (filme), 178

Dr. Strangelove (filme), 156
dragão da maldade contra o santo guerreiro, O (filme), 24, 246-7, 327-8, 332
Dreyer, Carl Theodor, 390
Duarte, Rogério, 23, 97, 108, 167, 218
Dunst, Kirsten, 175
Duprat, Rogério, 167, 230, 232
Duran, Dolores, 222
Duras, Marguerite, 61, 81
Dylan, Bob, 327, 385
Dziga Vertov (coletivo de cineastas), 24, 159, 169

E la nave va (filme), 120, 128, 237, 270, 334
"É proibido proibir" (canção), 125, 281
East of Eden (filme), 322
eclipse, O (filme), 335, 396
Economist, The (revista), 333
Édipo (filme), 335
"Educação pela pedra" (Cabral), 308
Edwards, Blake, 270
Eisenstein, Serguei, 19-20, 62, 94, 280, 315, 332, 337
Ekberg, Anita, 121-2, 237
"Ele me deu um beijo na boca" (canção), 264
Elis Regina, 94, 114, 177, 180
Eller, Cássia, 211
Éloge de l'amour (filme), 170, 324
Em busca do tempo perdido (Proust), 331
"Em torno de Fellini" (Veloso), 20
Embrafilme, 16, 29, 108, 332, 368, 418
"Enquanto Seu Lobo não vem" (canção), 336
Entr'acte (filme), 28, 96
"Épico" (canção), 16
época da inocência, A (filme), 324, 365
Epstein, Jean, 19, 25
Era uma vez na América (filme), 328-9
Era uma vez no Oeste (filme), 88
Erice, Victor, 365
Escorel, Eduardo, 341
"Esotérico" (canção), 92
Espaço Banco Nacional de Cinema (SP), 31

Espírito selvagem (filme), 298
Esse mundo é um pandeiro (filme), 163, 318
estrada da vida, A (filme), 42, 52, 118, 128, 138, 140, 318, 409
"estrangeiro, O" (canção), 28, 264
Estranha forma de vida (filme), 27
"Estranha forma de vida" (canção), 27, 376
E.T. (filme), 123, 268, 270, 289, 323, 326
Eu me lembro (filme), 28
Eu receberia as piores notícias dos seus lindos lábios (filme), 338
Eu te amo (filme), 291
"Eu te darei o céu" (canção), 104
Eu, tu, eles (filme), 332
Europa 51 (filme), 262
Everybody Says I Love You (filme), 328
exorcista, O (filme), 108, 150
Eyes Wide Shut (filme), 298

Fados (filme), 27, 376
Falcão, João, 355
Fale com ela (filme), 27, 154, 180, 292, 324, 339, 408
Família Soprano (série de TV), 170
Fantasia oriental (filme), 17
Fantástico (programa de TV), 95
Farias, Maurício, 28
Farkas, Pedro, 105, 107, 147, 264, 401, 404
Farrow, Mia, 171
Fassbinder, Rainer, 28, 426n
Fa-Tal (álbum), 38
Favio, Leonardo, 179, 395
"Fé cega, faca amolada" (canção), 92
febre do rato, A (filme), 194
Feira de mulheres (filme), 64
Felix, Maria, 17
Felizes juntos (filme), 27
Fellini, Federico, 17, 20-1, 25-6, 31, 42, 49, 51-3, 75, 80-1, 89, 94, 116, 117-9, 121-2, 127-8, 138-40, 154, 172, 178, 210, 214, 233-7, 260, 265, 267, 270, 285-6, 299, 318, 330, 334-5, 340, 370, 396-8, 402, 409, 416-7

Ferraz, Eucanaã, 15
Ferraz, Isa, 176
Ferreira, Roque, 178
"Festa" (canção), 193-4
Festival de areias (filme), 77
Festival de Brasília do Cinema Brasileiro, 146
Festival de Cannes, 80, 129, 413
Festival de Cinema de Telluride, 44, 174, 177-8, 385, 390, 412
Festival de Jazz de Montreux, 164
FestRio (festival de cinema), 29, 101, 146, 262, 268
Field, Sally, 202
Filadélfia (filme), 365
filho da noiva, O (filme), 324
filhos de ninguém, Os (filme), 60
Filme de amor (filme), 338
filme falado, Um (filme), 421
Fina estampa (álbum), 27, 300, 397, 407-8
Fiorini, Luvercy, 236
Fitzgerald, Ella, 135, 266
Fitzgerald, F. Scott, 64
Flamenco (filme), 376, 410
Flesh (filme), 158, 268
flor de mi secreto, La (filme), 407-8
flor do meu segredo, A (filme), 27
Floradas na serra (filme), 331
Flynn, Errol, 319
Fogo nas entranhas (livro de Almodóvar), 293, 305
Folha de S.Paulo (jornal), 25, 96, 99, 104, 115, 122, 131, 218, 258, 354, 356, 384, 391, 393, 400, 403-4, 410-1
"Fora de toda lógica" (Veloso), 25
Ford, John, 243, 323, 326
Fortaleza escondida (filme), 52
Frampton, Hollis, 314
Francis, Paulo, 26, 101-2, 207, 258, 315, 374
Franco, Walter, 152
Franju, Georges, 18
Freire, Paulo, 22
Frenesi (filme), 325
Freud, Sigmund, 102
Freyre, Gilberto, 134

"Fricote" (canção), 104
Frida (filme), 379
Furtado, Celso, 101, 148, 225, 391
Furtado, Jorge, 151, 337, 392
fuzis, Os (filme), 22, 45, 244

gabinete do dr. Caligari, O (filme), 331
Gable, Clark, 282
Gadelha, Dedé *ver* Veloso, Dedé
Gallo, Vincent, 44, 170, 199, 421
Galvão, Luiz, 87
Ganga bruta (filme), 46, 141
Gangues de Nova York (filme), 324
García Bernal, Gael, 380
García, Diego, 216
Garcia, Léa, 130
García Lorca, Federico, 102-3, 150
García Márquez, Gabriel, 387-8
Gardenberg, Monique, 28, 30, 406
Gardner, Ava, 17
"Garota de Ipanema" (canção), 111
Garrido, Toni, 356
Gast, Peter, 97
gattopardo, Il (filme), 334; ver também *leopardo, O* (filme)
Gaúcho, Milton, 72
Geisel, Ernesto, 381, 383
Gelewski, Rolf, 278
"Gelsomina" (canção), 234-5
Gere, Richard, 380
Gershwin, George, 39, 163, 173, 275, 327
Gervaise, a flor do lodo (filme), 75
Getino, Octavio, 353
Getz/Gilberto (álbum), 111
Giannotti, José Arthur, 102
Gil, Gilberto, 16, 22, 24, 28, 33, 46, 87, 92-3, 97, 155-7, 169, 273, 276, 280, 309, 336, 339, 373, 419, 425n
Gilberto, Astrud, 111
Gilberto, João, 22, 112, 148, 158, 169, 232, 271, 278, 300, 307-8, 324, 384
Ginger e Fred (filme), 122, 236, 270
Gismonti, Egberto, 111
"Giulietta Masina" (canção), 16, 139-40, 234, 370

Globo, O (jornal), 31, 123, 128, 157, 160, 163, 166, 170, 173, 176, 179, 182, 185, 188, 191, 195, 197-8, 200, 203, 206, 209-10, 212, 215, 362-3, 365, 383, 394, 403, 413, 425-6n

Globo, Rede, 264, 316, 321-2, 333, 392, 426n

Glória feita de sangue (filme), 323

Gnattali, Radamés, 178

Godard, Jean-Luc, 15, 21, 23-6, 29-31, 37, 39, 44, 91, 94, 96, 100, 101-5, 120, 123, 126, 135, 148-51, 154, 158-60, *168*, 169-70, 175, 179, 198, 210, 225, 247, 254, 260-2, 266, 269-70, 272-3, 280, 283, 285, 288, 312, 314-7, 322-5, 336, 342, 366, 374, 384-5, 390-1, 402-3

Goldenthal, Elliot, 379

Gomes, Paulo Emílio Sales, 19, 287

Gomorra (filme), 334

Gonçalves, Dercy, 42, 121

Gonçalves, Martim, 275-6

Gonçalves, Nelson, 319

Gonzaga, Chiquinha, 231

Gonzaga: De pai para filho (filme), 193-4

Gonzaga Júnior, 88

Gonzaguinha, 193

Gonzalez, Tereza, 28

Gorender, José, 20

Gorin, Jean-Pierre, 24, *168*, 169

Goulart, João (Jango), 22, 184

Graham, Sheilah, 64

grande aposta, A (filme), 377

grande beleza, A (filme), 213-5

"grande culpado, O" (Veloso), 29

grande feira, A (filme), 21, 43, 45, 67, 69-71, 72, 73, 77, 83, 85, 267, 284

Grande Otelo, 42, 410

Grande sertão: veredas (Rosa), 150

Grande sertão: veredas (minissérie de TV), 107, 255, 257, 265, 271, 426n

grandes manobras, As (filme), 43-4, 89, 178-9, 320, 412

Grémillon, Jean, 19

Grey, Joel, 379-80

Griffith, D. W., 79, 94

Griffith, Melanie, 298

Grosso, Agnelo Rato, 89, 127

Guerra e humanidade (filme), 74-5

Guerra, Ruy, 16, 22, 143, 244

Guerra, Tonino, 235, 237

Guimarães, Álvaro, 22, 42, 285, 399, 416

Guimarães, Glauber, 167

Gullar, Ferreira, 157

"Haiti" (canção), 310

Hammett (filme), 374

Hanchard, Michael, 134

Haneke, Michael, 203

Hannah e suas irmãs (filme), 173, 207

Happy Together (filme), 407; *ver também Felizes juntos* (filme)

Harris, Julie, 323

Hawks, Howard, 282

Heat (filme), 268

Hegel, Georg Wilhelm Friedrich, 167

Heidegger, Martin, 108, 148

Hélas pour Moi (filme), 288

Hemingway, Ernest, 54

Hepburn, Audrey, 321

herdeiros, Os (filme), 13, 24, 28, 224, 333, 419

Herrmann, Bernard, 138, 187

Herzog, Werner, 178

Hiroshima, meu amor (filme), 21, 31, 61-2, 81, 159, 267, 284-5, 391

Hirszman, Leon, 15, 28, 333, 337, 405, 417

História secreta do Brasil (Pacheco), 164, 166

Hitchcock, Alfred, 39, 63, 75, 272, 282, 320, 322, 325-6, 417

Hitler $III^{\underline{o}}$ Mundo (filme), 25, 46, 96-7, 99, 368

Hitler, Adolf, 26, 118, 176, 203

Hobbit, O (filme), 189

Hoffman, Dustin, 339

Holiday, Billie, 147

Holliday, Judy, 121

Hollywood, 17-8, 27, 32, 52-3, 58, 94, 103, 115, 148, 155-6, 166, 175, 186-7, 202, 204, 210-1, 213-4, 224-5, 241, 243, 268, 289-90, 312-5, 321-3, 325, 337

437

homem do Sputnik, O (filme), 42, 141, 183
homem tem três metros de altura, Um (filme), 314
hora da estrela, A (filme), 259-60
hora de los hornos, La (filme), 353
Horkheimer, Max, 157
Houston, Whitney, 135
Houve uma vez dois verões (filme), 338, 392
Hudson, Rock, 52, 74, 322
Hughes, Howard, 326
Hugo (filme), 187
Humildes, Sonia dos, 18
Hurwitz, Bob, 44, 161-2
Huston, John, 263

Ichikawa, Kon, 75
ídolo de cristal, O (filme), 64
Igluscope, 18
Ignez, Helena, 18, 71, 73, 77, 342, 426*n*
imperador, O (filme), 220
Ilha das Flores (filme), 392
iluminado, O (filme), 270
Imitação da vida (filme), 19, 43, 53, 58-60, 321-2
Império Serrano (escola de samba), 356
Iñárritu, Alejandro, 161, 163, 178
incompreendidos, Os (filme), 159
Incredible String Band, 189
Índia, a filha do Sol (filme), 28, 105, 137, 419
Indiana Jones (série de filmes), 107
"índio, Um" (canção), 92
Inglourious Basterds (filme), 329; *ver também Bastardos inglórios* (filme)
Inha (prima de Caetano), 42
Instinto selvagem (filme), 291
A.I.: Inteligência artificial (filme), 326
Interiores (filme), 208, 314
Intriga internacional (filme), 63, 75
invasor, O (filme), 141
IstoÉ (revista), 102

Jabor, Arnaldo, 30, 259, 264, 291, 339
Jabor, Carolina, 377
Jackson, Michael, 135

Jagger, Mick, 95, 389
Jaguar, 381
Janela indiscreta (filme), 322
Jardel Filho, 23, 316
Jarmusch, Jim, 256
Je Vous Salue, Marie (filme), 25-6, 31, 100, 101-4, 123, 148, 225, 260, 265, 270, 273, 288, 323-4, 374
Jean Charles (filme), 332
Jenkins, Barry, 27
Jesus Cristo, 80, 118, 174, 191
Jinkings, Maeve, 193, 217
Joana, a Francesa (filme), 224
João do Rio, 393
"João Gilberto e os jovens baianos" (Augusto de Campos), 307
Jobim, Tom, 22, 27, 111-2, 129, 159, 357, 382, 409
Jogralescas (grupo de poesia), 278-9
John, Elton, 111
"Johnny Guitar" (canção), 229, 337
Jones, Shirley, 379
Jones, Tommy Lee, 202
Jorge Ben, 86, 143, 194, 382
Jornal da Bahia, 19
Jornal da Tarde, 31, 363, 367
Jornal do Brasil, 145, 359, 368, 375, 382-3, 393, 401, 413
Jovens desencaminhadas (filme), 55, 425*n*
Joyce, James, 314, 403
Jules e Jim (filme), 159, 324-5
Julieta dos espíritos (filme), 117, 119-20, 122
Juventude transviada (filme), 65, 323

Kael, Pauline, 208, 286-7, 391
Kagemusha: A sombra do samurai (filme), 270
Karina, Anna, 158, 223, 325, 390
Kar-Wai, Wong, 27, 407-8
Kazan, Elia, 224, 322
Keaton, Buster, 330
Kechiche, Abdellatif, 210
Kelly, Gene, 17, 187, 321
Kelly, Grace, 282
Kern, Jerome, 327, 331

Kerr, Deborah, 64
Ketelbey, Albert, 235
Khan, Mehboob, 17
Khanna, Parag, 167, 170
Kidman, Nicole, 298
King Lear (filme), 169
Kirsanoff, Dimitri, 19
Kobayashi, Masaki, 425*n*
Koellreutter, Hans-Joachim, 275-6
Kubrick, Stanley, 28, 94, 260, 298, 320, 323, 326, 330, 414
Kurosawa, Akira, 52, 55, 260, 270, 289-90, 321

Lacan, Jacques, 156-7
ladrão de Bagdá, O (filme), 319
Ladrão de casaca (filme), 322
Ladrões de bicicleta (filme), 49, 52, 321, 370
Lamarque, Libertad, 60, 364
Lamarr, Hedy, 41, 319
Lamorisse, Albert, 19
Lang, Fritz, 94, 96
Langdon, Harry, 26, 118
Langlois, Henri, 159
Lara, Dona Ivone, 177, 356, 410
Lara, Odete, 353
"Laura" (canção), 337
Lavigne, Paula, 108, 150, 294, 406
Lavoura arcaica (filme), 141
Lean, David, 270
leão de sete cabeças, O (filme), 246-7
Léaud, Jean-Pierre, *13*, 24
Lee, Ang, 189
Lee, Spike, 203
lei do desejo, A (filme), 154, 180, 222, 269-70, 295, 324, 339, 391
lei dos crápulas, A (filme), 63
Lennon, John, 25, 243
leopardo, O (filme), 340, 365
"Let's Face the Music and Dance" (canção), 236
Lévi-Strauss, Claude, 96, 120, 148, 156
Lewgoy, José, 393
Libération (jornal), 131
"Like a Virgin" (canção), 104

Lima, Mauro, 28, 44, 183, 202, 326
Lima Jr., Walter, 24, 40, 369, 374, 425*n*
Limite (filme), 141
Lincoln (filme), 32, 201-2
Linder, Max, 18
Lindsay, Arto, 131, 254
"Língua" (canção), 309-10
Lins, Ivan, 28, 194-5
Lira do Delírio, A (filme), 40, 46, 425*n*
Lisbela e o prisioneiro (filme), 355
Lispector, Clarice, 308, 314
Livro do desassossego (Pessoa), 310
Lobão (cantor), 145
Lobo, Edu, 401
Lollobrigida, Gina, 17, 322
Lonesome Cowboys (filme), 268
Loren, Sophia, 17, 49, 64, 322
Losey, Joseph, 224
"Lua, lua, lua, lua" (canção), 234
Lucas, George, 290
Luddy, Tom, 44, 178
Lugar público (Agrippino de Paula), 97
Luiz Gonzaga volta pra curtir (show), 194
Lula da Silva, Luiz Inácio, 157, 333
Lumière, irmãos (Auguste e Louis), 19, 77, 188, 363
"Luna rossa" (canção), 234
"luz de Tieta, A" (canção), 354
"Luz do sol" (canção), 140, 225, 419
Luz, Moacyr, 178
Lynch, David, 270
Lyra, Fernando, 102

Machado, Duda, 21-2, 43, 159, 225, 285, 390
Machado, Roberto, 311
Maciel, Luiz Carlos, 39, 332, 361
Maciel, Sergio, 108
Macunaíma (filme), 24
Madonna, 104
Magalhães, Juracy, 275
Mágico de Oz, O (filme), 359
Magnani, Anna, 322
Magritte, René, 96
Maia, Durval, 425*n*
Maia, Nuno Leal, 419

Maiakóvski, Vladimir, 171, 400
Malden, Karl, 323
Malick, Terrence, 174-5
Malraux, André, 159
Man Who Shot Liberty Valence, The (filme), 326
Mandacaru vermelho (filme), 69, 73, 219
mandarim, O (filme), 28, 394
Mandelli, Rafaela, 184
Manga, Carlos, 184
Mangabeira Unger, Roberto, 157, 176
Mangano, Silvana, 318, 322
Manhattan (filme), 207, 374
Manhattan Transfer, The (banda), 111
Mankiewicz, Joseph L., 374
Mann, Thomas, 29, 97, 108, 147, 254-5
"Mano a mano" (canção), 394
Manon Lescaut (ópera), 147, 401
Mao Tsé-Tung, 156
maoismo, 24, 159-60
Mapplethorpe, Robert, 158
Maranhão, Luiza, 71, 72, 73, 77, 266
Marceneiro, Alfredo, 27
Marco Polo (menino de Salvador), 344-6, 411
Maria Gadú, 339
Marighella, Carlos, 176
Mascarenhas, Kiko, 183
Mascaro, Gabriel, 216, 377
Masina, Giulietta, 17, 26, 42, 51, 64, 75, *116*, 117, 119-22, 127, 178, 262, 279, 320, 370, 396-7, 409
Mastroianni, Marcello, 75, 117, 120, 237, 316
matador, O (filme), 269, 295, 324
Match Point (filme), 208
Matisse, Henri, 107
Matou a família e foi ao cinema (filme), 24, 39, 88, 125, 158, 179, 224, 263, 368
Matrix (filme), 324
Mattar, Maurício, 150
Mattos, Carlos Alberto, 425*n*
Mattos, João Rodrigo, 347
Mature, Victor, 41, 319
Mauro, Humberto, 16, 19, 79
Mautner, Jorge, 24, 97, 167, 174, 326, 356

Máximo, João, 337
Maxwell, Kenneth, 131-3, 135-6
Maysa, 109, 180, 339
McCarthy, Mary, 315
McKay, Adam, 377
Medina, Patricia, 319
Meia-noite em Paris (filme), 171-2, 208
Meirelles, Márcio, 30
Mekler, Sérgio, 406
Melancolia (filme), 174-5
"Melanctha" (Stein), 147
Méliès, Georges, 18, 39, 77, 187-8
Mello, Guto Graça, 144
Mello, Maria Amélia, 201
Mello, Selton, 183-4
Melo Neto, João Cabral de, 29, 307-9
Memórias de uma moça bem-comportada (Beauvoir), 371
Memórias do cárcere (filme), 137, 219, 263
Mendes, Fernando, 355
Mendes, Gilmar, 209
Mendes, Sérgio, 112, 188
Mendez Arguinteguy, Natalia, 167
Méndez, Tomás, 27
Mendonça Filho, Kleber, *192*, 193, 195, 200, 377
Menescal, Roberto, 143
Menezes, Margareth, 113
Mercouri, Melina, 63
Merquior, José Guilherme, 95, 393
Meteorango Kid: O herói intergalático (filme), 24, 262, 368
Metro-Goldwyn-Mayer, 17
Metrópolis (filme), 96, 331
Meu nome não é Johnny (filme), 183, 324, 332
Meu tio (filme), 31, 63, 75
Meus amores no Rio (filme), 22, 68
"Michelangelo Antonioni" (canção), 16, 140, 178, 397
Miéville, Anne-Marie, 273
Mil e uma noites (filme), 335
Militância (filme), 141
Milo, Sandra, 121
Minha mãe é uma peça (filme), 205

Miranda, Carmen, 27, 30, 38, 109-15, 130, 164, 291, 410

Missing: O desaparecido (filme), 156

Moisés, O Príncipe do Egito (filme de animação), 327

Moleques de rua (curta), 22, 42, 399, 416

Mônica e o desejo (filme), 317

Moniz, Maria, 22

Monroe, Marilyn, 49, 52, 121, 282, 366

Montand, Yves, 63

Monteiro de Carvalho, família, 165

Monteiro, Liège, 223

Montenegro, Fernanda, 101, 331, 359-60, 391

Montiel, Sarita, 51, 58, 60

Moonlight: Sob a luz do luar (filme), 27, 408

Moore, Michael, 380

"Mora na filosofia" (canção), 148

Moraes, Davi, 406

Moraes, Geneton, 171, 375, 387, 397

Moraes, Vinicius de, 16, 22, 129, 133, 357-8

Moreau, Jeanne, 224

Moreira, Moraes, 87, 169

Morelenbaum, Jaques, 301, 338, 407, 419

Moreno, Rita, 379

Morricone, Ennio, 329, 335

Morte em Veneza (filme), 334

Motta, Chico, 43, 89, 321

MTV (canal de TV), 28-9, 95-6, 373

Muharran, Ademar, 235

mulher é uma mulher, Uma (filme), 223, 325, 391

mulher invisível, A (filme), 324

Mulheres à beira de um ataque de nervos (filme), 324

mundana, A (filme), 326

mundo não é chato, O (Veloso), 15, 29, 153, 426n

Murray, Felipe, 107-8, 147, 152, 404

Mustang hibernado, O (filme), 96

Mutantes, Os, 167, 231-2

Muylaert, Anna, 377

My Darling Clementine (filme), 326

"Nada" (canção), 235

Não deixarei os mortos (filme), 75

nascimento de uma nação, O (filme), 156, 331

Nascimento, Milton, 28, 111-2, 324

Navarro, Edgard, 16, 28, 262, 270

Nazareth, Ernesto, 231

Nazzari, Amedeo, 51

"Ne Me Quittes Pas" (canção), 180, 339

Nem Sansão nem Dalila (filme), 42

Nem tudo é verdade (filme), 105, 271

Neto, ACM, 195

Neves, David, 30

Neves, Oscar Castro, 236

New York Times, The (jornal), 27, 115, 122, 125, 129, 136

New Yorker, The (revista), 287

Ney, Nora, 109

Nicholson, Jack, 407

Nietzsche, Friedrich, 97, 174, 176, 181, 309-11

"Nine out of Ten" (canção), 16, 24, 225

Nixon in China (filme), 178

noite americana, A (filme), 159-60

noite, A (filme), 315, 396

"Noite de hotel" (canção), 426n

"noite do meu bem, A" (canção), 222

noite em 67, Uma (filme), 162

Noites de Cabíria (filme), 17, 51-2, 117, 120-2, 127-8, 138, 140, 234-5, 265, 320, 334, 370

Nona sinfonia (Beethoven), 176

Nonesuch Records, 44, 161

Nordeste: Cordel, repente, canção (filme), 179

Norma Rae (filme), 156

normais, Os (filme), 333

North by Northwest (filme), 322; *ver também Intriga internacional* (filme)

Nós, por exemplo (show), 22

Nosferato no Brasil (filme), 24

Nosso lar (filme), 175

Nova bossa velha & velha bossa nova (show), 22

Novak, Kim, 363

Nove semanas e meia de amor (filme), 290-1

noviça rebelde, A (filme), 165

Novos Baianos, 87

"Num mercado persa" (canção), 235

Ó paí, ó (filme), 28, 30, 355, 369, 406

Ó paí, ó (Meirelles), 30

O que é a filosofia? (Deleuze), 311

O que eu fiz para merecer isso? (filme), 297

Obama, Barack, 162

Oiticica, Hélio, 110

Oliveira, André Luiz, 16, 24, 262, 368

Oliveira, Dalva de, 235

Oliveira, Daniel de, 144, 145

Oliveira, Lourdes de, 130

Oliveira, Manoel de, 365, 421

Oliveira, Nestor, 19

Oliveira, Silas de, 356

Olodum (grupo cultural), 109, 111

Omaggio a Federico e Giulietta (álbum), 16, 128, 139, 233, 237, 380

Omar, Arthur, 29, 146, 260

One Plus One (filme), 266

Ôno, Tetsuo, 425*n*

Ono, Yoko, 25

Ópera do malandro (filme), 143

Ópera dos três tostões (Brecht), 276

Orfeu (filme), 28, 130-3, 136, 337-8, 355-7, 419

Orfeu da Conceição (peça de teatro), 129

Orfeu negro (filme), 129-30, 132-3, 135, 165, 181, 355

Orpheus and Power (Hanchard), 134

Oscarito, 42

outros, Os (filme), 298

Outubro (filme), 331

Pacheco, Cláudia Bernhardt de Souza, 164

Pacto sinistro (filme), 63

Paiva, Vicente, 112

paixão de Joana d'Arc, A (filme), 390

Palavras ao vento (filme), 322

Palin, Sarah, 162

Pampanini, Silvana, 17

PanAmérica (Agrippino de Paula), 25, 97

Pantera Cor-de-Rosa, A (filme), 178

Pão, amor e... (filme), 64

papa da pulp, O (filme), 141

Paperboy (Dexter), 296

Paris Match (revista), 86

Paris, Texas (filme), 32, 147, 172, 268-9, 374

Pasolini, Pier Paolo, 39-40, 86, 149, 266, 272, 315, 335

Pasquim, O (jornal), 31, 88, 342, 353, 361, 381, 426*n*

Passageiro: profissão repórter (filme), 396

Passagem para a Índia (filme), 270

Passion (filme), 260

pátio, O (curta), 18, 77, 95, 279, 426*n*

"Patricia" (canção), 237

Paula, José Agrippino de, 23, 25, 96-7, 99, 151, 368, 415

Paulinho Boca de Cantor, 87, 169

Paulinho da Viola, 40, 87, 177-8, 245

Paulo Gustavo, 205-6

Paviot, Paul, 18-9

Peck, Gregory, 64

Peixoto, Mário, 108

Pelé, 109

pele que habito, A (filme), 180, 182

Pellenz, André, 205

"Pelo amor de amar" (canção), 180

Peploe, Clare, 37, 220, 334

pequenos burgueses, Os (peça de teatro), 281

Pêra, Marília, 331, 354, 359

percevejo, O (Maiakóvski), 400

Pereira, Hamilton Vaz, 107, 150, 255, 257, 265

Perrone, Charles, 132

Pessoa, Fernando, 281, 310

Petrobras, 276

Picasso, Pablo, 96, 107, 148, 331

Pierrot le Fou (filme), 317, 342

Pignatari, Décio, 30, 95, 147, 258, 280

Pina (filme), 32, 173, 179, 237

Pinheiro, Adão, 253

Pinheiro, Paulo César, 178

Pinochet, Augusto, 156

Pires, Glória, 419
Pires, Roberto, 16, 18, 21, 43, 70, 72, 73, 77, 83
Pitanga, Antonio, 18, 84, 266, 276
Pitanguy, Ivo, 180
Pitt, Brad, 203, 297
Pixinguinha, 231
Playboy (revista), 103-4, 217
Player, The (filme), 321
Poderoso Chefão, O (filme), 140, 340
Podestà, Rossana, 17
"Podres poderes" (canção), 148
Polanski, Roman, 407
Ponge, Francis, 211
Por ternura também se mata (filme), 75-6
Portela, Geraldo, 19
Porter, Cole, 39, 172, 300, 327, 331
Porto das Caixas (filme), 27, 409
Pound, Ezra, 102
Prado, Chema, 407
Prado, Paulo, 164
Prenda minha (álbum), 397
Prenda-me se for capaz (filme), 326
Prénom Carmen (filme), 150, 266
Presley, Elvis, 282
Preto no branco (Skidmore), 134
Prizzi's Honor (filme), 263
Proezas de Satanás na Vila de Leva-e-Traz (filme), 28, 417-9
Profissão: repórter (documentário), 334-5
Proust e os signos (Deleuze), 311
Proust, Marcel, 309-10
Puccini, Giacomo, 401
Pudovkin, Vsevolod, 331
Pulp Fiction (filme), 288
Purim, Flora, 111

Quadros, Jânio, 275
Quando o Carnaval chegar (filme), 143
Quanto mais quente melhor (filme), 330, 374
Quatre Cents Coups, Les (filme), 325
Quatrilho, O (filme), 140, 419
Que horas ela volta? (filme), 377
"Que não se vê" (canção), 234, 237
Queen (banda), 96

Queime depois de ler (filme), 185
Queiroz, Walter, 169
Querelle (filme), 95, 426n
"Quero que vá tudo pro inferno" (canção), 104, 249
Quinn, Anthony, 320

Rabello, Amelia, 177
Racionais MC's, 131, 210
Radio Days (filme), 208
"Radio Ga Ga" (canção), 96
Raging Bull (filme), 327
Rain Forest Foundation, 111
raio verde, O (filme), 270
Ramos, Graciliano, 219, 338, 417-8
Rampa (filme), 77
Rampling, Charlotte, 175
Ranieri, Katina, 234
Raoni, 111
Rashomon (filme), 55
Rastros de ódio (filme), 323
Ray, Nicholas, 65, 323
Reagan, Ronald, 162
redemoinho, O (vídeo do YouTube), 196, 198-9
Redenção (filme), 18, 73
Rei da Vela, O (Andrade), 245, 280-1, 283
Rei do Baralho, O (filme), 96, 150
Reichenbach, Carlos, 28, 30
Reis e ratos (filme), 28, 44, 183-5, 188, 338
Reis, Mário, 143
Reis, Waldemar, 235
Remanescências (filme), 141
Renoir, Jean, 19, 49, 67, 322
Repubblica, La (jornal), 26, 370, 378
Resnais, Alain, 21, 31, 61-2, 77, 80-1, 175, 312
Reymond, Cauã, 184
Ribeiro, Maria, 219
Ricardo, Sérgio, 143
Riefenstahl, Leni, 268
Rififi (filme), 63
Rio (filme de animação), 32, 164-6, 188
Rio, 40 graus (filme), 21, 68-9, 143, 219
Rio Zona Norte (filme), 219, 410
Risério, Antonio, 276

Rito do amor selvagem (filme), 97
Ritt, Martin, 314
Roberto Carlos, 26, 101, 104, 125, 148, 225, 249, 391, 408
Robespierre, Maximilien de, 156
Rocco e seus irmãos (filme), 82, 138, 140, 265, 285, 334, 340, 373, 409
Rocha, Anecy, 22, 278
Rocha, Glauber, 15-6, 18, 20-5, 31, 39, 42-3, 58, 73, 77, 83-5, 94, 110, 119, 126, 137, 143, 158, 167, 168, 169-70, 193, 195, 241, 242, 243-51, 254, 258, 266, 275-6, 278, 280-1, 283-4, 312, 316, 327-8, 330, 332-3, 335-6, 342, 354, 357, 361-2, 368-9, 381-5, 387-8, 391, 402, 405, 425n
Rocha, Hélio, 20, 42, 284
Rock in Rio, 145
roda da fortuna, A (filme), 321
Rodrigues, Amália, 27, 376
Rodrigues, Antonio Medina, 307
Rodrigues, Márcia, 88
Rodrigues, Nelson, 22, 162
Rohmer, Eric, 270
Rolling Stone (revista), 243
Rolling Stones, 389
Roma, cidade aberta (filme), 321, 359
Romano, Roberto, 26, 101-2
Romero, César, 115
rosa púrpura do Cairo, A (filme), 171-2
Rosa, Guimarães, 29, 196, 284, 308
Rosa, Noel, 39, 143, 147, 308
Rossellini, Roberto, 31, 49, 80-1, 262, 321
Rota, Nino, 26, 42, 120, 138-40, 234-6, 320, 334, 340, 370, 416
Roubini, Nouriel, 176
Rudzka, Yanka, 275-6, 278
Rumble Fish (filme), 268

Sabor da paixão (filme), 297
Sadoul, Georges, 20, 79, 330
Saint, Eva Marie, 323
Saldanha, Carlos, 32, 164, 166
Saldanha, Jorge, 107, 401
Salles, João Moreira, 337

Salles, Walter, 360, 369
Salomão, Waly, 91
Samba (projeto de filme), 410-1
Sampaio, Antônio, 77
San Juan, Antonia, 304
Saneamento básico (filme), 332-3, 338
Sangue de um poeta, O (filme), 420, 426n
Sansão e Dalila (filme), 41-2, 148, 265, 311, 319-20
"Sansão e Dalila" (canção), 148, 265, 401
Santoro, Rodrigo, 185
Santos, Edgard, 17-8, 243, 275-6
Santos, Irandhir, 194
Santos, Nei Costa, 400
Santos, Nelson Pereira dos, 16, 22, 28, 69, 219, 338, 383, 410, 417
São Bernardo (filme), 15, 28, 336-8, 405, 413, 417, 419
São Jerônimo (filme), 141
Saraceni, Paulo César, 27, 409
Sardenberg, Carlos Alberto, 176
Sgt. Pepper's Lonely Hearts Club Band (álbum), 390
Sarney, José, 25-6, 101, 148, 225, 391
Sarno, Geraldo, 28, 418
Sartre, Jean-Paul, 211, 371, 382
Satyricon (filme), 88
Saura, Carlos, 15, 27, 376, 410
Sauve Qui Peut (la Vie) (filme), 148, 260
Scarnecchia, Paolo, 122
Schell, Maria, 75-6
Schindler, Rex, 18, 73-4, 77
Schneider, Maria, 220
Schoenberg, Arnold, 147
Schwarz, Roberto, 214
Scorsese, Martin, 187-8, 324, 326, 328, 365, 384
Se eu fosse você (filme), 324
Se meu apartamento falasse (filme), 179, 324, 330
Sebastian, David, 291
segundo sexo, O (Beauvoir), 371
Self-Portrait (filme), 25
Sellars, Peter (diretor), 178, 385, 390, 395, 412
Sellers, Peter (ator), 178

Senhor (revista), 201
Senhor dos Anéis, O (filme), 189
Senna, Orlando, 19-21, 42, 61, 77
Sermões (filme), 262, 405
Serrano, Julieta, 222
Serva, Leão, 31, 43-4, 362-3, 367
Setaro, André, 167
sete samurais, Os (filme), 52
"seu amor, O" (canção), 92
Seu Jorge, 185
Severo, Marieta, 144-5
Sexo, mentiras e videotape (filme), 269
Sganzerla, Rogério, 16, 24-5, 31, 39,
    95-6, 105, 126, 158, 188, 225, 251,
    254, 256, 265, 271, 332, 336, 339,
    341-2, 425-6n
Shadow of a Doubt (filme), 322
Shadows (filme), 314
Silva, Alberto, 19
Silva, Carlos Alberto, 19
Silva, Chica da, 133
Silva, Clarindo, 195
Silva, Hélio, 71, 73
Silva, Marina, 155-7
Silva, Synval, 112, 291
Silveira, Walter da, 18, 20, 42, 58, 77,
    78, 275, 287, 425n
Simon, Paul, 109, 111
Simon, Pedro, 176
Sindicato de ladrões (filme), 323
Singer, Davi, 77
Sinhá Moça (filme), 141
Sinhô, 143
Sirk, Douglas, 19, 31, 43, 283, 321
Sissi (filme), 53, 58
Skidmore, Thomas, 134
Sleep (filme), 314
Smetak, Walter, 147, 253, 264
Smith, Patti, 158
Snow, Michael, 314
Soares, Elza, 109
Soares, Jô, 125, 265
Soares, Paulo Gil, 28, 278, 417-8
Solanas, Fernando, 353
Solberg, Helena, 291
Solberg, Ruy, 108

Soljenítsin, Alexander, 157
som ao redor, O (filme), *192*, 193-6, 200,
    215-7, 338
Sordi, Alberto, 335
Sorrah, Renata, 88, 419
Sorrentino, Paolo, 214
"Sou pretensioso" (Veloso), 29-30
"South American Way" (canção), 109
Souza, Edio Pereira de, 19
Souza, Paulo César de, 108, 254
Souza Castro (família), 41
Spartacus (filme), 156
Spielberg, Steven, 32, 123, 202, 270, 289-
    90, 312, 326
Stálin, Ióssif, 156
Star Wars (filme), 306, 415
Stein, Gertrude, 29, 105, 147, 314
Stendhal, 272
Sting, 111
Stockler, Maria Esther, 107
Stone, Harry, 74
Stone, Sharon, 290
Strada, La (filme), *1*, 26, 42, 49, 51, 80,
    116, 118, 121-2, 127-8, 234-5, 265,
    281-2, 318, 320, 334, 370, 416;
    ver também estrada da vida, A (filme)
Stranger than Paradise (filme), 256
Strangers on a Train (filme), 322; *ver*
    também Pacto sinistro (filme)
Streep, Meryl, 186
Streisand, Barbra, 380
"Sugar Cane Fields Forever"
    (canção), 16
"Superbacana" (canção), 16, 23, 280, 336
"Super-Homem — A canção", 33
Superman — O filme (1978), 33
Superoutro (filme), 46, 141, 262-3, 270,
    338
Suplício de uma saudade (filme), 42
Suplicy, Marta, 254
Swinton, Tilda, 178

Tabu (filme), *124*, 393
Tabu (revista), 270
Tânia Maria, 111
Tanko, J. B., 52

Tarantino, Quentin, 202, 288, 329
Tarzan III² Mundo (filme), 96-7
Tati, Jacques, 31, 63, 75
Tavares, Mair, 108, 149, 253, 401
Taxi Driver (filme), 327
Taylor, Elizabeth, 17, 363
Taymor, Julie, 379
Tempos modernos (filme), 156
Tenda dos milagres (filme), 28
"Tenho ciúme de tudo" (canção), 38
Teorema (filme), 335
Terra em transe (filme), 21, 23, 39-40, 95, 110, 137, 167, 225, 242, 244-6, 274, 280-1, 283, 315, 317, 342, 385-7, 391
"Terra" (canção), 28, 306, 415
Thatcher, Margaret, 162, 186
Thorton, Billy Bob, 298
Tieta do Agreste (filme), 28, 141, 337, 354, 356-7, 359, 419
tigre e o dragão, O (filme), 190
Time to Love and a Time to Die, A (filme), 322
Tirez sur le Pianiste (filme), 325
Tiros na Broadway (filme), 208
Títeres de Cachiporra (García Lorca), 102
Tocaia no asfalto (filme), 78
Toklas, Alice B., 172
Tolkien, J. R. R., 189
Tom Zé, 22, 111, 169, 232
"Tonada de luna llena" (canção), 27, 408
Topázio (filme), 325
Torquato Neto, 24, 229, 231
Torres, Fernanda, 331
tortura de duas almas, A (filme), 64
Totò, 335
Trampolim do Forte (filme), 347
Transa (álbum), 279, 378
Trash (filme), 158, 268
Traviata, La (ópera), 237
"Tres carabelas" (canção), 408
Três tristes tigres (Cabrera Infante), 265
Trier, Lars von, 174-6
Trigueirinho Neto, 18
"Trilhos urbanos" (canção), 234, 279
Trindade, Zé, 42

Triste trópico (filme), 260
Tristes trópicos (Lévi-Strauss), 132
"Tristeza marina" (canção), 235
Trono manchado de sangue (filme), 52
Tropa de elite (filmes), 324, 332, 339
"Tropicália" (canção), 16, 23, 110, 225, 280, 336, 391
Tropicália 2 (álbum), 16, 46
Tropicalia ou Panis et Circencis (álbum), 23, 229, 232
Tropicaos (Duarte), 218
Trueba, Fernando, 159-60, 336
Truffaut, François, 80, 159-60, 210, 320, 322, 325-6, 366
"Tú me acostumbraste" (canção), 152
"Tu t'laisses aller" (canção), 325
Tudo pode dar certo (filme), 208
Tudo sobre minha mãe (filme), 304
Turner, Lana, 321-2
Turner, Tina, 135
TV Mulher, 105

Última Ceia, A (filme), 211
última sessão de cinema, A (filme), 374
"Último desejo" (canção), 147
último tango em Paris, O (filme), 220
Umberto D. (filme), 52, 186, 275, 335
Uns (show), 259
Usai, Remo, 71, 73

Vale Abraão (filme), 365
Valente, Assis, 30, 38, 40, 410, 425n
Van Fleet, Jo, 322
Van Sant, Gus, 170
Vanzolini, Paulo, 246
Varèse, Edgar, 148, 264
Vargas, Chavela, 222
Vasconcelos, Naná, 111, 169
Veja (revista), 26, 101, 425n
Veja esta canção (filme), 143, 356
Velázquez, Diego, 317
Velloso, José Telles, 19, 41, 303
Veloso, Caetano (fotografias), 13, 34-5, 90, 292
Veloso, Dedé, 22, 107, 147, 152, 214, 247, 260, 265, 344, 387, 404, 415

Veloso, Moreno, 38, 294, 324, 326, 346, 415
Veloso, Rodrigo, 42, 108, 191
Veloso, Tom, 205, 330
Veloso, Zeca, 190, 330
Veludo azul (filme), 270
"Vendo canções" (Veloso), 28
Vento do Leste (filme), 24, *168*, 169, 384
Vera Cruz (companhia cinematográfica), 22, 40, 43, 46, 83, 219, 332, 339
Verdade tropical (Veloso), 23, 148, 162, 214, 355
Vertov, Dziga, 19
Vianna, Hermano, 406
Vianna, Klauss, 278
Viany, Alex, 61, 79, 287
"Vida louca" (canção), 145
Vidal, Gore, 312
Vidas secas (filme), 22, 45, 137, 141, 219, 241, 265, 338, 383, 417
Vidas secas (Ramos), 219
Vieira, Henrique, 223
Vieira, Rafael Braga, 210, 212, 426*n*
Vigo, Jean, 19
Villa-Lobos, Heitor, 283
vinhas da ira, As (filme), 326
Violência e paixão (filme), 334
Violetera, La (filme), 53, 58
Viramundo (documentário), 28, 418
Virgem Maria, 25, 40, 102-3, 170
Visconti, Luchino, 80-2, 138, 140, 285, 324, 334, 409
vitelloni, I (filme), 80, 89, 118, 127, 315, 335; *ver também boas-vidas, Os* (filme)
Vitor ou Vitória? (filme), 270
Viver a vida (filme), 44, 179, 223, 390
Vivre sa vie (filme), 104, 158, 179; *ver também Viver a vida* (filme)
"Você não me ensinou a te esquecer" (canção), 355
"Volta por cima" (canção), 246
"voz da Lua, A" (Veloso), 26
"voz do morro, A" (canção), 45, 143, 219
voz e o vazio: A vez de Vassourinha, A (filme), 141

Wagner, Richard, 176
Wainer, Bruno, 107, 264
Waldomiro Júnior, 31, 426*n*
Walter Lima Júnior: Viver cinema (Mattos), 425*n*
Waltz, Christoph, 203
Warhol, Andy, 17, 25, 95-6, 158, 268, 314, 325, 366, 391
"Water" (canção), 189
Weekend (filme), 261
Weerasethakul, Apichatpong, 377
Weill, Kurt, 139
Welles, Orson, 266, 288
Wenders, Wim, 32, 147, 172-3, 178-9, 268, 373-4, 402
Werneck, Sandra, 27, 144
West Side Story (filme), 379
West, Mae, 121
Wiest, Dianne, 328
Wilder, Billy, 52, 179, 326, 330, 374
Wilson, José, 355
Wire (revista), 139
Wittgenstein, Ludwig, 109

Xexéo, Artur, 171
Xica da Silva (filme), 133, 143, 224, 332

Young, Robert, 148
Young, Victor, 138

Zabriskie Point (filme), 335, 396
Zé Celso *ver* Corrêa, José Celso Martinez (Zé Celso)
Zé do Caixão, 16
Zeca Baleiro, 339
Zeffirelli, Franco, 378
Zelig (filme), 207, 373
Zerbini, Luiz, 106, 107, 308
Žižek, Slavoj, 155-7
Zweig, Stefan, 164

SOBRE O AUTOR

CAETANO EMANUEL VIANNA TELLES VELLOSO nasceu no dia 7 de agosto de 1942, em Santo Amaro da Purificação, na Bahia. Na juventude, antes de ser músico profissional, publicou críticas de cinema nos jornais baianos *O Archote* e *Diário de Notícias* e na revista *Afirmação*. Lançou mais de trinta discos gravados em estúdio, além de álbuns ao vivo e coletâneas.

É autor de *Alegria, alegria* (Pedra Q Ronca, 1977), coletânea organizada por Waly Salomão, *Verdade tropical* (Companhia das Letras, 1997, reeditado em 2017), *Letra só* (2003, Companhia das Letras, org. de Eucanaã Ferraz), *O mundo não é chato* (2005, Companhia das Letras, org. de Eucanaã Ferraz), *Narciso em férias* (2020, Companhia das Letras) e *Letras* (2022, Companhia das Letras, org. de Eucanaã Ferraz).

Um dos líderes do movimento tropicalista, na década de 1960, Caetano Veloso dirigiu o filme *O cinema falado* (1986), atuou em longas de Julio Bressane e Pedro Almodóvar e compôs trilhas musicais para *São Bernardo* (1972), de Leon Hirszman, e *Tieta do Agreste* (1996), de Cacá Diegues, entre outros.

SOBRE OS ORGANIZADORES

CLAUDIO LEAL é jornalista e mestre em teoria, história e crítica do cinema pela ECA-USP. Colabora com a *Folha de S.Paulo* e outros jornais e revistas. É autor de *O universo de Emanoel Araujo* (Capella Editorial, 2019) e organizou os livros *Underground* (Edições Sesc, 2022), de Luiz Carlos Maciel, e *Cancioneiro geral* (Círculo de Poemas, 2024), de José Carlos Capinan.

RODRIGO SOMBRA é fotógrafo e professor do curso de Audiovisual da Universidade Federal de Mato Grosso do Sul (UFMS). Doutor em Comunicação pela UFRJ, com bolsa sanduíche na New York University, é mestre em Estudos de Cinema pela San Francisco State University. Organizou o livro *O cinema de John Akomfrah: Espectros da diáspora* (LDC/Centro Cultural Banco do Brasil, 2017).

Copyright © 2024 by Caetano Veloso
Copyright "Cinema Novo" (pp. 45-6) © 1993 by Uns Produções
(ADM Warner Chappell)/GEGE (Sony)

Grafia atualizada segundo o Acordo Ortográfico
da Língua Portuguesa de 1990, que entrou em vigor
no Brasil em 2009.

Todos os esforços foram feitos para localizar as publicações
originais de textos e entrevistas ou reconhecer direitos
autorais constantes do presente livro. A editora agradece
qualquer informação adicional e se prontifica a fazer
os reparos que venham a ser necessários.

Capa e projeto gráfico
Raul Loureiro

Foto de capa
Frame de *Os herdeiros*/ Acervo Carlos Diegues

Preparação
Márcia Copola

Índice onomástico
Luciano Marchiori

Revisão
Angela das Neves
Carmen T. S. Costa

Dados Internacionais de Catalogação na Publicação (CIP)
(Câmara Brasileira do Livro, SP, Brasil)

Veloso, Caetano
    Cine Subaé : Escritos sobre cinema (1960-2023) /
Caetano Veloso ; org. Claudio Leal e Rodrigo Sombra. —
1ª ed. — São Paulo: Companhia das Letras, 2024.

    ISBN 978-85-359-3661-2

    1. Cinema – História e crítica 2. Ensaios I. Leal, Claudio.
II. Sombra, Rodrigo. III. Título.

24-195428   CDD-791.43

Índice para catálogo sistemático:
1. Cinema : Ensaios 791.43

Cibele Maria Dias — Bibliotecária — CRB-8/9427

Todos os direitos desta edição reservados à
EDITORA SCHWARCZ S.A.
Rua Bandeira Paulista, 702, cj. 32
04532-002 — São Paulo — SP
Telefone: (11) 3707-3500
www.companhiadasletras.com.br
www.blogdacompanhia.com.br
facebook.com/companhiadasletras
instagram.com/companhiadasletras
twitter.com/cialetras

Esta obra foi composta por giro em Caslon
e impressa em ofsete pela Lis Gráfica
sobre papel Pólen Natural da Suzano S.A.
para a Editora Schwarcz em abril de 2024

A marca FSC® é a garantia de que a madeira utilizada na fabricação do
papel deste livro provém de florestas que foram gerenciadas de maneira
ambientalmente correta, socialmente justa e economicamente viável, além
de outras fontes de origem controlada.